ARTIFICIAL INTELLIGENCE
WITH APP INVENTOR

인공지능 *with*
앱 인벤터

인공지능 *with* 앱 인벤터

인　쇄 : 2022년 3월 10일 초판 1쇄
발　행 : 2022년 3월 20일 초판 1쇄

저　자 : 정성환 · 조보호
발행인 : 송 준
발행처 : 도서출판 홍릉
주　소 : 01093 서울시 강북구 인수봉로 50길 10
등　록 : 1976년 10월 21일 제5-66호

전　화 : 02-999-2274~5
팩　스 : 02-905-6729
e-mail : hongpub@hongpub.co.kr
http://www.hongpub.co.kr
ISBN : 979-11-5600-962-7

정　가 : 28,000원

ARTIFICIAL INTELLIGENCE
WITH APP INVENTOR

인공지능 with 앱 인벤터

정성환 · 조보호
지음

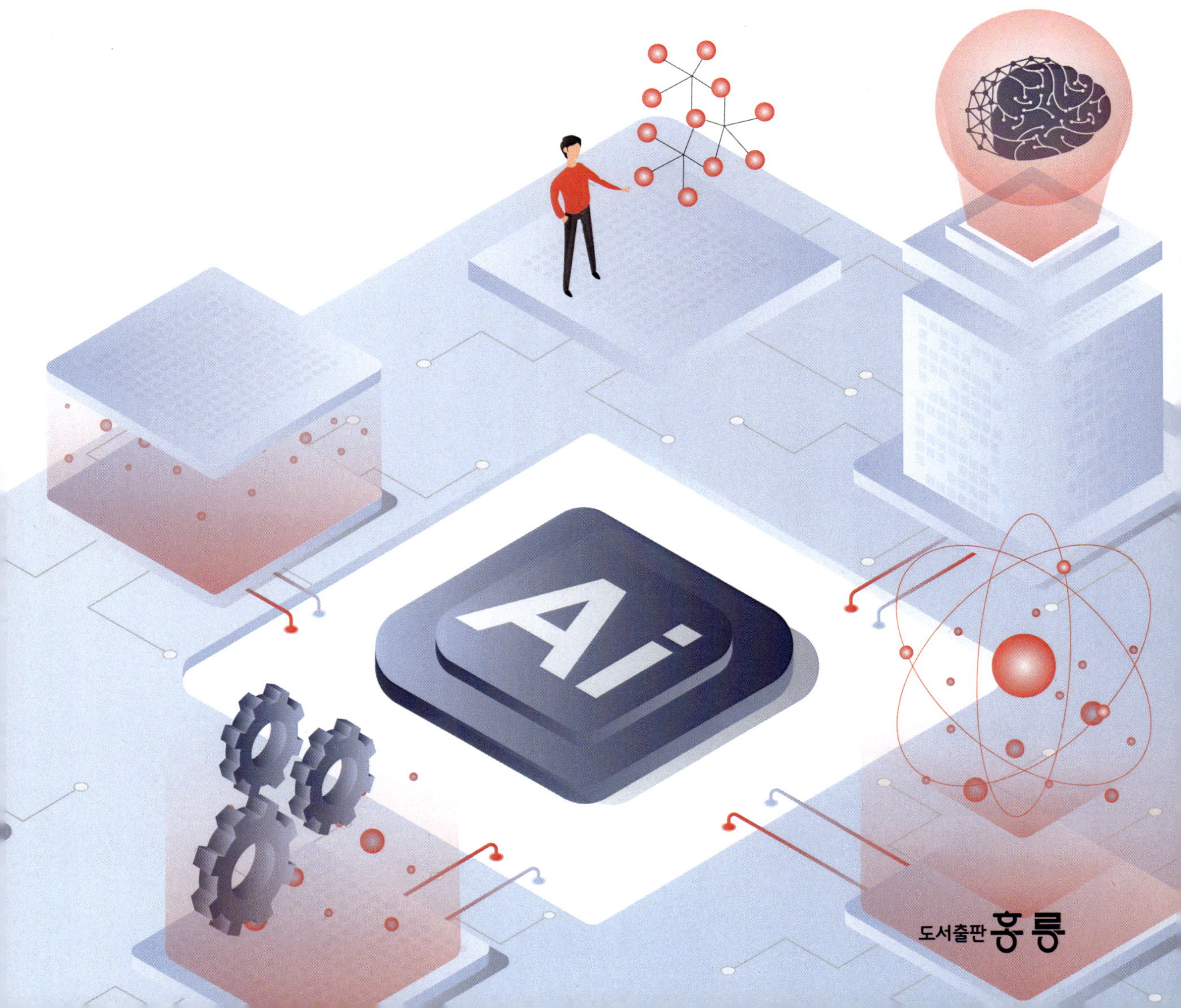

도서출판 홍릉

저자소개

정성환

- 경북대학교 대학원 영상처리 전공(공학박사)
- 미국 캘리포니아 주립대학(UCSB) Post-Doc
- 미국 콜로라도 CSM 주립대학 교환교수
- 미국 워싱턴 주립대학(UW) 연구교수
- 독일 콘스탄츠대학(UK) 연구교수
- 정보처리 기술사/전자계산기 기술사/정보시스템 감리사
- 한국전자통신연구소(현 ETRI), 응용 S/W 개발실 연구원
- 한국정보과학회 영남지부 지부장
- 한국컴퓨터범죄연구학회 부회장
- 한국멀티미디어학회 부회장
- 한국정보시스템감리사협회 부회장
- 국립 창원대학교 컴퓨터공학과 교수

[저서]

- 실용멀티미디어
- C를 이용한 영상처리의 이해와 활용
- Java를 이용한 디지털 영상처리
- MATLAB을 활용한 실용 디지털 영상처리
- 오픈소스 CxImage를 이용한 Visual C++ 디지털 영상처리
- 오픈소스 OpenCV를 이용한 컴퓨터 비전 실무 프로그래밍
- 오픈소스 GS를 이용한 디지털 영상처리 기본 프로그래밍
- OpenCV로 배우는 컴퓨터비전 및 응용
- OpenCV로 배우는 영상 처리 및 응용
- Python 예제로 배우는 OpenCV
- Python 예제로 배우는 OpenCV3.X
- 파이썬으로 배우는 영상처리
- 영상처리 및 분석
- OpenCV-Python으로 배우는 영상 처리 및 응용

조보호

- 창원대학교 컴퓨터공학과 공학박사
- 경남대, 문성대, 창신대, 창원대 교양·전공 강의
- 이레희망학교, 김해가야고등학교, 창원대암고등학교, 부산장신대 AI·BigData 강의
- 창원대학교 과학영재교육원 심화·사사반 강의
- 창원대학교 산업기술연구원 전임연구원

[저서]

- Python 예제로 배우는 OpenCV
- Python 예제로 배우는 OpenCV3.X
- 파이썬으로 배우는 영상처리
- 영상처리 및 분석

머리말

인류의 역사를 살펴보면, 사람들은 삶을 보다 편리하고 넉넉하게 하기 위해, 새로운 기술들을 발전시켜 왔습니다. 18세기 말 영국에서 증기기관 발명을 통한 1차 산업혁명 이후, 계속 산업혁명들은 일어났습니다. 이러한 산업혁명의 신기술들은 우리들의 세상을 바꾸어 왔습니다. 그리하여 우리는 현재 4차 산업혁명의 시대를 살고 있습니다. '4차 산업혁명'은 세계경제포럼(WEF)의 창립자이자 집행위원장인 클라우스 슈밥(Klaus Schwab)이 2016년에 만든 용어입니다. 4차 산업혁명의 세상을 바꾸는 대표적인 신기술로서, 인공지능(AI), 사물인터넷(IoT), 3D프린팅, 빅 데이터, 클라우드(cloud service), 로봇 공학 등을 들 수 있습니다. 특히 인공지능(Artificial Intelligence)은 4차 산업혁명의 근간이 되는 핵심 기술로서, 4차 산업혁명과 관련된 산업들에서 그 역할이 매우 중요합니다.

따라서 이 시대를 살고 있는 우리는 인공지능이 무엇인지 알아보고, 그것을 피상적인 지식이 아니라 한번 체험해 보고 싶어합니다. 그러나 인공지능에 대한 기본적 지식의 이해가 중요함을 알지만, 그냥 이론적으로만 배운다면 실제적인 인공지능 문제 해결과는 거리가 있습니다. 또한 초보자가 배운 인공지능 이론을 당장 실제로 구현하고, 체험해 보는 것은 어려운 일입니다. 따라서 만일 인공지능 기본 이론을 쉽게 구현해 볼 수 있는 주변 환경이 만들어 진다면, 간단한 문제뿐만 아니라 실제적 인공지능 관련 문제들도 해결이 가능할 수 있습니다.

오늘날 전세계 스마트폰 가입자의 수는 2021년 현재 63억 명을 넘어서고 있으며, 수년 내에 70억 명 이상에 도달 할 것으로 추정합니다. 우리 나라의 경우, 약 5천 200만 인구 중에서 약 95%가 스마트폰을 가지고 있습니다. 결과적으로, 이 세상은 스마트폰으로 가득 차 있고, 스마트폰은 응용프로그램인 앱으로 가득합니다. 따라서 스마트폰이 있고 해당 앱이 있다면, 누구든지 그 새로운 응용 영역에 접근할 수 있습니다. 인공지능(AI)영역도 스마트폰이 있고 앱이 있다면, 초보자라 할지라도 인공지능 영역에 접근이 가능합니다. 인공지능 응용들을 개발하기 위해서는 효과적인 프로그래밍 언어와 툴이 필요합니다.

앱 개발을 쉽게 할 수 있는 툴인 '앱 인벤터(App Inventor)'가 MIT 대학에서 제공되고 있습니다. 앱 인벤터는 앱을 개발하기 위해 Java와 같은 언어를 몰라도 됩니다. 앱 인벤터는 레고 블럭과 같이 프로그램 블록들을 조립해 프로그램을 완성할 수 있는 블록코딩 언어를 제공하고 있습니다. 또한 중요한 것은 MIT 앱 인벤터에서 최근에 4차 산업혁명의 트랜드에 맞게, AI 확장기능들을 제공하고 있습니다. 따라서 이제 우리가 인공지능 이론을 쉽게 구현해 볼 수 있는 멋진 환경이 준비되었습니다. 앱 인벤터에서 제공하는 AI 확장기능과 또한 유사한 다른 곳에서 제공하는 기능(ML4K)을 사용해, 스마트폰 환경에서 독자들은 인공지능 이론을 쉽게 구현하고 체험해 볼 수 있습니다.

이 책은 인공지능(AI)의 기본적 이론 소개와 앱 인벤터 환경에서 머신러닝포키즈(ML4K)와 앱 인벤터 AI 확장기능을 사용해 스마트폰에서 인공지능을 구현하는 것으로 구성되어 있습니다. 비유를 든다면, 한 손에는 설계도면 정보를, 다른 한 손에는 연장이 주어진 건축자의 멋진 건축 환경과 비슷하다고 볼 수 있습니다. 독자들은 이제 이 책을 따라 인공지능 이론을 알아가면서, 앱 인벤터에서 연장인 ML4K와 앱 인벤터 AI 확장기능을 가지고, AI 응용의 건축물을 스스로 지어 볼 수 있는 기회가 주어졌습니다.

이 책은 독자들에게 인공지능의 기본 이론과 응용 분야에서 실제적 도움이 되기를 바라는 마음에서 다음과 같이 4개의 부, 15개의 장으로 구성하였습니다.

제1부: 인공지능 기초
제2부: 앱 인벤터 기초
제3부: ML4K 기반 프로젝트
제4부: 앱 인벤터 AI 확장기능 기반 프로젝트

각 부로 나눈 이유는 인공지능의 이론을 먼저 이해하고, 구현을 위한 도구인 앱 인벤터를 사용해 인공지능을 경험해 보는 기회를 독자들에게 제공하고자 합니다. 가능하다면 독자들도 실제로 주어진 프로그램 코드 블록을 가지고 구현해 보는 기회를 가지기를 권합니다. 각 부와 장들에 대한 연계 로드맵은 다음과 같습니다.

이 책을 대학 교재로 사용할 경우, 강사는 제1부는 이론 부분으로 차례로 진행하고, 제2부는 앱 인벤터의 소개 부분으로 초보자에게는 자세하게, 앱 인벤터를 경험한 사람들에게는 주어진 응용을 개선해 보는 것으로 진행할 수 있습니다. 그리고 제3부와 제4부는 ML4K 기반 프로젝트와 앱 인벤터 AI 확장 기능 기반 프로젝트입니다. 따라서 장별로 차례로 진행하면서, 미리 팀을 구성해 7장에서 15장의 기본 응용을 바탕으로 수정 확장된 응용이나 새로운 응용 개발을 팀 별로 프로젝트로 제시할 수 있습니다. 그리고 교과과정의 중간이나 마지막 주에 발표하도록 유도할 수도 있습니다. 이 책을 사용하여 독자들이 차례대로 따라간다면, 인공지능 이론의 이해뿐만 아니라 앱 인벤터 환경에서 ML4K와 앱 인벤터 AI 확장기능의 사용법까지 알 수 있어서, 다음과 같은 효과를 동시에 얻을 수 있습니다.

첫째, 인공지능 개요와 머신러닝 및 딥러닝의 기본 이론을 학습하고, 앱 인벤터를 사용할 수 있습니다.

둘째, 인공지능 관련 툴인 ML4K를 사용할 수 있고, 앱 인벤터의 AI 확장기능을 활용하여 인공지능 응용을 구현해 볼 수 있습니다.

셋째, 인공지능 응용 문제들에 대한 팀 프로젝트의 기회를 제공해, 기초적인 실무 경험의 기회를 제공할 수 있습니다.

이 책을 통하여 인공지능의 이론을 먼저 이해하고, 만일 독자들이 실제로 컴퓨터에서 주어진 프로그램 코드 블록의 처리를 한번 보고, 블록 코드를 옮겨 실행한 결과를 스마트 폰에서 확인한다면, 인공지능은 저 멀리 있는 것이 아니라 바로 독자들의 손 안에 있을 것입니다.

마지막으로, 이 책이 독자들에게 인공지능의 이론과 함께 앱 인벤터를 사용한 인공지능 구현을 통해 인공지능의 실제적 이해에 조금이나마 도움이 되기를 기원합니다. 이 책이 나오기까지 도움을 주신 도서출판 홍릉 사장님과 최윤석 이사님, 그리고 박찬혁 실장님과 임직원 여러분께 감사드립니다.

2022년 3월, 코로나-19의 완전 종식과 대한민국의 새로운 도약을 기원하면서...
봉림골 교정에서
정성환, 조보호 드림-s.d.g.

차례

1 인공지능 기초

Chapter 1 인공지능 개요

Chapter 2 머신러닝과 딥러닝

2 앱 인벤터 기초

Chapter 3 앱 인벤터 소개와 AI 확장기능

Chapter 4 사진 관리 프로젝트

Chapter 5 위치 정보 전송 프로젝트

3 ML4K 기반 프로젝트

4 앱 인벤터 AI 확장기능 기반 프로젝트

Chapter 10 물체 인식 프로젝트

Chapter 11 감정인식 기반 감성 멜로디 서비스 프로젝트

Chapter 12 음성보안 기반 Diary Green Light 프로젝트

Chapter 13 복합모델 기반 Security Enhanced App 프로젝트

Chapter 14 얼굴 특징 감지 프로젝트

1

인공지능 기초

Chapter 1 인공지능 개요

Chapter 2 머신러닝과 딥러닝

1 인공지능 개요

Chapter

1 인공지능의 이해

1.1 세상을 바꾸는 신기술

1) 4차 산업혁명

인류의 역사를 살펴보면, 사람들은 삶을 안락하게 하기 위해 기술들을 발전시켜왔다. 이러한 기술의 발전은 세상을 바꾸었고, 4차 산업혁명의 시대를 살고 있는 우리는 이전 선조들의 삶보다 더 편리한 삶을 살고 있다. 1차 산업혁명은 오랜 농경사회가 계속되다가 18세기 말 영국에서 증기기관 발명을 통해 산업사회로 바뀐 일이 일어났다. 그 후에 2차 산업혁명은 19세기 후반에 전기, 가스, 오일과 같은 새로운 에너지원을 바탕으로 하여 대량 생산이 가능하였다. 3차 산업혁명은 20세기 후반에 원자력 에너지, 컴퓨터의 발명으로 세상을 자동화 사회로 새롭게 하였다.

4차 산업혁명은 2012년 독일의 'High-tech Strategy 2020'의 프로젝트 중에 하나인 인더스트리(industry) 4.0에서 시작해, 다보스 포럼을 통해 한국에 전파되었다. 참고로, 인더스트리 1.0은 제조업의 기계화, 인더스트리 2.0은 대량 생산, 인더스트리 3.0은 부분 자동화를 의미하며, 인더스트리 4.0은 완전 자동화 즉, 스마트 공장을 의미한다.

표 1.1 산업혁명의 분류

분류	시기	내용
1차 산업혁명	1770년 이후	증기기관, 기계화, 방직기
2차 산업혁명	1870년 이후	전기에너지, 대량생산
3차 산업혁명	1970년 이후	자동화, 컴퓨터, 전자공학
4차 산업혁명	현재	가상물리 시스템, IoT, 네트워크

스위스 다보스에서 2016년 1월 20일부터 23일까지 열린 세계경제포럼(WEF)에서 클라우스 슈밥(Klaus Schwab) WEF 회장은 인더스트리 4.0을 4차 산업혁명으로 확대 해석하며, 앞으로 격변의 시대를 예고했다. 또한 2016년 3월 9일에서 15일까지 서울 포시즌 호텔에서 "Google Deepmind Challenge Match"가 열렸다. 여기서 인공지능 바둑 프로그램인 구글 딥마인더의 알파고(AlphGo)가 이세돌 9단을 4:1로 이겼다. 이 '알파고 쇼크'를 거치면서, 4차 산업혁명은 한국 사회를 뒤흔드는 용어가 됐다. WEF 회장 크라우스 슈밥은 인공지능, 로봇 등의 첨단 기술들이 융합되어 제조업의 효율화에 그치지 않고, 4차 산업혁명은 우리가 하는 일을 바꾸는 것이 아니라 우리 자체를 바꿀 것이라고 하였다.

그림 1.1 다보스 세계경제포럼의 클라우스 슈밥 회장

그림 1.2 구글 딥마인드와 이세돌의 대국 장면

4차 산업혁명의 세상을 바꾸는 대표적인 신기술로서, 인공지능(AI), 사물인터넷(IoT), 3D 프린팅, 빅 데이터, 클라우드(cloud service), 로봇 공학을 들 수 있다. 특히 인공지능은 4차 산업혁명의 근간이 되는 핵심 기술로서, 4차 산업혁명과 관련된 산업들에서 그 역할은 매우 중요하다. 이제 인공지능이 무엇인지 알아보자.

그림 1.3 4차 산업혁명의 중요 기술들

2) 인공지능의 정의

인공지능(AI: artificial intelligence)을 정의하기 전에 '지능(intelligence)'의 정의부터 알아보자. 가장 신뢰받는 Merriam-Webster 사전을 보면, 지능은 "배우고 이해할 수 있는 능력", 그리고 "새로운 환경에 지식을 적용할 수 있는 능력"으로 정의하고 있다. 그렇다면 다음의 간단한 예시가 어떻게 지능과 연관되는지 살펴보자.

(1) 배우고 이해할 수 있는 능력

그림 1.4에서 왼쪽 그림의 OX+ 패턴에서 오른쪽 그림의 OX+ 패턴으로 변화된 것을 발견하고, 먼저 어떻게 변화되었는지 관찰을 통해 배운다. 즉, OX+ 패턴에서 X는 O로, O는 X로 바뀌었다. 그러나 +표시는 변화가 없는 것을 알 수 있다.

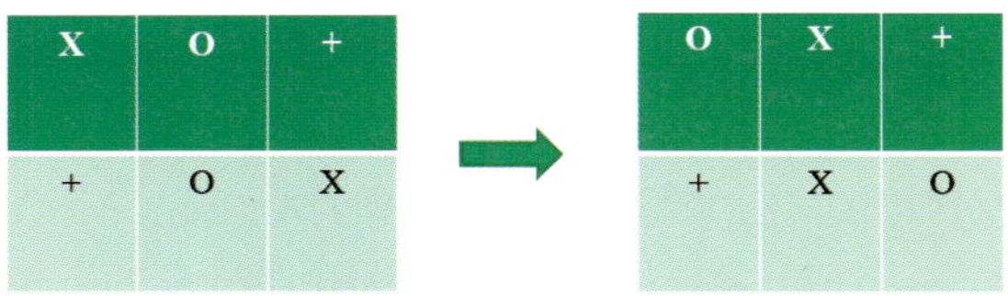

그림 1.4 왼쪽에서 오른쪽 패턴으로 변화에서 배움

(2) 새로운 상황에 대처할 수 있는 능력

다음은 앞에서 배운 지식을 새로운 상황에 적용하는 능력을 알아보자. 이 능력은 그림 1.5의 왼쪽의 새로운 OX+ 패턴에 앞에서 배운 지식을 적용해, 오른쪽의 위쪽 패턴과 아래쪽 패턴 중에 어느 패턴이 맞는지를 알아내는 능력이다. 이렇게 할 수 있다는 것은 이 작업을 수행하는 존재가 지능이 있다는 증거가 될 수 있다.

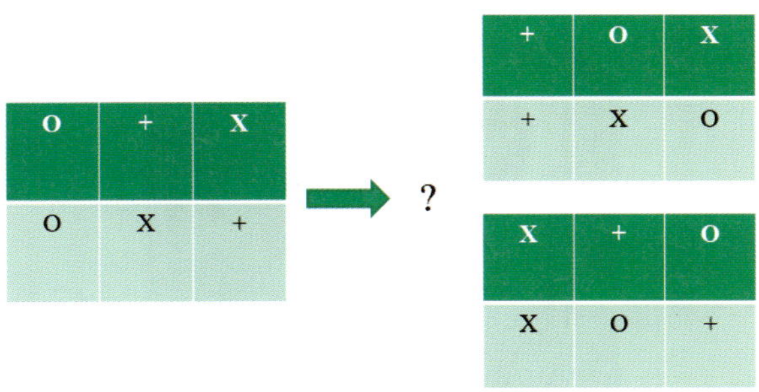

그림 1.5 앞의 그림에서 배운 지식을 새로운 환경(패턴)에 적용

앞서 배운 지식은 O와 X의 패턴은 왼쪽에서 오른쪽으로 가면서 바뀌지만, +패턴은 바뀌지 않는다는 지식이다. 이 지식을 적용하면 그림 1.5에서 위의 패턴 그림이 맞는 것인지 아래 패턴 그림이 맞는 것인지 알 수 있다.

이제 이 지식을 적용해 보자. 왼쪽 그림에서 오른쪽 그림으로 이동하면서 OX의 패턴은 서로 바뀌고 +패턴은 변하지 않는 그림은 오른쪽 아래 그림이다. 간단한 패턴 예시를 통해, 지능이란 무엇을 배우고, 그 배운 것을 새로운 환경에 적용할 수 있는 능력이라 것을 살펴보았다.

그렇다면 인공지능(artificial intelligence)은 무엇인가? '지능'이란 단어 앞에 '인공'이란 말이 붙어있다. 따라서 간단히 지능이긴 한데 사람의 지능이 아닌 "인공적인 지능"을 뜻한다. 다시 Merriam-Webster 사전의 인공지능의 정의를 살펴보면, "컴퓨터 과학의 한 분야로서, 지능적인 사람의 행동을 기계가 흉내 내는 능력"으로 정의되어 있다. 이제 다른 사람들의 정의를 살펴보자.

1956년 미국의 전산학자이자 인지과학자인 존 맥카시(John McCarthy)는 미국 뉴햄프셔주에 있는 Dartmouth 대학 여름 워크샵에 사이버네틱스, 오토마타 이론, 정보처리 등 다양한 분야의 학자들을 초대해 '생각하는 기계(thinking machine)'에 대한 개념을 개발하고 논의하였다. 당시에 '생각하는 기계' 분야에 관련된 여러 분야들이 있었다. 논의 과정에서 그중에 한 특정한 세부 분야를 강조하지 않기 위해, 맥카시는 '인공지능(Artificial Intelligence)'라는 새로운 용어를 처음으로 만들어 내었다. 그 후에 다양한 분야의 사람들이 인공지능(AI)에 대한 정의를 나름대로 한 것을 다음의 표 1.2와 같이 정리하였다.

그림 1.6 존 맥카시(1927~2011)

표 1.2 인공지능의 정의들

정의자	인공지능의 정의
Webster 사전	컴퓨터과학의 한 분야로서, 지능적인 사람의 행동을 기계가 흉내 내는 능력
Bellman	의사결정, 문제풀이, 학습 등과 같은 활동, 즉 사람의 생각과 관련된 활동을 자동화하는 것
Knight	사람이 현재 더 잘하는 것을 어떻게 컴퓨터로 하게 할 것인가를 연구하는 것
Luger & Stubblefield	지능적인 행동의 자동화와 관련된 컴퓨터과학의 한 분야

오늘날 인공지능에 대한 대부분의 정의들은 인공지능은 컴퓨터과학의 한 분야로서 강조되면서, 어떻게 인간 지능을 기계가 흉내 낼 수 있는가에 초점이 맞혀져 있다.

1.2 튜링 테스트와 인간지능

1) 튜링 테스트

사람은 지능이 있다. 기계는 지능이 있는가? 만일 어떤 기계 혹은 시스템이 지능이 있다면 어떻게 지능이 있는지를 판별할 것인가? 영국의 수학자이면서 2차 세계대전 중에 암호 해독기를 개발한 앨런 튜링(Alan Turing)은 1950년에 어떤 시스템이 지능이 있는지를 판별할 수 있는 '튜링 테스트(Turing Test)'를 제안하였다. 튜링은 튜링 머신이론을 발표하여 디지털 컴퓨터 개발의 토대가 되어 '컴퓨터과학의 아버지'로 불린다.

그림 1.7 앨런 튜링(1912–1954)

튜링 테스트는 다음 그림 1.8과 같이 시행한다. 밖에는 지능의 여부를 판단하는 관찰자가 있고, 건너 방에는 사람과 시험 대상인 기계가 각각 분리된 방에 있다. 관찰자는 건너 방을 볼 수 없다. 다만 관찰자는 키보드를 통해 여러 가지 질문을 사람과 기계에 대해 진행할 수 있다. 튜링 테스트는 처음에는 사람과 연결되어 대화를 하다가 관찰자 모르게 기계로 연결을 바꾸어도 관찰자가 어느 쪽이 사람이고 어느 쪽이 기계인지 구별할 수 없을 정도로 시험 대상 기계가 사람처럼 자연스럽게 잘 응답한다면, 대상 기계는 지능이 있다고 판단한다.

그림 1.8 튜링 테스트 개념도

1950년 앨런 튜링이 튜링 테스트를 제안한 이후에 오랜 동안 이 테스트를 통과한 시스템(기계 혹은 프로그램)이 나오지 않았다. 그러다가 튜링이 사망한지 60년 만인 2014년 6월에 영국 런던에서 개최된 '2014년 튜링 테스트'에서 64년 만에 처음으로 튜링 테스트를 통과한 시스템이 나왔다. 이것은 러시아에서 개발한 '유진 구스트만(Eugene Goostman)'이라는 13세의 소년 흉내를 내는 인공지능 챗봇 프로그램이다. 이 프로그램을 개발한 사람들은 블라드미러 베젤로프를 포함한 러시아 태생의 3명 프로그래머들이다.

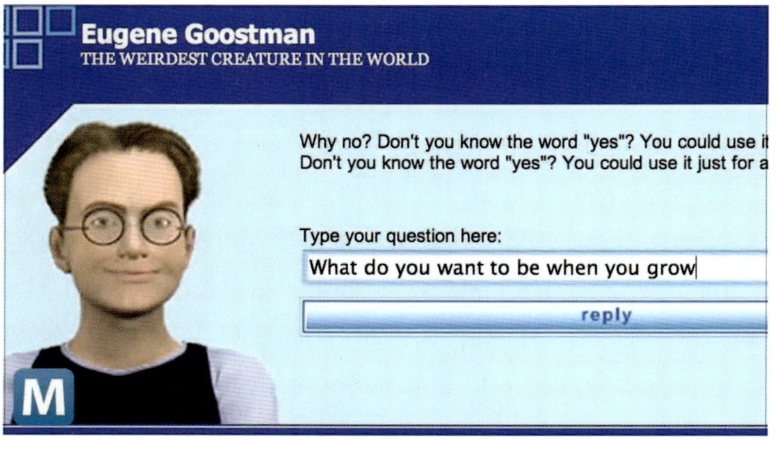

그림 1.9 유진 구스트만 – 튜링 테스트 통과

그러나 곧 바로 유진 구스트만이 튜링 테스트를 실제로 통과했다고 할 수 없다는 주장이 인공지능 전문가들과 영국 런던 임페리얼대학 머리 샤나한(Murray Shanahan) 교수 등에서 나왔다. 샤나한 교수는 인터뷰와 기사에서, “튜링 테스트를 통과했다고 이렇게 발표하는 것은 문제가 많다. 아직 인간 수준의 지능에 상당히 미치지 못한 상태인데, 30명의 심사원 중에 10명이 통과시켜 30% 통과 기준만을 맞추었다고 해서 튜링 테스트를 진정으로 통과한 것은 아니다.”라고 했다. 또한 그는 “30% 통과 기준은 튜링이 설정한 것이 아니다. 30%는 테스트 통과 경계가 아니라, 2000년에 도달해야 할 수준일 뿐이다.” 라고 했다. 이번 튜링 테스트 통과 발표는 원래의 튜링 사고 실험을 시시한 것으로 만들어 버렸다고 샤나한 교수는 말했다.

2) 인간지능

인간지능은 어디에서 나왔는가? 앞으로 인공지능의 발전으로 사람들의 일자리는 인공지능 로봇으로 모두 대체될 것인가? 인간지능을 알아보기 위해서는 뇌 과학자들의 말을 들어볼 필요가 있다. “지능의 탄생”이란 책의 저자인 미국 예일대 신경과학과 이대열 교수의 말은 인공지능의 발달로 일부 일자리는 대체된다 해도 인간의 지능을 완전히 대체하는 기술 특이점(technological singularity)은 쉽게 오지 않을 것이라고 했다.

그림 1.10 지능의 탄생

이 교수는 그 이유로 현재의 인공지능은 뇌를 ‘연산하는 기계’로 좁게 보았기 때문이다. 인간지능은 인공지능과 달리 자기복제를 위해 의사결정 과정을 거처 형성되는 생명현상이라고 했다. 현재 인공지능은 데이터를 축적, 기억, 계산하는 능력은 뛰어나지만 인간이 가지고 있는 지능의 깊이나 넓이 그리고 진화 능력이 부족하다고 했다. 현대 신경과학, 뇌 과학의 연구결과로 인해 인간은 이성과 감성 외에도 추론, 예측, 직관, 통찰력과 같은 다양한 요소가 인간사고의 과정을 이루고 있다고 알려졌다.

인간은 복잡한 사고의 과정을 가지고 있을 뿐만 아니라. 또한 관점(the point of view)의 모순을 가지고 있다. 스테판 코비(Stephen R. Covey)의 '성공한 사람들의 7가지 습관'이란 책에 저자가 언급한 우리가 보는 관점은 크게 두 가지로 나누어진다. 우리가 사물을 보는 방식은 실제로 그것들이 있는 방식이거나 그것들이 그래야하는 방식이다. 즉, 하나는 현실(reality)이며 다른 하나는 가치(values)이다. 우리는 알게 모르게 우리의 경험들을 이 두 가지 관점으로부터 해석한다. 우리의 태도와 행동은 이러한 가정을 기반으로 이루어진다. 따라서 우리의 관점은 우리가 생각하는 방식과 행동하는 방식에 영향을 미친다.

다음 그림 1.11을 살펴보자. 어떻게 보이는가? 목걸이를 한 젊은 여인이 보이는가? 아니면 코가 큰 노파가 보이는가? 그림은 동일하지만 보는 사람에 따라 다른 것을 볼 수 있다. 즉, 그림의 데이터는 1 비트도 다르지 않는데, 보는 사람에 따라 보는 결과가 다를 수 있다. 사람의 사고는 생각보다 복잡하다. 뇌과학의 결과도 말해 주고 있지만, 인간의 뇌는 단순히 '연산하는 기계' 이상이다.

그림 1.11 인간 사고의 실험

다음 그림 1.12는 앞의 동일한 그림이 사람에 따라 다르게 보인 결과를 설명하고 있다. 먼저 왼쪽 그림과 중앙 그림을 보라. 목걸이는 한 젊은 여인을 볼 수 있다. 그리고 이제 오른쪽 그림을 보고 중앙 그림을 보라. 코가 큰 노파를 볼 수 있다. 관점(the point of view)에 따라 동일한 데이터에서 다른 해석의 결과를 본다. 인공지능에서 인간이 하는 일을 모두 다 하는 인간지능에 이르기까지는 많은 시간이 필요하고, 어쩌면 불가능할 수도 있다.

그림 1.12 관점에 따라 보이는 두 가지 모습

2 인공지능의 발전과 종류

2.1 인공지능의 간략한 역사

그림 1.13 아리스토텔레스

인공지능(AI)은 최근 4차 산업혁명을 촉진하고 있다. 그리고 인공지능은 4차 산업혁명의 중요 기술이다. 인공지능의 뿌리를 알아보는 일도 의미가 있다. 그 역사는 일부 사람들이 생각하는 것보다 훨씬 더 오래되었다. 발명가가 새로운 물건 하나를 발명하는 일도 자세히 그 기술을 살펴보면, 새로운 발명은 이전의 다른 기술들을 바탕으로 만들어지는 경우가 대부분이다. 인공지능의 경우는 더 더욱 앞선 다른 사람들의 지식을 상속하여 인공지능의 발전을 이루었다.

인공지능도 그 역사를 거슬러 올라간다면, 기원전 4세기 그리스의 아리스토텔레스(주전 384~322)의 인간의 합리적 반응을 모방할 수 있는 심층 모델인 논리(logic)까지 올라갈 수 있다. 그 이후로 시간이 지남에 따라, 인공지능의 개념을 가능하게 하는 방법들이 연구되었다. 특히 1854년 컴퓨터 산술의 토대를 마련한 조지 부울(George Boole)의 부울 대수의 성과를 들 수 있다. 하지만 20세기에 들어, 1930년대에 "기계가 생각할 수 있는가?"라는 질문에서 구체적인 것을 찾을 수 있다.

기원전 4세기 아리스토텔레스의 합리적 답변을 생성할 수 있는 최초의 논리는 수세기 후, 사용자와 기계가 일관된 대화를 유지하기 위해 사용하는 최신 인공지능 시스템의 핵심에 사용된다. 19세기 조지 부울의 부울 대수는 참과 거짓 진술의 이진 시스템을 구축하여 오늘날의 데이터 해석을 위한 기반을 마련해 계산 산술의 근간이 되었다.

1942년 아이작 아시모브(Isaac Asimov)는 지능을 가진 모든 로봇을 통제해야 하는 세 가지 법칙을 개발했다. 이 세 가지 법칙은 다음과 같다.

- 제1원칙: 로봇은 인간에게 해를 입혀서는 안 된다.
- 제2원칙: 제1원칙에 위배되지 않는 한, 로봇은 인간의 명령에 복종해야 한다.
- 제3원칙: 제1원칙과 제2원칙에 위배되지 않는 한, 로봇은 로봇 자신을 지켜야 한다.

이것들은 오늘날에도 인공지능에 적용되는 윤리 연구의 기초가 되었다.

1950년 앨런 튜링(Alan Turing)은 가장 초기의 현대 아날로그 컴퓨터 중 하나의 수학적 모델을 만든 후, 그의 이름을 딴 튜링 테스트를 개발했다. 튜링 테스트는 응답을 분석하여 인간과 컴퓨터의 차이를 알아내려 하였다. 이 도구는 기계가 일반적으로 인간 행동을 어떻게 모방할 수 있는지 이해하기 위한 기본이 되었다.

그림 1.14 아이작 아시모브

표 1.3 인공지능의 간략한 역사(1)

연도	개발자/기계	내용
주전 4세기	아리스토텔레스	논리, 삼단논법
1854년	부울(Boole)	부울 대수
1942년	아시모브(Asimov)	로봇의 3가지 법칙
1950년	튜링(Turing)	튜링 테스트, 지능 판별

현대 인공지능의 진정한 시작은 1956년 Dartmouth 대학에서 열린 컨퍼런스이다. 한 달 반 동안 미국에서 가장 뛰어난 인공지능 관련 인재들이 모여 브레인스토밍 세션을 통해 새로운 출발을 하였다. 이 자리에서 학자들은 '생각하는 기계(thinking machines)'의 미래에 대해 숙고하면서, 새로운 기술 용어인 '인공지능(Artificial Intelligence)'을 만들었다. 그들은 또한 자연어 처리, 신경망 및 추상화를 포함한 여러 중요한 기술들을 개발하기 위한 기반을 설정했다. 이 일은 인공지능 개발의 진정한 전환점이었다.

1964년 바이젠바움(Joseph Weizenbaum)은 최초의 챗봇인 엘리자(ELIZA)를 개발했다. 이것은 역사상 처음으로 자연어를 처리할 수 있었으며, 사용자와 자연스러운 대화를 유지하기 위해 노력했다. 원시적이긴 하지만 엘리자는 오늘날 AI 음성 스피커의 출발점이 되었다.

표 1.4 인공지능의 간략한 역사(2)

연도	개발자/기계	내용
1956년	Dartmouth 컨퍼런스	현대 인공지능의 진정한 시작
1964년	Weizenbaum	최초의 챗봇인 엘리자(ELIZA)
1968년	Clarke	SF 영화, "2001: 공간 오딧세이"
1974~1993년		인공지능(AI)의 2차례 겨울
1996~1997년	Deep Blue	IBM의 체스 카스파로프를 이김
2005~2011년	Watson	IBM의 자연어 AI 왓슨
2006년	Hinton	다층 신경망, 딥러닝 학습
2011년	Apple	Siri의 음성인식
2015년	Tesla	전기자동차 보조 주행기술 Autopilot
2020년~현재		코로나 19 감염병 AI 시스템

그림 1.15 바이젠바움과 ELIZA

1968년 "2001: 공간 오딧세이"는 아스 클라크(Arthur C. Clarke)의 소설을 원작으로 한 영화이다. 이 영화에서 우주선 승무원을 위험에 빠뜨리는 인간 성격의 컴퓨터, HAL 9000을 통해 인공지능 개념을 대중문화에 도입한 것으로 평가된다. 소설 작품임에도 불구하고, 영화에 나오는 기술의 깊이와 그럴듯함으로 인해 미래에 일어날 수 있다는 환상을 주지만, 일부는 아직 현실 세계에 구현되지 않았다.

1974~1993년 사이에 인공지능 연구의 어려운 시절인 겨울이 두 차례 여러 분야의 기술적 장애물로 왔다. 이 시기에는 인공지능 연구 진행이 거의 중단되었다. 1차 겨울은 1969년 민스키(Minsky)와 파페트(Papert)의 1957년 로젠블랫(Rosenblatt)이 발표한 퍼셉트론의 XOR 문제를 제기로 인한 겨울이다. 그리고 2차 겨울은 1990년대 다층 퍼셉트론의 은닉층 수가 증가하는 경우에 학습 문제와 너무 정교한 패턴을 감지하게 되는 과적합 문제로 인한 겨울이다. 그러나 2006년 제프리 힌튼(Geoffrey Hinton)은 다층 신경망의 학습 문제의 해결 방법을 제시하였다.

그림 1.16 카스파로프와 체스

1996~1997년 IBM이 만든 Deep Blue 슈퍼컴퓨터는 초당 2억 개의 위치 정보를 처리할 수 있었다. 그래서 체스 게임에서 그랜드 마스터 카스파로프(Garry Kasparov)를 이겨서 새로운 역사를 만들었다. 2005~2011년 IBM의 자연어 AI 왓슨(Watson)이 Jeopardy 쇼에서 우승자가 되었다. 왓슨은 또한 병원에서 의료 결정을 내리는 데 도움이 되는 새로운 분야에 진출했다. 2011년 Apple이 Siri를 출시했다. 역사상 처음으로 수백만 명의 사람들이 스마트 폰에서 바로 음성인식 및 머신러닝과 같은 고급 기술에 접근할 수 있게 되었다.

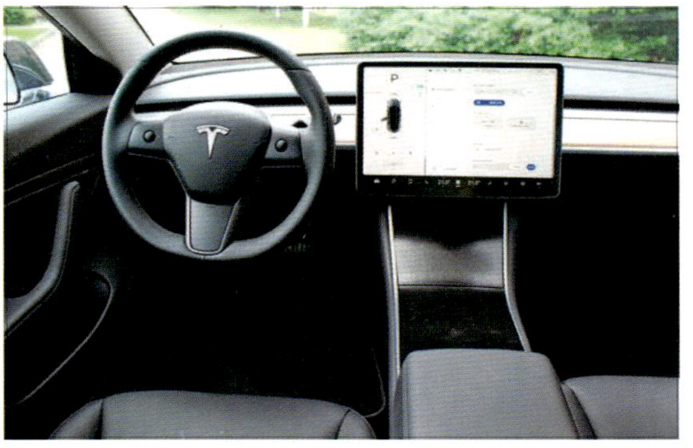

그림 1.17 테슬라의 오토파일럿

2015년 Tesla는 전기 자동차를 위한 획기적인 보조 주행 기술인 오토파일럿(Autopilot)을 출시했다. 이전의 초기 무인 자동차와 달리 오토파일럿을 사용하면, 차량을 차선 중앙에 유지하고 순항속도를 동적으로 설정하며 사람의 입력 없이 차선을 변경할 수 있다. 진정한 자율주행 차량은 그 어느 때보다 가까워졌다.

그림 1.18 AI 기술을 COVID-19에 적용한 예

2020년 코로나 19 감염병이 세계적 유행이 되었다. 첨단 AI 시스템은 COVID-19에 대한 효과적인 백신 및 약물을 연구하고 개발하는 데 사용되었다. 또한 출혈 가장자리 이미지 인식 기술은 폐 손상을 감지하는 데 도움이 된다. 실험용 배송 로봇은 사람과 접촉하지 않고 마지막 배송에 참여하고, 경찰 드론은 코로나 감염을 예방하기 위해 사람들이 많이 모인 집단 위에서 감염을 감시한다.

2.2 인공지능의 종류

인공지능의 목표는 크게 컴퓨터 혹은 기계를 '스마트하게 만드는 일'과 '지능을 연구하는 일'로 볼 수 있다. 그리고 인공지능을 분류하는 방법도 여러 가지가 가능하다. 하지만, 여기서는 일반적인 인공지능 분류와 인공지능 연구 접근 방법에 따른 분류를 살펴보자. 일반적인 분류는 인공지능 수준에 따른 분류로서, 다음과 같이 좁은 인공지능(ANI), 일반 인공지능(AGI), 슈퍼 인공지능(ASI)으로 크게 3가지로 분류한다. 그리고 인공지능 연구 접근 방법에 따른 분류는 기호주의의 규칙기반 인공지능(symbolic AI)과 비 기호주의(Non-symbolic AI)의 학습기반 인공지능이 있다.

1) 일반적인 분류

(1) 좁은 인공지능

좁은 인공지능(ANI: Artificial Narrow Intelligence) 혹은 약한 인공지능(Weak Intelligence) 유형의 인공지능은 특정한 분야에서 지능을 흉내는 것이다. 지금까지 만들어진 복잡하고 유능한 인공지능을 포함하여 기존의 모든 인공지능을 나타낸다. 좁은 인공지능은 인간과 같은 능력을 사용해 특정 작업을 자율적으로 수행할 수 있는 시스템이다. 이러한 기계는 프로그래밍된 것 이상을 수행할 수 없으므로 매우 제한적이거나 좁은 범위의 역량을 가지고 있다. 현재의 머신러닝과 딥러닝을 사용해 스스로 학습하는 가장 복잡한 인공지능도 크게 보면 좁은 인공지능에 속한다.

(2) 일반 인공지능

일반 인공지능(AGI: Artificial General Intelligence) 혹은 강한 인공지능(Strong Intelligence)은 인공지능 시스템이 인간처럼 완전히 배우고, 인식하고, 이해하고, 기능하는 능력을 나타낸다. 이러한 시스템은 독립적으로 여러 역량을 구축하고 지식의 영역 간 연결 및 일반화를 형성해, 교육에 필요한 시간을 대폭 단축할 수 있다. 이것은 인간의 다기능을 복제해 인간만큼 능력이 있는 인공지능 시스템을 만드는 단계이다.

(3) 슈퍼 인공지능

슈퍼 인공지능(ASI: Artificial Superintelligence)는 가장 유능한 형태의 인공지능으로서 슈퍼 지능의 발전은 아마도 인공지능 연구의 정점이 될 것이다. 슈퍼 인공지능은 인간의 다면적 지능을 복제하는 것 외에도 압도적으로 더 큰 메모리, 더 빠른 데이터 처리 및 분석, 의사 결정 능력으로 인해 인간보다 모든 일에서 훨씬 더 우수할 것이다. AGI 및 ASI의 개발은 특이점(singularity)이라고 가장 널리 알려진 시나리오로 이어질 것이다. 그리고 이러한 강력한 기계의 잠재력은 매력적으로 보이지만, 우리의 삶의 방식을 위협할 수도 있다.

2) 연구 접근 방법에 따른 분류

인공지능의 역사를 살펴보면, 연구 분야는 지능형 시스템 구축을 향한 접근 방식에 따라 기호주의 인공지능(symbolic AI)과 비 기호주의 인공지능(non-symbolic AI)의 두 가지 진영으로 나뉜다. 인공지능 연구 초기에 기호주의자들은 지식을 기호(symbol)로 표현하고, 규칙과 지식을 기반으로 하고 그 행동을 해석할 수 있는 지능형 시스템을 개발하였다. 그리고 비 기호주의자들은 인간의 두뇌에서 영감을 받은 계산 시스템을 구축하기 위해 신경망(neural network)을 기반으로 노력하였다. 따라서 인공지능 발달 과정에서 접근 방식에 따라 인공지능을 기호주의적인 규칙기반 인공지능(Rule-based Intelligence)과 신경망과 같은 비 기호주의의 학습기반 인공지능(Learning-based Intelligence)로 분류할 수 있다.

(1) 규칙기반 인공지능(Rule-based Intelligence)

인공지능 발전 초기에는 지식을 기호(symbol)로 표기하고 논리(logic)를 중심으로 접근하는 방식을 사용하였다. 이러한 기호주의(symbolism)의 규칙기반 인공지능은 인공지능 초기에 상당한 성과를 거두었다. 기호적인(symbolic) 접근 방식은 추론에서 좋은 성능과 설명을 제공하고 복잡한 데이터 구조를 다룰 수 있다. 하지만 일반적으로 실제 세계에서 기호를 실세계의 의미와 연결시키는 데 심각한 어려움이 있다. 이것을 심볼 그라운딩 문제(symbol grounding problem)라고 한다. 예로서, 사람은 'dog'의 기호 표기와 실제 이 기호의 의미를 이해하고 있다. 인간은 문화 속에서 자연스럽게 심볼 그라운인딩을 한다. 그러나 컴퓨터는 심볼 그라운딩을 할 수 있는 능력이 없다.

규칙기반 인공지능의 주요 장점은 추론 과정을 쉽게 이해할 수 있는 것이다. 규칙기반 프로그램은 특정 결론에 도달한 이유와 추론 단계가 무엇인지 쉽게 설명할 수 있다. 그리고 주요 단점은 학습 과정에서 규칙과 지식을 직접 코딩해야 한다는 부담이 있다. 이것은 어려운 문제이다.

(2) 학습기반 인공지능(Learning-based Intelligence)

비 기호주의 인공지능의 기원은 인간의 뇌와 상호 연결된 뉴런의 복잡한 네트워크를 모방하려는 시도에서 출발한다. 이러한 신경망 기반의 연구를 '연결주의(connectionism) 인공지능'이라고 부른다. 신경망과 최근 딥러닝(deep-learning) 기술의 발달로 인해 요즘은 컴퓨터에 '개'의 영상을 입력해 주면, 컴퓨터가 객체의 의미를 파악하기 위해 특징을 추출해 내부적으로 표현하고 그 객체의 이름을 알아낸다. 개 영상을 기호의 의미로 간주하고 'dog'라는 출력을 기호로 본다면, 컴퓨터에서 기호의 의미와 기호의 표기를 자동적으로 연결하는 가능성을 볼 수 있다. 즉, 심볼 그라운드 문제 해결의 가능성이 있다.

학습기반 인공지능의 주요 장점은 학습 과정에서 규칙과 지식을 직접 코딩해야 할 필요가 없다는 점이다. 그리고 주요 단점은 시스템이 어떻게 결론에 도달했는지 이해하기 어렵다. 이것은 자율주행 자동차, 의료 진단과 같은 중요한 애플리케이션에 적용될 때 특히 중요하다.

표 1.5 규칙기반 AI vs. 학습기반 AI

	규칙기반 인공지능	학습기반 인공지능
접근방법	기호적 접근(기호주의)	구조적 접근(연결주의)
핵심기술	규칙, 추론	신경망, 딥러닝
장점	명확한 추론, 결론 설명	규칙 코딩 불필요
단점	규칙 코딩, 심볼그라운드 문제	결론 설명의 어려움
응용의 예	IBM 딥블루	페이스북의 얼굴인식

인공지능 연구의 핵심 과제는 추론, 논리뿐만 아니라 학습 기능을 갖춘 효과적인 인공지능 시스템을 개발하는 것이다. 하지만 오늘날의 인공지능 시스템은 추론 기능과 학습 기능을 갖추고 있지만, 이 두 가지를 결합하는 경우는 거의 없다. 따라서 서로 장단점을 갖춘 규칙기반 인공지능과 학습기반 인공지능의 결합이 필요하다.

3 인공지능 연구 분야

인공지능 연구자들은 인간의 지능적인 활동을 기계로 하여금 할 수 있도록 연구한다. 이때 인간의 지능적인 활동과 연관하여 연구하는 세부 분야(subfield)들이 있다. 세부 분야에 대한 분류는 학자마다 다르다. 관심 있는 분야에 대해 어떤 연구는 기초 연구 혹은 응용 연구의 구분이 쉽지는 않다. 따라서 이 책에서는 인간의 지능적인 활동과 관련하여 세부 분야를 그림 1.19와 같이 정리한다.

먼저 기초 연구 분야로서, 문제해결과 관련하여, 지식표현과 탐색 분야의 연구가 필요하다. 그리고 인공지능의 지식획득을 위해 신경망, 머신러닝(machine learning) 연구가 기본이 된다.

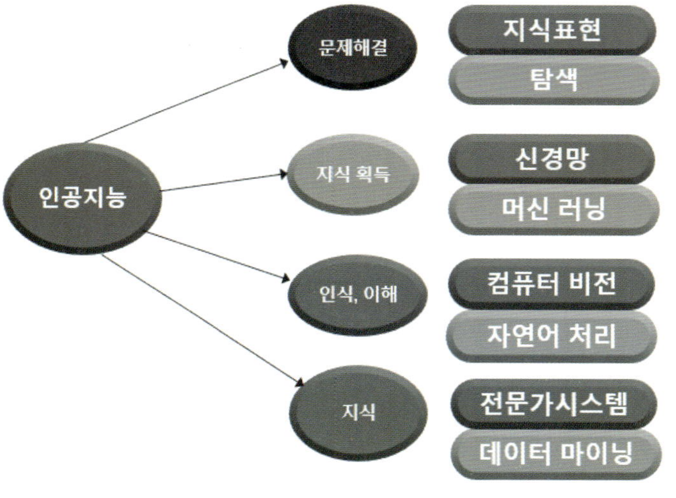

그림 1.19 인공지능의 주요 연구 분야

또한 응용 연구 분야로서, 사물의 인식이나 사람들의 글을 이해하기 위해 컴퓨터 비전과 자연어 처리 같은 연구 분야가 필요하다. 그리고 지식을 바탕으로 전문가시스템, 데이터마이닝에 대한 응용 분야의 연구가 이루어진다. 응용 연구 분야의 분류는 다양하며 그 종류가 추가될 수 있다. 지식 획득과 관련된 인공 신경망과 머신러닝에 대한 소개는 '제2장의 머신러닝과 딥러닝'에서 다루고자 한다. 여기서는 앞에서 언급된 나머지 다른 세부 분야들에 대한 간략한 소개를 차례로 하고자 한다.

3.1 인공지능 기초 연구

1) 지식 표현

지식은 인간의 지능적인 활동이나 인공지능을 만드는 데 중요한 역할을 한다. 인간은 어떤 정보가 입력되면, 자신이 가지고 있는 지식(knowledge)을 바탕으로 의사결정을 해 행동으로 옮긴다. 인공지능을 구현하려면 기계(혹은 컴퓨터, 시스템)를 지능적이게 만들어야 한다. 이를 위해서 먼저 해야 할 일 중에 하나는 인간의 지식을 기계에서 처리하기 편리하게 기호(symbol)로 표현하는 일이다. 따라서 인공지능에서 지식 표현(knowledge representation)은 중요하다.

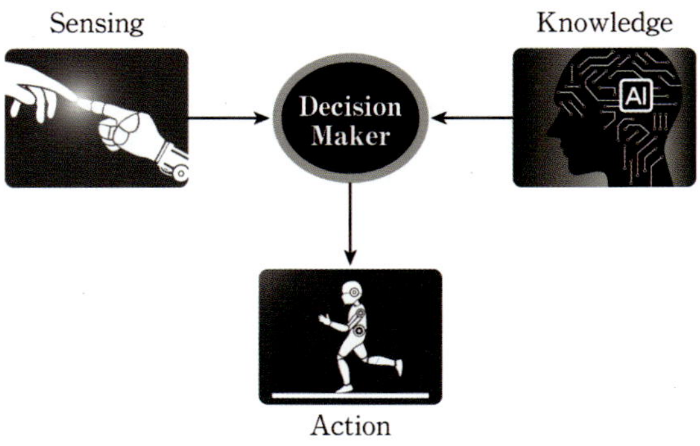

그림 1.20 지식과 지능과의 관계

(1) 지식의 종류

인간의 지식은 다양한 형태를 가지고 있다. 그러나 크게 다음의 5가지 형태로 나누어 볼 수 있다.

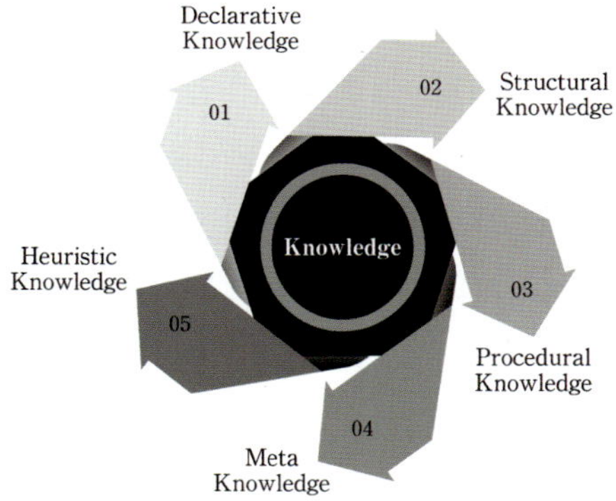

그림 1.21 지식의 형태들

① 선언적 지식 – 개념, 사실 및 대상을 포함하며 선언적 문장으로 표현한다.
② 구조적 지식 – 개념과 대상 간의 관계를 설명하는 기본적인 문제 해결 지식이다.
③ 절차적 지식 – 이것은 무언가를 하는 방법을 아는 지식이며 규칙, 전략, 절차 등을 포함한다.
④ 메타 지식 – 메타 지식은 다른 유형의 지식에 대한 지식을 말한다.
⑤ 휴리스틱 지식 – 이것은 분야 또는 주제에 대한 경험적 전문 지식을 나타낸다.

지식 표현은 컴퓨터에서 지식을 실행 가능한 형태로 나타내는 것이다. 지식 표현 연구는 지식을 체계적으로 조직, 저장하고 이를 효율적으로 이용하도록 하는 방법을 연구한다. 문제 영역이나 문제 해결의 효율성을 위해 적절한 지식 표현 방법을 선택하는 것이 매우 중요하다. 지식 표현 방법들은 다음과 같이 논리적 표현, 의미망 표현, 생성규칙 표현, 프레임 표현이 있다.

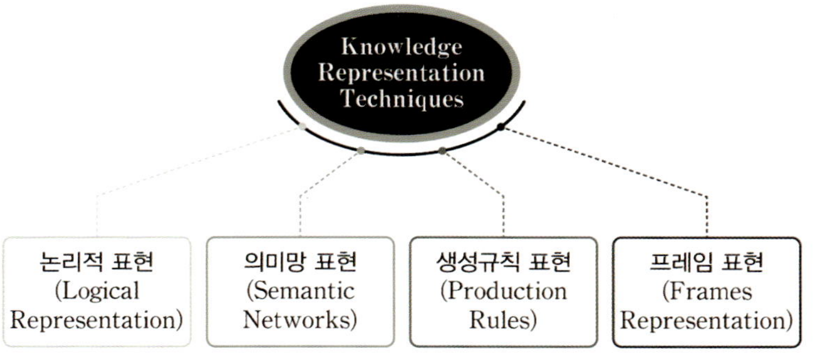

그림 1.22 지식 표현 방법들

2) 지식 표현 방법

(1) 논리적 표현

논리적 표현(logical representation)은 명제를 다루고 표현에 모호성이 없는 몇 가지 명확한 규칙을 가진 언어이다. 다양한 조건에 따른 결론을 나타내며, 몇 가지 중요한 의사소통 규칙을 제시한다. 또한 추론을 지원하는 정확하게 정의된 구문과 의미로 구성된다. 각 문장은 구문과 의미를 사용하여 논리로 나타낼 수 있다.

다음의 문장들은 다음의 그림 1.23에서 아랫부분과 같이 논리적 기호 표현들로 나타낼 수 있다.

– 자동차는 4개의 바퀴를 가진다.

– 어떤 코베터들은 자동차들이다.

– 따라서 어떤 코베터들은 4개의 바퀴를 가진다.

```
Every car has 4 wheels.
Some Corvettes are cars.
Therefore, some corvettes have 4 wheels.

(∀x)(car(x) ⇒ fourWheeler(x))
(∃x)(Corvette(x) ∧ car(x))
(∃x)(Corvette(x) ∧ fourWheeler(x))
```

그림 1.23 문장들을 논리적 표현으로 나타낸 예

장점

– 논리적 표현은 논리적 추론을 수행하는 데 도움이 된다.

– 이 표현은 프로그래밍 언어의 기초이다.

단점

– 논리적 표현에는 몇 가지 제한 사항이 있으며 작업하기가 어렵다.

– 이 기술은 자연스럽지 않을 수 있으며, 추론은 효율적이지 않을 수 있다.

(2) 의미망 표현

의미망(semantic networks)은 지식 표현을 위한 술어 논리의 대안으로 사용될 수 있다. 의미망에서는 그래픽 네트워크의 형태로 지식을 나타낼 수 있다. 이 망은 객체를 나타내는 노드와 해당 객체 간의 관계를 설명하는 링크로 구성된다. 또한 객체를 다른 형태로 분류하고 해당 객체를 연결한다.

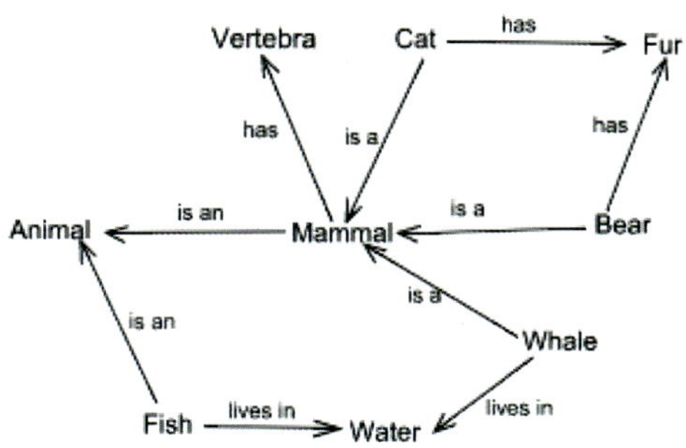

그림 1.24 의미망의 예

장점

- 의미망은 지식의 자연스러운 표현이다.
- 또한 투명하게 의미를 전달한다.
- 의미망은 간단하고 이해하기 쉽다.

단점

- 의미망은 많은 계산 시간이 걸린다.
- 또한 논리적 표현에서와 같은 변수의 범위를 나타내는 수량자(quantifier)가 없어 제한이 있다.
- 의미망은 시스템 작성자에 따라 다르다.

(3) 생성규칙 표현

생성규칙(production rules)에서 에이전트는 조건을 확인하고 조건이 맞으면 생성규칙이 실행되고 해당 작업이 수행된다. 규칙의 조건 부분은 문제에 적용될 수 있는 규칙을 결정한다. 반면 작업 부분은 관련 문제 해결 단계를 수행한다. 이 완전한 프로세스를 인식-행동 주기라고 한다.

다음 예는 "$"및 "*"기호 (마커 기호로 사용됨)를 포함하지 않는 알파벳에서 문자열을 반전하기 위한 일련의 생성규칙을 보여준다.

```
P1: $$ -> *
P2: *$ -> *
P3: *x -> x*
P4: * -> null & halt
P5: $xy -> y$x
P6: null -> $
```

그림 1.25 생성규칙의 예

장점

- 생성규칙은 자연어로 표현된다.
- 생성규칙은 고도로 모듈화되어 있으며 쉽게 제거하거나 수정할 수 있다.

단점

- 학습 능력을 나타내지 않으며 향후 사용을 위해 문제의 결과를 저장하지 않다.
- 프로그램을 실행하는 동안 많은 규칙이 활성화 될 수 있다. 따라서 규칙 기반 생성 시스템은 비효율적이다.

(4) 프레임 표현

프레임(frames)은 객체를 설명하는 속성(slot) 및 값(value)으로 구성된 구조를 가지고 있다. 지식을 표현해 지식을 하위 구조로 나누는 AI 데이터 구조이다. 기본적으로 다양한 형태의 속성과 값의 모음으로 구성된다. 그림의 예에서 ALEX는 BOY의 하위 프레임이다.

Slot	Value	Type
ALEX	_	(This Frame)
NAME	Alex	(key value)
ISA	Boy	(parent frame)
SEX	Male	(inheritance value)
AGE	IF-NEEDED: Subtract(current,BIRTHDATE);	(procedural attachment)
HOME	100 Main St.	(instance value)
BIRTHDATE	8/4/2000	(instance value)
FAVORITE_FOOD	Spaghetti	(instance value)
CLIMBS	Trees	(instance value)
BODY_TYPE	Wiry	(instance value)
NUM_LEGS	1	(exception)

Slot	Value	Type
BOY	_	(This Frame)
ISA	Person	(parent frame)
SEX	Male	(instance value)
AGE	Under 12 yrs.	(procedural attachment - sets constraint)
HOME	A Place	(frame)
NUM_LEGS	Default = 2	(default, inherited from Person frame)

Slot	Value	Type
MONKEY	_	(This Frame)
ISA	Primate	(parent frame)
SEX	OneOf(Male,Female)	(procedural attachment)
AGE	an integer	(procedural attachment - sets constraint)
HABITAT	Default = Jungle	(default)
FAVORITE_FOOD	Default = Bananas	(default)
CLIMBS	Trees	_
BODY_TYPE	Default = Wiry	(default)
NUM_LEGS	Default = 2	(default)

그림 1.26 프레임 표현의 예

장점

- 관련 데이터를 그룹화하여 프로그래밍을 더 쉽게 만든다.
- 프레임 표현은 이해하고 시각화하기 쉽다.
- 새로운 속성과 관계를 위한 속성을 추가하는 것은 매우 쉽다.
- 또한 기본 데이터를 포함하고 누락된 값을 검색하는 것도 쉽다.

단점

- 프레임 시스템 추론에서는 메커니즘을 쉽게 처리할 수 없다.
- 추론 메커니즘은 프레임 표현으로 원활하게 진행될 수 없다.
- 프레임은 매우 일반화된 접근 방식이다.

3) 탐색

표현된 지식을 바탕으로 문제를 해결하기 위해 탐색(search)한다. 예로서, 만일 지식을 상태 공간 트리 형태로 표현했다면, 탐색을 통해 문제의 해(solution)를 찾을 수 있다. 따라서 탐색은 인공지능 요소 기술 중에 중요한 기술이다.

다음 그림 1.27의 예에서 8-퍼즐 탐색의 예를 살펴보자. 8-퍼즐 문제는 그림과 같이 숫자판이 임의의 위치에 있는 상태에서, 8개 조각의 숫자판을 상하좌우로 빈 공간을 이용하여 이동시켜, 최종적으로 원하는 정렬 형태의 숫자판으로 만드는 놀이이다.

그림 1.27 8-퍼즐

다음 그림 1.28에서 최상단 레벨 1의 노드의 초기상태 

에서 이동 가능한 경우는 7번 퍼즐을 왼쪽으로 이동하는 경우, 4번 퍼즐을 위로 이동하는 경우, 그리고 1번 퍼즐을 아래로 이동하는 경우 3가지가 있다. 따라서 이 3가지 경우에 대한 표시가 그림 1.28과 같이 상태 트리 레벨 2에 표시되어 있다.

레벨 2의 각 상태에서 이동 가능한 경우의 수를 나타낸 것이 레벨 3이다. 즉, 레벨 2의 첫 번째 상태에서는 4가지 가능한 경우가 있고, 두 번째 상태의 경우는 2가지, 그리고 세 번째 상태의 경우도 2가지 가능한 이동이 있다. 그것을 상태 노드들로 나타낸 것이 레벨 3이다. 가장 아래 있는 상태 트리 노드들이 레벨 4이다. 만일 최종적으로 원하는 상태가 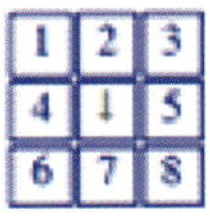 이라면, 레벨 4의 마지막 노드가 이 퍼즐 탐색 문제의 해답이 된다. 그리고 상태 노드들의 옆에 적힌 숫자는 최종 원하는 상태의 자리에 있는 현재 퍼즐의 수를 나타낸다. 이것은 현재 노드로 이동했을 때의 일종의 평가 값이다. 따라서 이 평가 값의 숫자가 큰 상태 노드로 이동하는 것이 유리하다. 숫자 값이 8이면 모든 퍼즐이 원하는 위치에 있다는 뜻이다.

앞에서 처음 초기 상태에서 레벨 2로 내려갈 때, 간단한 방법이지만 레벨 2의 각 상태 노드의 숫자 값(5, 6, 5)을 비교해 보면, 해답을 찾기 위해 이동해야 할 가장 유리한 하위 노드(6)가 어디 인지를 예측할 수 있다. 알파고도 이 보다는 훨씬 더 복잡한 방법을 사용하지만 이와 같이 가능성이 높은 노드를 탐색하는 방법을 사용한다.

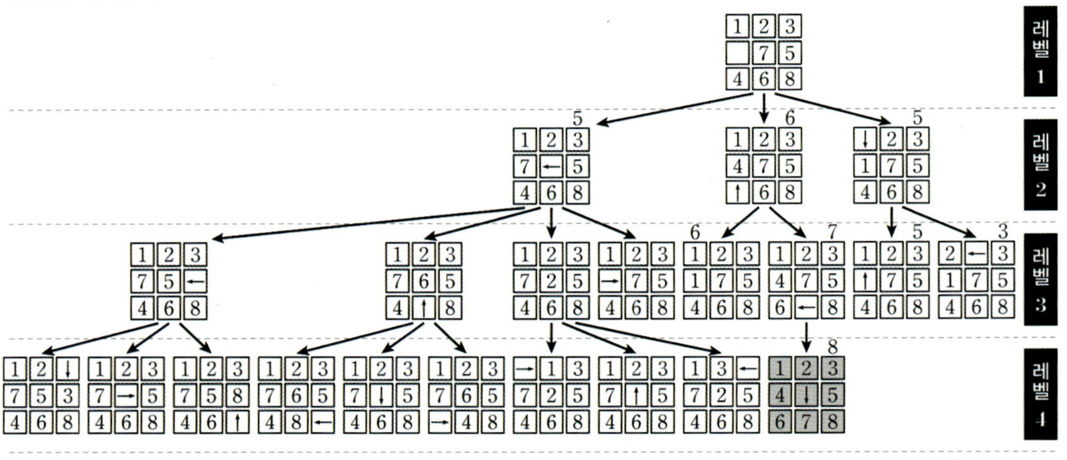

그림 1.28 8-퍼즐의 상태 트리의 예

다음 그림 1.29는 알파고와 이세돌의 대국 장면이다. 바둑은 가로 세로가 19개 줄이 각각 있는 탐색 공간이다. 따라서 이동할 수 있는 가능성이 있는 자리의 수는 엄청나게 크다. 알파고는 다음에 놓을 자리를 찾기 위해, CPU 1,920개 TPU(tensor processing unit) 48개를 사용하여 트리를 탐색하고, 가능한 자리들에 대해 사람처럼 몇 수 앞을 내다보고 평가 값을 계산하여 유리한 자리에 돌을 놓는다.

알파고 프로그램 뒤에는 엄청난 컴퓨팅 파워가 존재한다. 이해가 쉽도록 말한다면, 작은 컴퓨터 약 2,000대와 특수 컴퓨터 약 50대가 서로 연결되어 분산처리하면서 알파고 프로그램의 다음에 놓을 유리한 자리를 탐색한다. 이전에는 이러한 컴퓨팅 파워가 불가능해서 인간고수급 수준의 바둑에 대한 시도를 할 수 없었다.

그림 1.29 알파고와 이세돌의 대국 장면

3.2 인공지능 응용 연구

1) 전문가 시스템

인공지능 소프트웨어의 첫 번째 상업적으로 성공한 응용 분야는 전문가 시스템(expert system)이다. 전문가 시스템은 처음으로 1970년대에 설계되었으며, 그 후 1980년대에 확대되었다. 인공지능 기술의 응용 연구에서 전문가 시스템은 인간 전문가의 의사 결정 지능을 모방한 컴퓨터 시스템을 의미한다. 비전문가인 사용자 질의와 관련하여 추론 및 규칙을 구현하여 지식 기반에서 필요한 지식을 이끌어 낸다.

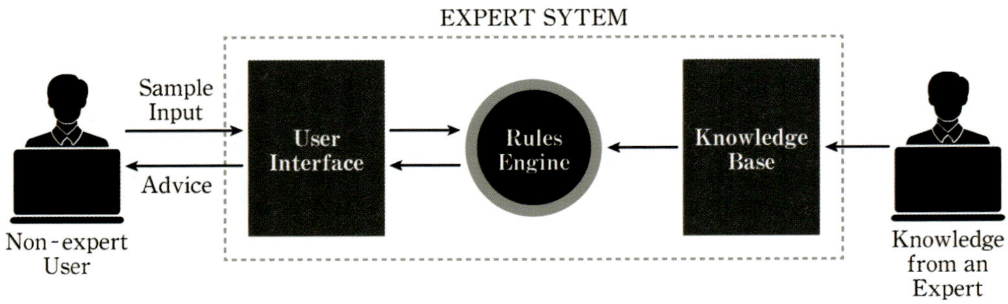

그림 1.30 전문가 시스템의 구성

전문가 시스템의 효율성은 지식 기반에 축적된 전문가의 지식에 전적으로 의존한다. 수집된 정보가 많을수록 시스템의 효율성이 향상된다. 예를 들어, Google 검색 엔진에서 전문가 시스템은 맞춤법 및 오류에 대한 제안을 제공한다. 전문가 시스템은 특히 "if-then" 규칙으로 표현되는 지식 베이스에서 추론 엔진을 통해 복잡한 문제를 처리하도록 구축되었다. 전문가 시스템의 주요 기능에는 응답성이 뛰어나고, 신뢰할 수 있으며, 이해하기 쉬우며, 높은 실행력을 요구한다.

2) 데이터 마이닝

데이터 마이닝(data mining)은 수집된 데이터에서 이전에 알려지지 않았으며 잠재적으로 유용한 정보를 암시적으로 추출하는 것이다. 대규모 데이터베이스에서 추세 및 기타 관계를 식별할 수 있도록 하는 통계적 방법이 사용된다. 어떤 의미에서 '데이터 마이닝'이라는 용어는 잘못된 이름이다. 왜냐하면 데이터 마이닝의 목표는 데이터 자체의 추출(마이닝)이 아니라 대량의 데이터에서 유용한 패턴과 지식을 추출하는 것이기 때문이다.

데이터 마이닝이 주목받는 가장 큰 이유는 상대적으로 최근에 방대한 양의 데이터가 광범위하게 이용 가능하기 때문이다. 그리고 이러한 데이터를 유용한 정보와 지식으로 전환할 필요가 있기 때문이다. 데이터 마이닝으로 얻은 지식은 위험 모니터링, 비즈니스 관리, 생산 관리, 시장 분석, 엔지니어링 및 과학 탐구 등 여러 응용 프로그램에 사용할 수 있다. 일반적으로 연관, 회귀 및 분류의 세 가지 유형의 데이터 마이닝 기술이 사용된다.

(1) 연관 분석

연관 분석은 주어진 데이터 세트에서 함께 자주 발생하는 속성-값 조건을 보여주는 연관 규칙의 발견이다. 연관 분석은 장바구니 내에 개별 제품의 상관관계를 식별하는 데 널리 사용된다.

(2) 회귀 분석

회귀 분석은 독립 변수의 분석을 통해 종속 변수를 설명하는 모델을 생성한다. 예를 들어, 제품의 판매 실적에 대한 예측은 제품 가격과 평균 고객 소득 수준을 연관시켜 생성할 수 있다.

(3) 분류 및 예측

분류는 클래스 레이블이 알려지지 않은 객체의 클래스를 예측하기 위해 일련의 모델을 설계하는 프로세스이다. 파생된 모델은 if-then 규칙, 의사 결정 트리 또는 수학 공식과 같은 다양한 형태로 표현될 수 있다. 분류는 데이터 개체의 클래스 레이블을 예측하는 데 사용할 수 있다.

데이터 마이닝 프로세스는 일반적으로 다음 그림 1.31과 같이 몇 단계로 구성된다.

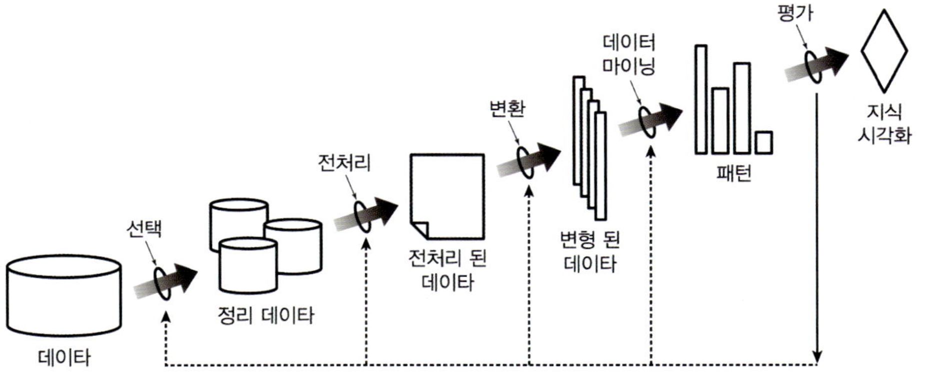

그림 1.31 데이터 마이닝의 단계

① 데이터 선택
데이터 정리는 원본에서 부정확하거나 불완전하거나 잘못된 데이터를 제거한다. 누락된 데이터를 복원하거나 잘못된 데이터를 제거하여 데이터를 정리한다.

② 데이터 전처리
전처리를 위한 데이터 통합과 축소에서, 데이터 통합은 모든 분류된 데이터 소스를 수집하고 분석 및 조작에 적합한 단일 소스로 결합한다. 또한 데이터 축소는 데이터 소스 전체 무결성을 방해하지 않으면서 더 큰 전체에서 가장 관련성 높은 정보를 얻기 위한 처리이다.

③ 데이터 변환

데이터 변환 단계에서는 정리, 축소 및 최적화된 데이터가 추가로 변환된다. 데이터는 훨씬 더 철저하게 정제되어 이상 값을 없애고, 해당되는 경우 데이터 세트를 요약하고, 원시 데이터 값을 범위(즉, 이산화)로 대체한다.

④ 데이터 마이닝

그런 다음 현재 데이터에 적합한 데이터 마이닝 알고리즘 유형을 분석 및 식별한 다음, 알고리즘을 적용하여 숨겨진 패턴을 식별한다.

⑤ 패턴 평가

패턴 평가는 데이터 마이닝 중에 발견된 패턴을 분석하고 평가하여 지식을 얻는다.

⑥ 지식 시각화

추가 검토, 분석 및 프레젠테이션을 위해 유용한 정보를 멀티미디어 형식으로 변환한다.

데이터 마이닝은 한계를 가지고 있다. 데이터 마이닝을 통해 얻은 지식의 품질이 과거 데이터의 품질에 따라 달라지기 때문이다. 따라서 GIGO (Garbage In Garbage Out)는 데이터 마이닝과 관련해 자주 언급된다. 데이터 정리 기술은 데이터 품질을 개선하기 위해 오류와 불일치를 감지하고 제거하는 데 사용된다. 그러나 이러한 불일치를 감지하는 것은 실제로 매우 어렵다. 의심스러운 것으로 잘못 표시된 거래를 어떻게 식별할 수 있는가? 이렇게 잘못된 데이터에서 학습하면 부정확한 모델이 생성된다. 데이터 마이닝의 또 다른 한계는 특정 과거 데이터 집합으로 제한된 지식만 추출하고 데이터에서 학습한 이전 추세에 대해서만 답변을 얻고 해석할 수 있다는 것이다. 이것은 새로운 경향으로부터 이익을 얻을 수 있는 능력을 제한한다.

3) 컴퓨터 비전

인공지능은 기계 즉, 컴퓨터가 인간처럼 스마트하게 사물을 볼 수 있기를 원한다. 컴퓨터가 인간의 눈의 기능 중 일부를 대체할 수 있기를 바란다. 컴퓨터 비전(computer vision)은 바로 사람 대신에 컴퓨터가 볼 수 있게 하는 것이다. 컴퓨터 비전의 예를 들어보자. 사람이 문서를 읽어서 정보를 얻듯이, OCR (Optical Character Recognition)은 컴퓨터가 문서를 스캔하고 읽도록 할 수 있다. 컴퓨터가 스캔할 수 있도록 문자로 된 청구서를 받은 다음, 청구서에서 금액, 세율 및 기타 관심 있는 정보에 대한 정보를 추출할 수 있다.

또한 지능형 의료 진단 분야에서 컴퓨터 비전에 관한 연구들이 있다. 아직 상용화되지는 않았지만 앞으로 광범위한 적용 시나리오가 있을 것이다. 동시에 군사 분야에서도 드론이 인간의 관찰을 대체하고 미사일의 궤적을 측정할 수 있다. 컴퓨터 비전에서 여러 응용들이 있다. 그들 중에 인기 있는 응용은 물체 인식 및 감지, 물체 추적이다.

(1) 물체 인식 및 감지

컴퓨터는 사진에서 우리가 일반적으로 보는 것을 빠르게 감지할 수 있다. 예를 들어, 우리가 여행을 가서 관광지의 풍경 사진을 찍으면, 우리는 그 안에 있는 식물, 사람, 동물 또는 차량을 즉시 식별할 수 있다. 그런데 컴퓨터 비전 기술을 사용하면 컴퓨터도 그렇게 할 수 있다.

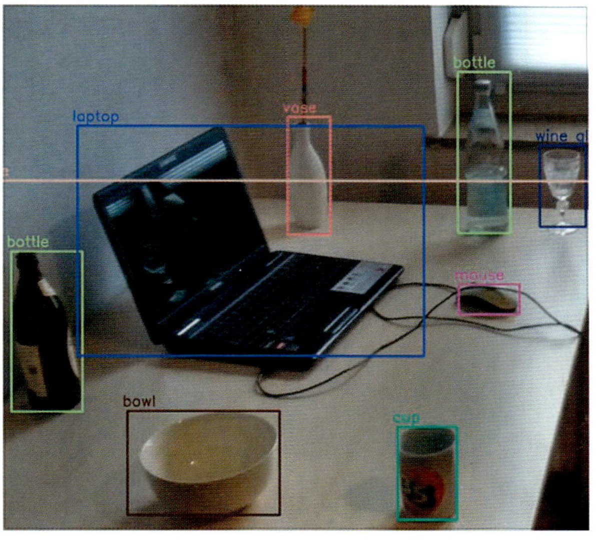

그림 1.32 물체 인식의 예

(2) 물체 추적

카메라에서 보이는 장면 가운데 여러 물체가 있을 수 있다. 우리가 추적하고 싶은 관심 있는 움직이는 물체가 있다면, 그 물체를 지정할 수 있다. 그러면 컴퓨터 비전 기술을 이용하여 후속 비디오에서 이 물체의 변화와 조건을 지속적으로 추적할 수 있다. 물체는 이동하면서 끊임없이 변화하는 빛에 노출되기 때문에 정확한 추적은 쉽지는 않다.

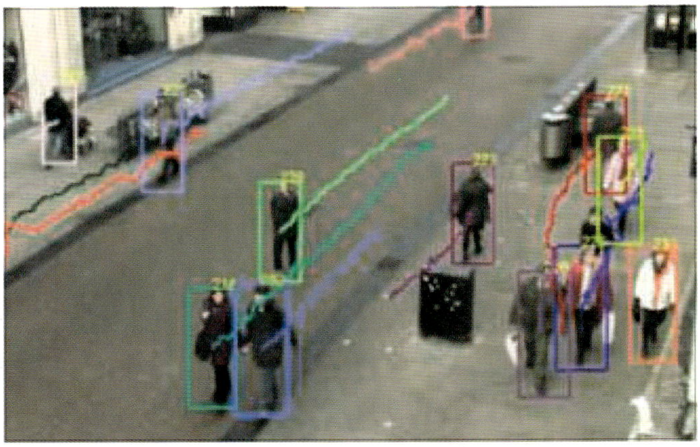

그림 1.33 물체 추적의 예

컴퓨터 비전은 위에서 소개한 기능들 외에 다른 기능들도 있다. 그 중에 하나는 사진을 보고 말하는 기능이다. 사진이 주어지면 컴퓨터는 사진에 포함된 내용을 식별한 다음, 미리 만들어진 콘텐츠를 말할 수 있다. 이 기능은 많은 전시장에서 이미 사용하고 있다. 컴퓨터 비전 기술을 이용하여 설명 단어와 안내 단어를 미리 예측할 수 있다. 방문객은 스마트폰이나 기타 장비를 사용하여 전시품을 스캔하거나 전시 구역 내 일부 지정된 장소를 스캔하기만 하면, 관련 안내를 들을 수 있다.

4) 자연어처리

우리는 의사소통을 위해 한국어(자연어)를 사용하여 컴퓨터와 상호 작용하는 것을 선호한다. 이것이 자연어처리(natural language processing)의 목표이다. 자연어처리는 이제 기계 번역, 정보 검색 및 대화 시스템에서 사용된다.

(1) 기계 번역: 주로 기계 동시 번역을 포함한다.
(2) 정보 검색: 찾고 있는 것을 컴퓨터에 말하면 컴퓨터는 사용자를 위해 관련 항목을 검색할 수 있다.
(3) 지능형 고객 서비스: 음성을 통해 컴퓨터와 상호 작용하고 고객의 질문에 답한다.

자연어처리는 그렇게 간단하지 않고, 상대적으로 어렵다. 다음 문제들은 자연어처리에서 해결되어야 한다. 첫 번째, 언어의 모호성으로서 때로는 한 문장이 두 가지 이상의 의미나 방식으로 이해될 수 있다. 예를 들어, "철수는 상을 받았다." 상은 우수한 학업활동으로 받은 상일 수도 있고, 식당에서 잘 차려진 음식상을 받을 수도 있다.

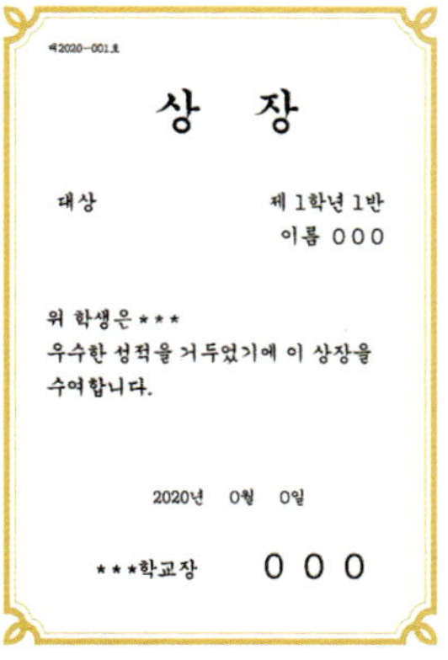

제2020-001호

상 장

대상 제 1학년 1반

이름 000

위 학생은 ***

우수한 성적을 거두었기에 이 상장을

수여합니다.

2020년 0월 0일

***학교장 000

그림 1.34 언어 모호성의 예

두 번째, 언어의 견고성을 해결해야 한다. 우리는 종종 일상 언어생활에서 약간의 잘못 말하거나, 더 적은 단어를 말하거나, 원래의 의미보다 더 많은 단어를 말할 수 있다. 이러한 적은 데이터나 많은 데이터의 오류는 언어의 견고성에 영향을 미친다.

세 번째, 지식 의존 문제이다. 예로서, 'Seven Days'는 시간을 나타낼 수도 있고, 또한 호텔 이름을 나타낼 수도 있다. 이것은 모두 배경 지식에 의존하므로 이 문제를 해결하려면 지식 기반이나 지식 지도를 사용해야 한다.

나머지 하나는 맥락이다. 우리는 대화의 맥락에 따라 말해야 할 내용을 정확하게 판단할 수 있다. 예를 들어, "나는 커피 바를 먹고 싶어", 여기서 '커피 바'는 과자를 나타낸다. 그리고 "가자 커피 바", 여기서 '커피 바'는 식당을 나타낸다. 대화의 맥락에서 같은 표현은 몇 가지 다른 의미를 가질 수 있으므로 이 문제도 해결해야 한다.

4 인공지능의 필요성과 맛보기

4.1 인공지능의 필요성

디지털 혁명은 이미 사람들이 살고, 일하고, 소통하는 방식을 변화시켰다. 4차 산업혁명과 더불어 잠재력을 지닌 인공지능 기술은 수십억 명의 사람들이 더 행복하고 건강하며 생산적인 삶을 살도록 도울 수 있다. 그리고 전 세계 시민과 정부에 새로운 도전 과제를 안겨주고 있다.

그림 1.35 인공지능의 중요성

인공지능 기술은 인간의 능력인 이해, 추론, 계획, 의사소통 및 지각 등을 소프트웨어를 통해 효율적이며 저렴한 비용으로 수행될 수 있기 때문에 중요하다. 데이터에서 패턴 찾기를 포함해 수년 동안 소프트웨어로 수행된 일반적인 분석 작업도 인공지능을 사용하여 보다 효과적으로 수행할 수 있다. 이러한 능력의 자동화는 대부분의 비즈니스 부문과 소비자 애플리케이션에서 새로운 기회를 창출한다. 인공지능의 중요한 신제품, 서비스 및 기능에는 자율 자동차, 의료진단, 인간-컴퓨터 상호 작용을 위한 음성입력, 지능형 에이전트, 자동화된 데이터 합성 및 향상된 의사 결정 등이 있다.

오늘날 기존 부문에서 기업 수익 성장과 비용 절감을 가능하게 하는 수많은 유형의 인공지능 적용 사례들이 있다. 그림 1.36과 같이 인공지능 기술의 적용은 금융 및 보험 서비스, 소매 및 무역, 전문 서비스, 제조 및 의료와 같이 데이터 수집 및 처리에 많은 시간을 소비하는 데이터 중심의 분야에서 가장 파급효과가 클 것이다.

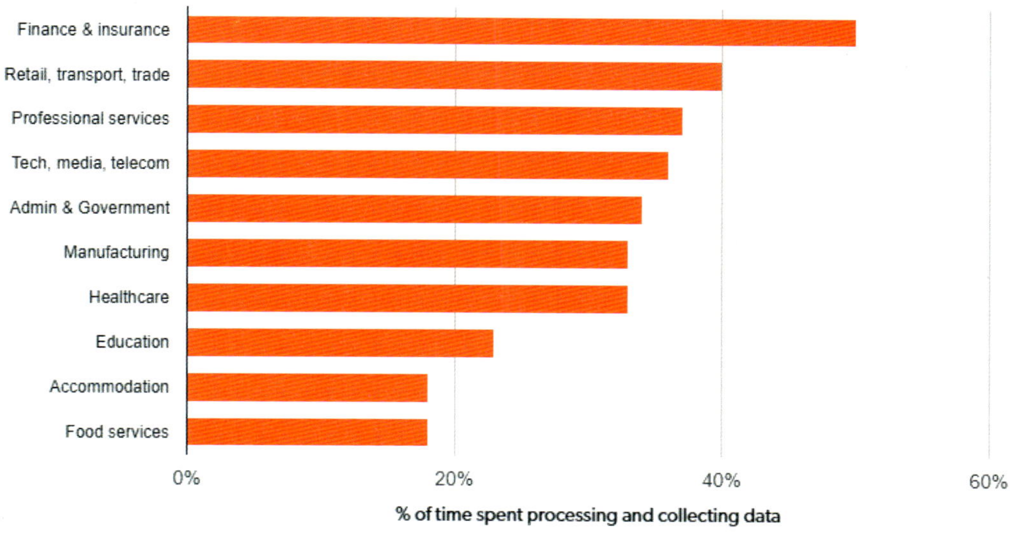

그림 1.36 분야별 데이터 수집과 처리 시간 비중(source: kaggle)

인지능 기반 컴퓨터 비전의 적용은 운송 부문에서 특히 중요하다. 인공지능의 잠재력이 이해되면서 사용 사례들이 확산되고 있다. 그리고 자산관리, 의료, 보험, 법률 및 규정 준수, 제조, 소매, 운송 및 유틸리티 등 다양한 분야의 사례들이 있다. 인공지능은 처음으로 인간의 능력을 소프트웨어로 저렴하고 대규모로 수행할 수 있기 때문에 중요하다. 인공지능은 앞으로 모든 분야에 적용되어, 새로운 가능성과 효율성을 가져다 줄 것이다.

4.2 인공지능 맛보기

인공지능에 대한 많은 이론을 들어 보는 것도 좋지만, 한번 정도 간단하지만 맛보기로 인공지능을 직접 경험해 보는 것이 필요하다. "무엇에 대하여 백 번 듣는 것이 직접 한 번 보는 것만 못하다(백문불여일견: 百聞不如一見)"는 속담도 있다. 우리도 이제 한두 가지를 경험해 보자.

여기서는 먼저 사람들의 손 글씨인 숫자 필기체를 인식하는 인공지능 프로그램을 소개한다. 그리고 낙서판에 인공지능 프로그램이 제시한 그림을 여러분이 그리면, 그리는 과정에서 인공지능 프로그램이 그 그린 물체를 알아맞힌다. 이 맛보기 프로그램들을 통해 인공지능을 조금이나마 체험하는 시간이 되기를 기대한다.

1) 필기체 숫자 인식

사람들의 손 글씨는 사람마다 형태가 다르고 독특하다. 그래서 필기한 자료 정보를 가지고 법정에서 사람을 인식하는 일도 있다. 손 글씨 숫자를 인식하는 것이 사람인 우리는 상대적으로 쉽지만, 인공지능 프로그램이 사람들의 손 글씨 숫자를 인식하는 것은 쉽지 않는 일이다. 다음의 링크는 인공지능 프로그램 도구인 텐서플로를 이용한 숫자인식 프로그램이 연결되어 있다. 링크에 접속하여 왼쪽 네모 박스에 마우스로 숫자를 입력해 보자.

링크: https://tensorflow-mnist.herokuapp.com

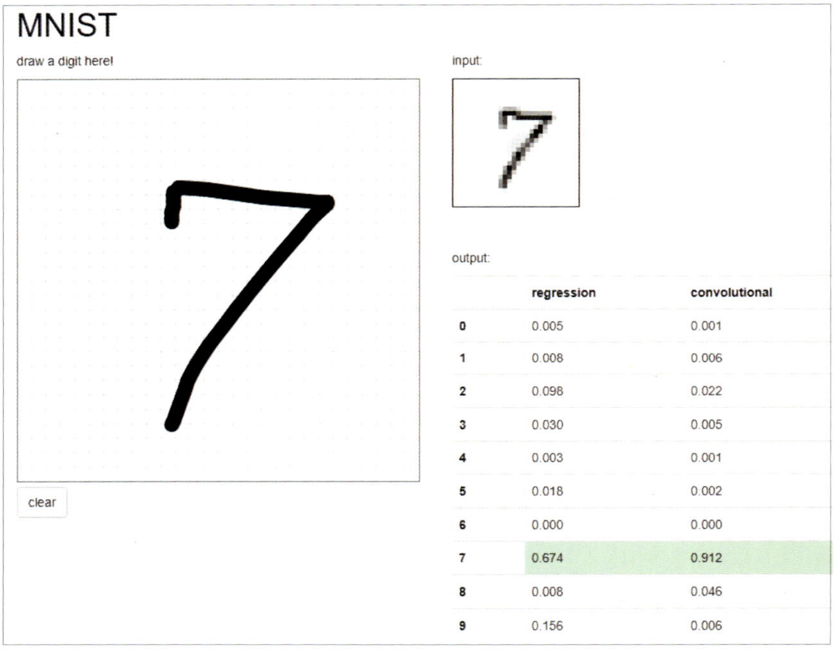

그림 1.37 필기체 숫자 인식의 예

오른쪽 아래 출력(output)에는 마우스로 쓴 숫자에 대해 확률로 인식 결과의 정도를 나타내고 있다. 숫자 인식 방법으로 회귀(regression)와 컨블루션(convolutional)을 사용해 인식하고 있다. 그림에서 회귀는 0.674, 컨블루션은 0.912로 인식 성능이 나와 있다. 왼쪽 네모 박스 아래 'clear'를 클릭해 현재 입력 숫자를 지우고, 다른 숫자들을 크기나 모양 등 다양한 형태로 바꾸어 입력해 시험해 보자. 샘플 프로그램이어서 우리가 생각하는 것보다 인식 성능이 그리 높지 않을 수 있다.

2) 낙서 알아맞히기

여러분이 그린 스케치 그림을 인공지능이 알아맞히는 프로그램이다. 낙서판에 인공지능 프로그램이 제시하는 그림을 여러분이 대략적으로 스케치 해주면, 프로그램이 그려지는 물체의 모양을 짐작해서 물체를 알아맞힌다. 구글에서 머신러닝 연구를 위해 오픈 소스로 공유하는 프로그램이다. 아래 링크에 접속하여 화면 아래의 '시작하기' 버튼을 누른 후, 프로그램의 지시를 따라 제시한 물건을 스케치해 보자.

링크: https://quickdraw.withgoogle.com

그림 1.38 낙서 게시판 시작 화면

그림을 그리는 과정에서 인공지능 신경망 프로그램이 그려진 물건을 나름대로 추측해서 그려진 물건을 알아맞힌다. 6개 그림을 다 그리고 나면, 그 결과를 다음 그림 1.39의 예와 같이 보여준다.

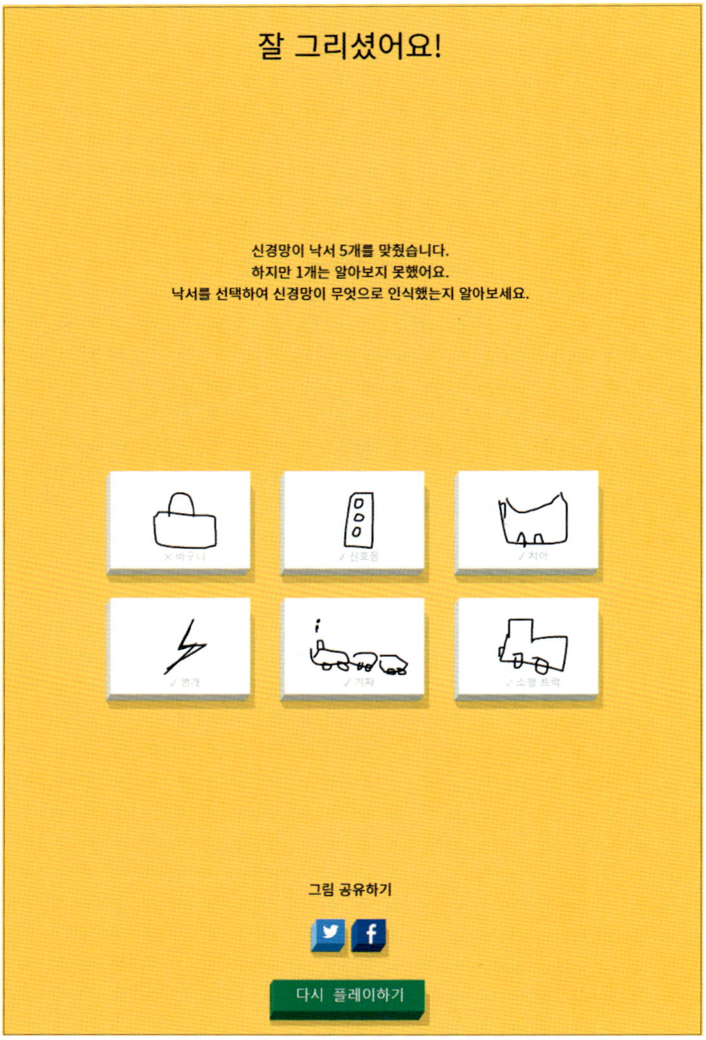

그림 1.39 그림을 다 그린 후의 결과 표시

참고문헌

[1] Industrial Revolution, https://www.shutterstock.com/ko/image-vector/industrial-revolution-timeline-infographicdesign-flat-1279185622

[2] 4차 산업혁명, https://ied.eu/project-updates/the-4-industrial-revolutions

[3] The Key Definitions Of Artificial Intelligence (AI) That Explain Its Importance, https://www.forbes.com/sites/bernardmarr/2018/02/14/the-key-definitions-of-artificialintelligence-ai-that-explain-its-importance/?sh=36f65a964f5d

[4] 튜링 테스트 통과, http://www.reading.ac.uk/news-archive/press-releases/pr583836.html

[5] 튜링 테스트 통과의 논쟁, https://www.imperial.ac.uk/news/151129/doc-professor-disputes-whether-computereugene/

[6] 인간지능-이대열, https://www.hankyung.com/society/article/2017071244561
https://mokeya.tistory.com/65

[7] 관점의 모순, http://www.ocdqblog.com/home/the-point-of-view-paradox.html

[8] Brief history of AI, https://tomorrow.city/a/brief-history-of-artificial-intelligence

[9] 인공지능의 역사, https://www.insilicogen.com/blog/340

[10] 인공지능의 종류, https://www.forbes.com/sites/cognitiveworld/2019/06/19/7-types-of-artificial-intelligence/?sh=262a878b233e

[11] 기호주의 AI vs. 비 기호주의 AI, https://analyticsindiamag.com/understanding-difference-symbolic-ai-non-symbolic-ai

[12] 지식의 종류, https://www.edureka.co/blog/knowledge-representation-in-ai

[13] 의미망, https://en.wikipedia.org/wiki/Semantic_network#/media/File:Semantic_Net.svg

[14] Production system, https://en.wikipedia.org/wiki/Production_system_(computer_science)

[15] Frame, https://en.wikipedia.org/wiki/Frame_(artificial_intelligence)

[16] Data mining, https://en.wikipedia.org/wiki/Data_mining

[17] A closer look at AI: data mining, https://brighterion.com/data-mining

[18] Understanding the Process Of Data Mining, https://planergy.com/blog/data-mining-process

[19] Data Mining Overview, https://ravisatyadarshi.wordpress.com/2016/05/30/data-mining-process

[20] 6 Major Branches of Artificial Intelligence (AI), https://www.analyticssteps.com/blogs/6-major-branches-artificial-intelligence-ai

[21] Three Major Fields of Artificial Intelligence and Their Industrial Applications, https://towardsdatascience.com/three-major-fields-of-artificial-intelligence-and-their-industrial-applications-8f67bf0c2b46

[22] The State of AI 2019: Divergence, https://www.stateofai2019.com/chapter-2-why-is-ai-important

[23] 필기체 숫자인식, https://tensorflow-mnist.herokuapp.com

[24] Quick Draw, https://quickdraw.withgoogle.com

2 머신러닝과 딥러닝

Chapter

1 머신러닝 개요

1.1 머신러닝이란?

인간의 지적인 활동 가운데 학습 능력이 있다. 이 학습 능력을 기계(컴퓨터)가 가지고 있다면 지능적이라 할 수 있다. 먼저 학습이란 무엇인지 사전적 의미를 살펴보자. 표준국어 대사전에 학습의 단어적인 뜻은 ① 배워서 익힘, ② 경험의 결과로 행동의 변화나 잠재력의 변화 또는 지식 습득과정을 말한다.

이 책에서 '머신러닝(Machine Learning)'이라는 용어를 사용했는데, 원래는 한글 용어인 '기계학습'을 사용하는 것이 더 적합하다 [구글 검색 용어 수: '기계학습' 약 1,800만 개, '머신러닝' 약 1,100만 개(2021. 7. 16. 현재)]. 그러나 최근 유행하는 '딥러닝'이라는 용어가 '심층학습'이란 한글 용어보다 약 4.5배 사람들이 더 많이 사용하는 관계로, 이 책에서는 관련 용어들의 통일성을 위해 편의상 '머신러닝'을 사용하기로 한다.

그러면 머신러닝(기계학습)은 무엇인가? 여기서 머신(machine)은 기계 장치를 의미하는데 일반적으로 컴퓨터를 가리킨다. 1959년 머신러닝을 이용해 체커 프로그램을 만든 아스 세무얼(Arthur Samuel)은 "경험으로부터 컴퓨터가 학습할 수 있도록 프로그래밍 한다면, 인간의 자세한 프로그래밍의 수고를 제거할 수 있다." 라고 하였다. Webster 사전에는 머신러닝의 뜻은 "새로운 데이터를 기존 통계 모델에 지속적으로 통합하여 컴퓨터가 자체 성능을 향상시킬 수 있는 프로세스" 로 정의하고 있다. 최근에 스탠포드 대학에서는 "머신러닝은 명시적으로 프로그래밍을 하지 않고 프로그램을 작동시키는 과학"으로 정의하였다.

따라서 머신러닝은 응용 분야에서 나오는 데이터(경험)를 사용해 사람이 학습하듯이 컴퓨터(기계)에게 학습하도록 하는 분야이다. 즉, 머신러닝은 새로운 데이터를 사용한 컴퓨터의 자율 학습을 의미한다.

표 2.1 머신러닝의 정의 요약

정의자	머신러닝 정의
Arthur Samuel	경험으로부터 컴퓨터가 학습할 수 있도록 프로그래밍 하면, 인간의 프로그래밍의 수고 제거 가능
Webster 사전	새로운 데이터를 기존 통계 모델에 지속적으로 통합해 컴퓨터가 자체 성능을 향상시킬 수 있는 프로세스
Stanford 대학	명시적 프로그램을 하지 않고 프로그램을 작동시키는 과학
종합적 정의	응용 분야에서 나오는 데이터(경험)를 사용해 컴퓨터(기계)에게 학습하도록 하는 분야

머신러닝은 4차 산업혁명과 함께, 현대 비즈니스 및 연구의 중요한 부분이 되었다. 머신러닝은 다양한 기법들로 구현할 수 있다. 하지만 요즘 많은 분야에서 머신러닝은 신경망 모델과 알고리즘을 사용해 컴퓨터 시스템의 성능을 점진적으로 개선하도록 지원한다.

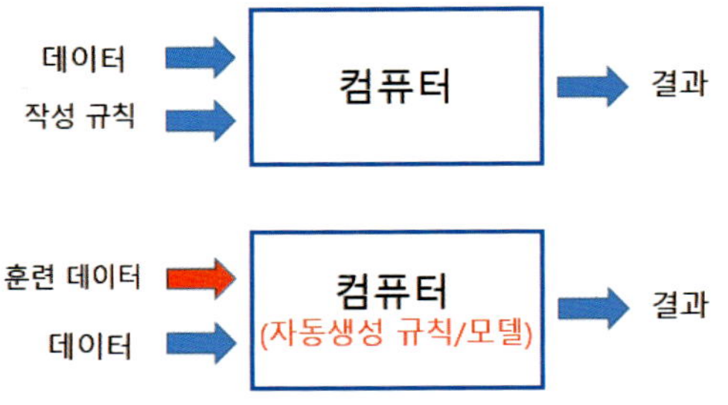

그림 2.1 일반 프로그램과 머신러닝의 차이

그림 2.1에서와 같이, 기존 프로그램들은 사람이 작성한 규칙에 따라 입력 데이터를 처리한다. 그러나 머신러닝은 '훈련 데이터'라고도 하는 샘플 데이터를 사용하여 모델(규칙)을 자동 생성한다. 그 다음, 자동 생성된 모델(규칙)을 이용해 새로운 입력 데이터에 대해 처리한다. 다시 말하면, 일반 프로그램들은 데이터와 규칙을 이용하여 특정한 결정을 내리도록 프로그래밍 한다. 반면에, 머신러닝에서는 훈련 데이터와 머신러닝 알고리즘을 사용해 특별히 프로그래밍 되지 않은 상태에서 자동적으로 모델(규칙)을 생성하고, 이 모델을 사용하여 새로운 입력 데이터를 처리한다.

1.2 머신러닝 맛보기

머신러닝을 말로 정의하는 것보다 실제로 한번 경험해 보는 것이 머신러닝을 이해하는데 많은 도움이 될 것이다. 구글에서 제공하는 다음의 Teachable Machine 사이트와 MIT대학에서 제공하는 Personal Image Classifier 사이트를 사용해, 머신러닝이 실제로 무엇을 의미하는지를 간단히 맛보기로 하자.

1) Teachable Machine 사용 방법

다음의 사이트를 통해 초보자들도 코딩 없이 영상이나 소리, 자세 등의 데이터를 학습(훈련)시킬 수 있다. 즉, 코딩 없이 쉽게 머신러닝 모델을 만들 수 있다. 또한 작성한 모델은 프로젝트나 앱에 사용 가능하다. Teachable Machine은 누구나 머신러닝 모델을 쉽고 빠르고 간단하게 만들 수 있도록 제작된 웹 기반 도구이다.

사이트: https://teachablemachine.withgoogle.com/

그림 2.2 Teachable Machine 홈페이지

사용법은 훈련 데이터 모으기, 모델 학습하기, 미리 테스트하기 및 모델 출력의 3 단계를 통해 훈련 데이터를 준비하고, 훈련을 통해 학습하고, 결과 모델을 출력할 수 있다.

(1) 훈련 데이터 모으기

사용 방법은 학습하기 원하는 데이터들을 수집하여 종류 별로 그룹화 하여 준비한다. 먼저, 앞에서 주어진 사이트에 들어가면, 그림 2.3과 같은 화면이 나타난다. 화면 왼쪽에 Class 1에 웹캠으로 샘플 이미지(영상)를 추가할 수 있도록 하는 부분과 기존에 준비된 이미지를 업로드할 수 있는 부분이 보인다. 만일 웹캠을 컴퓨터에 설치하면 이미지를 바로 캡처할 수 있다. 기본적으로 2개의 클래스가 주어지지만, 아래 점선 부분에 보면 클래스를 추가할 수도 있다.

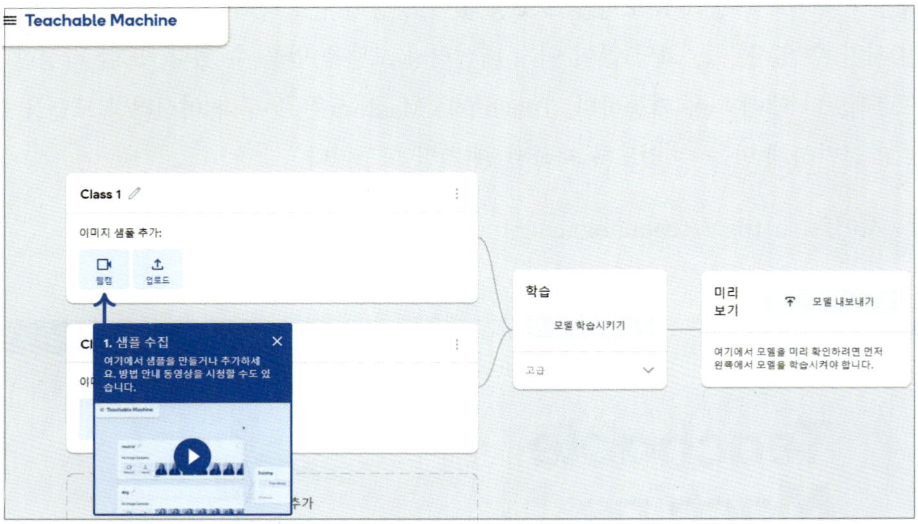

그림 2.3 Teachable Machine에서 데이터 모으기를 위한 화면의 예

그림 2.4는 Class 1에 7개의 입력 이미지를 캡처한 모습을 보인다. 같은 방식으로 그림 2.5와 같이 Class 2에도 필요한 수만큼의 이미지를 캡처한다.

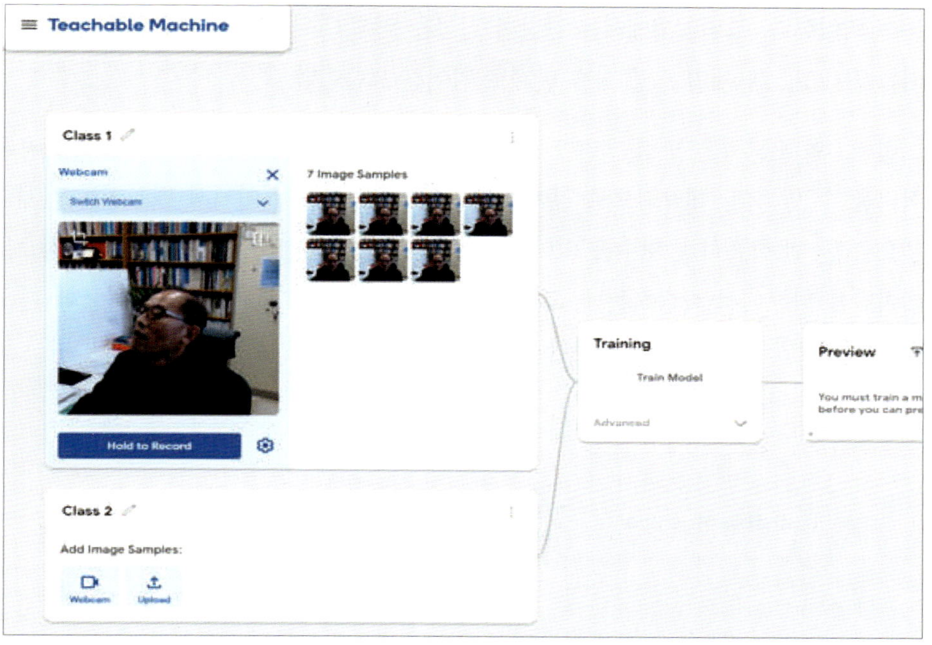

그림 2.4 Teachable Machine에서 이미지를 캡처한 후 화면의 예

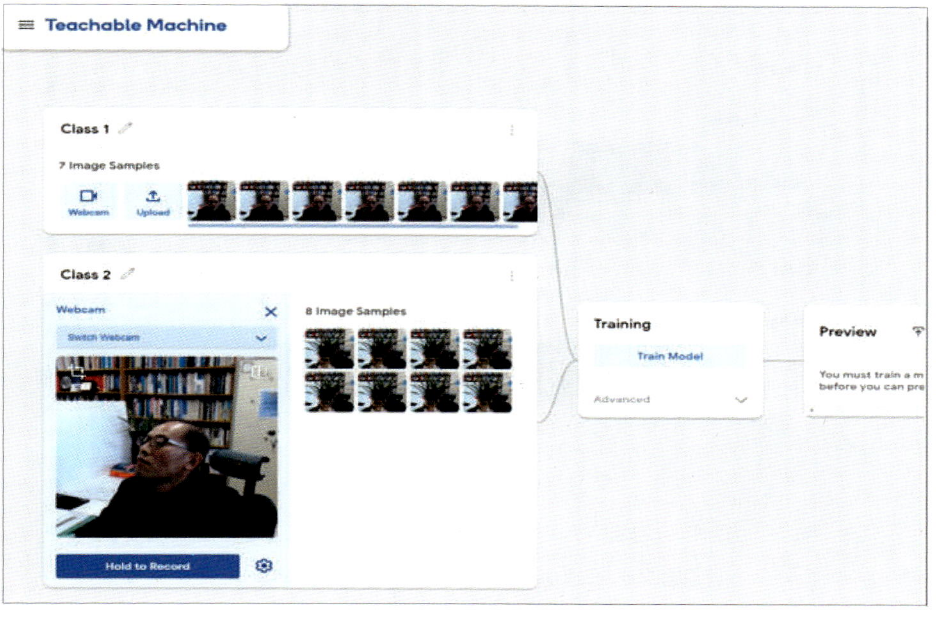

그림 2.5 모든 클래스 이미지를 입력한 화면의 예

(2) 모델 학습하기

문제 해결을 위해 모델을 학습시킨다. 모델은 어떤 문제를 해결하기 위해 기계가 훈련 데이터를 가지고 훈련 후에 그 결과로 만들어진 규칙, 파라미터와 같은 수들, 데이터 구조 등을 의미한다. 그림 2.6에서는 간단한 실험을 위해 Class 1과 Class 2의 훈련 이미지 준비를 끝내고, 2단계인 모델 학습 단계로 넘어간 모습이다.

그림 2.6의 오른쪽은 모델 훈련(Training)에 대한 정보를 보여주고 있다. 이 내용은 아직 어려울 수 있는데, 대략적으로 알아두자. 그림 2.7과 같이 여기서 Epoch는 전체 데이터셋으로 한 번 학습하는 횟수를 의미하고, Batch Size는 한 번 학습할 때 일반적으로 전체 데이터를 나누어서 학습하는데, 그때 데이터 크기이다. Learning Rate는 학습률이라는 값으로, 한 번 학습할 때 얼마만큼 학습해야 할지를 정하는 값이다. 그 값이 너무 크면 세밀하게 학습되지 않고, 너무 작으면 학습이 거의 일어나지 않는다.

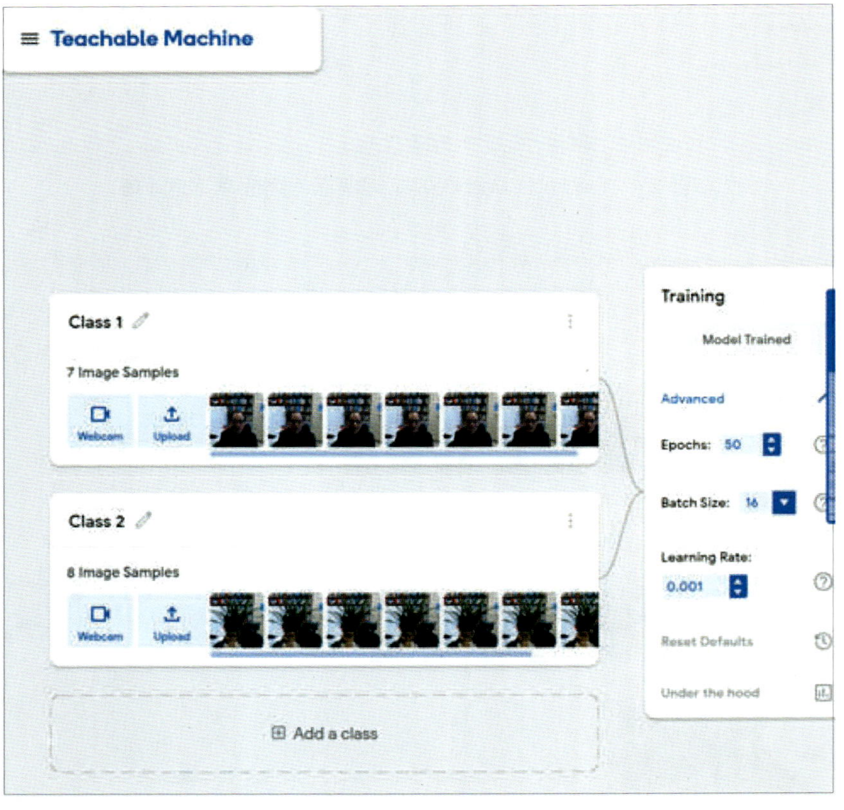

그림 2.6 모델 훈련에 대한 정보를 보이는 화면의 예

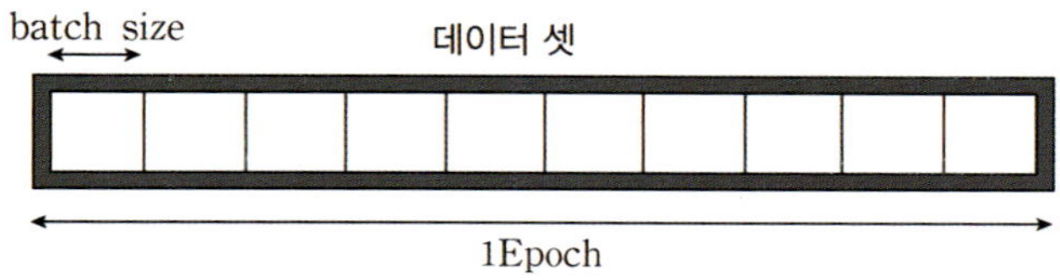

그림 2.7 훈련과 관련된 용어들

(3) 테스트하기 및 모델 출력

학습시킨 모델을 사용하여 미리 테스트 해볼 수 있다. 그림 2.8(a)는 입력으로 사람의 얼굴 영상을 입력하였다. 테스트 결과는 Class 1으로 정확하게 분류하였다. 그리고 그림 2.8(b)는 난초 화분을 입력 영상으로 하여 테스트한 결과이다. 난초 화분을 Class 2로 분류해서 바르게 나타냈다. 테스트한 모델의 성능이 만족할 만한 정도가 되었다면, 개발할 프로젝트에 사용하기 위해 그림 2.3의 오른쪽에 보이는 미리보기의 '모델 내보내기'를 통해 다운로드할 수 있다.

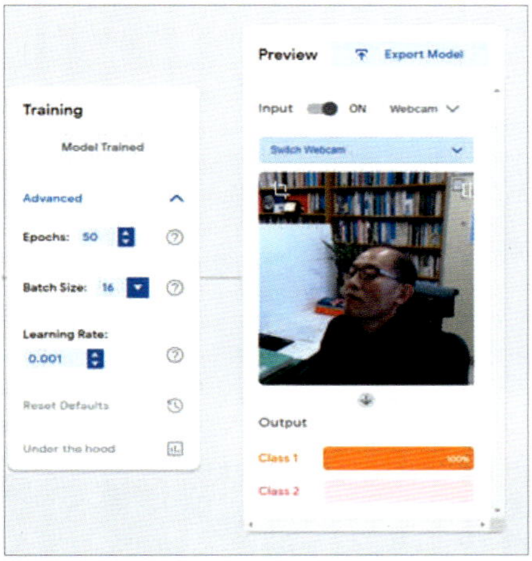

그림 2.8 (a) class 1로 분류 결과

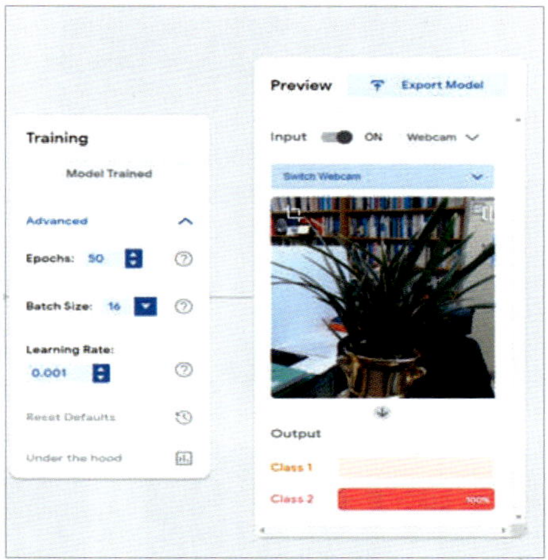

그림 2.8 (b) class 2로 분류 결과

2) Personal Image Classifier 사용 방법

MIT 대학에서 제공하는 앱 인벤터의 인공지능 확장기능인 Personal Image Classifier를 사용하여 머신러닝 학습에 대해 경험해 보자. Personal Image Classifier의 웹사이트는 다음과 같다.

사이트: https://classifier.appinventor.mit.edu

사이트에 들어가면, 다음의 그림 2.9와 같은 영상을 캡처할 수 있는 화면 창이 왼쪽에 나와 있다. 만일 웹캠을 준비해 컴퓨터에 접속하면, 화면에 영상이 나타난다. 그리고 이미지를 캡처하려면 마우스로 화면 창 아래 'Capture'를 클릭하여 이미지를 캡처할 수 있다.

(1) Class 만들기와 훈련 영상 모으기

먼저 영상의 종류별로 클래스를 만들기 위해 그림 2.9에서 오른쪽에 있는 ⊕를 누르고 클래스를 만들 수 있다. 예로서, 'Mask' 클래스를 만들고 이미지를 필요한 만큼 캡처한다. 그림 2.10에서는 'Mask' 클래스와 'Unmask' 클래스를 만들고, 각 10개 씩 이미지를 캡처한 예를 보이고 있다.

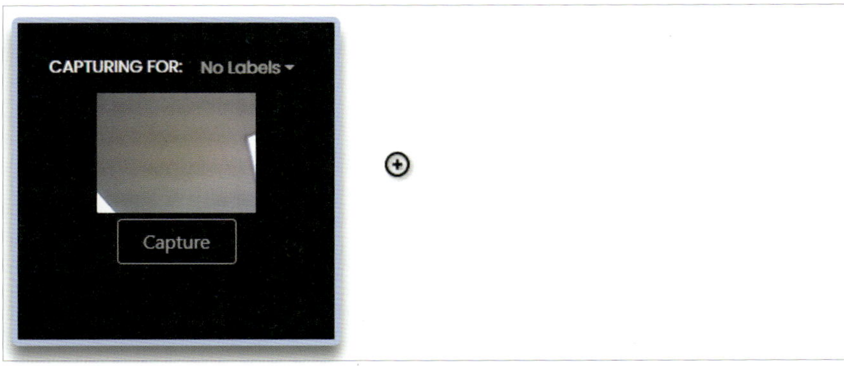

그림 2.9 Personal image classifier의 초기 화면

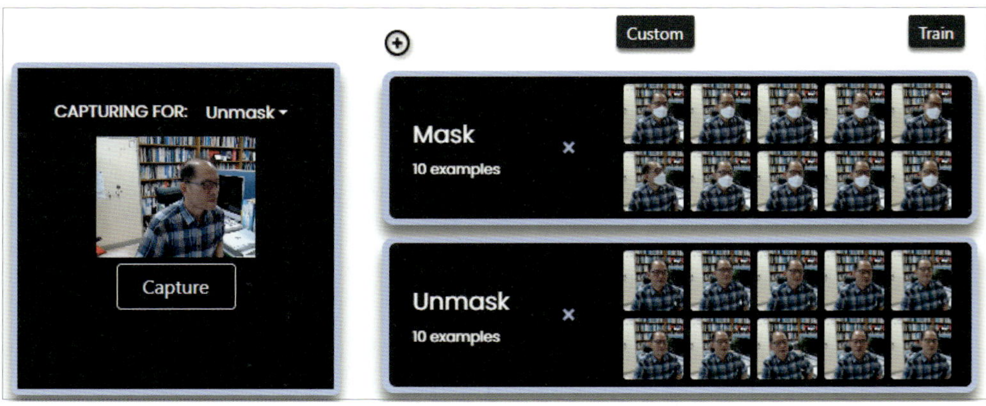

그림 2.10 Mask 상태와 Unmask 상태에 대한 훈련 영상 캡처

(2) 학습하기

입력할 이미지가 다 준비되면, 이제 훈련시킬 차례이다. 그림 2.10 오른쪽 위쪽에 있는 'Train' 버튼을 클릭하면, 준비된 입력 훈련 데이터를 사용하여 서버에서 학습 모델을 만든다.

(3) 테스트하기

다음 그림 2.11, 12에서와 같이, 테스트로 웹캠에 새로운 이미지를 캡처해 입력하면, 그림 중앙에 있는 CAPTURED PIC 화면처럼 영상이 캡처되고 화면 오른쪽의 CLASSIFICATION 화면에 처리 결과가 나온다. 그림 2.11에서는 입력 영상(이미지)이 마스크를 쓴 모습이기에 결과는 Mask로, 그림 2.12는 입력 영상이 마스크를 쓰지 않은 모습이기에 Unmask로 나타난다.

그림 2.11 Mask 상태에서 테스트

그림 2.12 Unmask 상태에서 테스트

그림 2.13에서는 테스트한 결과들을 보여준다. Mask인 경우와 Unmask 경우에 각각 몇 %로 Personal Image Classifier가 마스크를 쓴 것인지, 혹은 쓰지 않았는지를 나타낸다. 훈련된 모델로 테스트한 결과, Mask 상태는 100%로 나타났고, 마스크를 쓰지 않은

Unmask 상태는 98%, 99%로 각각 판단하였다.

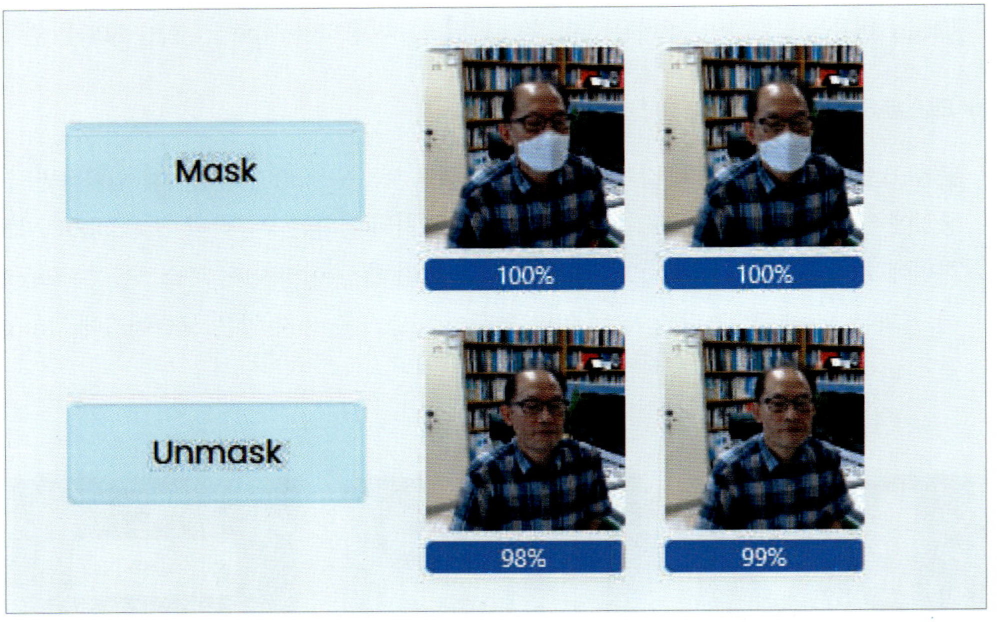

그림 2.13 각 상태에 다른 판단 확률

1.3 머신러닝의 역사

머신러닝은 부분적으로 뇌세포 상호작용 모델을 기반으로 한다. 1949년 헵(Donald Hebb)이 'The Organization of Behavior' 라는 책에서 이 상호작용 모델을 언급하였다. 이 책은 뉴런의 자극과 뉴런 사이의 정보 교환에 관한 그의 이론을 제시한다. 헵은 "한 세포가 다른 세포를 반복적으로 활성화 시키는 데 도움을 줄 때, 첫 번째 세포의 출력인 축삭돌기(axon)가 두 번째 세포의 세포체(soma)와 접촉된 시냅스(synapse)의 연결을 강화시킨다." 라고 했다. 처음 나오는 신경망의 용어들이어서 다소 생소할 수 있지만, 3절 "신경망과 딥러닝"에 자세히 설명되므로 일단 넘어가자. 이 헵의 개념을 인공 신경망과 인공 뉴런에 적용한다면, 인공 뉴런들 간의 연결 관계와 개별 인공 뉴런의 변화 방법이 된다.

1957년, Cornell 대학의 로젠블랫(Frank Rosenblatt)은 헵(Hebb)의 뇌세포 상호작용 모델을 새무얼(Arthur Samuel)의 기계 학습(machine learning)과 결합하여 퍼셉트론(perceptron)을 만들었다. 퍼셉트론은 처음에는 프로그램이 아닌 기계로 계획되었다. 원래 IBM 704용으로 설계된 이 소프트웨어는 이미지 인식용으로 제작된 'Mark 1 퍼셉트론'이라는 맞춤형 기계에 설치되었다. 이로 인해 소프트웨어와 알고리즘을 다른 컴퓨터에서 전송하고 사용할 수 있게 되었다.

1967년, 펠리로(Marcello Pelillo)는 기본적 패턴 인식의 시작인 최근접이웃(The Nearest Neighbor) 알고리즘을 제안했다. 이 알고리즘은 가장 효율적인 경로를 찾는 판매원 문제(Traveling Salesperson's Problem)에 대한 솔루션을 찾는 데 사용된 최초의 알고리즘 중 하나다. 이를 사용하여 판매원이 선택한 도시에 들어가서 모든 도시들을 방문할 때까지 가장 가까운 도시를 반복적으로 방문한다.

1970년대 말과 1980년대 초에 인공지능 연구는, 1969년 민스키의 퍼셉트론의 XOR 처리 문제점 제기로, 학습 알고리즘보다는 기호주의의 논리적 지식 기반 접근 방식을 사용하는 데 중점을 두었다. 그래서 신경망 연구는 컴퓨터 과학과 인공지능 연구자들에 의해 포기되었다. 이것은 인공지능과 기계학습 사이의 분열을 일으켰다. 그때까지는 머신러닝은 AI를 위한 훈련 프로그램으로 사용되었다. 수많은 연구원과 기술자가 포함된 머신러닝 산업은 별도의 분야로 재편되어 거의 10년 동안 어려움을 겪었다.

부스팅의 개념은 1990년 샤피르(Robert Schapire)의 "약한 학습 능력의 강화(The Strength of Weak Learnability)"이라는 제목의 논문에서 처음 발표되었다. 샤피르는 "약한 학습자들이 하나의 강력한 학습자를 만들 수 있다."라고 했다. 약한 학습자는 실제 분류와 약간 상관된다. 대조적으로 강력한 학습자는 실제 분류와 잘 맞다.

대부분의 부스팅 알고리즘은 반복 학습은 약한 분류기로 구성되어 있고, 최종적으로 강력한 분류기에 추가된다. AdaBoost는 널리 사용되는 머신러닝 알고리즘이며 역사적으로 중요하다. 또한, 약한 학습자와 동작할 수 있는 최초의 알고리즘이다.

현재 대부분의 음성 인식 훈련은 1997년 슈미트 후버(Jürgen Schmidhuber)와 호흐 라이터(Sepp Hochreiter)가 설명한 신경망 모델 인 LSTM(Long Short-Term Memory)이라는 딥러닝 기법으로 수행되고 있다. LSTM은 발생한 이벤트의 기억이 필요한 작업을 학습할 수 있다. 2015년에 Google 음성 인식 프로그램은 LSTM을 사용하여 49%의 상당한 성능향상을 기록했다.

표 2.2 딥러닝 관련 역사 요약

년도	개발자	내용
1949	Hebb	뇌 세포의 활성화와 상호작용
1952~1959	Samuel	머신러닝 용어 사용, 체크 프로그램
1957	Rosenblatt	Hebb의 모델과 Samuel 머신러닝 결합해 퍼셉트론 개발
1967	Pelillo	최근접이웃(The Nearest Neighbor)알고리즘
70년대 말~80년대 초		Minsky의 퍼셉트론 문제로 기호주의 AI에 관심
1990년대		신경망에 집중한 머신러닝 산업
1990	Schapire	최초 부스팅(Boosting) 알고리즘
1997	Schmidhuber, Hochreiter	딥러닝 기술(LSTM)이용 음성인식
2006	NIST	Face Recognition Grand Challenge 대회
2012	Google	X Lab 고양이 포함된 동영상 탐색
2014	Facebook	DeepFace 개발
2015	Google	음성 인식 프로그램(LSTM)

2006년에 NIST(국립 표준 기술 연구소)에서 Face Recognition Grand Challenge에 당시 인기 있는 얼굴 인식 알고리즘을 평가했다. 3D 얼굴 스캔, 홍채 이미지 및 고해상도 얼굴 이미지가 테스트 되었다. 그들의 평가는 새로운 알고리즘이 2002년의 안면 인식 알고리즘보다 10배 더 정확하고 1995년보다 100배 더 정확하다고 했다. 2012년 Google의 X Lab은 고양이가 포함된 동영상을 자율적으로 탐색하고 찾을 수 있는 머신러닝 알고리즘을 개발했다. 2014년 페이스 북은 인간과 동일한 정확도로 사진 속 개인을 인식하거나 확인할 수 있는 알고리즘 인 DeepFace를 개발했다.

최근 스탠포드 대학은 머신러닝을 "명시적으로 프로그래밍하지 않고 컴퓨터를 작동시키는 과학"으로 정의했다. 머신러닝은 이제 자율주행 자동차의 새로운 산업과 같은 가장 중요한 기술 발전의 일부를 담당하고 있다. 머신러닝은 지도 및 비지도 학습, 로봇을 위한 새로운 알고리즘, 사물 인터넷, 분석 도구, 챗봇 등을 포함한 새로운 개념과 기술을 만들어 내었다. 다음은 현재 산업 분야에서 머신러닝을 사용하는 7가지 일반적인 방법들이다.

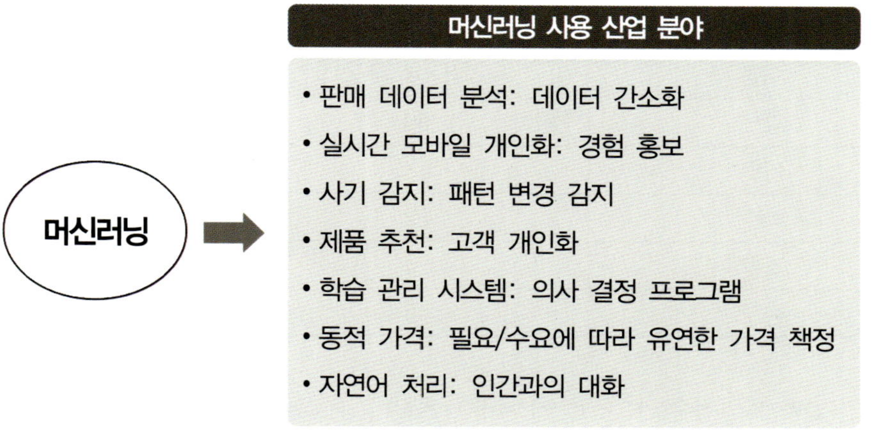

그림 2.14 머신러닝 사용 산업 분야의 예

2 머신러닝 모델 및 학습방법

2.1 모델 생성 및 구현 과정

모델의 생성 과정을 쉽게 이해하기 위해 간단한 문제를 예로 들어 보자. 몇 시간 동안 영어공부하면, 토익성적이 대략 얼마나 나올까? 예로서, 만일 25시간 동안 공부한다면 예상되는 토익성적은 얼마인가?

1단계: 모델 가정

토익공부 시간(x)을 늘이면, 토익 성적(y)이 올라갈 것이라는 생각을 한다. 공부 시간과 성적은 비례관계가 있어 직선관계로 가정하자. 그래서 모델을 직선으로 가정한다. 즉 $y = ax + b$. 여기서 a는 직선의 기울기, b는 직선이 절편(y축과 만나는 값)이다.

2단계: 모델 학습

학습을 위해 알고 있는 데이터들을 수집해 사용한다. 토익 성적(y)를 얻은 사람들이 얼마나 오래 영어공부를 했는지(x)에 대한 자료를 모은다. 예로서, 아래 표와 같이 5 사람의 데이터를 모았다.

표 2.3 훈련 데이터의 예

이름	영어공부 시간	토익 점수
김**	50	800
이**	18	320
박**	32	600
정**	24	430
손**	45	700

공부시간(x)과 토익점수(y): (x1, y1 = 50, 800) ... (x5, y5 = 45, 700), 훈련 데이터들을 가지고 모델을 학습시킨다. 여기서 학습의 의미는 훈련 데이터를 사용해 직선 y = ax + b에서 알고 있는 x와 y들을 대입하여 미지의 값인 a, b를 구하는 것이 된다. 즉 최종 직선과 각 점에서의 거리인 오차를 최소로 하는 직선의 식을 결정해 파라미터 a, b를 결정한다. 그러면 모델은 완성된다.

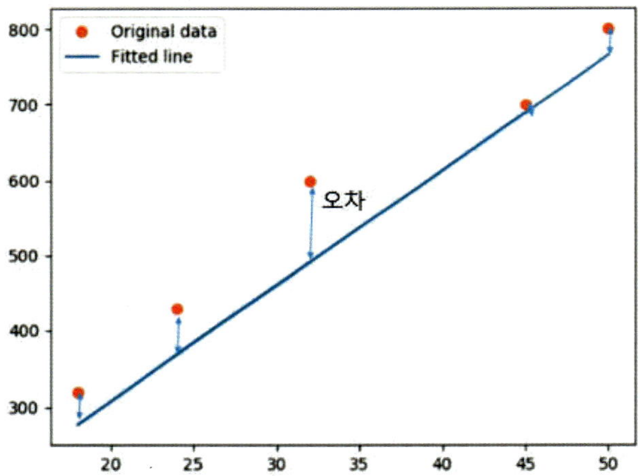

그림 2.15 회귀 직선의 예시

3단계: 모델 적용

모델 학습이 끝나면 직선의 오차가 가장 작은 파라미터 값(a, b)이 정해진다. 이제 영어 공부 시간 x를 알면, 예상되는 토익 점수 y를 예측할 수 있다. 예로서, 학습 데이터에 없는 25시간 동안 영어공부를 한다면, 받을 수 있는 점수는 얼마일까? 토익 점수(y) = a*(영어공부시간 x=25) + b에서, 모델을 통해 a, b가 결정되었기에, x = 25를 입력하면 토익점수 y = 약 382 점이 나온다.

2.2 학습 방법

머신러닝의 학습 방법(알고리즘)은 너무 많아서 분류가 쉽지 않다. 그러나 두 가지 방법으로 크게 분류하자. 첫 번째는 많이 사용하고 있는 학습 형태에 따른 분류이고, 두 번째는 기능 유사성에 따른 분류이다.

학습 방법은 종종 기능(작동 방식) 측면에서 유사성에 따라 분류할 수 있다. 예를 들어, 트리 기반 방법이나 신경망에서 영감을 받은 방법들이 있다. 이 분류 방법은 유용한 분류 방법이지만 완벽하지는 않다. 어떤 방법들은 여러 범주에 동시에 들어갈 수 있는 알고리즘들이 여전히 있기 때문이다. 대부분의 교재에서는 첫 번째 학습 형태에 따른 분류를 중심으로 소개하고 있다.

1) 학습 형태에 따른 분류(지도, 비지도, 반지도)

(1) 지도 학습

지도 학습(Supervised Learning)에서 입력 데이터는 학습 데이터라고 한다. 입력 데이터는 레이블(label)이나 결과 값을 알고 있다. 예로서, 스팸/스팸 아님 또는 현재 시간의 주가와 같은 알려진 레이블 또는 결과가 있다.

훈련 과정을 통해 모델을 준비하고, 예측이 틀릴 경우 이를 수정한다. 모델이 훈련 데이터에서 원하는 수준의 정확도를 달성할 때까지 훈련 과정이 계속된다. 지도 학습의 예는 분류 및 회귀 문제이다. 알고리즘의 예로는 로지스틱 회귀 및 역전파 신경망이 있다.

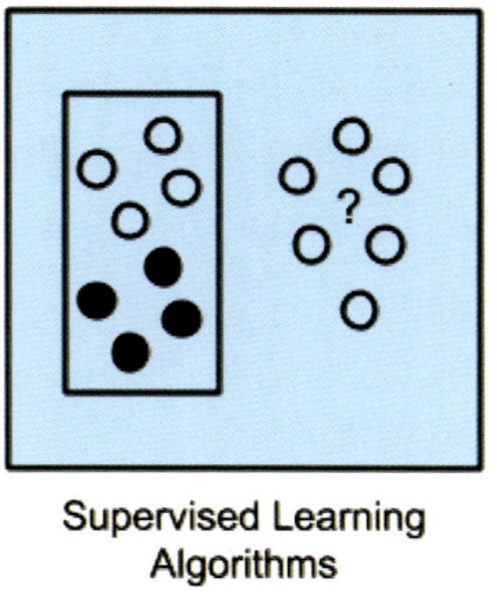

그림 2.16 지도 학습

(2) 비지도 학습

비지도 학습(Unsupervised Learning) 입력 데이터에 레이블이 지정되지 않았거나, 알려진 결과 값이 없다. 입력 데이터에 존재하는 구조를 추론하여 모델을 작성한다.

이것은 데이터의 일반적인 규칙을 추출하기 위한 것일 수 있고, 중복성을 체계적으로 줄이기 위한 것일 수도 있고, 데이터를 유사성으로 정리하는 것일 수도 있다. 예제 문제는 클러스터링, 차원 축소 및 연관 규칙 학습이다. 예제 알고리즘에는 Apriori 알고리즘과 K-Means가 여기에 속한다.

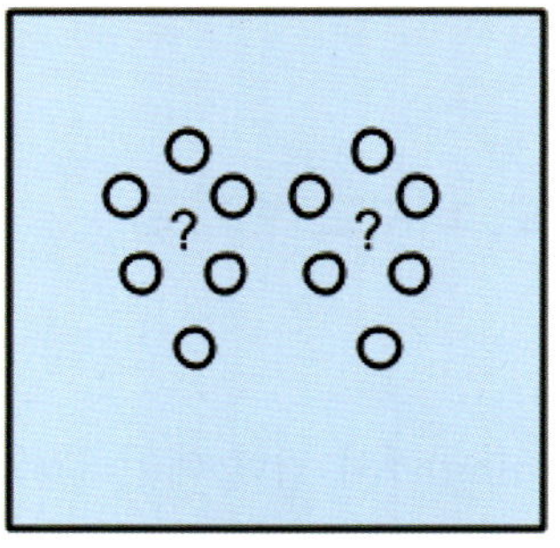

Unsupervised Learning Algorithms

그림 2.17 비지도 학습

(3) 반지도 학습

반지도 학습(Semi-supervised Learning)은 지도학습과 비지도학습의 혼합으로 입력 데이터가 레이블이 지정된 예제와 레이블이 지정되지 않은 예제로 구성되어 있다.

원하는 예측 문제도 있지만 모델은 데이터를 구성하고 예측을 수행하는 구조를 학습해야 한다. 앞의 2가지 학습 방법의 혼합이라 생각하면 된다. 예제 문제는 분류 및 회귀이다. 소수의 레이블이 된 영상 데이터를 가진 대량의 영상 데이터 셋에 대해 영상을 분류하는 연구가 반지도 학습의 예가 된다.

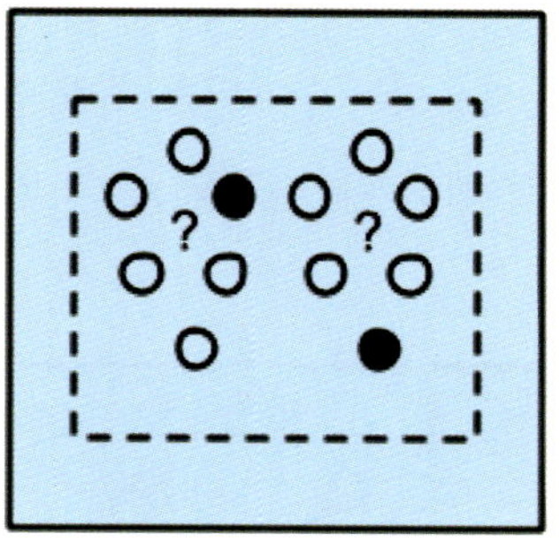

그림 2.18 반지도 학습

2) 기능 유사성에 따른 분류(회귀, k-NN, SVM, 의사결정 트리, K-Means 등)

(1) 회귀

회귀(Regression)는 모델에 의해 만들어진 예측의 오차 측정을 사용하여 반복적으로 정제되는 변수 간의 관계를 모델링하는 것과 관련이 있다. 가장 널리 사용되는 회귀 알고리즘은 일반 최소 제곱 회귀, 선형 회귀, 로지스틱 회귀, 단계적 회귀 등이 있다.

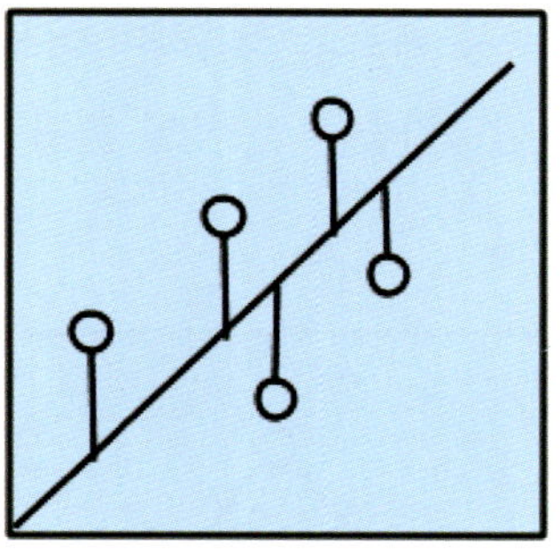

그림 2.19 회귀

(2) 인스턴스 기반 학습

인스턴스 기반 학습(Instance-based Learning) 모델은 예제 데이터베이스에 대해 입력 데이터의 유사성을 결정하는 문제이다. 이러한 방법은 일반적으로 예제 데이터의 데이터베이스를 구축하고, 가장 잘 일치하는 항목을 찾고 예측하기 위해 유사성 측정을 사용해 입력 데이터를 데이터베이스와 비교한다.

데이터베이스에 저장된 인스턴스의 표현과 새 데이터 인스턴스 간에 사용되는 유사성 측정에 중점을 둔다. 가장 널리 사용되는 인스턴스 기반 알고리즘은 k-최근접 이웃(k-NN), 로컬 가중 학습(LWL), 서포트 벡터 머신(SVM) 등이 있다.

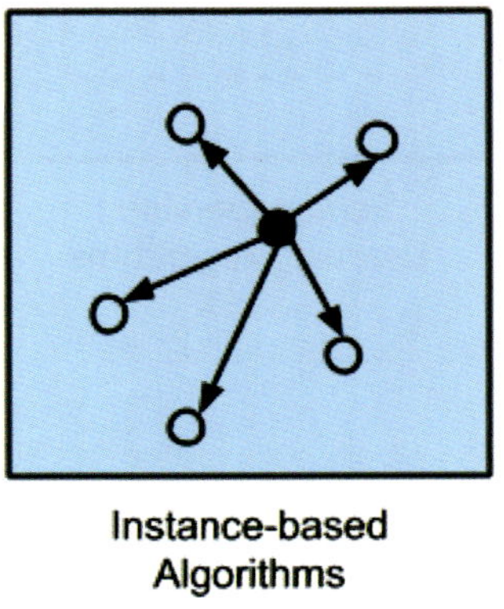

그림 2.20 인스턴스 기반 학습

(3) 의사결정 트리

의사결정 트리(Decision Tree) 방법은 데이터 속성의 실제 값을 기반으로 한 의사결정 모델을 구성한다. 트리 구조에서 주어진 레코드에 대한 예측 결정이 내려질 때까지 결정이 분기된다. 의사결정 트리는 종종 빠르고 정확하며 머신러닝에서 많이 사용한다. 가장 널리 사용되는 의사결정 트리 알고리즘은 분류 및 회귀 트리(CART), 반복 이분법 3(ID3) 등이 있다.

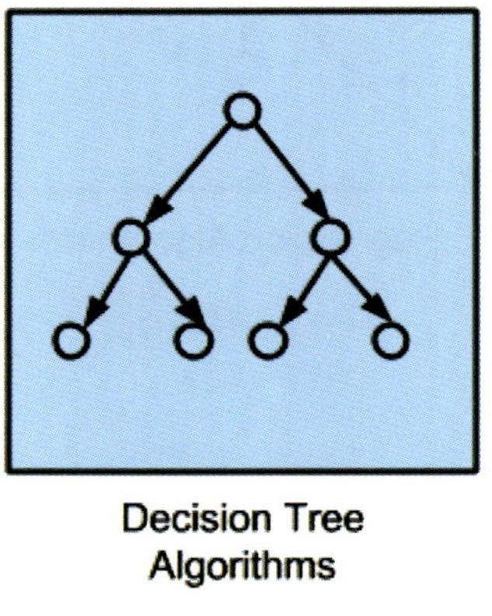

그림 2.21 의사결정 트리

(4) 베이지안

베이지안(Bayesian) 방법은 분류 및 회귀와 같은 문제에 대해 베이지안 정리를 명시적으로 적용하는 방법이다. 가장 널리 사용되는 베이지안 알고리즘은 나이브 베이즈, 가우시안 나이브 베이즈, 베이지안 네트워크(BN) 등이 있다.

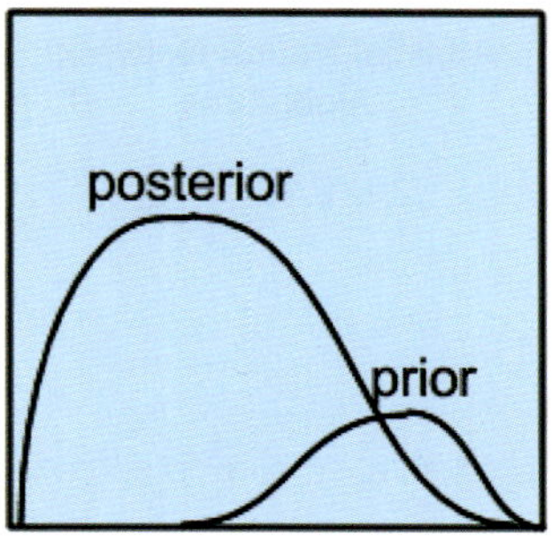

그림 2.22 베이지안

(5) 클러스터링

클러스터링(Clustering) 방법은 일반적으로 중심 기반 및 계층과 같은 모델링 접근 방식으로 구성된다. 모든 방법은 데이터의 고유 구조를 사용하여 데이터를 최대 공통성의 그룹으로 가장 잘 구성하는 것과 관련이 있다. 가장 널리 사용되는 클러스터링 알고리즘은 k-Means, 기대 극대화(EM), 계층적 클러스터링 등이 있다.

(6) 신경망

신경망(Neural Networks)은 생물학적 신경망의 구조 또는 기능에서 영감을 받은 모델이다. 이것은 회귀 및 분류 문제에 일반적으로 사용되는 패턴 일치 클래스이다. 하지만 실제로는 모든 방식의 문제 유형에 대한 수백 가지 알고리즘과 변형으로 구성된 거대한 하위 분야이다.

이 분야의 엄청난 성장과 인기로 인해 신경망에서 딥러닝을 분리했다. 가장 널리 사용되는 신경망 알고리즘은 퍼셉트론, 다층 퍼셉트론(MLP), 역전파, 확률적 경사하강법 등이 있다.

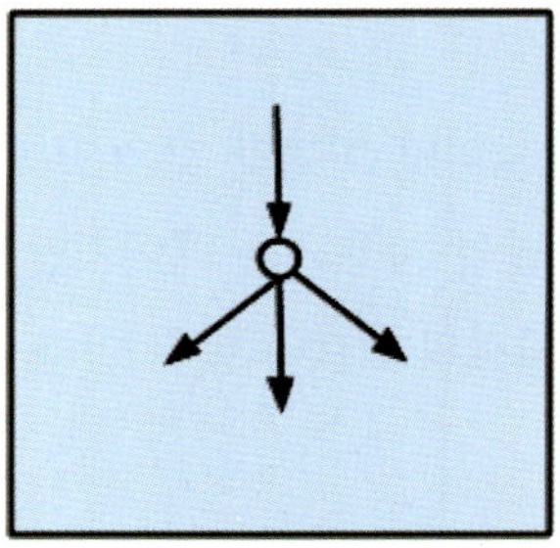

Artificial Neural Network
Algorithms

그림 2.23 신경망

(7) 딥러닝

딥러닝(Deep Learning) 방법은 최근의 컴퓨팅 파워를 활용하는 신경망에 대한 최신 버전이다. 훨씬 더 크고 복잡한 신경망을 구축하는 것과 관련이 있으며, 많은 방법은 이미지, 텍스트, 오디오 및 비디오와 같은 레이블이 지정된 아날로그 데이터의 매우 큰 데이터 세트와 관련이 있다.

가장 널리 사용되는 딥 러닝 알고리즘은 컨볼루션 신경망(CNN), 순환 신경망(RNN), 장단기 기억 네트워크(LSTM), 딥 볼츠만 머신(DBM), 깊은 신뢰 네트워크(DBN) 등이 있다. 이후 4장 '딥러닝 모델의 종류'에서 다시 간단하게 소개한다.

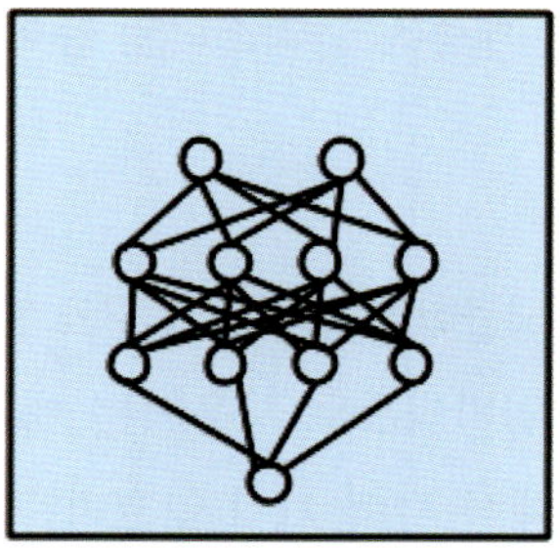

Deep Learning
Algorithms

그림 2.24 딥러닝

이 외에도 강화 학습(Reinforcement Learning)과 같은 머신러닝의 전문 세부 분야의 알고리즘과 정규화(Regularization), 연관규칙 학습(Association Rule Learning), 차원 축소(Dimensional Reduction), 앙상블 알고리즘(Ensemble Algorithms) 등 많은 머신러닝의 방법들이 있다.

3 신경망과 딥러닝

3.1 신경망이란?

인공신경망은 사람의 뇌가 정보를 처리해 학습하는 방법에 대한 간소화된 모델이다. 이하에서는 인공신경망 혹인 인공 신경회로망을 줄여서 신경망이라고 하자. 신경망은 인간 뇌에 기본 단위인 신경세포인 뉴론(neuron)을 나타내는 수많은 처리 단위(processing element)가 서로 연결되어, 그림 2.25와 같이 층을 이루어 정보를 처리한다.

생물학적 뉴론의 수상돌기(dendrite)는 다른 여러 뉴론들로부터 정보를 받아들인다. 이 때 다른 뉴론들과는 시냅스(synapse) 연결을 통해 다른 연결 강도로 연결되어있다. 그 정보들을 세포체(cell body)에서 합한 다음, 일반적으로 비선형 처리를 하고, 결과를 축색돌기(axon)을 통해 다른 뉴론으로 보낸다. 이를 수학적인 모델로 나타내 보자. 각 입력은 x_1, x_2, $\ldots x_n$으로 나타낼 수 있다. 그리고 연결강도를 $w_1, w_2, \ldots w_n$으로 나타낸다면, 이 입력들은 합해져서 비선형함수 $f(x)$를 거쳐서 출력 y_i로 나간다. 즉 다음 수식과 같이 표현된다.

$$y_i = f(x_1 \cdot w_1 + x_2 \cdot w_2 + \ldots + x_n \cdot w_n)$$

인공 뉴론인 처리 단위는 실제 생물학적 뉴론의 기능을 수학적으로 간소화해서 그림 2.26과 같이 나타낸다. 그림에서 연결강도는 편의상 $w_i = 1$로 하였다.

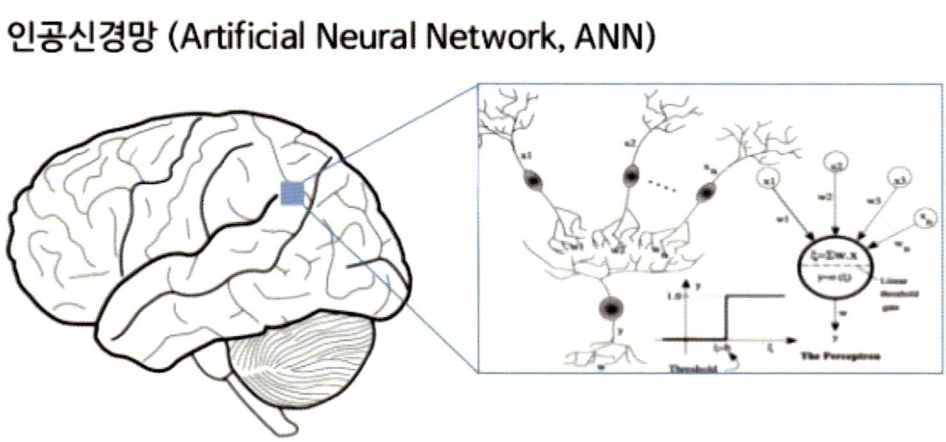

그림 2.25 인간 뇌의 구성과 인공신경망

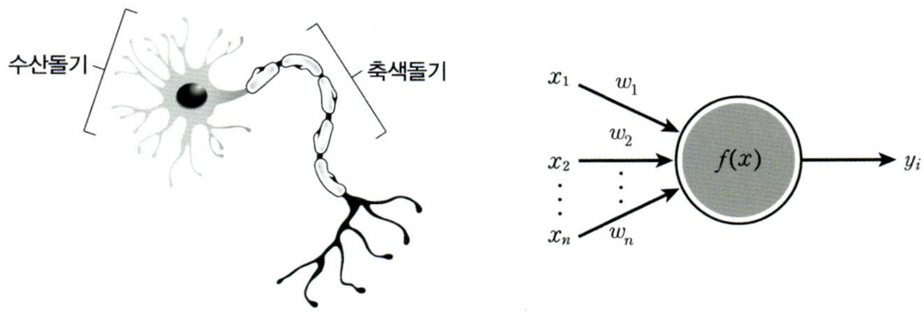

그림 2.26 뇌세포 뉴론과 수학적 모델

3.2 신경망의 역사

뇌의 기능에 대해 지능적 동작을 흉내 내기 위해, 1943년 맥클록(McCulloch)과 피츠(Pitts)는 뇌에서 신경세포(neuron)가 어떻게 동장하는지에 대해 연구를 하고, 연결된 전기회로를 사용하여 간단한 신경회로망을 만들었다. 1949년 햅(Hebb)은 신경망의 연결들이 사용되면 될수록 강화된다는 최초로 신경회로망의 학습 규칙을 제안하였다.

표 2.4 신경회로망의 발전

시기	개발자	내용
1943년	McCulloch와 Pitts	단순 연결 신경망 산술 및 논리연산 가능
1949년	Hebb	최초 신경망의 학습(Hebb 규칙)
1957년	Rosenblatt, Widrow	Perceptron, 단층 신경회로망
1969년	Minsky, Papert	Perceptron: XOR문제해결 불가 → 신경망연구 침체
80년 중반		기호주의 AI 한계
1984년	Rumelhart 등 PDP그룹	다층 퍼셉트론(오류 역전파 학습) → 신경망 연구 부흥
1986년	Dechter	딥러닝(deep learning) 용어 사용
2000년대		CPU/GPU 속도 상승, 빅 데이터 학습 여건
2006년	Hinton	심층 신경망(딥러닝)

이후 50~60년대 단층 인공 신경회로망(신경망) 연구가 있었다. 로젠블라트(Rosenblatt), 위드로(Widrow)와 호프(Hoff) 등의 연구자들이 단층 신경회로망들을 개발하여, 일기예보, 전화선에서 잡음 제거, 심전도 해석, 기호처리 등에 여러 응용에 사용하였다. 그러나 1969년 민스키(Minsky)와 파퍼트(Papert)는 'Perceptron'이라는 책에서 단층 신경망 퍼셉트론(perceptron)으로 비선형 분리가 불가하여 XOR 문제 해결이 불가능함을 발표한다. 이로 인해

신경회로망의 연구는 약 20년간 침체되고, 기호주의(symbolism) 인공지능이 활성화 된다.

그러나 소수의 학자들은 신경회로망의 연구를 계속하여 이론적 기초를 강화하였다. 다층 퍼셉트론(multi-layer perceptron)은 입력층과 출력층 사이에 은닉층(hidden layer)을 가지는 신경회로망이다. 다층 퍼셉트론은 단층 퍼셉트론의 비선형 분리의 문제점을 해결할 수 있다. 다층 퍼셉트론의 학습 알고리즘인 오류역전파(Error Back Propagation) 알고리즘을 80년대 중반에 루멜하트(Rumelhart)를 포함한 PDP 그룹이 오류역전파를 제안하여 신경회로망의 문제점을 해결하였다.

한편 80년대 기호주의 인공지능의 한계를 느낀 미국 국방성은 인공지능의 다른 접근 방법인 신경회로망 연구를 프로젝트로 수행해 새로운 연구의 돌파구를 시도한다. 신경회로망은 기호주의에 대응하는 개념으로서, 비 기호주의 접근 방법이며 인간의 뇌와 상호 연결된 뉴런의 복잡한 네트워크를 모방하려는 '연결주의(connectionism) 인공지능' 이다. 80년대 중반에 다층 퍼셉트론의 학습 알고리즘인 오류역전파 알고리즘이 나왔지만, 다층 퍼셉트론은 학습시간이 오래 걸리는 문제가 여전히 있었다.

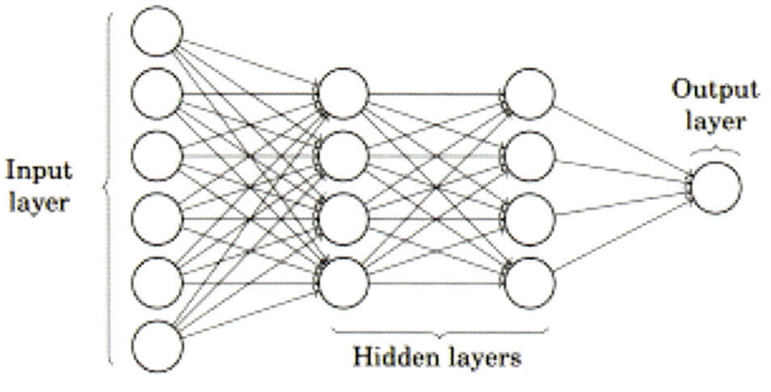

그림 2.27 다층 퍼셉트론의 예

그러나 2000년대 들어서면서 CPU/GPU와 같은 프로세스의 속도가 빨라지고 가격도 낮아져 네트워크로 병렬 분산처리를 할 수 있게 되어 다층신경망의 시간문제를 해결할 수 있게 되었다. 딥러닝(Deep Learning)이라는 용어 자체는 1986년 미국 캘리포니아 대학의 덱터(Rinda Dechter)에 의해 머신러닝 소사이어티에 소개되었다. 하지만 일반 신경망에서 딥러닝으로 가기 위해서 학습에서 은닉층이 많은 다층 퍼셉트론에서 기울기 소멸 문제, 신경망의 연결 가중치 초기화 문제, 과적합 문제와 같은 문제 해결이 필요하였다.

일부 연구자들은 2006년을 딥러닝의 시작으로 간주한다. 2006년에 캐나다 토론토 대학의 힌튼(Geoffrey Hinton) 등의 논문은 머신러닝의 맥락에서 "deep"이라는 단어가 처음 등장한다. 그들은 다층 신경망에다 학습을 위한 전처리 과정을 추가한 딥러닝 기법을 발표하였다. 다층신경망은 은닉층의 수가 1~2개 이지만, 딥러닝(심층 신경망)은 약 1,000 개까지 사용하기도 한다.

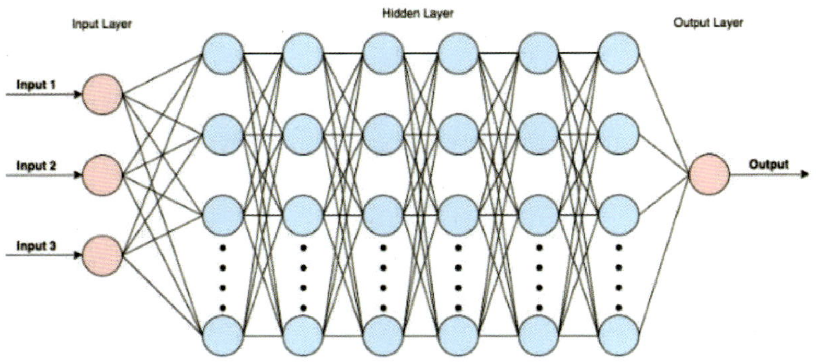

그림 2.28 딥러닝의 심층 신경망의 예

3.3 다층 신경망과 오류 역전파 알고리즘

오류 역전파 알고리즘 다층 신경망의 지도 학습에 사용되는 가장 간단하고 일반적인 방법 중 하나이다. 역전파는 내부적으로 연결 가중치 값을 조정하여 입력과 출력 사이의 비선형 관계를 근사화한다. 이것은 훈련 패턴에 포함되지 않은 입력에 대해 더 잘 처리할 수 있다.

다음 그림은 입력 계층, 은닉 계층 및 출력 계층을 포함하는 역전파 신경망의 구성의 한 예를 보여준다. 역전파 신경망은 하나 이상의 은닉층을 가질 수 있다.

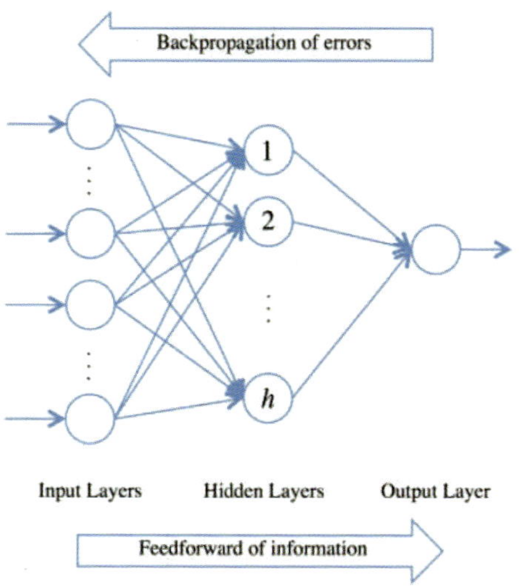

그림 2.29 오류 역전파의 개념

그림 2.29와 같이 역전파 신경망의 작동은 전방향 전파(feedforward)와 역전파(backpropagation)의 두 단계로 나눌 수 있다. 전방향 전파 단계에서 입력 패턴이 입력 계층(layer)에 적용되고 그 효과는 출력이 생성될 때까지 신경망을 통해 계층별로 정보가 전방향으로 전파된다.

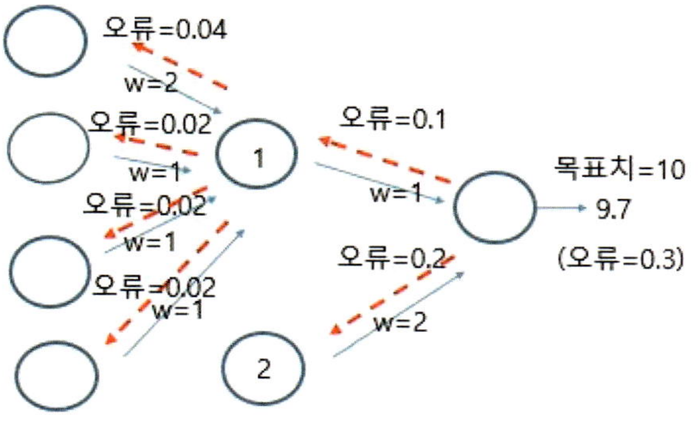

그림 2.30 오류 역전파

오류 역전파의 개념 설명을 간단히 하기 위해, 그림 2.30의 부분 예시에서와 같이, 신경망 출력단의 실제 출력 값(9.7)과 예상 출력인 목표치(10)와 비교해 출력 노드에 대해 오차(오류)를 계산한다. 모든 은닉 노드가 어느 정도 출력 계층에서의 오류에 기여했기 때문에 출력 오류는 역방향으로 출력 계층에서 은닉 계층의 각 노드로 역전파 된다. 그래서 이 알고리즘의 이름이 '오류 역전파' 알고리즘이다.

각 노드에 대한 오류가 결정되면, 이 오류 값을 사용하여 신경망이 모든 훈련 패턴을 인코딩할 수 있는 상태로 수렴할 때까지 각 계층의 연결 가중치의 값을 업데이트한다. 오류 역전파 알고리즘은 델타 규칙 또는 경사하강법이라는 기술을 사용하여 가중치 값에서 오류 함수의 최소값을 찾는다. 오류 함수를 최소화하는 가중치는 학습 문제에 대한 해가 된다.

3.4 딥러닝으로 가기 위한 문제들

다층 신경망은 일반적으로 몇 개 정도의 은닉층을 가진다. 그러나 은닉층의 수를 늘이면, 학습이 잘 안 되는 기울기 소멸 문제가 일어난다. 또한 신경망은 가중치의 초기 값에 따라 신경망의 성능차이가 생기는 문제, 신경망의 층이 많아질수록 복잡한 모델을 표현할 수 있지만 지나치게 학습 데이터에 맞추어진 과적합(overfitting) 문제들이 생긴다. 이러한 문제들이 점차적으로 해결되어 오늘날 딥러닝이 가능하게 되었다. 각 문제들이 어떤 것인지 다음에 간략하게 소개한다.

1) 기울기 소멸 문제

기울기 소멸 문제(vanishing gradients problem)는 심층 신경망을 훈련할 때 발생할 수 있는 불안정한 동작이다. 이것은 은닉층이 많은 심층 다층 네트워크 모델에서 출력층에서 입력층으로 오류를 최소화하기 위해 유용한 기울기(gradient) 정보를 다시 전파할 수 없어서 학습이 일어나지 않는 상황을 말한다. 그림 2.31에서와 같이 시그모이드(sigmoid) 활성화 함수의 기울기(미분) 값은 < 0.25이므로 이 값을 여러 번 곱하면, 최종 값이 그림 2.32와 같이 거의 0가 된다. 따라서 딥러닝 모델로 가려면 주어진 데이터 세트에 대하여 학습할 수 없거나 잘못된 결과로 조기에 수렴할 수밖에 없게 된다.

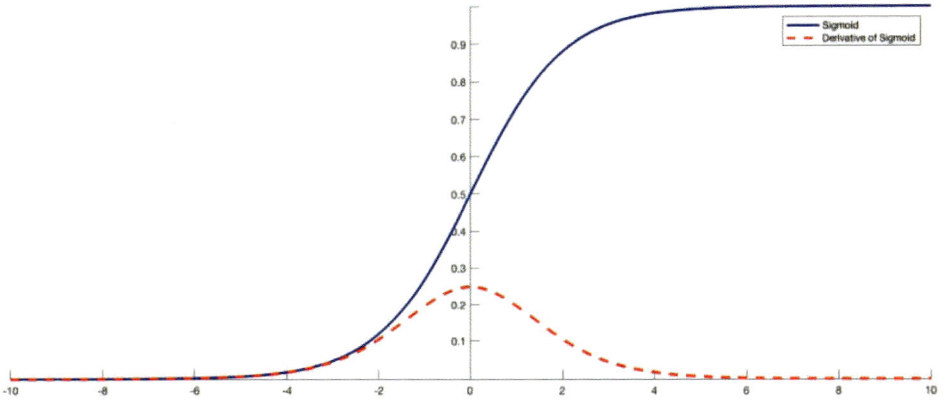

그림 2.31 시그모이드 함수와 그 기울기(미분)

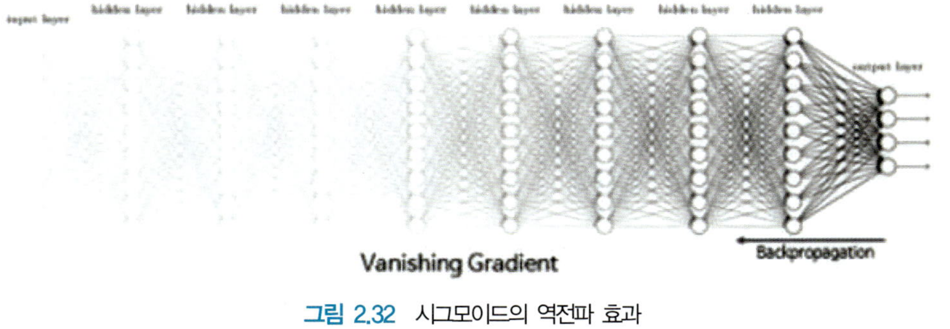

그림 2.32 시그모이드의 역전파 효과

이 기울기 소멸 문제를 해결하기 위해 여러 방법이 제안되었다. 하지만 일반적인 해결 방법은 이전에 기본 활성화 함수이었던 시그모이드나 쌍곡선 탄젠트 활성화 함수 대신 그림 2.33과 같은 ReLU (Rectified Linear Unit) 활성화 함수를 사용하는 것이다.

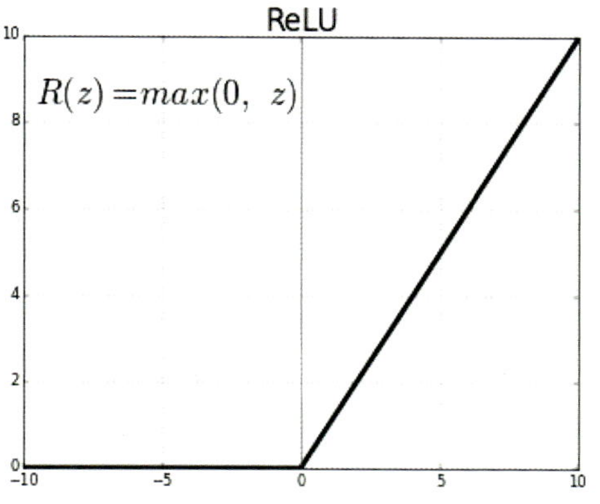

그림 2.33 ReLU 함수

ReLU 함수의 기울기(미분) 값은 입력에 대해서 일정한 값을 가지기 때문에 계속 값을 누적해 곱해도 그림 2.34와 같이 최종 계층에 값이 전달된다.

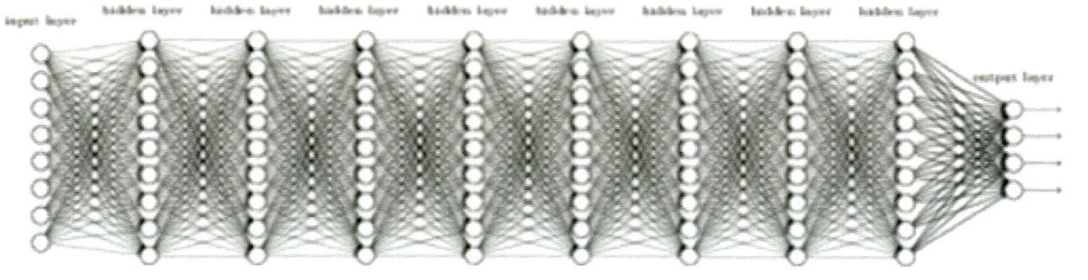

그림 2.34 ReLU의 역전파 효과

2) 가중치 초기값 설정 문제

일반적으로 다층 신경망을 학습할 때에 가중치의 초기 값으로 0에 가까운 랜덤한 값을 사용해 왔다. 문제는 신경망을 동일한 데이터로 학습시켜도 가중치 값에 따라 성능에서 차이가 나는 문제가 있다. 이 문제를 해결하기 위한 몇 가지 방법들이 다음과 같이 연구되었다.

먼저, 제한적 볼츠만 머신(RBM)을 사용하여 가중치 초기 값을 정하는 방법이 있다. 그리고 입력노드와 출력노드의 개수의 정보를 사용하여 무작위로 값을 설정하면 단순한 방법이지만 학습 성능이 개선된다. 또한, 인접하는 층의 가중치 값으로 행렬을 만들고, 이 행렬을 직교행렬(orthogonal matrix)로 만들어 가중치를 초기화하는 방법이다.

3) 과적합 문제

과적합(overfitting)은 신경망에서 학습 데이터에 대해 학습이 너무 잘 되어서 학습 데이터에 대해서는 높은 정확도를 나타내지만, 테스트 데이터나 실제 적용 시에는 성능이 떨어지는 현상을 말한다. 그림 2.35에서와 같이 데이터가 부족한 경우에 생기는 부적합(underfitting), 그리고 그와 대응되는 개념으로 학습 데이터에 대해 과하게 학습하여 실제 데이터에 대한 오차가 증가하는 과적합, 그리고 중간에 있는 일반적인 데이터에 대해 잘 처리하는 정적합(good fitting)이 있다.

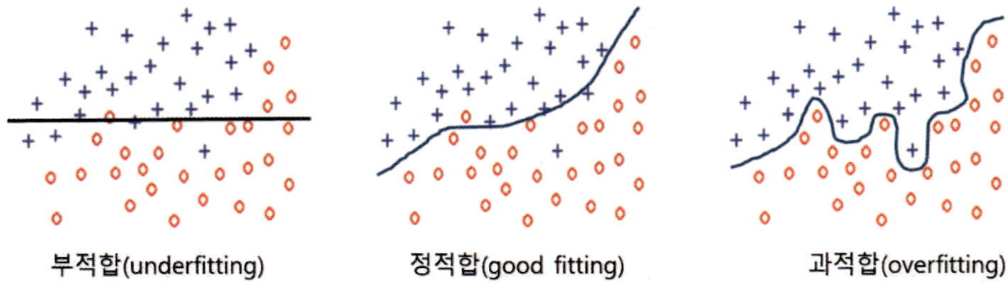

그림 2.35 부적합, 정적합, 과적합의 개념

과적합 문제를 해결하기 위해 몇 가지 방법이 있다. 오차함수에 오차 항과 모델 복잡도 항의 합으로 정의하는 규제화(regulation) 방법, 전체 학습 데이터를 일정 크기로 나누어 놓은 미니 배치(batch)를 각 층에 적용할 때에 분포를 정규화하는 배치 정규화(batch normalization), 그리고 매번 학습을 할 때 신경망의 일부만을 사용해 학습을 하는 그림 2.36과 같은 드롭아웃(dropout)이 있다. 딥러닝 신경망에서 대표적인 방법으로 드롭아웃을 사용하기도 한다.

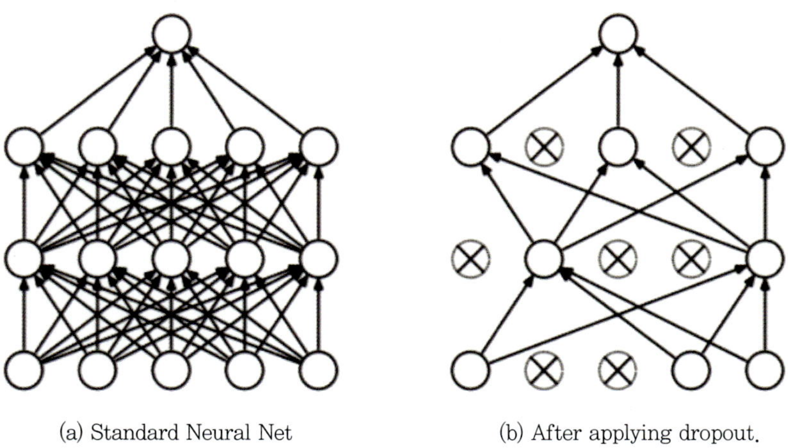

그림 2.36 드롭아웃의 개념

딥러닝으로 가기 위해 많은 사람들의 기여가 있었다. 그 중요한 기여를 한 사람들 중에 캐나타 토론토대학의 제프리 힌튼(Geoffrey Hinton) 교수가 있다. 그의 핵심 아이디어는 신경망을 계층으로 분할하고 학습 알고리즘을 한 번에 한 계층에 적용하는 것이었다. 예로서, 이미지 인식에서 첫 번째 층은 에지(edge)를 식별하는 방법을 학습하고, 두 번째 층은 에지들의 특정 패턴이 특정 모양을 만드는 것을 볼 수 있고, 세 번째는 모양들의 특정 조합이 얼굴이 된다는 것이다. 그는 2012년 그의 학생 2명과 함께 이러한 딥러닝 접근 방식을 사용해 국제 대회인 Large Scale Visual Recognition Challenge 2012 (ILSVRC 2012)에서 우승하고, 처음으로 인간 시각의 정확도와 경쟁한 시각 인식 소프트웨어를 만들었다.

2014년 머신러닝 연구 저널(Journal of Machine Learning Research)에 "드롭아웃(Dropout): 과적합에서 신경망을 차단하는 간단한 방법"이란 논문을 발표하였다. 그리고 2018년에 힌튼은 인공지능 분야를 발전시킨 그의 수십 년 간의 그의 업적에 대해 "컴퓨팅의 노벨상"으로 불리는 권위 있는 A. M. 튜링상을 그의 제자 교수들과 함께 받았다.

그림 2.37 튜링상을 받은 힌튼 교수와 그의 제자 교수들

3.5 딥러닝의 개념과 특징

1) 딥러닝의 개념

머신러닝(Machine Learning)의 주요 목표는 일반화이다. 즉, 훈련 데이터 세트에서 알고리즘을 훈련하고 알고리즘이 훈련하지 않은 새로운 데이터 셋에 대해서도 고성능으로 작동하기를 원한다. 그러나 전통적인 머신러닝 기술을 사용하면 방대한 훈련 데이터로 인해 계산 비용이 매우 많이 들 뿐만 아니라, 학습(일반화 개선)이 특정 지점에서 중단되는 경우가 많다. 또한 기존 머신러닝 알고리즘은 종종 많은 분야 전문 지식과 사람의 개입이 필요하다. 딥러닝(Deep Learning)은 이러한 문제에 대해 적용한다면 유익하다.

그러면 딥러닝은 무엇인가? 딥러닝은 데이터를 처리하고 의사 결정에 사용할 패턴을 생성할 때 인간 두뇌의 작동을 모방하는 인공지능 기능이다. 딥러닝은 구조화되지 않았거나 레이블이 지정되지 않은 데이터에서 감독 없이 학습할 수 있는 그림 2.38과 같이 머신러닝의 하위 집합이다. 딥러닝은 심층 신경 학습이라고도 한다.

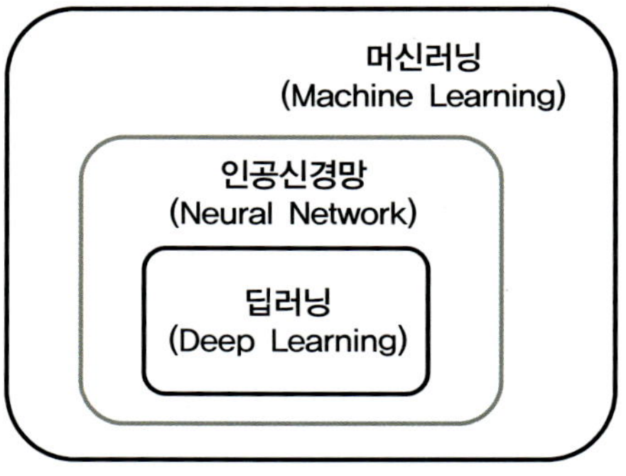

그림 2.38 머신러닝과 딥러닝의 관계

이미지 분류의 예를 들어, 기존 머신러닝과 딥러닝 모델 간의 차이점을 살펴보자. 기존 머신러닝에는 특징 추출 단계(feature extraction)와 분류기(classification)가 따로 있었다. 그림 2.39과 같이, 먼저 사람이 고안한 특징 추출 알고리즘으로 고양이와 개의 각 이미지의 입력에 대한 특징을 추출한다. 그리고 이 결과를 분류기에 넣어 입력이 고양이인지 개인지 분류한다. 그러나 딥러닝은 고양이와 개의 입력이 들어오면, 그림 2.40와 같이 처리 단계에서 자동 특징 추출 단계와 분류 단계를 분리하지 않고, 점진적으로 연속하여 엔드-투-엔드(end-to-end) 처리로 해결한다.

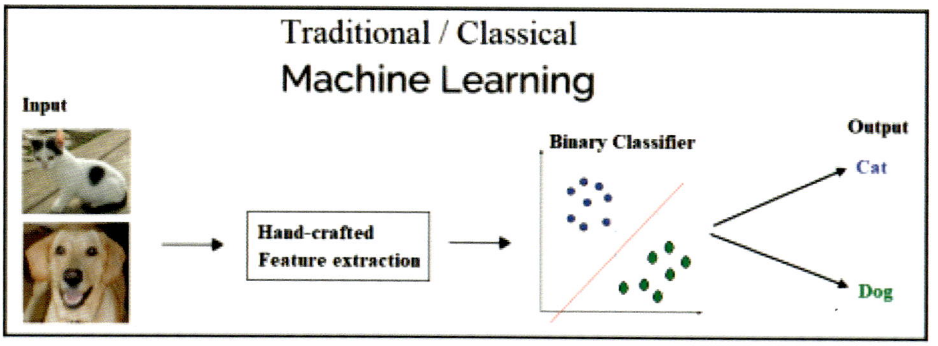

그림 2.39 기존 머신러닝의 개념도

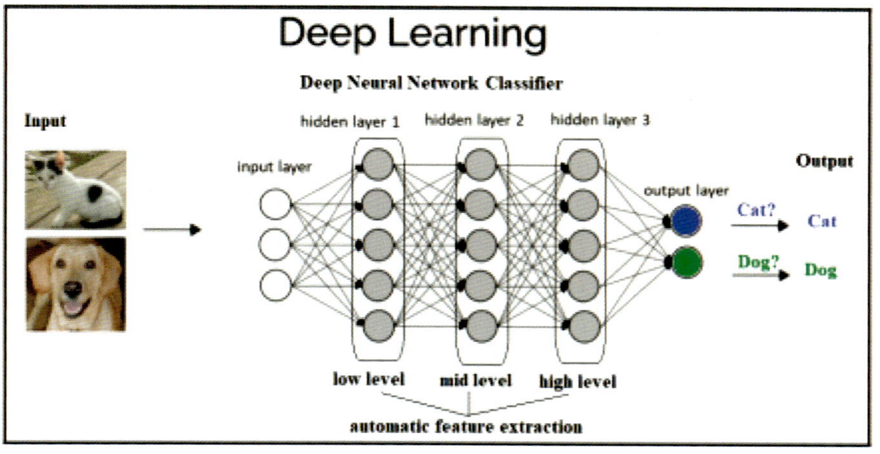

그림 2.40 딥러닝의 개념도

2) 기존 머신러닝에 대한 딥러닝의 특징

기존 신경망에서 딥러닝으로 갈 수 있었던 데는 앞에서 언급한 '3.4 딥러닝으로 가기 위한 문제들' 과 같은 기술적인 발달의 배경이 있었다. 또한 학습을 통한 전처리 과정이 추가되어 효율이 증가된 점, 최근 들어 CPU와 GPU와 같은 하드웨어의 성능이 좋아진 점, 병렬 분산처리의 기술의 발달과 빅데이터를 학습할 수 있는 여건 조성 등이 있었다. 그러면 딥러닝의 특징을 살펴보자.

(1) 수작업 vs. 자동화된 특징 추출

기존 머신러닝 기술에서 문제를 해결하기 위해 가장 중요한 전처리 단계는 정교한 특징추출이다. 예로서 영상처리 경우, 이미지의 복잡성을 줄이고 학습 알고리즘이 잘 작동하도록 패턴을 더 잘 나타나기 위해 특징을 수동적으로 추출해야 했다. 그러나 딥러닝 알고리즘의 가장 큰 장점은 훈련 이미지에서 저수준 및 고수준 특징을 자동 추출하고 학습한다. 따라서 특징 추출에서 정교한 특징 추출의 부담을 줄인다.

(2) 부분별 vs. 엔드-투-엔드 솔루션

기존 머신러닝 기술은 문제를 세분화하고 먼저 다른 부분을 해결한 다음, 최종적으로 결과를 집계하여 출력을 제공하는 방식으로 문제를 해결한다. 반면, 딥러닝 기술은 엔드-투-엔드(end-to-end) 접근 방식을 사용하여 문제를 해결한다. 예를 들어, 객체 감지 문제에서 SVM과 같은 기존 머신러닝 알고리즘에는 올바른 객체를 인식하기 위해 머신러닝 알고리즘에 대한 입력으로 모든 가능한 객체를 먼저 식별하는 경계 상자 객체 감지 알고리즘이 필요하다. 그러나 YOLO 네트워크와 같은 딥러닝 방법은 이미지를 입력으로 받아서 바로 객체의 위치와 이름을 출력으로 제공한다.

(3) 훈련 시간 및 고급 하드웨어

기존 머신러닝 알고리즘과 달리 딥러닝 알고리즘은 방대한 수의 매개 변수와 상대적으로 방대한 데이터 세트로 인해 학습 시간이 오래 걸린다. 그러므로 항상 GPU와 같은 고급 하드웨어에서 깊은 훈련을 해야 한다. 모델을 효과적으로 학습하는 데 시간은 매우 중요한 측면이므로 합리적인 시간 동안 학습하는 것을 기억하자.

(4) 적응 및 전이 가능성

기존 머신러닝 기술은 매우 제한적이지만 딥러닝 기술은 광범위한 응용 프로그램과 다양한 도메인에 적용될 수 있다. 그 중 많은 부분이 전이 학습(transfer learning)에 사용된다. 동일한 영역 내의 서로 다른 응용에 대해 사전 학습된 심층 네트워크를 새로운 응용에 사용한다. 예를 들어, 영상처리에서 택시를 인식하도록 사전 훈련된 이미지 분류 네트워크는 트럭 인식을 위한 특징 추출을 위한 전단(front-end)으로 사용할 수 있다.

3) 딥러닝의 중요성

더 많은 데이터가 있는 경우, 최선의 선택은 충분한 데이터로 훨씬 더 나은 성능을 발휘하는 딥러닝(심층 신경망)이다. 일반적으로 더 많은 데이터를 사용할수록 결과가 더 정확해진다. 그림 2.41에서 가로축이 사용 데이터의 수이고, 세로축은 성능(performance)이다. 고전적인 머신러닝 방법에는 데이터가 증가할수록 복잡한 머신러닝 알고리즘 세트가 필요하며, 더 많은 데이터는 초기에는 정확도가 어느 정도 증가하지만 일정 크기를 지나면 성능 증가가 없고 오히려 떨어질 수 있다. 그 결과, 성능의 증가가 거의 일어나지 않는다.

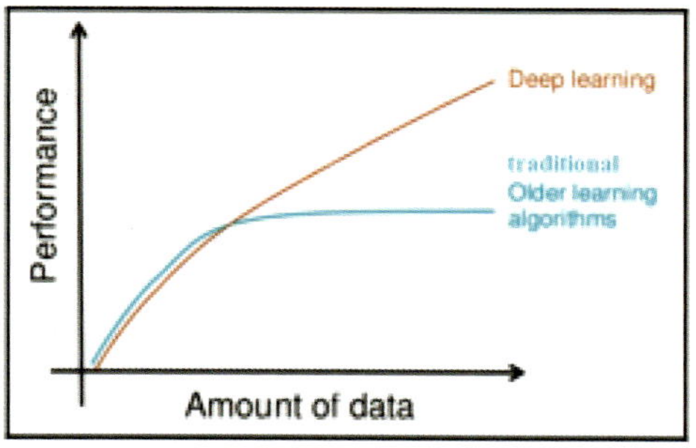

그림 2.41 기존 학습 알고리즘과 딥러닝

그러나 딥러닝은 데이터의 양이 증가해 엄청난 양의 데이터로 훈련할 때, 정확도 면에서 기존 머신러닝보다 우위에 있기 때문에 갊은 인기를 얻고 있다. 앞으로의 '빅 데이터 시대'는 딥러닝을 이용한 새로운 혁신에 엄청난 기회를 제공할 것이다.

4 딥러닝 모델의 종류

딥러닝 알고리즘은 거의 모든 종류의 데이터와 함께 작동하며 복잡한 문제를 해결하려면 많은 양의 컴퓨팅 성능과 정보가 필요하다. 몇 가지 많이 사용되는 딥러닝 모델에 대해 명칭과 용도 정도로 간단하게 살펴보자.

4.1 컨볼루션 신경망(CNN)

합성곱 신경망인 컨볼루션 신경망(CNN: Convolutional Neural Networks)은 ConvNet으로도 알려진 다중 계층으로 구성되며, 주로 이미지 처리 및 객체 감지에 사용된다. 르쿤(Yann LeCun)은 1988년 LeNet으로 명명된 최초의 CNN을 개발했다. 우편번호, 숫자와 같은 문자를 인식하는 데 사용되었다. CNN은 위성 이미지를 식별하고, 의료 이미지를 처리하고, 시계열을 예측하고, 이상 징후를 감지하는 데 널리 사용된다.

CNN에는 데이터에서 특징을 추출하고 처리하는 컨볼루션 계층, 정류 선형 장치(ReLU), 풀링 계층, 완전 연결 계층들이 있다. 간단히 각 계층을 알아보자.

- 컨볼루션 계층: CNN에는 컨볼루션 연산을 수행하기 위한 여러 필터가 있는 컨볼루션 계층이 있다.
- 정류 선형 장치(ReLU): CNN에는 요소에 대한 작업을 수행하는 ReLU 계층이 있다. 출력은 수정된 기능 맵이다.
- 풀링 계층: 수정된 기능 맵은 다음으로 풀링 계층으로 전달된다. 풀링은 기능 맵의 차원을 줄이는 다운 샘플링 작업이다. 그런 다음 풀링 계층은 풀링된 특징 맵의 결과, 2차원 배열을 평면화해 하나의 길고 연속적인 선형 벡터로 변환한다.
- 완전 연결 계층: 풀링 계층의 선형 벡터가 이미지를 분류하고 식별하는 입력으로 제공될 때, 완전 연결 계층이 형성된다. 그림 2.42는 CNN을 통해 처리된 이미지의 예이다.

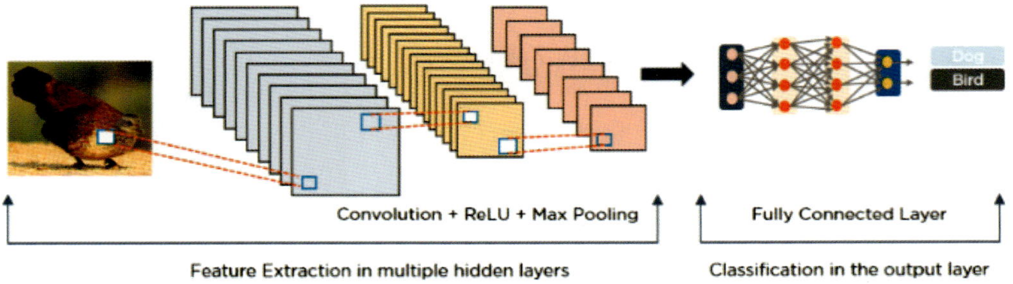

그림 2.42 이미지를 처리하는 CNN의 예

4.2 순환 신경망(RNN)

RNN (Recurrent Neural Networks)에는 입력을 받아 출력 값을 만들고 이 출력이 다시 입력으로 공급될 수 있도록 하는 순환구조 형태를 가지고 있다. 그림 2.43의 오른쪽은 이를 각 타임 스텝마다 펼쳐서(unfold) 입력, 가중치, 출력을 나타낸다.

순환구조로 인해 출력은 현재 위상의 입력이 되며, 내부 메모리로 인해 이전 입력을 기억할 수 있다. RNN은 일반적으로 이미지 캡션, 시계열 분석, 자연어 처리, 필기 인식 및 기계 번역에 사용된다.

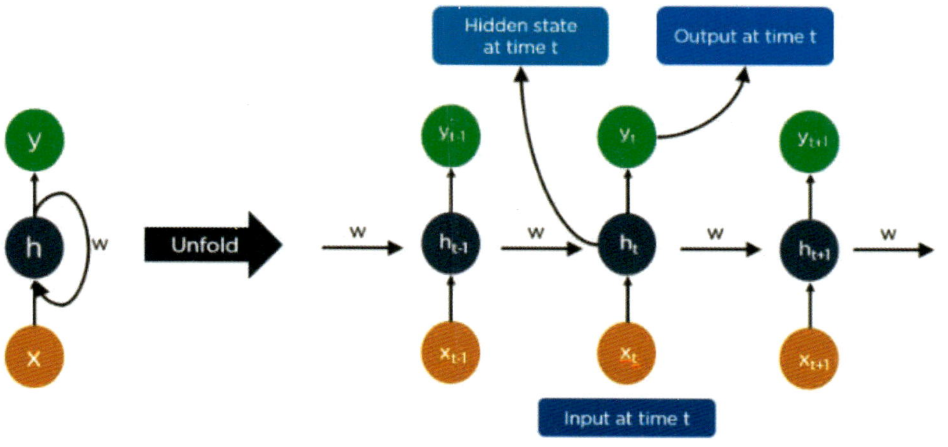

그림 2.43 순환 신경망 개념도

4.3 장단기 기억 네트워크(LSTM)

LSTM (Long Short Term Memory) 네트워크는 장기 의존성을 학습하고 기억할 수 있는 일종의 순환 신경망(RNN)이다. 오랜 기간 동안 과거 정보를 회상하는 것이 기본 동작이다. LSTM은 시간이 지남에 따라 정보를 유지한다. 이전 입력을 기억하기 때문에 시계열 예측에 유용하다. LSTM은 4개의 상호 작용하는 레이어가 고유한 방식으로 통신하는 체인과 같은 구조를 가지고 있다. 시계열 예측 외에도 LSTM은 일반적으로 음성 인식, 음악 작곡 및 의약품 개발에 사용된다.

LSTM의 동작은 다음과 같다. 첫째, 그들은 이전 상태의 관련 없는 부분을 잊는다. 다음으로 셀 상태 값을 선택적으로 업데이트 한다. 그리고 마지막으로 셀 상태의 특정 부분을 출력한다.

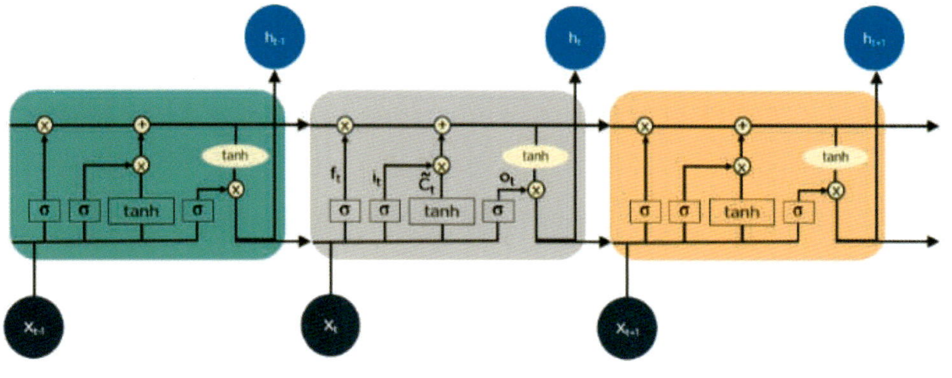

그림 2.44 LSTM의 동작 다이어그램

4.4 생성 적대 네트워크(GAN)

GAN (Generative Adversarial Networks)은 훈련 데이터와 유사한 새로운 데이터 인스턴스를 생성하는 생성 딥러닝 모델이다. GAN에는 가짜 데이터를 생성하는 방법을 학습하는 생성기(generator)와 잘못된 정보에서 학습하는 판별자(discriminator)의 두 가지 구성 요소가 있다. GAN은 사실적인 이미지와 만화 캐릭터를 생성하고, 사람의 얼굴 사진을 만들고, 3D 개체를 렌더링하는 데 사용된다.

GAN의 동작은 다음과 같다. 판별자는 생성자의 가짜 데이터와 실제 샘플 데이터를 구별하는 방법을 배운다. 초기 훈련 동안 생성기는 가짜 데이터를 생성하고 판별자는 그것이 거짓임을 빠르게 학습한다. GAN은 결과를 생성기와 판별기로 보내 모델을 업데이트 한다.

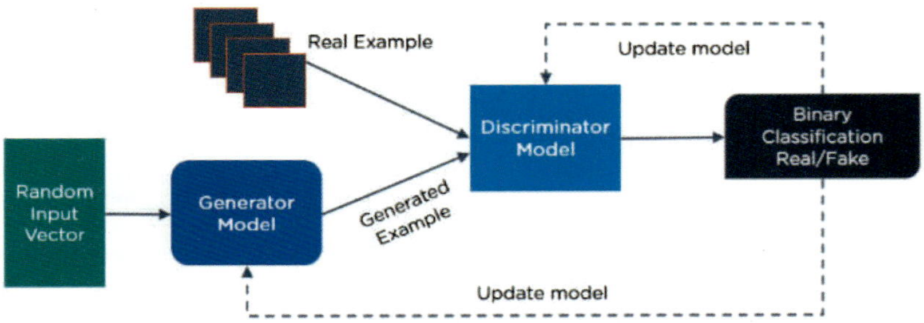

그림 2.45 GAN의 동작 다이어그램

4.5 방사형 기저 함수 네트워크(RBFN)

RBFN (Radial Basis Function Networks)은 방사형 기저 함수를 활성화 함수로 사용하는 특수한 유형의 전방향 신경망이다. 입력층, 은닉층, 출력층이 있으며 주로 분류, 회귀, 시계열 예측에 사용된다.

RBFN의 동작은 다음과 같다. RBFN은 훈련 세트의 예와 입력의 유사성을 측정하여 분류를 수행한다. RBFN에는 입력 층에 공급되는 입력 벡터가 있다. 그들은 RBF 뉴런 층을 가지고 있다. 이 함수는 입력의 가중치 합을 찾고 출력 층에는 데이터의 클래스 당 하나의 노드가 있다. 은닉층(hidden layer)의 뉴런에는 뉴런 중심으로부터의 거리에 반비례하는 출력을 갖는 종모양의 가우스 전달 함수가 포함된다. 네트워크의 출력은 입력의 방사형 기저 함수와 뉴런 매개변수의 선형 조합이다.

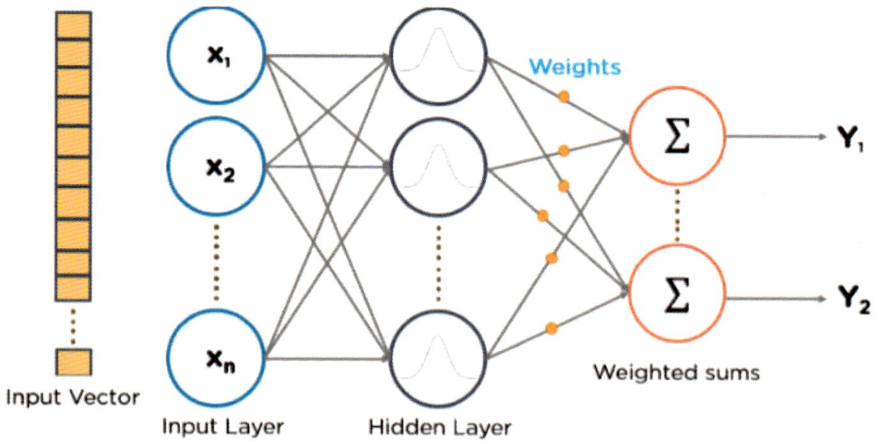

그림 2.46 방사형 기저 함수 네트워크

4.6 심층신뢰 네트워크(DBN)

DBN (Deep Belief Networks)은 계층 간 연결이 있는 Restricted Boltzmann Machines (RBM)의 층으로 구성되며, 각 RBM 계층은 이전 및 후속 계층과 통신한다. DBN은 이미지 인식, 비디오 인식 및 모션 캡처 데이터에 사용된다.

DBN의 동작은 다음과 같다. 탐욕적인 학습 알고리즘(greedy learning algorithms)은 DBN을 훈련시킨다. 이 알고리즘은 하향식 생성 가중치를 학습하기 위해 계층별 접근 방식을 사용한다. DBN은 상위 2개의 은닉층에서 샘플링 단계를 실행한다. 즉, 이 단계는 상위 2개의 은닉층에 의해 정의된 RBM에서 샘플을 추출한다.

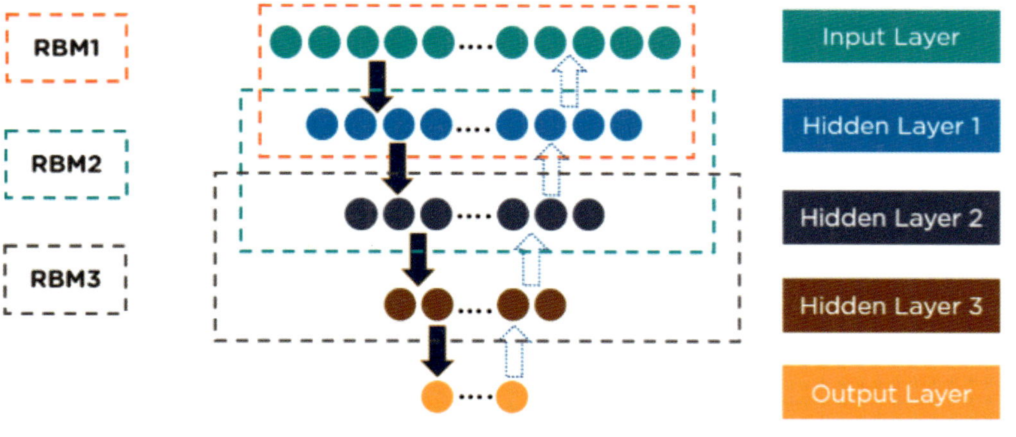

그림 2.47 DBN 구조의 개념도

4.7 오토인코더(Autoencoders)

오토인코더는 입력과 출력이 동일한 특정 유형의 전방향 전달 신경망이다. 힌튼(Geoffrey Hinton)은 비지도 학습 문제를 해결하기 위해 1980년대에 자동 인코더를 설계했다. 입력 계층에서 출력 계층으로 데이터를 복제하는 훈련된 신경망이다. 오토인코더는 의약품 발견, 인기도 예측, 이미지 처리 등의 용도로 사용된다.

오토인코더의 동작은 다음과 같다. 오토인코더는 인코더, 코드 및 디코더의 세 가지 주요 구성 요소로 구성된다. 오토인코더는 입력을 받아 다른 표현으로 변환하도록 구성되어 있다. 그런 다음 가능한 한 정확하게 원래 입력을 재구성하려고 시도한다. 숫자의 이미지가 명확하게 보이지 않으면 오토인코더 신경망에 전달한다. 오토인코더는 먼저 이미지를 인코딩한 다음, 입력 크기를 더 작은 표현으로 줄인다. 마지막으로, 오토인코더는 이미지를 디코딩하여 재구성된 이미지를 생성한다.

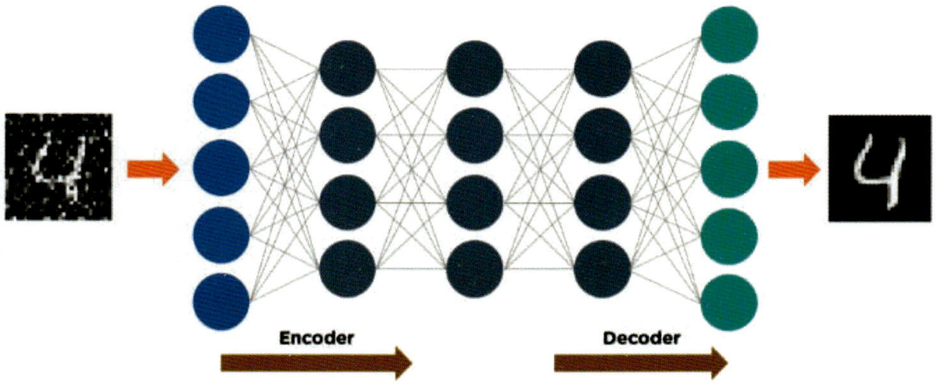

그림 2.48 오토인코드의 개념도

그 외에도 딥러닝 모델은 Multilayer Perceptrons (MLPs), Self Organizing Maps (SOMs), Restricted Boltzmann Machines (RBMs), 딥 볼츠만 머신(DBM) 등이 있다.

딥러닝은 지난 몇 년 동안 발전했으며, 딥러닝 모델들은 많은 산업 분야에서 널리 보급되었다. 딥러닝은 여러 모델들을 사용한다. 어떤 네트워크도 완벽하다고 생각되지 않지만 일부 모델들은 특정 작업을 수행하는 데 더 적합하다. 올바른 모델을 선택하려면 모든 기본 모델을 이해하는 것이 좋다.

참고문헌

[1] Difference Between Algorithm and Model in Machine Learning, https://machinelearningmastery.com/difference-between-algorithm-and-model-in-machinelearning/

[2] A brief history of machine learning, https://www.dataversity.net/a-brief-history-of-machine-learning/

[3] A Tour of Machine Learning Algorithms, https://machinelearningmastery.com/a-tour-of-machine-learning-algorithms/

[4] Artificial Neural Networks Technology, http://www2.psych.utoronto.ca/users/reingold/courses/ai/cache/neural2.html

[5] Neural Networks, https://cs.stanford.edu/people/eroberts/courses/soco/projects/neural-networks/History/history1.html

[6] Deep learning, http://www2.psych.utoronto.ca/users/reingold/courses/ai/cache/neural2.html

[7] Down the deep rabbit hole: Untangling deep learning from machine learning and artificial intelligence,, https://journals.uic.edu/ojs/index.php/fm/article/download/8237/7733#1

[8] Backpropagation, https://www.cse.unsw.edu.au/~cs9417ml/MLP2/BackPropagation.html

[9] The Vanishing Gradient Problem, https://towardsdatascience.com/the-vanishing-gradient-problem-69bf08b15484

[10] Dropout: A Simple Way to Prevent Neural Networks from Overfitting, https://jmlr.org/papers/v15/srivastava14a.html

[11] Deep Learning, https://www.investopedia.com/terms/d/deep-learning.asp

[12] Why Deep Learning over Traditional Machine, Learning?https://towardsdatascience.com/why-deep-learning-is-needed-over-traditional-machine-learning-1b6a99177063

[13] Deep Learning Algorithms, https://www.datarobot.com/wiki/deep-learning/

[14] Top 10 Deep Learning Algorithms You Should Know in 2021, https://www.simplilearn.com/tutorials/deep-learning-tutorial/deep-learning-algorithm

2 앱 인벤터 기초

Chapter 3 앱 인벤터 소개와 AI 확장기능

1 앱 인벤터 소개와 프로그래밍

1.1 앱 인벤터 소개

앱 인벤터(App Inventor)는 구글의 앱 인벤터 팀, 아벨슨(Hal Abelson)과 프리드만(Mark Friedman)에 의해 2010년 7월에 공개되었다. 2011년 후반기에 구글이 소스 코드를 공개하고 앱 인벤터를 제공하는 서버를 종료하였다. 그리고 구글은 MIT 대학에 앱 인벤터 후속 개발을 위해 연구비를 지원하였다. 그 결과, 2012년 3월에 MIT 대학 버전이 나오게 되었다.

그림 3.1 앱 인베터 공식 로고

앱 인벤터는 안드로이드용 스마트폰 앱을 제작하는 비주얼 프로그래밍 도구이다. "블록 쌓기를 할 수 있다면 누구나 앱을 만들 수 있다."는 말처럼, 앱 인벤터를 알게 된다면, 누구나 스마트폰 어플리케이션인 앱을 쉽게 만들 수 있다. 앱을 개발할 때 일반적으로 어려운 명령어를 사용하는 코딩 과정을 거치지 않고, 블록 쌓기처럼 앱 개발을 진행하기 때문에 놀이처럼 즐겁게 누구나 앱을 쉽게 제작할 수 있다. 또한 제작된 앱을 스마트폰에서 실시간으로 테스트 해보며, 자신이 개발한 앱을 작동시켜볼 수 있다.

앱 인벤터는 구글 크롬 브라우저에서 진행되기 때문에, 앱 제작을 위해 따로 설치해야 하는 프로그램이 없다. 또한 자체적으로 서버가 있어서 그곳에서 바로 작업을 저장할 수 있고, 프로젝트를 쉽게 진행할 수 있다. 앱 인벤터 프로그래밍은 일반적인 프로그래밍처럼 프로그램 명령어들을 직접 손으로 적어나가는 방식이 아니다. 미리 준비되어 있는 시각적 객체인 블록들을 드래그 앤 드롭(drag-and-drop)하여 프로그래밍하기 때문에 누구나 손쉽게 프로그래밍을 할 수 있다.

앱 인벤터 프로젝트를 작성하면 '*.aia' 형식의 파일이 생성되고, 앱 인벤터의 확장기능은 '*.aix' 파일형식을 가진다. 앱 인벤터 사용을 위해서는 구글 계정이 필요하고 특정 웹 브라우즈를 사용해야 한다. 앱 인베터를 사용하여 개발한 앱은 구글 플레이 스토어(Google Play Store)에 올릴 수 있고 유료 앱으로 판매할 수도 있다.

앱 인벤터는 블록 기반 프로그래밍 언어를 사용하여 모바일 앱을 만들 수 있는 무료 클라우드 기반 서비스이다. 웹 브라우저(Chrome, Firefox, Safari)를 사용하여 앱 인벤터에 접속한다. 초보자를 위한 튜토리얼을 통해 안드로이드 기기 용 프로그래밍 앱의 기초를 배울 수도 있다.

그림 3.2 앱 인벤터 사용 가능 웹 브라우즈

앱 인벤터를 사용하기 위해 다음의 환경이 필요하다.

- Mac 또는 Windows 컴퓨터
- 인터넷 연결

앱 인벤터는 클라우드 기반 도구이므로 웹 브라우저에서 바로 응용 프로그램을 만들 수 있다. 이 웹 사이트는 자신의 앱을 만드는 방법을 배우는 데 필요한 모든 지원을 제공한다.

1.2 앱 인벤터 프로그래밍

인터넷 익스플로러에서는 앱 인벤터2가 현재 잘 작동되지 않는다. 앱 인벤터 프로그램을 개발하기 위해서는 그림 3.3과 같이 먼저 구글 크롬(https://www.google.com/chrome)을 설치하고, 구글 계정(http://gmail.com)을 생성해야 한다. 그리고 앱 인벤터 사이트(https://appinventor.mit.edu)에 접속하여 구글 계정으로 로그인한 후, 앱 개발을 한다.

앱 인벤터로 개발한 앱을 자신의 스마트폰으로 실행하려면 안드로이 스마트폰이 필요하다. 스마트폰이 없다면 에뮬레이터를 이용하여 실행할 수도 있지만, 실행속도가 느리고 스마트폰의 일부 기능을 사용할 수가 없다. 스마트폰이 준비가 되면 구글 플레이 스토어에서 'MIT AI2 Companion' 앱을 검색하여 설치한다. 이제 프로그램 개발 단계를 차례대로 소개하려 한다.

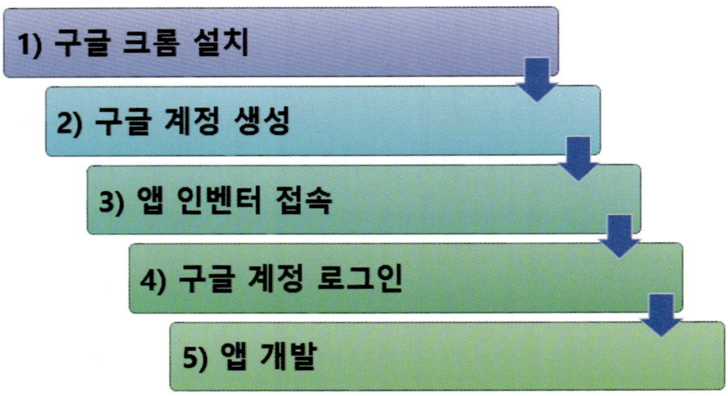

그림 3.3 앱 인벤터 프로그램 개발 단계

앱 인베터를 이용하여 본격적인 앱 개발에 앞서, 이 책은 앱 인베터를 전문적으로 소개하기 위한 것이 아니라는 점을 미리 알린다. 혹시 앱 인벤터에 대한 상세한 전문적인 내용을 배우기를 원하는 사람은 앱 인벤터 관련 전문 서적을 참고하기 바란다.

1) 구글 크롬 설치

인터넷 익스플로러에서는 앱 인벤터2가 잘 작동되지 않는다. 크롬 브라우저를 설치해야 한다. 설치는 다음 그림 3.4, 그림 3.5와 같이 구글의 크롬 사이트에 접속하고(http://google.com/chrome), [Chrome 다운로드]를 선택하여 설치한다.

그림 3.4 크롬 다운로드

그림 3.5 다운로드 동의 및 설치

2) 구글 계정 생성

앱 인벤터는 웹에서 작업을 하기 위해서는 구글 아이디가 필요하다. http://gmail.com에서 ID를 만들 수 있다. 만일 처음 접속하다면 아래 부분의 [가입하기]의 안내를 따라 gmail에 가입한다.

그림 3.6 구글 가입하기

3) 앱 인벤터 시작

크롬 브라우저에서 http://appinventor.mit.edu에 접속한다. 왼쪽 위의 끝 부분 앱 인벤터 로고 옆에 있는 주황색의 [Create Apps!] 버튼을 선택한다.

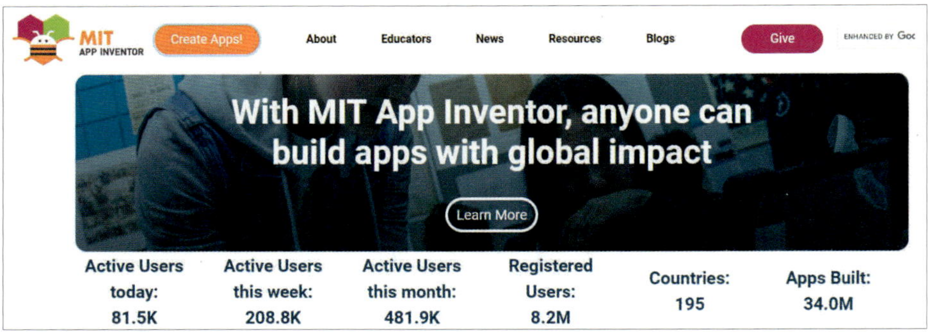

그림 3.7 앱 인벤터의 홈페이지

4) 구글 계정 로그인

자신의 계정으로 로그인하여 앱 인벤터를 사용하여 앱을 개발하면 된다.

그림 3.8 구글 계정으로 로그인의 예

5) 앱 개발

구글 계정으로 로그인 하면, 자신의 계정 이름으로 앱 인벤터에 프로그램을 개발할 수 있다. 그림 3.9는 앱 인벤터에 들어 왔을 때 나타나는 화면의 한 예이다. 지금부터 프로젝트를 생성하여 프로그램을 개발할 수 있다.

그림 3.9 앱 인벤터 개발 화면

앱 인벤터로 앱을 개발하는 간단한 예제를 먼저 보이고, 이후의 절들에서 두 가지 앱 프로젝트를 자세히 소개할 예정이다. 먼저 전체적인 앱 인벤터 앱 개발 과정은 다음 그림 3.10과 같이 4단계를 거친다. 한 단계씩 살펴보자.

그림 3.10 앱 인벤터 개발 4단계

단계 1: 새 프로젝트 만들기

앱을 스마트폰에서 실행하고 폰을 흔들면, 입력한 문자(예, "안녕하세요")를 스마트폰이 말하도록 해보자.

MIT 앱 인벤터 홈페이지에 접속하고 'Create Apps!'를 선택한다. 안내를 따라 gmail의 계정(ID)과 패스워드(PW)로 접속한다. 즉, 이메일과 비밀번호를 적고 로그인 버튼을 누른다. 그러면 그림 3.11처럼 앱 인벤터 주 화면이 나타난다.

화면 위쪽 왼쪽 부분의 [프로젝트]에서 [새 프로젝트 시작하기]를 선택한다.

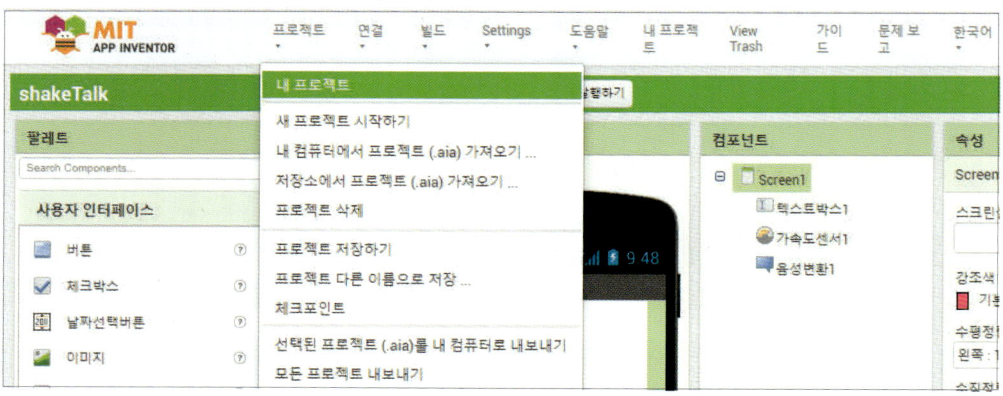

그림 3.11 앱 인벤터 주 화면

앱 프로젝트 이름을 입력해 보자. 첫 글자는 영어 알파벳이어야 하고, 두 번째부터 숫자나 밑줄이 올 수 있다. 한글이나 특수문자는 현재 사용하지 못한다. "shakeTalk"를 입력하고 [확인]를 선택하자.

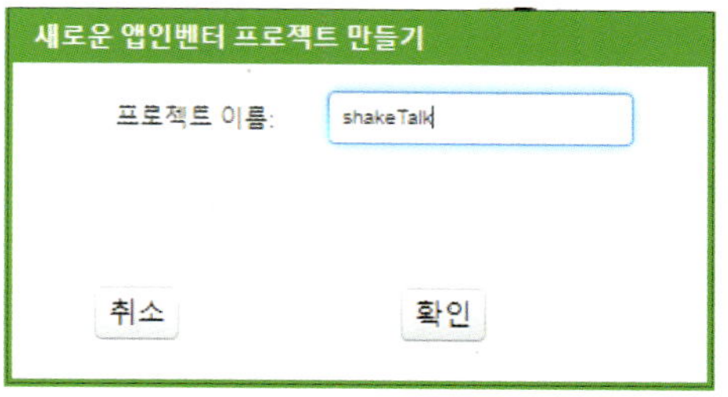

그림 3.12 프로젝트 생성 창

그리고 [프로젝트] 메뉴에 [내 프로젝트]를 선택하면, 다음 그림 3.13과 같이 프로젝트가 생성된 것을 볼 수 있다. [내 프로젝트]에는 내가 만든 앱을 웹 클라우드에 보관해 주며, 인터넷을 통해 어디서든지 사용할 수 있다. 프로젝트는 앱 하나에 대한 정보를 담고 있는 그릇과 같다.

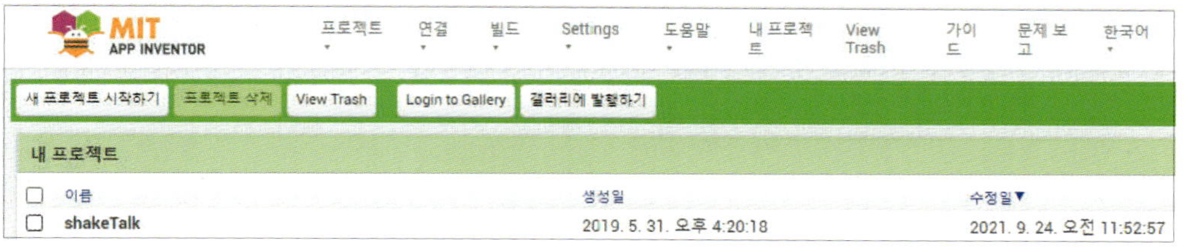

그림 3.13 생성된 프로젝트 리스트 살펴보기

그리고 화면의 명칭들이 한글로 되어 있는데, 만일 영어로 하고 싶다면, 상단 메뉴 끝 부분에 '한국어'를 클릭하면 다운 메뉴로 다양한 언어 리스트가 나타난다. 여기서 'English'를 선택하면 영어로 화면이 바뀐다. 여기서는 편의상 한국어로 계속하도록 하자. 이제 프로젝트를 선택하고 앱 제작을 시작하자.

단계 2: 디자이너[Designer]에서 컴포넌트 추가하기

프로젝트를 선택하면 다음 그림 3.14와 같은 앱 인벤터 화면이 열린다. 앱 인벱터는 크게 디자이너(Designer) 틀과 블록(Blocks) 에디터 틀이 있다. 지금은 왼쪽 위에 "디자이너" 버튼이 눌려져 있는 상태로서 디자이너 틀 상태이다.

디자이너 틀 안에는 왼쪽부터 팔레트(Palette), 뷰어(Viewer), 컴포넌트(Components), 속성(Properties) 세로 화면들이 보인다. 각 화면들의 기능은 다음과 같다.

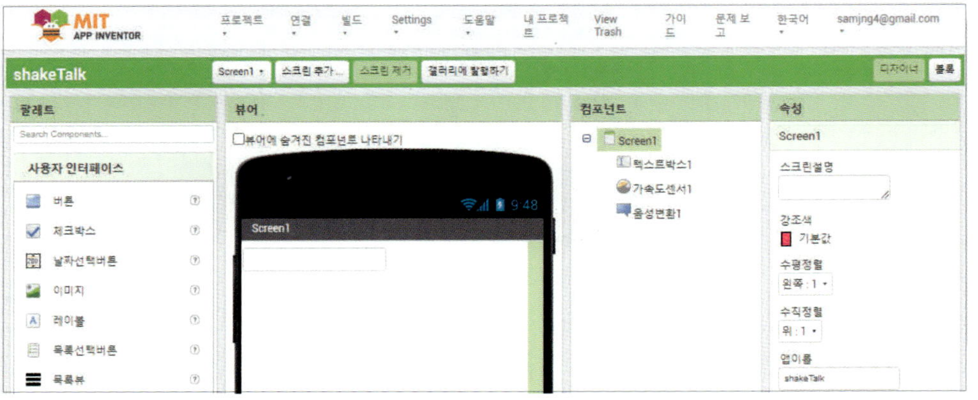

그림 3.14 디자이너 틀 화면의 구성

• 팔레트(Palette) – 만들 앱에 필요한 컴포넌트들을 찾아서, 이웃 뷰어 화면에 끌어넣기 (드래그 앤 드롭)를 하여 앱 개발에 사용한다.
• 뷰어(Viewer) – 컴포넌트를 이곳으로 옮겨와서 앱에 사용할 수 있다. 실제로 앱이 스마트폰 화면에서 어떻게 보이는지를 눈으로 확인한다.
• 컴포넌트(Components) – 개발 앱에 사용되는 컴포넌트들이 나타난다.
• 속성(Properties) – 사용된 컴포넌트들에 대한 속성 정보들이 나타난다. 여기서 속성 정보들을 조정할 수 있다.

그림 3.15 팔레트 구성요소에서 가속도센서

(1) 가속도 컴포넌트의 추가

좌측 [팔레트] 창의 아래쪽을 살펴보면 [센서] 가 있고, 이를 선택하면 스마트폰에 들어있는 여러 개의 센서들이 보인다. 우리가 만들려고 하는 흔들면 입력 문자를 말해주는 앱은 가속도 센서가 필요하다. 가속도 센서는 움직임을 인식하며 [가속도센서]로 표시되어 있다. 이 위에 마우스로 꾹 누른 채로 오른쪽에 있는 [Screen1]에 이동하고 빈칸에 놓는다.

(2) [음성변환] 컴포넌트의 추가

흔들면 입력 문자를 말해주는 앱을 만들기 위해, 문자를 말로 바꾸어주는 [음성변환] 컴포넌트가 필요하다. [미디어]의 아래 부분에 있는 [음성변환] 컴포넌트를 끌어다가 [Screen1]에 놓자.

그림 3.16 음성변환 컴포넌트 추가

앞에서 끌어온 두 컴포넌트들은 화면 아래 부분 보이지 않는 컴포넌트(Non-visible components) 밑에 다음 그림과 같이 추가된다.

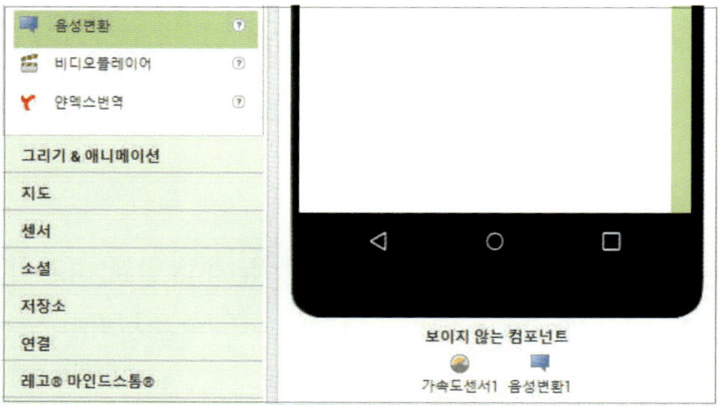

그림 3.17 보이지 않는 컴포넌트

이제 앱을 실행했을 때 눈에 보이는 부분, 즉 인터페이스 부분을 완성한 것이다. 연극으로 비유하자면 무대장치를 다 꾸며 놓은 것이 된다. 이제 배우들이 이 무대에서 자신의 일을 하면 연극이 완성된다. 배우들이 어떤 대본에 따라 움직일 것인가가 다음 단계 3인 프로그래밍 단계이다.

단계3: [블록에디터]로 컴포넌트 할 일을 지정하기

디자이너(Designer) 틀에서 왼쪽 위의 "블록" 버튼을 선택하면 블록 에디터 틀로 이동된다. 블록 에디터 틀 상태에서 왼쪽에 블록, 그리고 오른쪽에 뷰어 화면이 보인다. 각 화면들의 기능은 다음과 같다.

그림 3.18 블록 에디터 틀로 이동

• 블록스(Blocks) – 이 화면은 공통블록(Built-in) 명령 블록들이 이곳에 있다. 오른쪽에 있는 뷰어 화면에 끌어다 넣으면 해당 기능이 앱에 추가된다.
• 뷰어(Viewer) – 왼쪽에 있는 블록들을 이곳에 옮겨와서 프로그램을 만든다.

오른쪽 윗부분의 [블록]를 선택해 블록 에디터로 이동했다면, 이제 블록 쌓기를 시작해 보자. 이 작업들이 앱의 기능을 설정하는 앱 인벤터의 프로그래밍 방식이다.

(1) 가속도 센서로 흔들림 감지하기

좌측 [블록]에서 [가속도 센서1]을 선택하면 뷰어에 몇 가지 동작을 하는 블록들이 보인다. 이중에서 지금 만들고자 하는 흔들면 입력 문자를 말해주는 앱을 위해서 두 번째 보이는 [언제 {가속도센서1}.흔들렸을때]을 마우스로 누른 채 오른쪽 빈칸으로 옮기자. 이 블록은 폰의 흔들림을 감지하는 기능이 있다. 그리고 흔들림을 감지했을 때, 임의의 행동을 하도록 하는 '실행'이 있다. 여기에 필요한 행동을 하는 블록을 끼워 넣으면 된다.

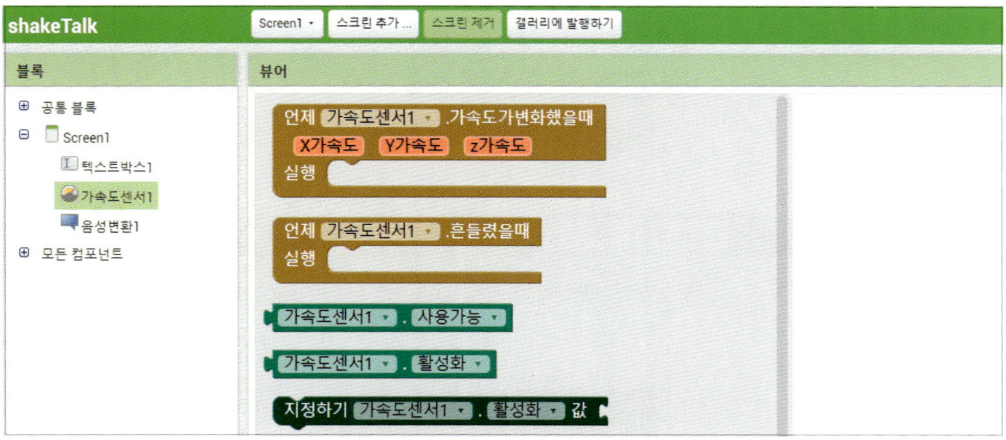

그림 3.19 가속도센서 관련 블록

(2) 말하기 음성변환 컴포넌트의 추가

입력한 문자를 읽어주는 기능이 필요하므로 [블록]의 [Screen1]에 [음성변환1]을 선택한다. 그리고 나타나는 블록들 중에서, 그림 3.20 처럼 [호출 {음성변환1}.말하기]를 끌어다가 이전의 [언제 {가속도센서1}.흔들렸을때] 블록 사이에 그림 3.21과 같이 끼워 넣는다.

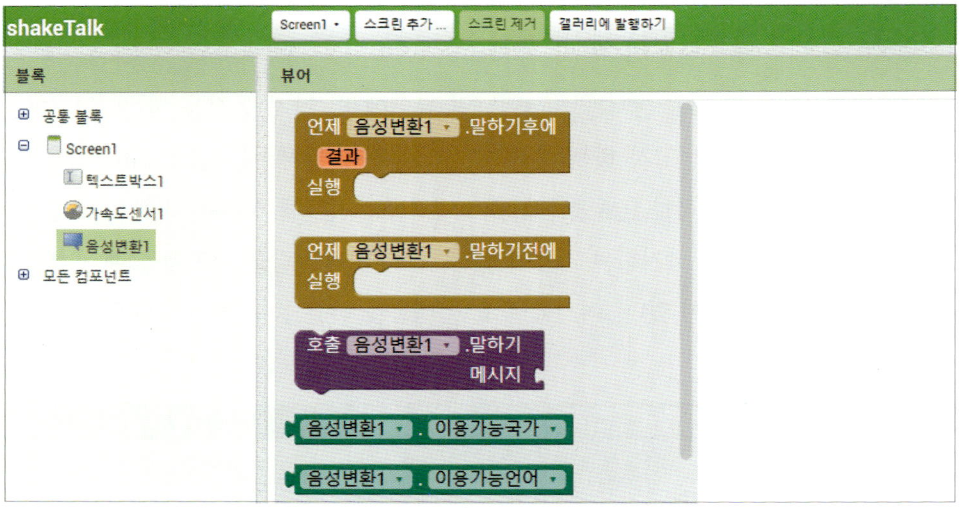

그림 3.20 음성변환 관련 블록

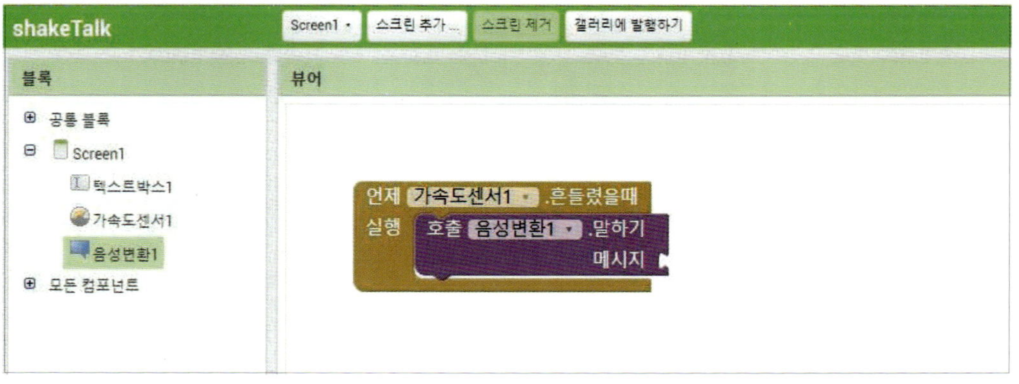

그림 3.21 가속도 센서와 음성변환 블록의 결합

(3) [텍스트] 추가

[블록]의 [텍스트]를 선택하고 나타나는 블록들 중에서 빈 문자열 [" "]을 끌어다가 메시지 옆에 끼워 넣는다.

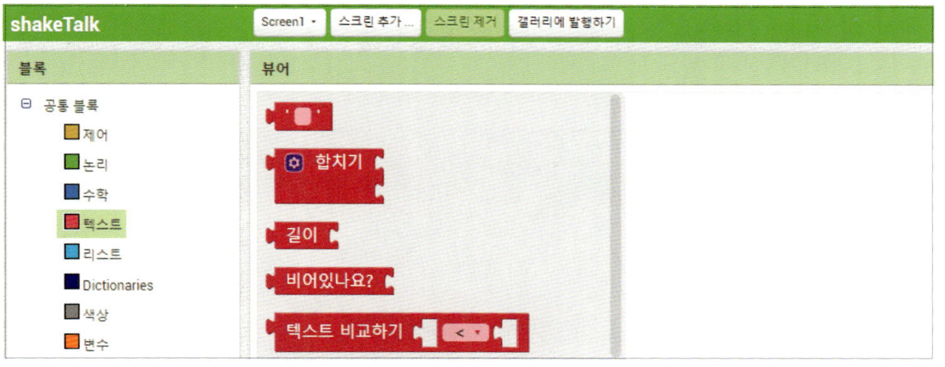

그림 3.22 텍스트 관련 블록

(4) 말하고자 하는 문장의 추가

블록 [" "] 사이의 네모 박스에 마우스로 클릭하고 "안녕하세요"를 입력하고 [엔터]키를 친다. 이제 만들고자 하는 프로그램이 그림 3.23과 같이 완성되었다.

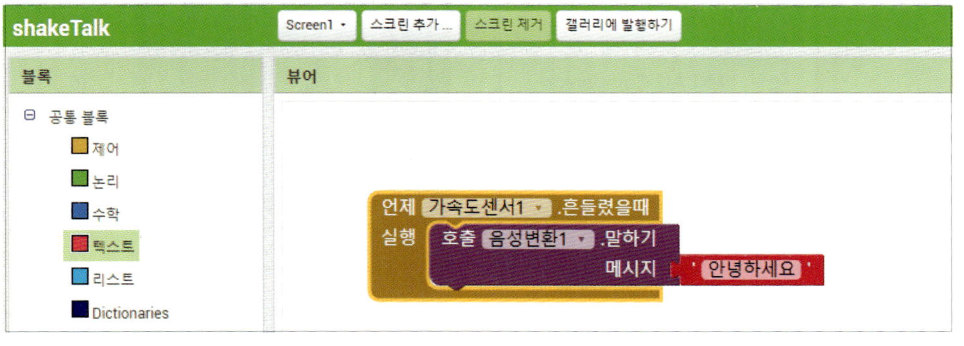

그림 3.23 완성된 블록 프로그램

단계4: 스마트폰에서 테스트하기

(1) 스마트폰과 연결하기

앱 인벤터로 개발한 앱을 실제로 실행시키기 위한 몇 가지 방법이 있다. 앱 인벤터 주 메뉴에서 [연결]를 선택하면 그림과 같이 [AI 컴패니언], [에뮬레이터], [USB]가 나타난다. 여기서는 스마트폰에서 손쉽게 실행할 수 있는 방법을 소개한다.

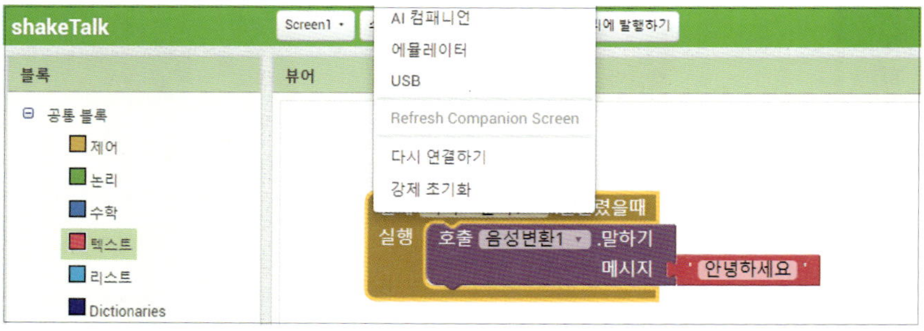

그림 3.24 스마트폰과 연결을 위한 AI 컴패니언 선택

① 먼저, 스마트폰에서 Play 스토어로부터 "MIT AI2 Companion" 앱을 스마트폰에 설치한다.

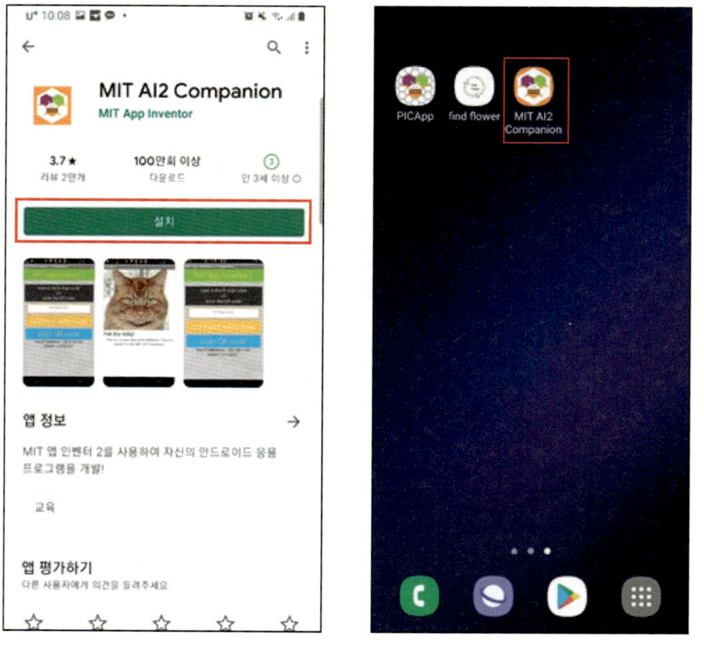

그림 3.25 MIT AI2 Companion 앱 설치

② PC의 앱 인벤터의 주 메뉴 [연결]에서 [AI Companion]을 선택하면, 다음 그림과 같이 QR 코드가 나타난다.

그림 3.26 생성된 QR 코드

③ 스마트폰에서 MIT AI2 Companion 앱을 실행시키면 다음과 같은 화면이 나타난다. 여기서 푸른 색의 [scan QR code] 바를 터치하여, PC 화면에 나타난 위의 QR 코드를 스캔한다.

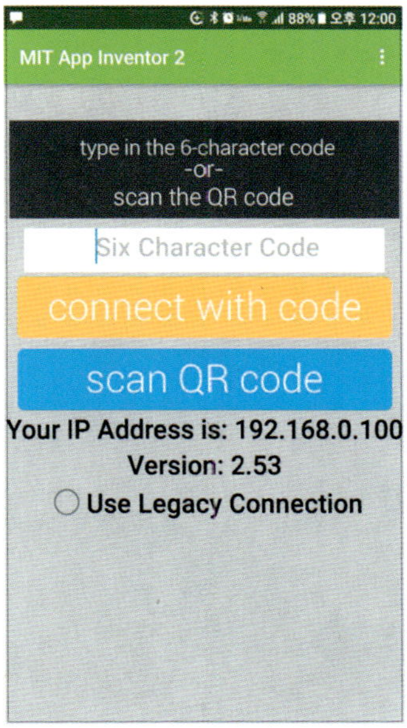

그림 3.27 AI2 Companion 앱 실행 후 화면

나타난 QR 코드를 스캔하면, 다음 그림과 같이 PC 화면에서 QR 코드 인식을 통해 앞에서 만든 앱 프로그램 shakeTalk가 스마트폰으로 다운로드 된다.

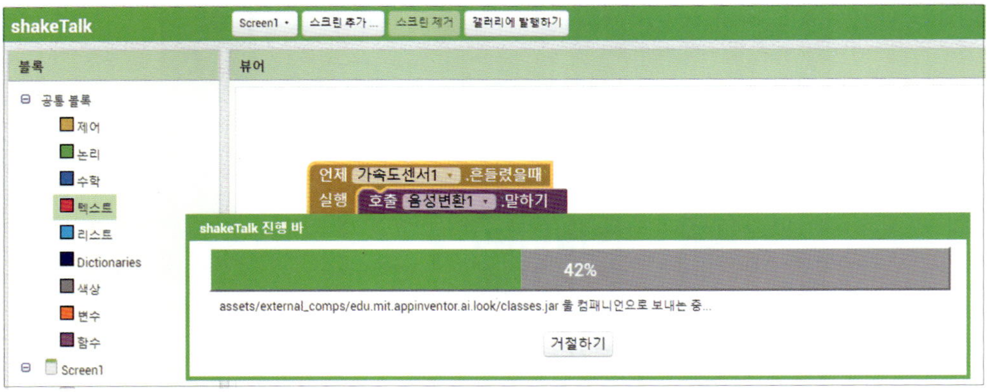

그림 3.28 프로그램이 다운로드 되는 장면

(2) 스마트폰에서 실행하기

다운로드된 shakeTalk 앱을 스마트폰에서 확인하고, 스마트폰을 흔들어 입력한 문자 "안녕하세요"라는 메시지가 나오는지를 확인한다.

2 앱 인벤터와 AI 확장기능

4차 산업혁명의 시작과 함께 세상을 바꾸는 신기술들이 소개되었다. 그 중에서 인공지능(Artificial Intelligence) 기술은 산업뿐만 아니라 우리 사회를 바꿀 중요한 기술 중에 하나이다. 새로운 산업사회로 가기 위한 프로그램 교육에서 MIT의 앱 인벤터도 인공지능(AI)를 학생들에게 교육하기 위해 기능을 확장할 필요가 있다. 그 결과, 기존의 앱 인벤터에 인공지능 확장기능(extension)을 통해 인공지능 기능을 제공한다. 현재 앱 인벤터가 인공지능 기능을 제공하는 내용은 그림 3.29와 같으며, 다음의 링크에 있다. (https://mit-cml.github.io/extensions)

Name	Description	Author	Version	Download .aix File	Source Code
BluetoothLE	Adds as Bluetooth Low Energy functionality to your applications. See BluetoothLE Documentation and Resources for more information.	MIT App Inventor	20200828	BluetoothLE.aix	Via GitHub
LookExtension	Adds object recognition using a neural network compiled into the extension.	MIT App Inventor	20181124	LookExtension.aix	Via GitHub
PersonalAudioClassifier	Use your own neural network classifier to recognize sounds with this extension.	MIT App Inventor	20200904	PersonalAudioClassifier.aix	Via GitHub
PersonalImageClassifier	Use your own neural network classifier to recognize images with this extension.	MIT App Inventor	20210315	PersonalImageClassifier.aix	Via GitHub
PosenetExtension	Estimate pose with this extension.	MIT App Inventor	20200226	Posenet.aix	Via GitHub
FaceMeshExtension	Estimate face landmarks with this extension.	MIT App Inventor	20210414	Facemesh.aix	Via GitHub

그림 3.29 현재 지원되는 AI 확장기능(2021.9.6. 현재)

이 책에서 AI 확장기능을 사용하여 4부 '앱 인벤터 AI 확장기능 기반 프로젝트'에서 소개할 확장기능에 대하여 여기서 미리 간단히 소개한다.

1) LookExtension

주변에 있는 사물들을 스마트폰 카메라를 통해 인식할 수 있다. AI 확장을 통해 학습된 AI 인식 모듈이 제공된다. 제공된 인식 모듈을 이용하여 물체 인식 프로그램을 개발한다.

2) PersonalAudioClassifier

입력으로 오디오 데이터를 이용하여 학습한다. 그리고 학습된 AI 모듈을 이용하여 응용 프로그램을 개발할 수 있다.

3) PersonalImageClassifier

자신이 입력 이미지 데이터들을 가지고 훈련하여, 앞의 LookExtension과 달리 자신의 AI 인식 모듈을 만들 수 있다. 또한 만들어진 자신의 AI 모델을 자신의 응용 프로그램에 사용할 수 있다.

4) PosenetExtension

신체의 움직임을 감지할 수 있는 인공지능 확장기능이다. 신체의 관절의 위치를 특징점으로 하여 여러 곳의 특징점들을 통해 신체의 움직임을 인식한다.

5) FaceMeshExtension

얼굴의 특징점을 사용하여 얼굴의 요소들인 눈, 코, 귀, 입, 턱 등의 위치를 인식하고 그 위치 정보를 제공한다.

앞의 내용들은 AI 확장기능에 대한 소개이다. 인공지능 교육을 위해 그리고 처음 인공지능 응용을 만드는 사람들에게 유익하다. 또한 더 높은 수준을 원하는 사람들에게 추가적인 자료들이 다음 사이트에 있다.

자료 사이트: https://appinventor.mit.edu/explore/resources

여기서는 인공지능 입문자들을 위해 일부를 표로 만들어 보았다. 프로그램을 만들어 스마트폰에서 구현해 볼 수 있어서, 인공지능 입문자들에게는 많은 도움이 된다.

표 3.1 인공지능 확장기능 프로젝트

코스 이름	설명	튜토리얼 사이트
Introduction to Machine Learning: Image Classification	기계 학습과 물체 인식	https://appinventor.mit.edu/explore/resources/ai/image-classification-look-extension
Personal Image Classifier	영상 모델 훈련	https://appinventor.mit.edu/explore/resources/ai/personal-image-classifier
Personal Image Classifier: PICaboo	얼굴 게임	https://appinventor.mit.edu/explore/resources/ai/picaboo
Personal Audio Classifier	오디오 모델 훈련	https://appinventor.mit.edu/explore/resources/ai/personal-audio-classifier
Voice Calculator Tutorial	음성 계산기	https://appinventor.mit.edu/explore/resources/ai/voice-calculator
Therapist Bot Tutorial	상담 첏봇	https://appinventor.mit.edu/explore/resources/ai/therapist-bot
Awesome Dancing with AI Tutorial	신체 움직임 감지	https://appinventor.mit.edu/explore/resources/ai/aiDance
Facemesh Filter Camera	스티커 사진기	https://appinventor.mit.edu/explore/resources/ai/facemesh
Rock Paper Scissors Tutorial	가위바위보 게임	https://appinventor.mit.edu/explore/resources/ai/rock-paper-scissors
AI2 Project Merger Tool: combine two App Inventor projects into one	앱 인벤터 코랩	https://appinventor.mit.edu/explore/resources/ai2-project-merger

인공지능과 앱 인벤터의 확장기능을 이용하여 AI 확장기능의 앱을 개발하기 전에 준비 단계로서, 일반적인 앱 인벤터에서 프로젝트를 개발하여 앱을 만드는 방법을 다루어 보자.

다음 두 절에서는 두 가지의 앱 인벤터 프로젝트, "사진 관리 프로젝트"와 "위치 정보 전송 프로젝트" 개발을 통해 앱 인벤터 사용 방법의 전체적 흐름을 함께 살펴보려고 한다.

4 사진 관리 프로젝트

Chapter

1 앱 인벤터 실행과 프로젝트 만들기

앱 인벤터 사용 방법을 익히기 위한 첫 번째 프로젝트의 내용은 자신의 스마트폰으로 찍은 사진이나, 스마트폰에 저장된 사진을 불러와서 자신이 원하는 만큼 회전시키는 앱이다. 개발할 프로젝트의 이름과 그 내용은 표 4.1과 같다.

표 4.1 프로젝트에 관한 정보

프로젝트 이름	프로젝트 내용
Test_App	자신의 스마트폰으로 사진을 찍거나 스마트폰에 저장된 사진을 불러와서 10도 만큼 회전시키는 앱 만들기

구글 크롬에서 그림 4.1과 같이 앱 인벤터 사이트(https://appinventor.mit.edu)에 접속한다. 그리고 [Create Apps!]를 클릭한 후, 본인의 구글 계정으로 로그인하여 앱 인벤터를 실행시킨다. 다음으로 상단 메뉴 중 오른쪽에 [English]를 클릭하여 '한국어'를 선택한다.

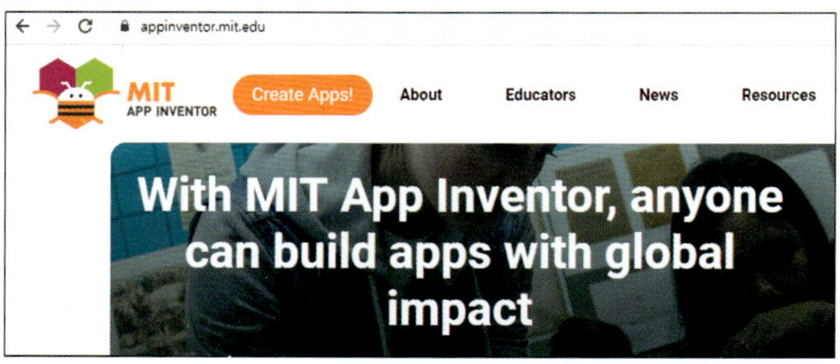

그림 4.1 앱 인벤터 사이트 접속

그림 4.2와 같이 앱 인베터의 [프로젝트] – [새 프로젝트 시작하기]를 클릭하여 "Test_App" 이라는 이름으로 프로젝트를 만든다.

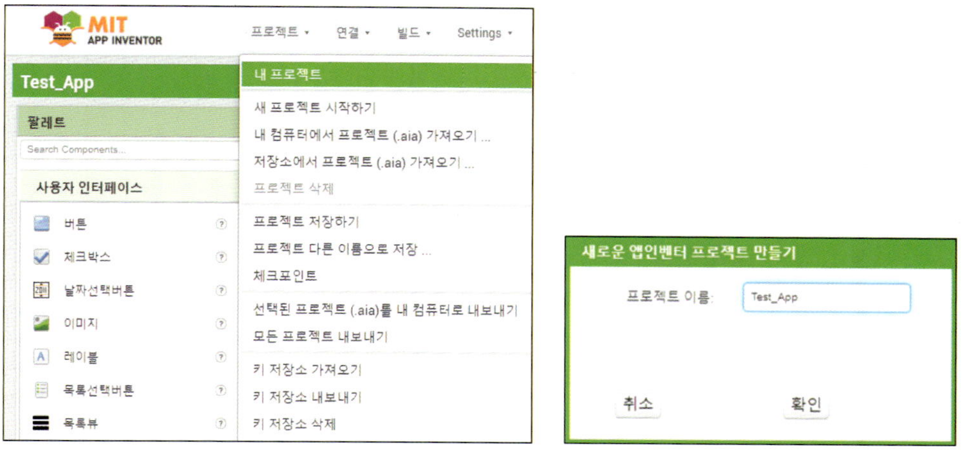

그림 4.2 프로젝트 만들기

1.1 디자이너 구성

디자이너 구성하기에서는 먼저 전체 디자이너 구성과 컴포넌트를 보여주고, 각 컴포넌트의 속성을 표로 정리하여 제공한다. 이러한 순서의 구성은 앱 인벤터 사용 수준에 따라 자신에게 맞게 신속하게 디자이너를 구성하기 위함이다.

앱 인벤터 오른쪽 상단에 "디자이너"와 "블록"이 있는데 "디자이너" 버튼을 선택하여 그림 4.3과 같이 디자이너 구성을 하도록 하자. 디자이너를 구성할 때 사용할 컴포넌트와 속성은 표 4.2에 정리하였다.

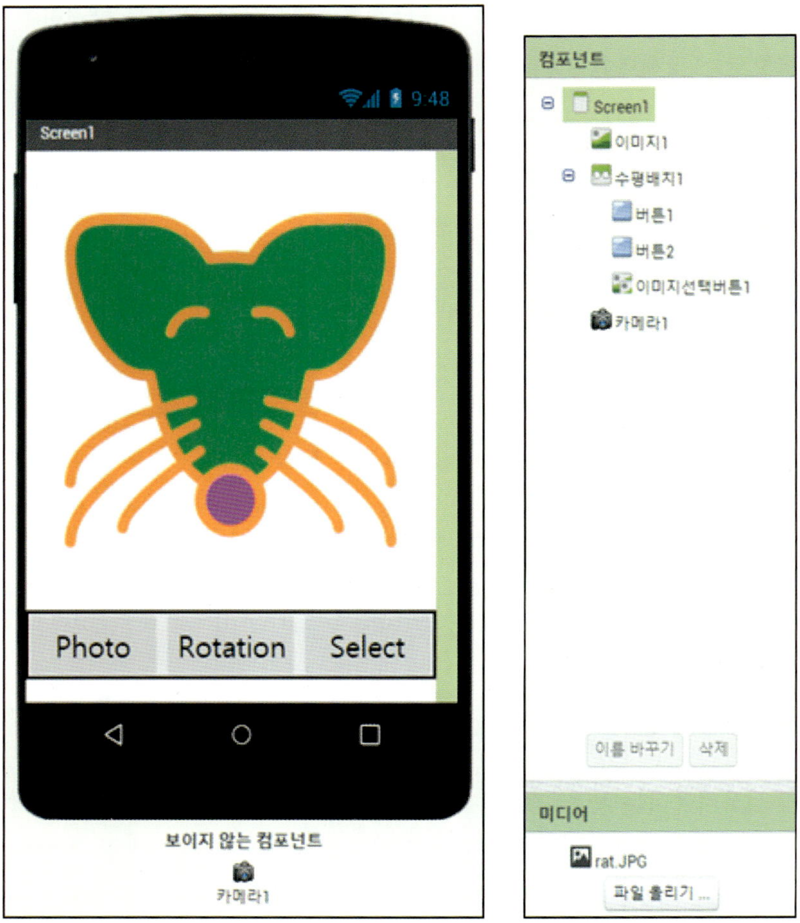

그림 4.3 디자이너 구성

표 4.2 컴포넌트와 속성

팔레트	컴포넌트	속성
사용자 인터페이스	이미지1	높이(80퍼센트), 너비(부모 요소에 맞추기), 사진(rat.JPG)
레이아웃	수평배치1	너비(부모 요소에 맞추기)
사용자 인터페이스	버튼1	글꼴크기(25), 텍스트(Photo), 너비(부모 요소에 맞추기)
	버튼2	글꼴크기(25), 텍스트(Rotation), 너비(부모 요소에 맞추기)
미디어	이미지선택버튼1	글꼴크기(25), 텍스트(Select), 너비(부모 요소에 맞추기)
	카메라1	–

1.2 블록 구성

앱 인벤터 오른쪽 상단에 있는 "블록" 버튼을 클릭하여 이제 코딩을 하도록 하자. 우리는 스마트폰의 실행된 앱에서 "Photo"를 선택하여 사진을 찍거나 "Select"를 선택하여 자신의 스마트폰에 저장된 사진을 불러와 "Rotation"을 선택할 때마다 사진을 오른쪽으로 10도 만큼 회전하도록 코딩해 볼 것이다.

먼저 사진을 찍는 기능을 구현하기 위해, 그림 4.4와 같이 [블록] – [Screen1] – [버튼1] 선택 – [언제 버튼1 클릭했을 때 ~ 실행] 선택 – 뷰어에 드래그하여 놓는다. 다음으로 그림 4.5와 같이 [카메라1] 선택 – [호출 카메라1 사진찍기] 선택 – [언제 버튼1 클릭했을 때 ~ 실행] 블록에 드래그하여 연결시킨다. 그리고 [언제 카메라1 사진찍은후에 ~ 실행] 선택 – 뷰어에 드래그하여 놓는다.

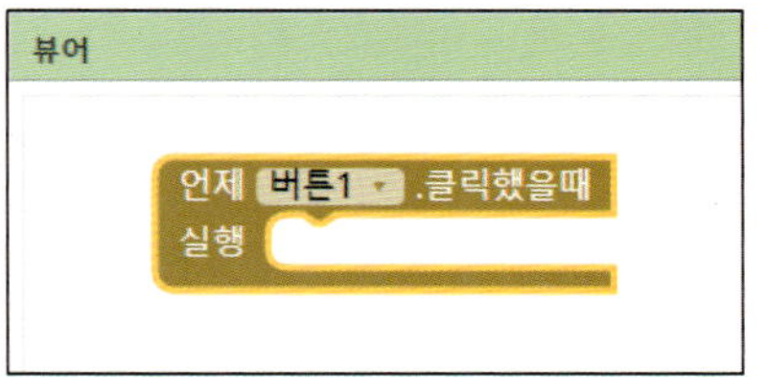

그림 4.4 버튼1 블록 선택

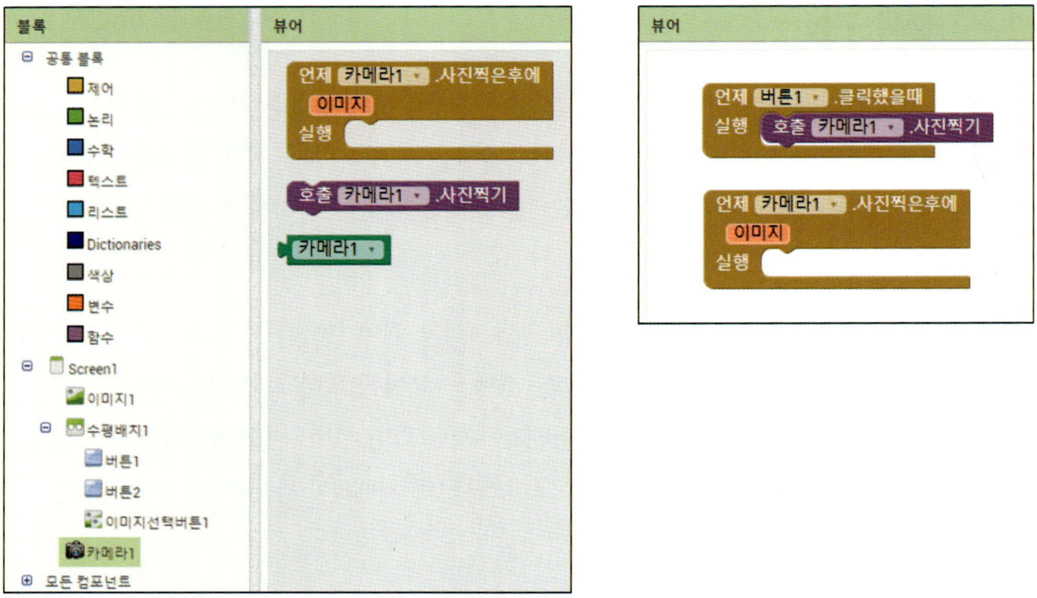

그림 4.5 카메라1 블록 선택

그리고 찍은 사진을 앱에 나타내기 위하여, 그림 4.6과 같이 블록 영역에서 [이미지1] 선택 – [지정하기 이미지1 사진 값]과 [지정하기 이미지1 회전각도 값] 각각 선택 – [언제 카메라1 사진찍은 후에 ~ 실행] 블록에 각각 드래그하여 연결시킨다. 그리고 그림 4.7과 같이 [언제 카메라1 사진찍은 후에 ~ 실행] 블록의 "이미지"에 마우스 커서를 올려 [가져오기 이미지] 선택 – [지정하기 이미지1 사진 값] 블록에 드래그하여 연결시킨다.

그림 4.6 이미지1 블록 선택

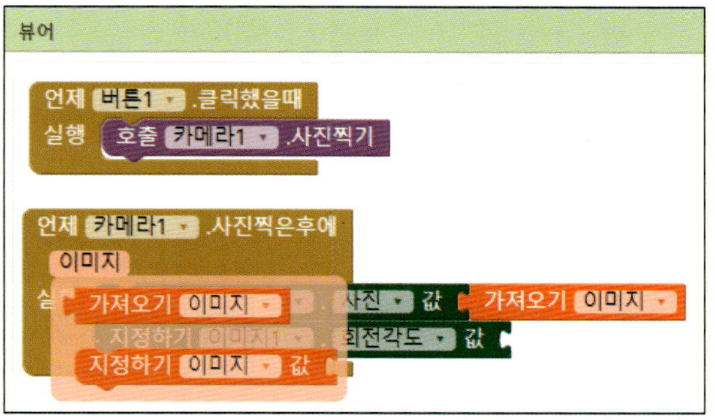

그림 4.7 이미지 선택

또한 그림 4.8과 같이 [수학] 선택 – [0] 선택 – [지정하기 이미지1 회전각도 값] 블록에 드래그하여 연결시킨다. 그리고 본인의 스마트폰에 저장된 사진을 선택하여 불러오는 기능을 위해, 그림 4.9와 같이 블록 영역에서 [이미지선택버튼1] 선택 – [언제 이미지선택버튼1 선택후에 ~ 실행] 선택 – 뷰어에 드래그하여 놓는다.

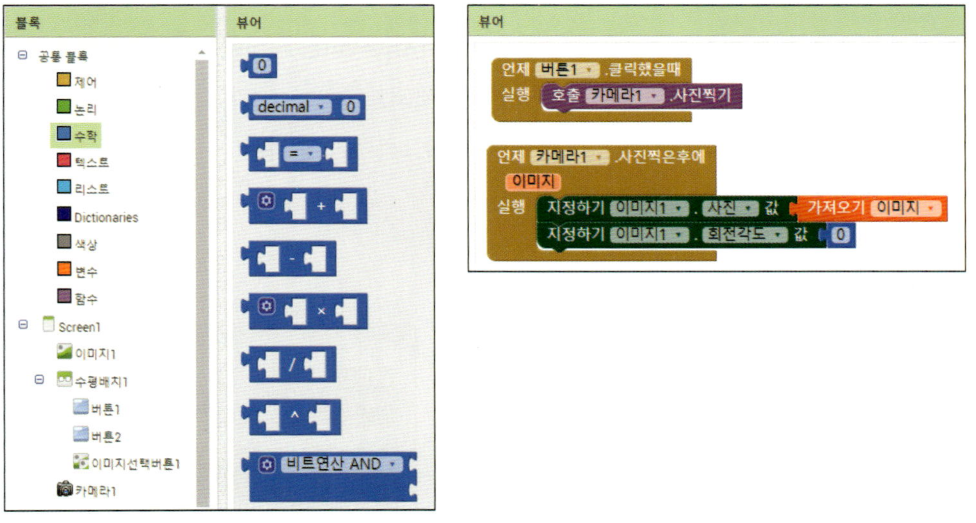

그림 4.8 수학 블록 선택

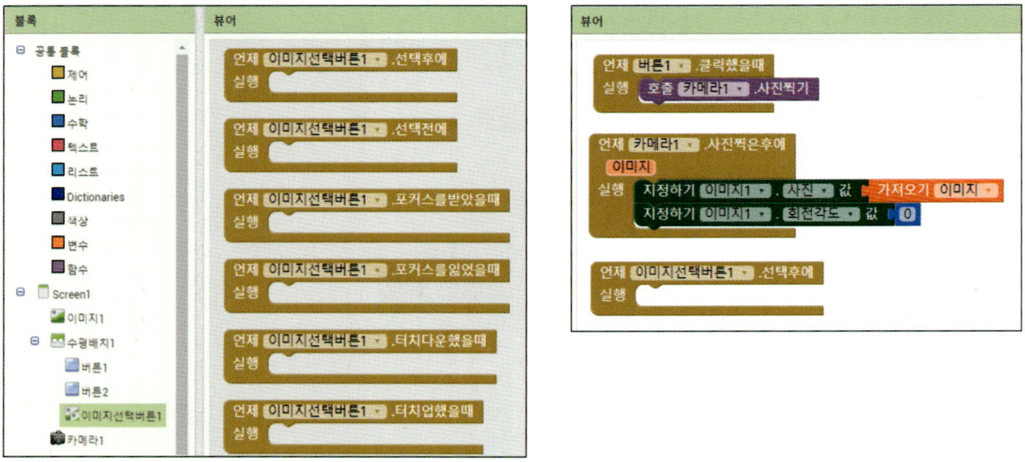

그림 4.9 이미지선택버튼1 블록 선택

그리고 그림 4.10과 같이 [이미지1] 선택 – [지정하기 이미지1 사진 값]과 [지정하기 이미지1 회전각도 값] 각각 선택 – [언제 이미지선택버튼1 선택후에 ~ 실행] 블록에 각각 드래그하여 연결시키고, [지정하기 이미지1 사진 값]의 [rat.JPG]는 삭제시킨다.

그림 4.11과 같이 [이미지선택버튼1] 클릭 – [이미지선택버튼1 선택된항목] 선택 – [지정하기 이미지1 사진 값] 블록에 드래그하여 연결시키고, 그림 4.12와 같이 [수학] 선택 – [0] 선택 – [지정하기 이미지1 회전각도] 블록에 드래그하여 연결시킨다.

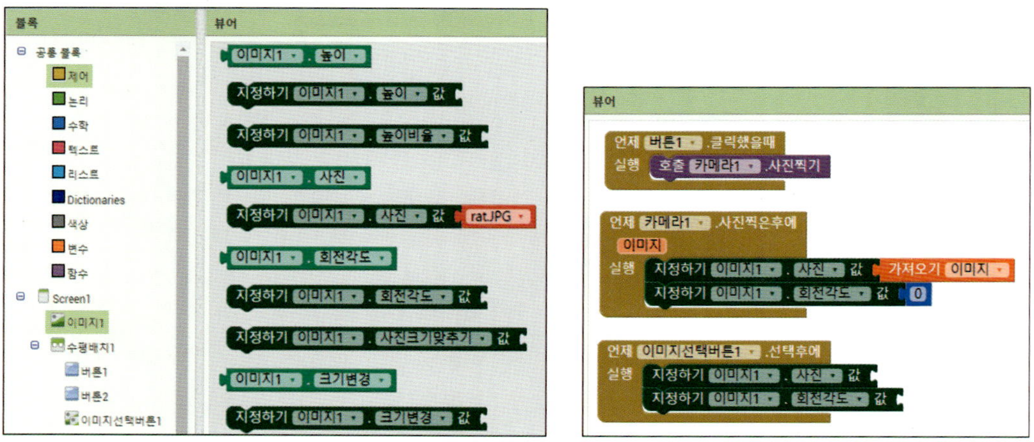

그림 4.10 이미지1 블록 선택

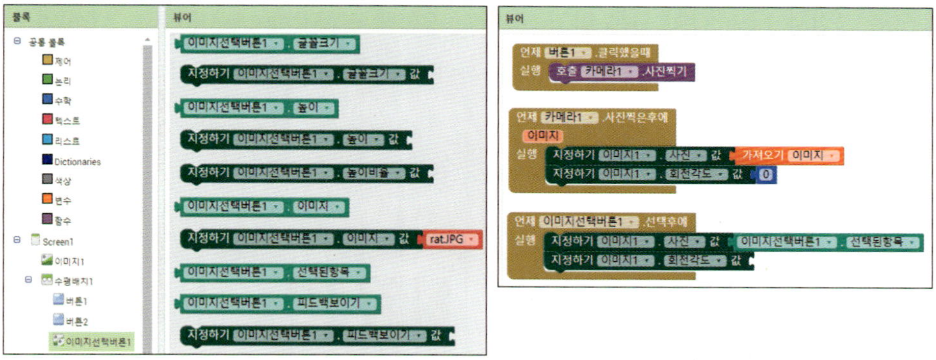

그림 4.11 이미지선택버튼1 블록 선택

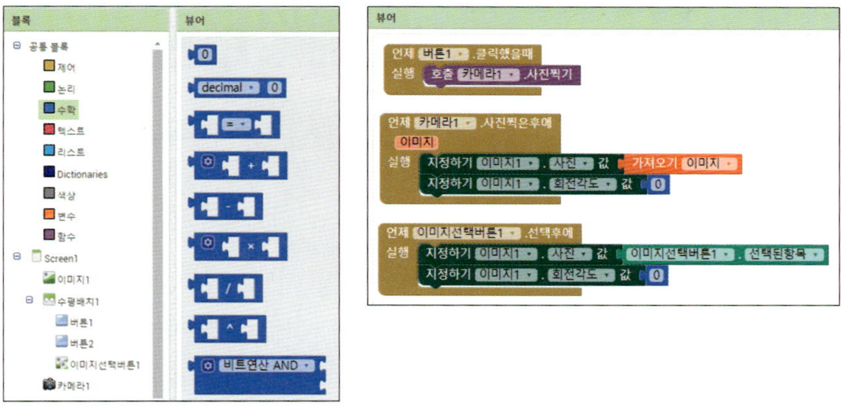

그림 4.12 수학 블록 선택

이제 본인의 스마트폰으로 사진을 찍은 경우와 스마트폰에 저장된 사진을 불러온 경우에서 해당 사진을 10도씩 회전시키기 위한 기능을 구현하자. 먼저 그림 4.13과 같이 블록 영역의 [버튼2] 선택 – [언제 버튼2 클릭했을 때 ~ 실행] 선택 – 뷰어에 드래그하여 놓는다.

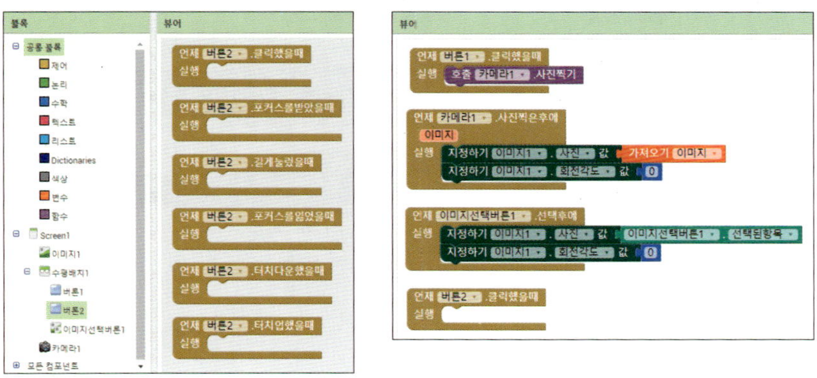

그림 4.13 버튼2 블록 선택

다음으로 그림 4.14와 같이 블록 영역 [이미지1] 선택 – [지정하기 이미지1 회전각도 값] 선택 – [언제 버튼2 클릭했을 때 ~ 실행] 블록에 드래그하여 연결시킨다.

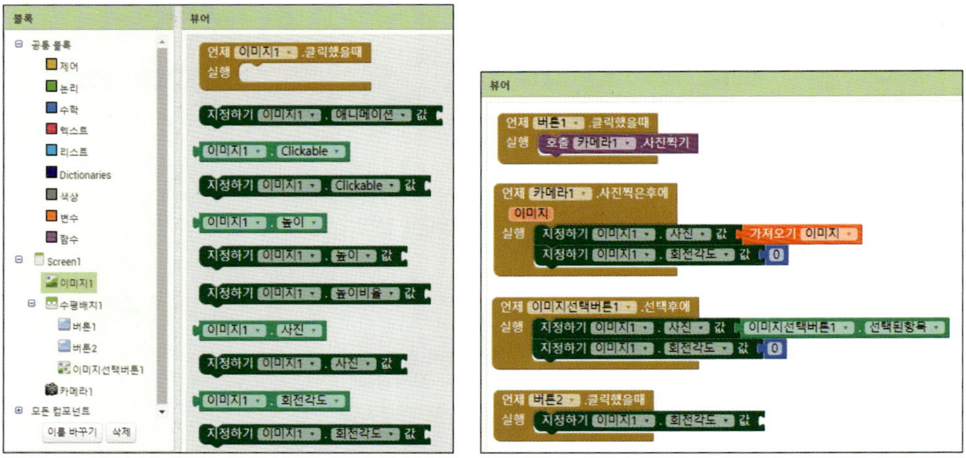

그림 4.14 이미지1 블록 선택

그리고 그림 4.15와 같이 [수학] 선택 – [두수더하기] 선택 – [지정하기 이미지1 회전각도 값] 블록에 드래그하여 연결시키고, 그림 4.16과 같이 [이미지1] 선택 – [이미지1 회전각도] 선택 – [두수더하기] 블록의 왼쪽 값으로 지정한다.

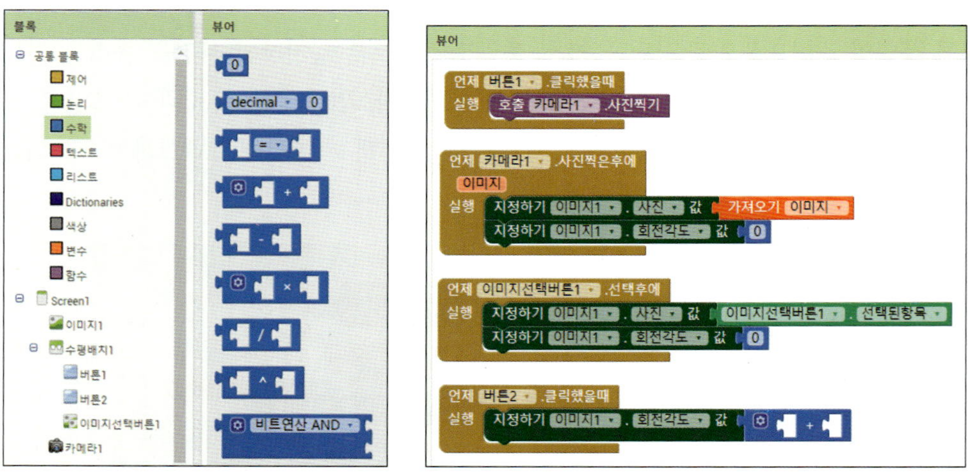

그림 4.15 수학 블록 선택

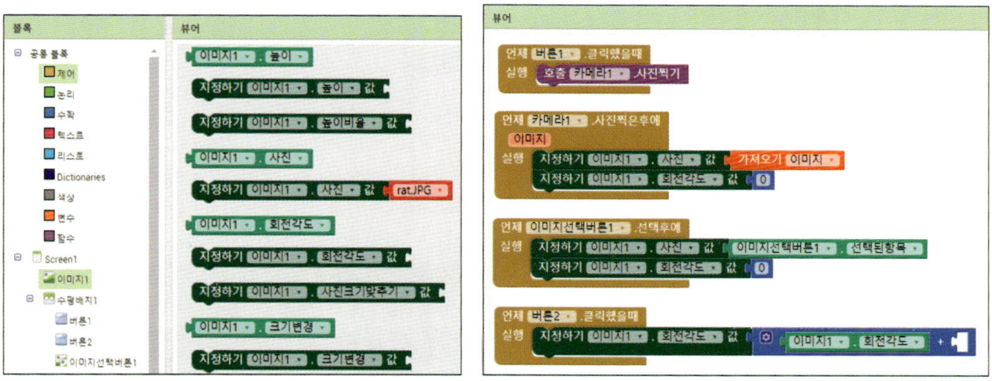

그림 4.16 이미지1 블록 선택

그리고 그림 4.17과 같이 [수학] 선택 – [0] 선택 – [두수더하기] 블록의 오른쪽 값으로 드래그하여 연결시킨 후 값을 10으로 수정한다.

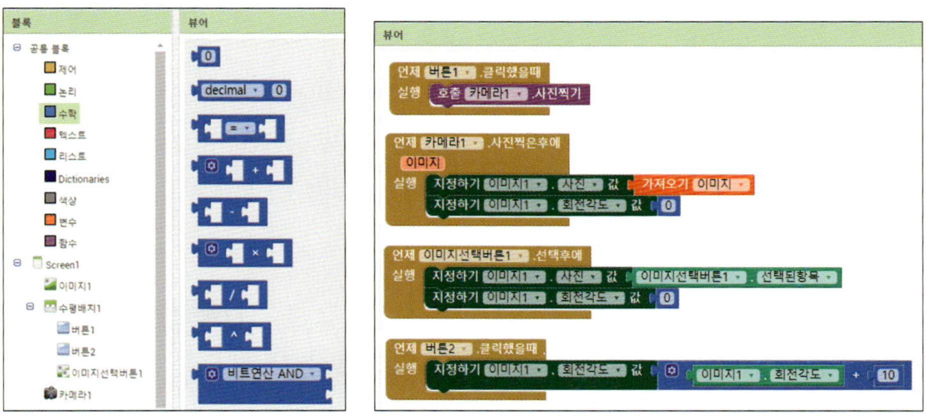

그림 4.17 수학 블록 선택

1.3 앱 실행 및 시험

개발한 앱을 자신의 스마트폰에서 실행하기 위해서는 먼저 그림 4.18과 같이 앱 인벤터의 [연결] 선택 – [AI 컴패니언] 선택 – [Connect to Companion]의 QR code를 생성한다. 그리고 자신의 스마트폰에 설치되어 있는 “MIT AI2 Companion” 앱 실행 – “scan QR code” 선택하여 [Connect to Companion]의 QR code를 스캔하여 앱을 실행시킨다.

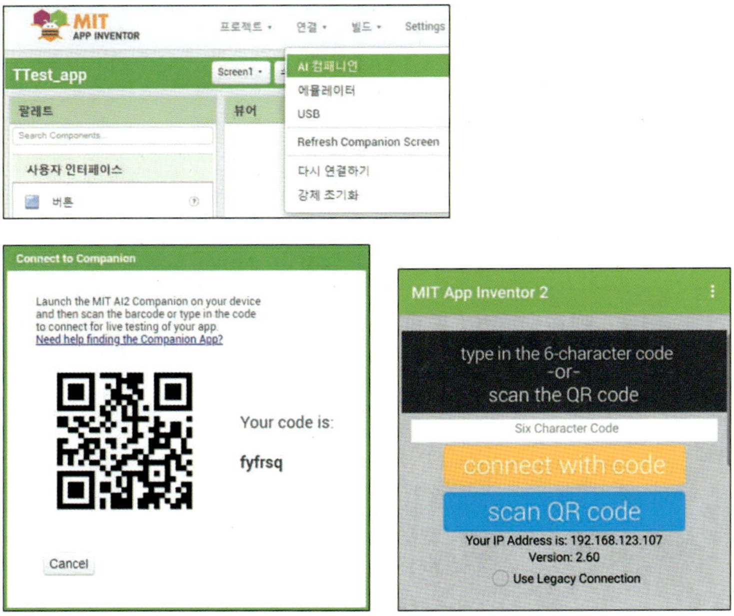

그림 4.18 스마트폰에서 앱 실행

실행된 앱은 그림 4.19와 같이 나타난다. 앱의 "Photo" 버튼을 클릭하여 자신의 스마트폰으로 그림 4.20의 (a)와 같이 사진을 찍어, "Rotation" 버튼을 클릭하여 (b)와 같이 90도 회전시킨다. 그리고 스마트폰에 저장된 사진을 "Select" 버튼을 클릭하여 (c)와 같이 불러와서, "Rotation" 버튼을 클릭하여 (d)와 같이 20도 회전시킨다.

블록 코딩 그림 4.8에서 [지정하기 이미지1 회전각도 값]을 0으로 지정해준 이유는 자신의 스마트폰으로 사진을 찍거나 스마트폰에 저장된 사진을 불러와서 회전을 시킨 후, 다시 사진을 찍거나 불러오게 되면 앞에서 적용한 회전된 방향으로 사진이 나타나기 때문에 이것을 리셋하기 위해서 0로 설정하였다.

그림 4.19 스마트폰 앱 실행

(a) "Photo" 사진 찍기

(b) "Rotation" 90도 회전

(c) "Select" 사진 불러오기

(d) "Rotation" 20도 회전

그림 4.20 실행 앱 기능 활용 예

참고문헌

[1] MIT APP INVENTOR, https://appinventor.mit.edu

[2] MIT AI2 Companion, https://play.google.com/store/apps/details?id=edu.mit.appinventor.aicompanion3&hl=ko&gl=US

[3] AI와 앱 인벤터, https://appinventor.mit.edu/explore/ai-with-mit-app-inventor

[4] 시작하세요! 앱 인벤터2, 김경민, 이기태, 위키북스, 2016

[5] 모두의 앱 인벤터, 김경민, 길벗, 2020

[6] Latitude and Longitude Finder, https://www.latlong.net

5 위치 정보 전송 프로젝트

Chapter

1 앱 인벤터 실행과 프로젝트 만들기

앱 인벤터 사용 방법을 익이기 위한 두 번째 앱은 자신의 현재 위치한 곳의 위도, 경도, 고도 그리고 주소를 알려준다. 그리고 친구에게 자신의 현재 위치의 주소와 지도를 공유하는 기능의 앱이다. 개발할 프로젝트의 이름과 그 내용은 표 5.1과 같다.

표 5.1 프로젝트에 관한 정보

프로젝트 이름	프로젝트 내용
Test02_App	앱을 실행시켜 자신의 현재 위치를 알고 그 위치의 주소와 지도를 친구에게 공유하는 앱 만들기

구글 크롬에서 그림 5.1과 같이 앱 인벤터 사이트(https://appinventor.mit.edu)에 접속한다. 그리고 [Create Apps!]를 클릭한 후 본인의 구글 계정으로 로그인하여 앱 인벤터를 실행시킨다. 다음으로 상단 메뉴 중 오른쪽에 [English]를 클릭하여 '한국어'를 선택한다.

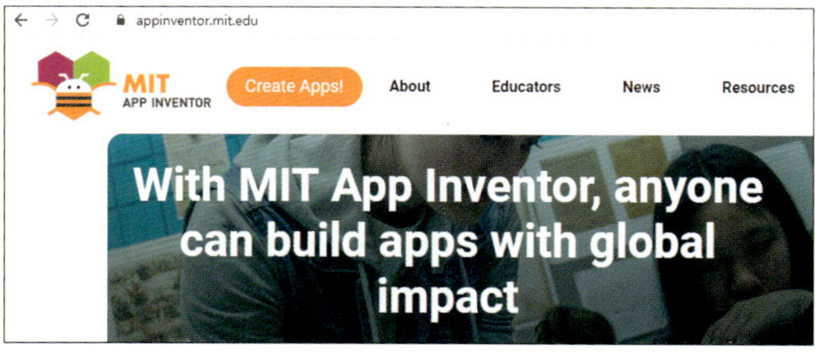

그림 5.1 앱 인벤터 사이트 접속

그림 5.2와 같이 앱 인벤터의 [프로젝트] – [새 프로젝트 시작하기]를 클릭하여 “Test02_App” 이라는 이름으로 프로젝트를 만든다.

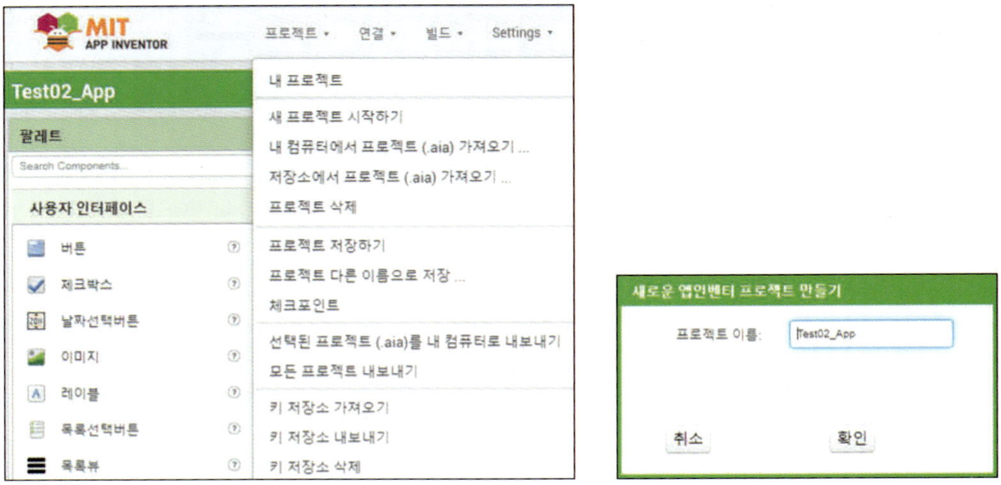

그림 5.2 프로젝트 만들기

1.1 디자이너 구성

이 책에서는 앞에서 이야기 한 바와 같이 신속하게 디자이너를 구성하도록 하기 위해서 먼저 전체 디자이너 구성과 컴포넌트를 보여준다. 그리고 각 컴포넌트의 속성을 표로 제공한다.

앱 인벤터 오른쪽 상단의 “디자이너” 탭을 선택하여 그림 5.3과 같이 디자이너 구성을 하도록 한다. 디자이너 구성할 때 사용하는 컴포넌트와 그 속성은 표 5.2와 같다.

그림 5.3 디자이너 구성

표 5.2 컴포넌트와 속성

팔레트	컴포넌트	속성
	Screen1	아이콘(map_icon.JPG), 제목(My Location)
사용자 인터페이스	레이블1	글꼴크기(20), 텍스트(나의 위도, 경도, 고도)
	레이블2	글꼴크기(20), 텍스트(나의 위치)
지도	지도1	중심좌표(37.566536,126.977966), 높이(부모 요소에 맞추기), 너비(부모 요소에 맞추기), 위치센서(위치센서1), 줌레벨(15)
	마커1	채우기색상(파랑), 위도(37.566536), 경도(126.977966)
사용자 인터페이스	버튼1	글꼴크기(25), 너비(부모 요소에 맞추기), 텍스트(나의 위치 전송)
소셜	공유1	-
센서	위치센서1	-

1.2 블록 구성

앱 인벤터 오른쪽 상단에 있는 "블록" 버튼을 클릭하여 코딩을 하도록 하겠다. 우리가 개발하는 앱은 스마트폰의 위치센서를 통하여 현재 자신의 위도, 경도, 고도 그리고 자신의 위치를 표시하는 서비스를 제공한다. 그리고 친구에게 자신의 위치와 자신의 위치가 표시된 지도를 전송할 수 있도록 한다.

먼저 현재 자신이 있는 곳의 위도, 경도, 고도를 나타내어 보자. 그림 5.4와 같이 [블록] - [Screen1] - [위치센서1] 선택 - [언제 위치센서1 위치가변경되었을때 ~ 실행] 블록 선택 - 뷰어에 드래그하여 놓는다. 그리고 그림 5.5와 같이 [레이블1] 선택 - [지정하기 레이블1 텍스트 값] 선택 - [언제 위치센서1 위치가변경되었을때 ~ 실행] 블록에 드래그하여 연결시킨다.

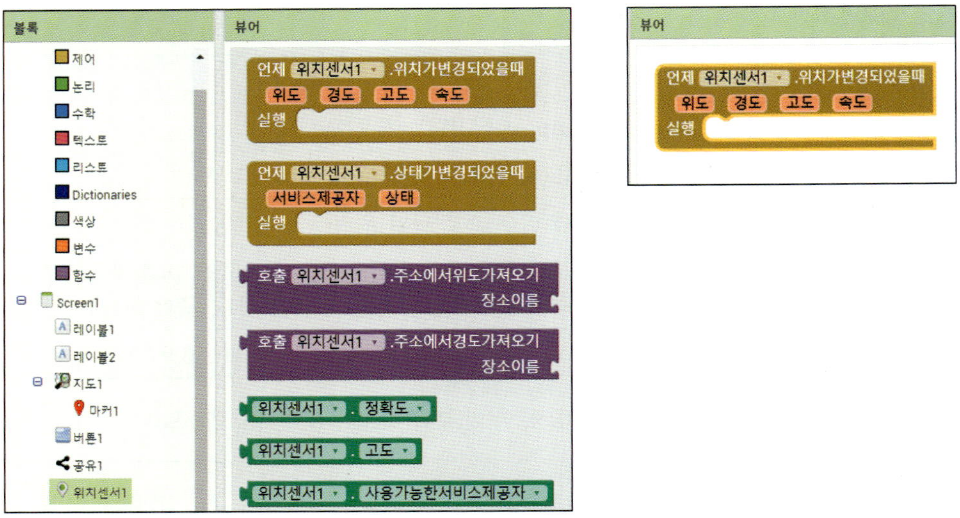

그림 5.4 위치센서1 블록 선택

그림 5.5 레이블1 블록 선택

현재 자신이 있는 곳의 위도, 경도, 고도를 앱에 표시하기 위해 그림 5.6과 같이 [텍스트] 선택 – [합치기] 선택 – [지정하기 레이블1 텍스트 값] 블록에 드래그하여 연결시키고, 문자열을 4개 더 추가한다. 그리고 그림 5.7과 같이 [텍스트] 선택 – [빈칸] 선택 – [합치기] 블록에 3개를 드래그하여 연결시키고, 각각 '위도', '경도', '고도'로 내용을 수정한다. 이때 경도와 고도의 경우에 앞에 한 칸을 띄워 읽기 좋게 한다.

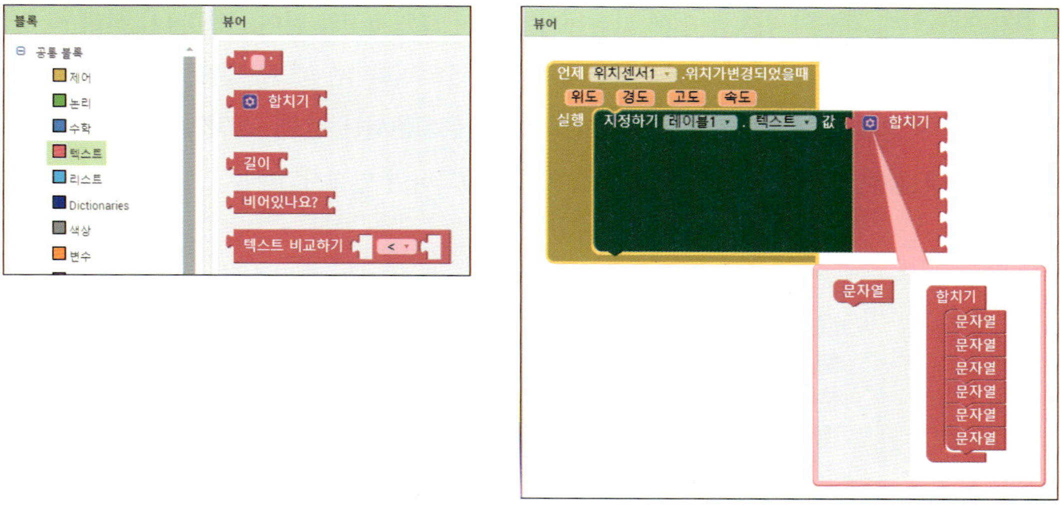

그림 5.6 텍스트 블록 합치기 선택

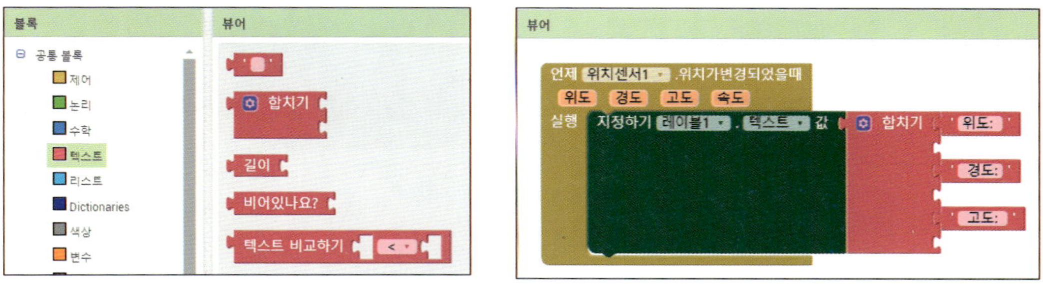

그림 5.7 텍스트 빈칸 블록 선택

마지막으로 그림 5.8과 같이 [위도]에 마우스 커서를 올렸을 때 나타나는 [가져오기 위도]를 드래그하여 [합치기]에 연결시킨다. 나머지 [가져오기 경도]와 [가져오기 고도]도 같은 방법으로 드래그하여 연결한다.

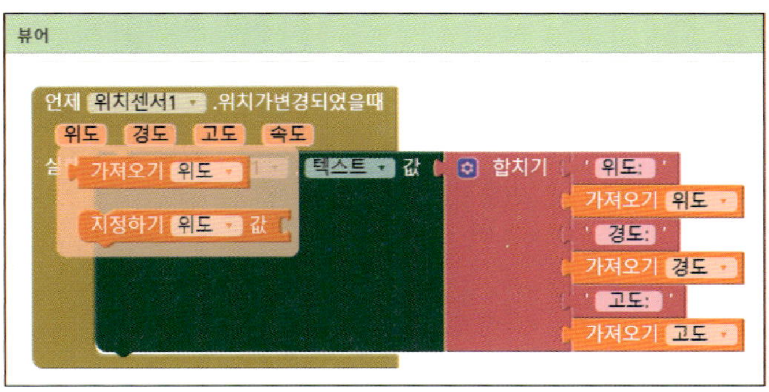

그림 5.8 위도, 경도, 고도 선택

다음으로 현재 자신의 위치를 앱에 나타내기 위하여 그림 5.9와 같이 [레이블2] 선택 – [지정하기 레이블2 텍스트 값] 선택 – [언제 위치센서1 위치가변경되었을때 ~ 실행] 블록에 드래그하여 연결시킨다. 그리고 그림 5.10과 같이 [위치센서1] 선택 – [위치센서1 현재주소] 선택 – [지정하기 레이블2 텍스트 값] 블록에 드래그하여 연결시킨다.

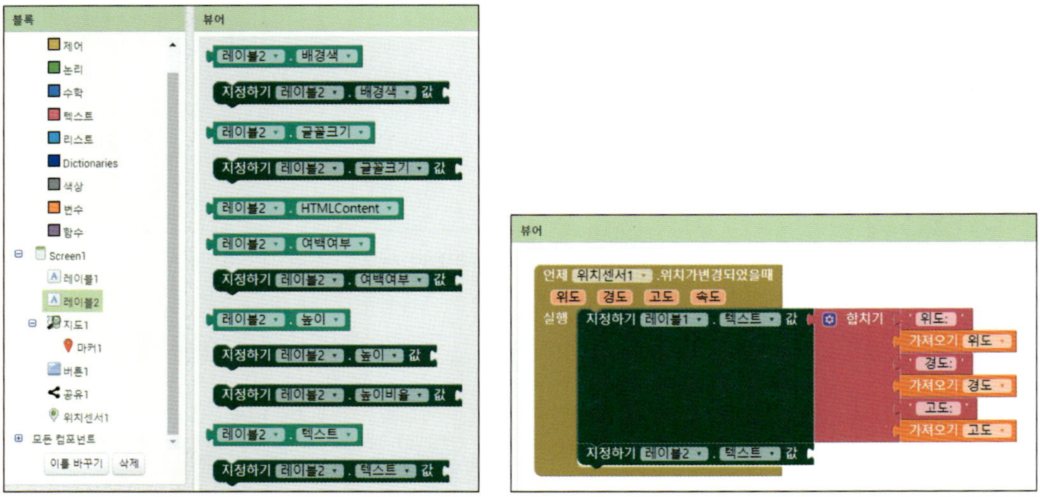

그림 5.9 레이블2 선택

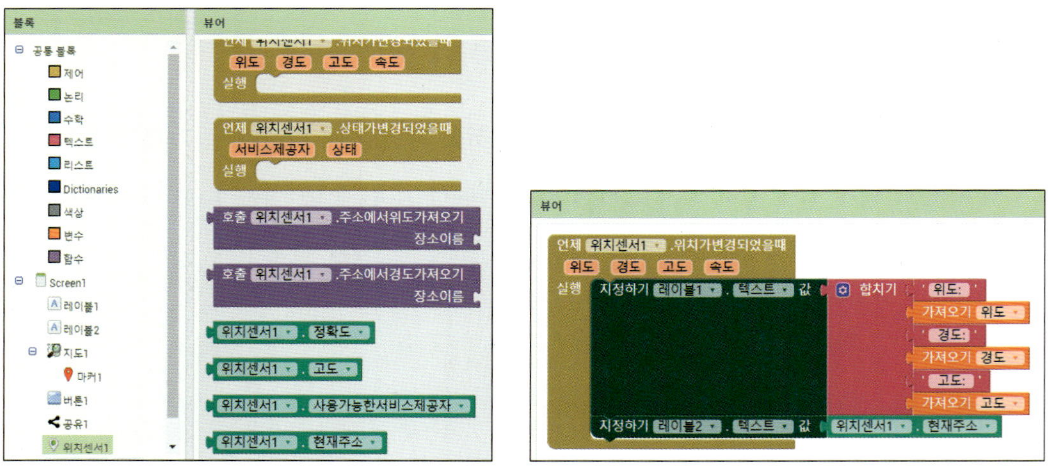

그림 5.10 위치센서1 선택

또한 현재 자신의 위치를 지도에 나타내기 위하여 그림 5.11과 같이 [지도1] 선택 – [호출 지도1 팬하기] 선택 – [언제 위치센서1 위치가변경되었을때 ~ 실행] 블록에 드래그하여 연결시킨다. 그리고 그림 5.8과 같이 [가져오기 위도]와 [가져오기 경도]를 가져와서 그림 5.12와 같이 [호출 지도1 팬하기 위도 경도 줌] 블록에 각각 연결시키고, [수학] 선택 – [0] 선택 – [호출 지도1 팬하기 위도 경도 줌] 블록에 드래그하여 연결시키고 줌 크기를 15로 지정한다.

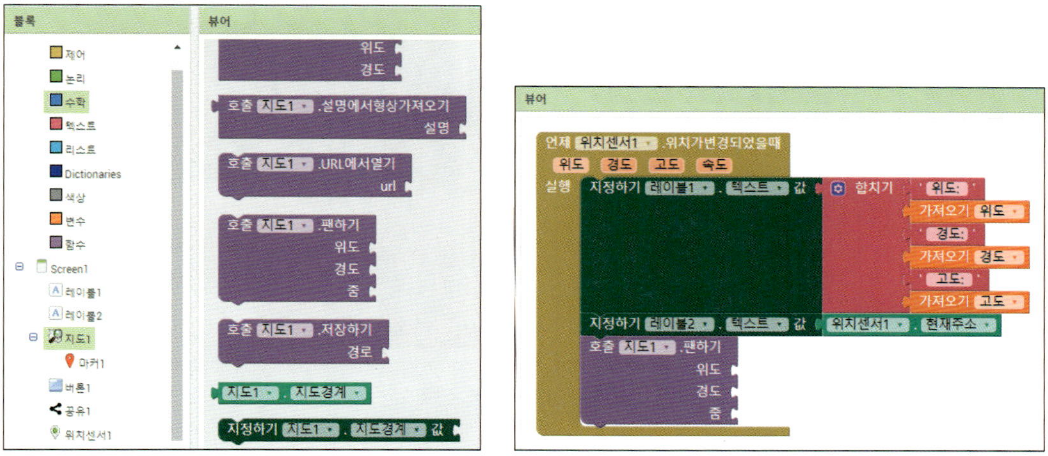

그림 5.11 지도1 선택

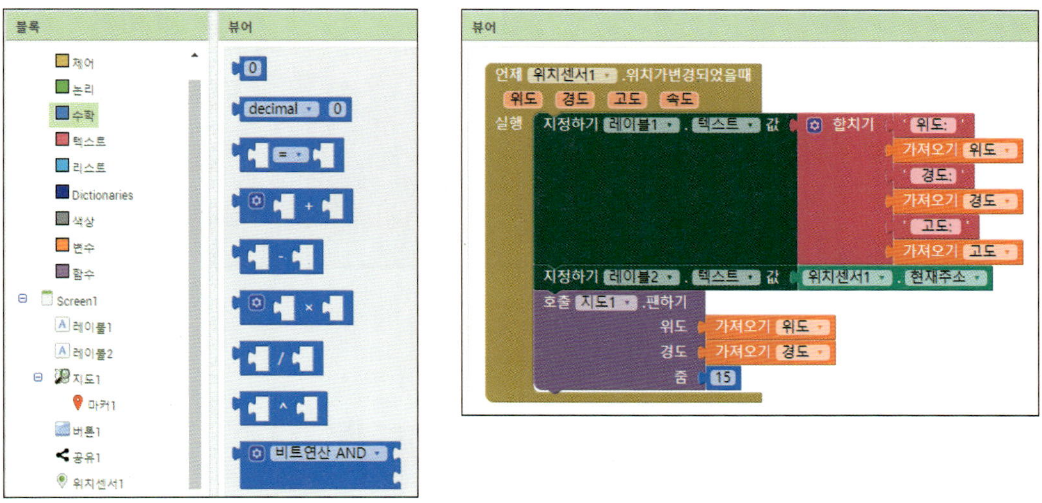

그림 5.12 수학1 선택

지도에 현재 자신의 위치를 마커로 표시하기 위하여 그림 5.13과 같이 [마커1] 선택 – [호출 마커1 위치설정하기 위도 경도] 선택 – [언제 위치센서1 위치가변경되었을때 ~ 실행] 블록에 드래그하여 연결시킨다. 그리고 그림 5.14와 같이 [가져오기 위도]와 [가져오기 경도]를 가져와서 [호출 마커1 위치설정하기 위도 경도] 블록에 드래그하여 연결시킨다.

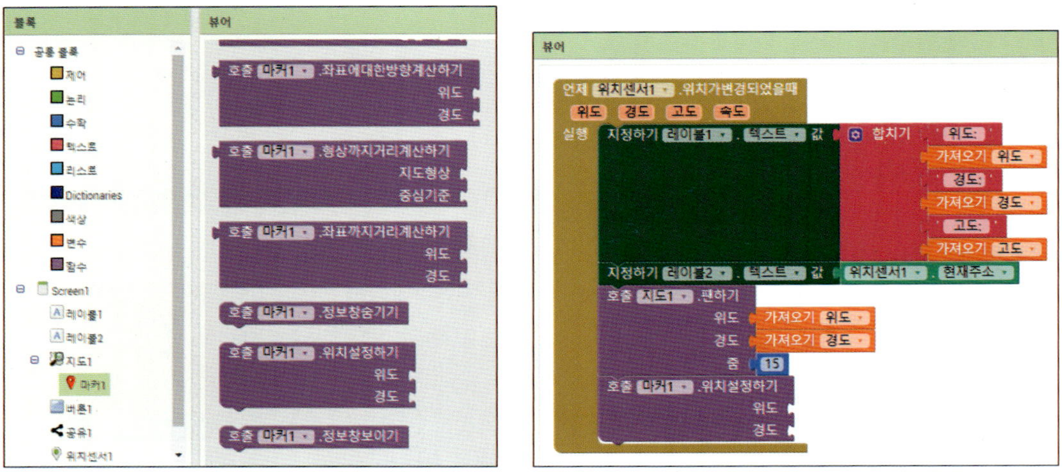

그림 5.13 마커1 선택

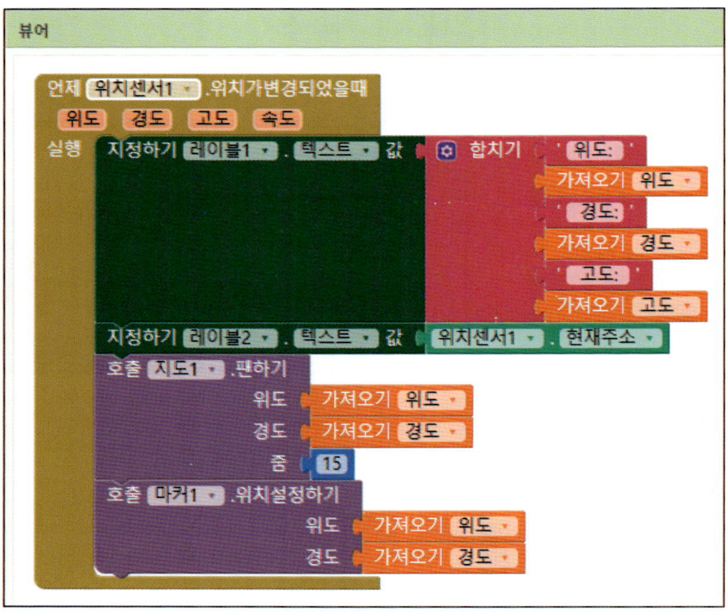

그림 5.14 위도, 경도 연결

앱에서 [나의 위치 전송]을 클릭했을 때 자신의 현재 위치 주소와 지도를 친구에게 전송해 보도록 하자. 그림 5.15와 같이 [버튼1] 선택 – [언제 버튼1 클릭했을 때 ~ 실행] 선택 – 뷰어에 드래그하여 놓는다. 다음으로 그림 5.16과 같이 [공유1] 선택 – [호출 공유1 메시지 공유하기 ~ 메시지] 선택 – [언제 버튼1 클릭했을 때 ~ 실행] 블록에 드래그하여 연결시킨다.

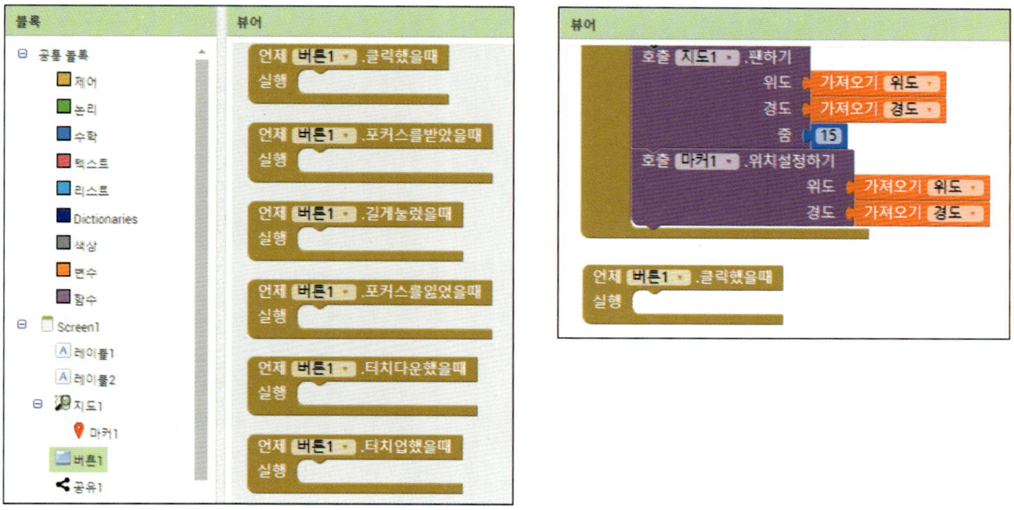

그림 5.15 버튼1 선택

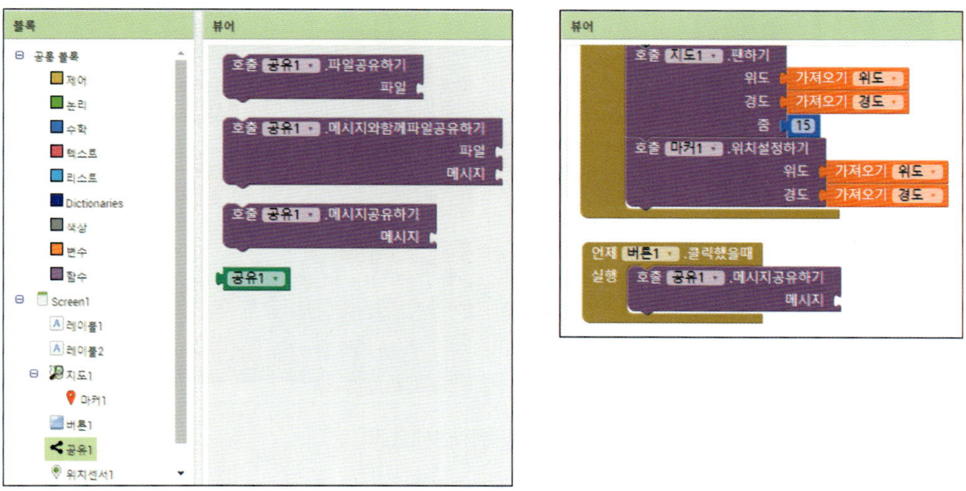

그림 5.16 공유1 선택

친구와 공유할 메시지를 보내기 위하여 그림 5.17과 같이 [텍스트] 선택 – [합치기] 선택 – [호출 공유1 메시지공유하기 ~ 메시지] 블록에 드래그하여 연결시키고, 그림 5.16과 같이 문자열을 3개 더 추가하여 5개로 만든다. 우리가 전송할 메시지는 현재 자신의 위치 주소와 지도이다. 그림 5.18과 같이 먼저 자신의 주소를 [위치센서1] 선택 – [위치센서1 현재주소] 선택 – [합치기] 블록에 드래그하여 추가한다.

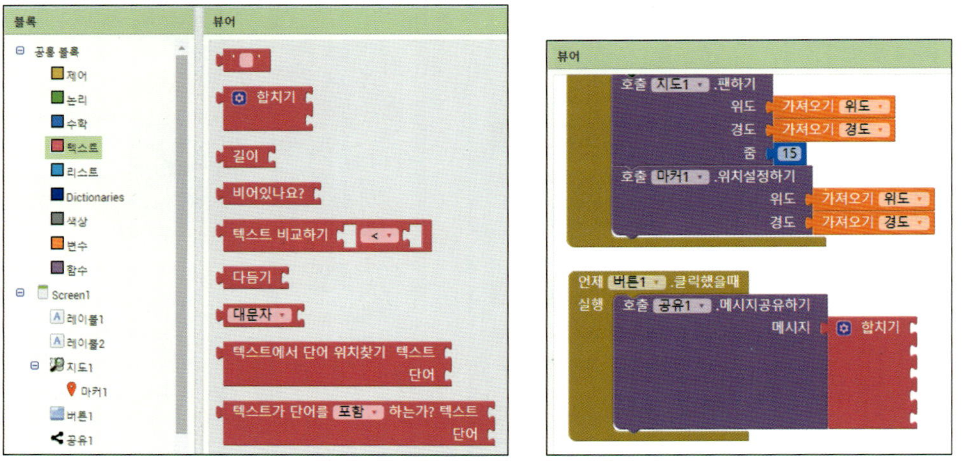

그림 5.17 텍스트 선택

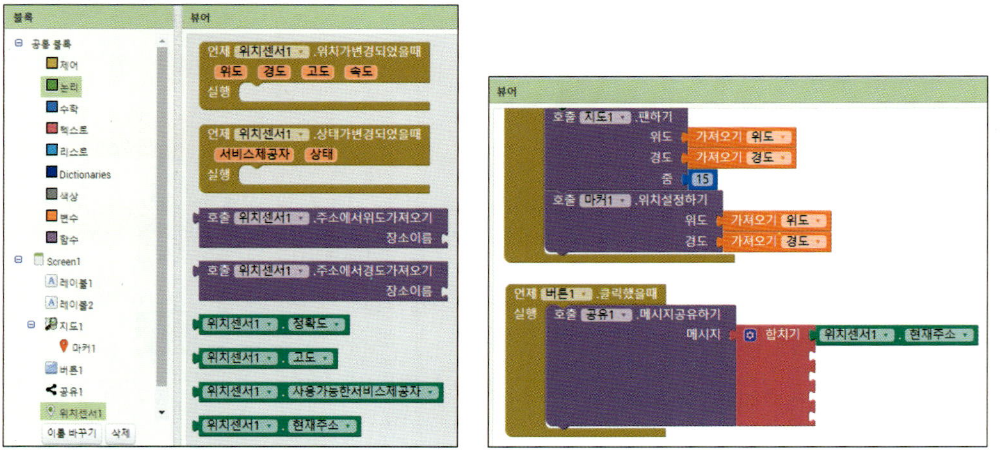

그림 5.18 위치센서1 선택

친구에게 전송할 지도는 그림 5.19와 같다. 이것은 “https://www.latlong.net/c/?lat=37.566536&long=126.977966”와 같이 사이트 주소와 위도와 경도로 구성되어 있다. 따라서 우리는 사이트 주소를 참고하여 그림 5.20과 같이 [텍스트] 선택 – [빈칸] 선택 – [합치기] 블록에 드래그하여 연결시키고, 사이트 주소의 앞부분과 중간 부분으로 내용을 수정한다.

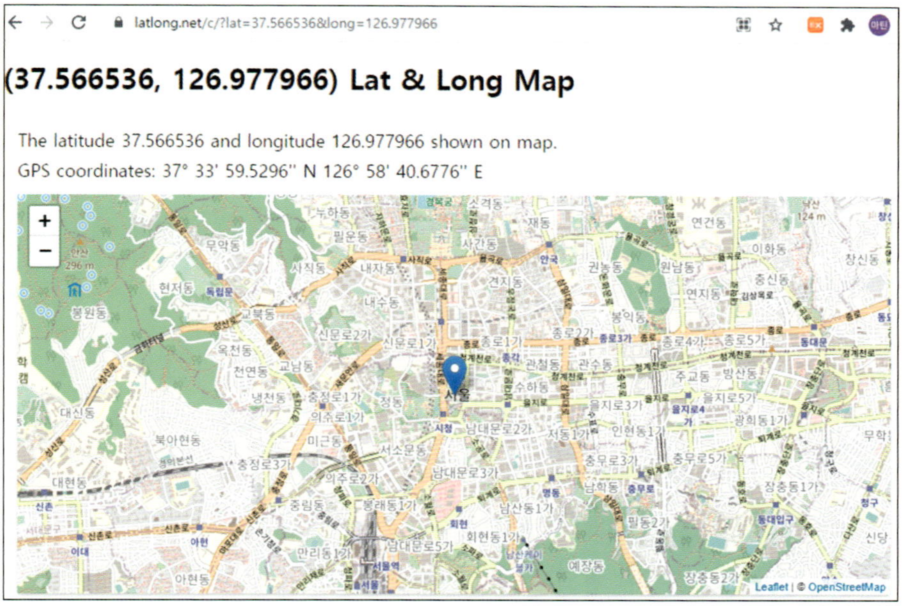

그림 5.19 전송할 지도

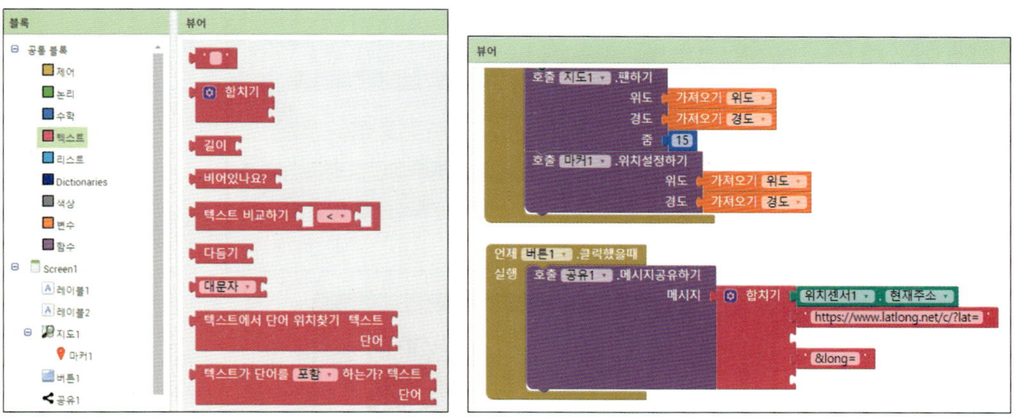

그림 5.20 텍스트 선택

그리고 그림 5.21과 같이 [위치센서1] 선택 – [위치센서1 위도]와 [위치센서1 경도] 각각 선택 – [합치기] 블록에 드래그하여 연결시킨다.

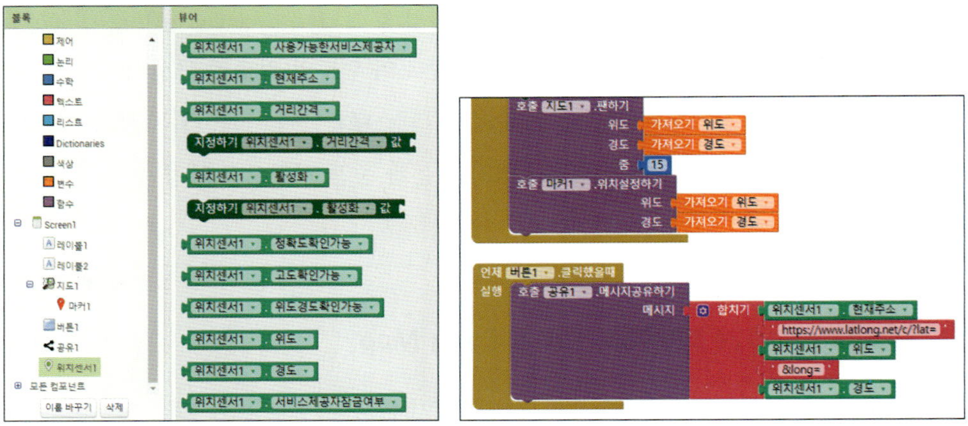

그림 5.21 위치센서1 선택

1.3 앱 실행 및 시험

개발한 앱을 자신의 스마트폰에 다운받아 실행을 하도록 하자. 먼저 그림 5.22와 같이 앱 인벤터의 [빌드] – [Android App(.apk)] 선택한다. 그리고 [Test02_App 진행 바]의 진행이 이루어진 다음에 [Android App for Test02_App]이 생성된다. 여기서 두 가지 방법으로 다운 받을 수 있다. 왼쪽의 [Download .apk now]를 클릭하여 앱을 자신의 컴퓨터에 다운받을 수 있고, 오른쪽의 QR code를 자신의 스마트폰에 설치되어 있는 “MIT AI2 Companion” 앱을 실행하여 “scan QR code”를 선택하여 자신의 스마트폰으로 다운받을 수도 있다.

그림 5.22 Test02_App 다운받기

스마트폰에 다운받은 앱을 찾아 클릭하여 설치를 한다. 앱을 설치하고 실행을 할 때는 스마트폰 기기에 따라 약간의 차이는 있지만 보안과 액세스 허용 등과 관련된 부분이 나타난다는 사실을 알고 설치한다. 우리가 개발한 앱을 다운받아 설치하면 그림 5.23과 같이 스마트폰 바탕화면에 앱 아이콘이 생성되고 앱을 클릭하여 실행한다.

앱을 실행시켰을 때 기대한 결과가 나오지 않는다면 다음을 체크하도록 하자. 1) 자신의 'WIFI'가 실행되고 있는지 확인한다. 2) 자신의 스마트폰 '위치 센서'가 사용 중인지 확인한다. 3) 자신의 스마트폰이 집의 내부에 있으면 위성 GPS가 못 잡을 수 있으므로 '창문 쪽'으로 이동하여 본다. 4) [지도1] 컴포넌트의 속성에서 [위치센서]의 값을 '위치센서1'로 선택한다.

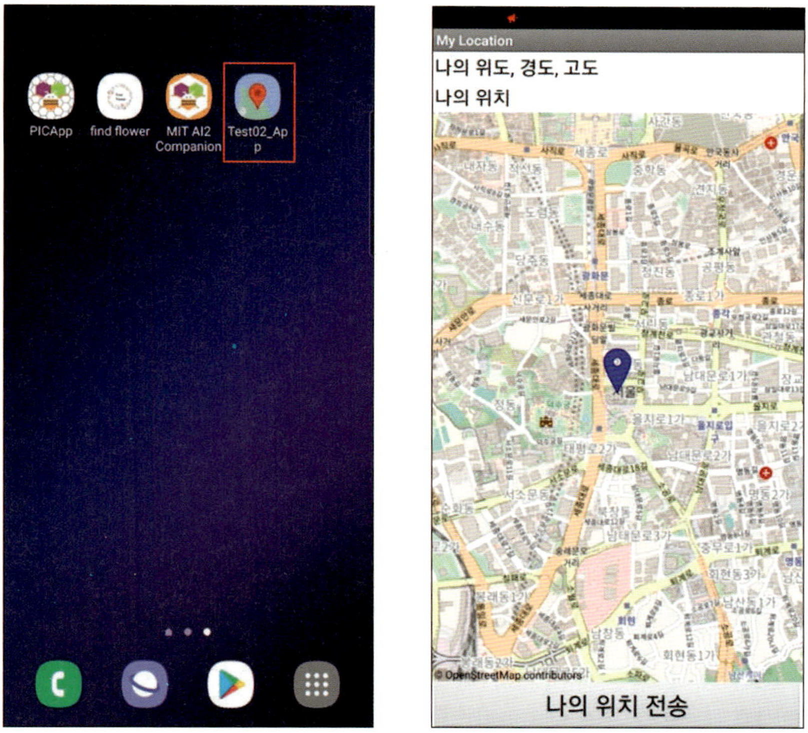

그림 5.23 앱 아이콘과 실행 초기화면

앱이 실행되고 잠시 기다리면 그림 5.24와 같이 현재 자신의 위도, 경도, 고도, 주소가 나타난다. 그리고 지도와 마커가 자신이 위치한 곳으로 변경되고 표시된다. 앱의 '나의 위치 전송' 버튼을 클릭하여 친구에게 현재 자신이 위치한 곳의 주소와 지도를 문자나 카카오톡 등과 같은 다양한 방법으로 전송할 수 있다. 문자를 받은 친구는 그림 5.25와 같이 지도 링크나 이미지를 클릭하여 친구의 위치를 지도를 통하여 확인할 수 있다.

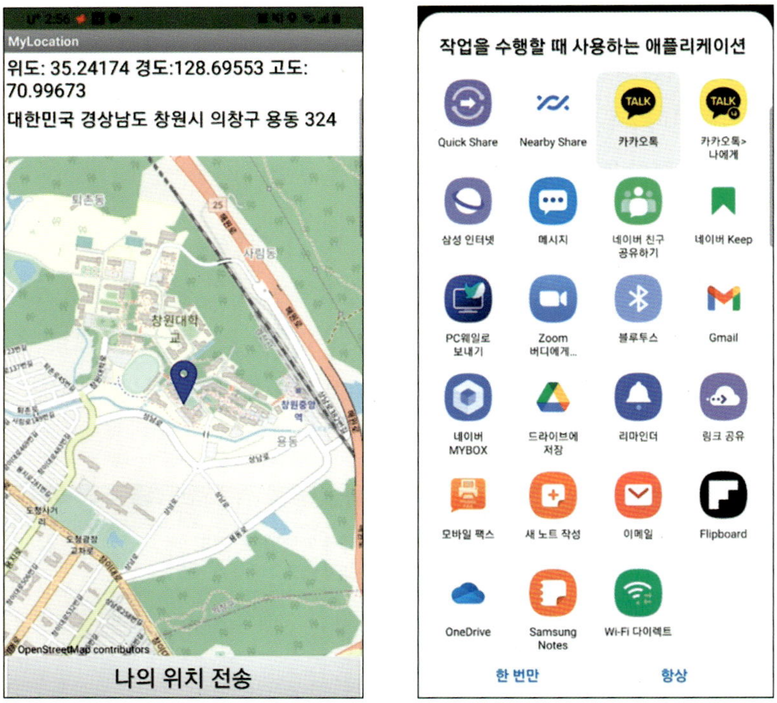

그림 5.24 지도와 위치 전송

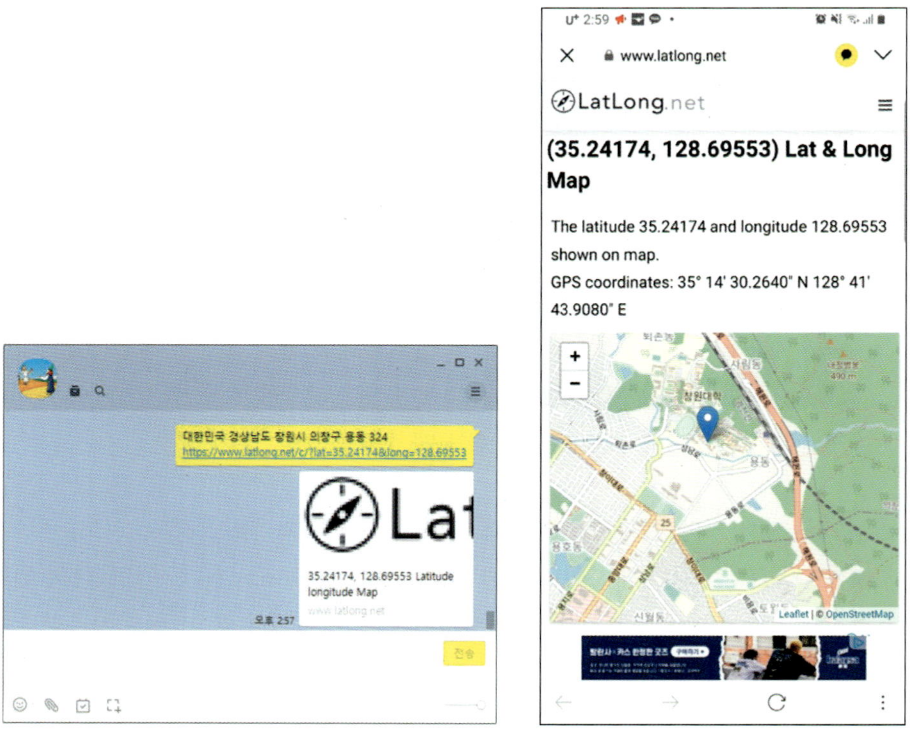

그림 5.25 문자 보낸 사람 위치 확인

3

ML4K 기반 프로젝트

6 머신러닝포키즈 사용법

Chapter

1 머신러닝포키즈 소개

1.1 머신러닝포키즈(ML4K)란?

머신러닝포키즈(Machine Learning for Kids)는 IBM Watson Developer Cloud의 API를 사용하여 레인(Dale Lane)이 개발하였다. 이 책에서는 이후에 머신러닝포키즈를 'ML4K'로 편의상 사용하기로 한다.

그림 6.1 D. 레인

레인은 영국 바스 대학(University of Bath)을 2002년에 졸업하고, 영국 IBM Watson에 오래 근무한 소프트웨어 선임 개발자이다. 그는 모바일 장치들과 머신러닝에 많은 관심을 가지고 있다. 그리고 머신러닝의 모델을 IBM 클라우드 API를 활용하여 만들고, 스크래치, 앱 인벤터, 파이션과 같은 언어를 통해 인공지능 응용을 개발할 수 있도록 환경을 만들었다.
레인은 ML4K 사이트(https://machinelearningforkids.co.uk)를 개발하여, 청소년과 인공지능 입문자들에게 쉽게 머신러닝에 대한 이해와 접근을 할 수 있도록 서비스를 하고 있고, 현재 인공지능 입문자들에게 큰 영향력을 주고 있다.

ML4K를 사용하기 위해서는 먼저 IBM Watson API (Application Program Interface)키가 필요하다. API 키가 확보되면, ML4K 사이트에 가입하여 계정을 얻고 머신러닝 프로젝트를 만들 수 있다. 머신러닝 프로젝트를 통해 응용에 필요한 머신러닝 모델을 만들고, 만든 모델을 사용해 앱 인벤터에서 자신이 원하는 머신러닝 응용 프로그램을 개발할 수 있다.

1.2 IBM 클라우드 회원 가입

ML4K를 사용하기 이전에 IBM 클라우드 서비스 API 키를 확보해야 한다. 왜냐하면 ML4K는 IBM 클라우드 서비스를 바탕으로 동작하기 때문이다. 그러기 위해 IBM 클라우드 회원부터 가입해야 한다. IBM 클라우드 회원 가입을 위해 다음 사이트을 방문한다.

IBM 클라우드 사이트 URL: https://www.ibm.com/kr-ko/cloud

다음과 같은 홈페이지가 나오면 오른쪽 위에 **[로그인]**을 클릭하고, 아직 계정이 없기 때문에 그림 6.3에서와 같이 'IBM Cloud' 아래 **[계정작성]**을 할 수 있는 링크가 있다. 이 링크를 클릭하면 그림 6.4와 같이 계정 정보, 이메일 확인, 개인 정보를 넣을 수 있는 화면이 나타난다.

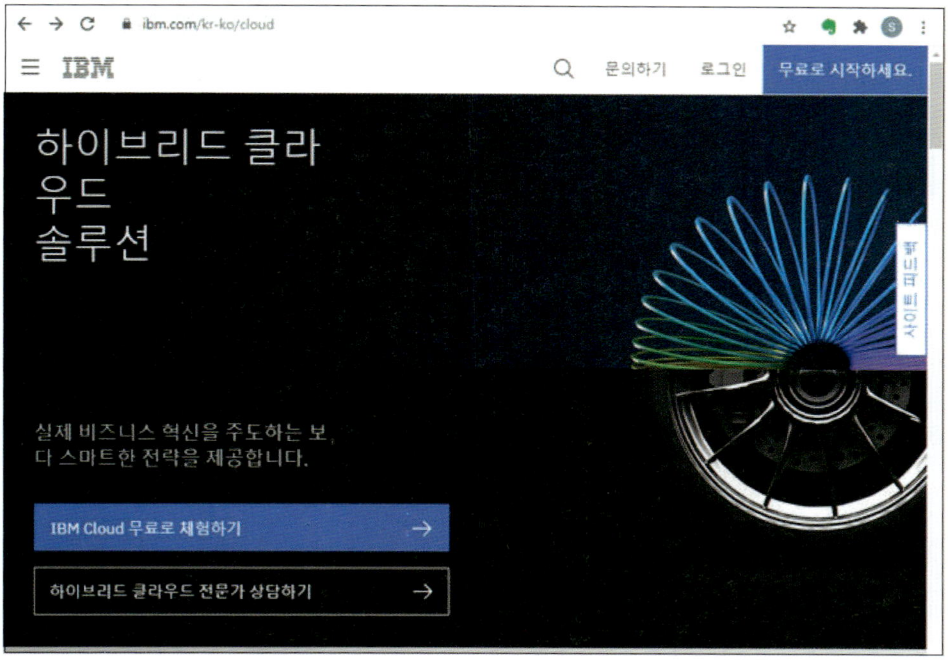

그림 6.2 IBM 클라우드 홈페이지

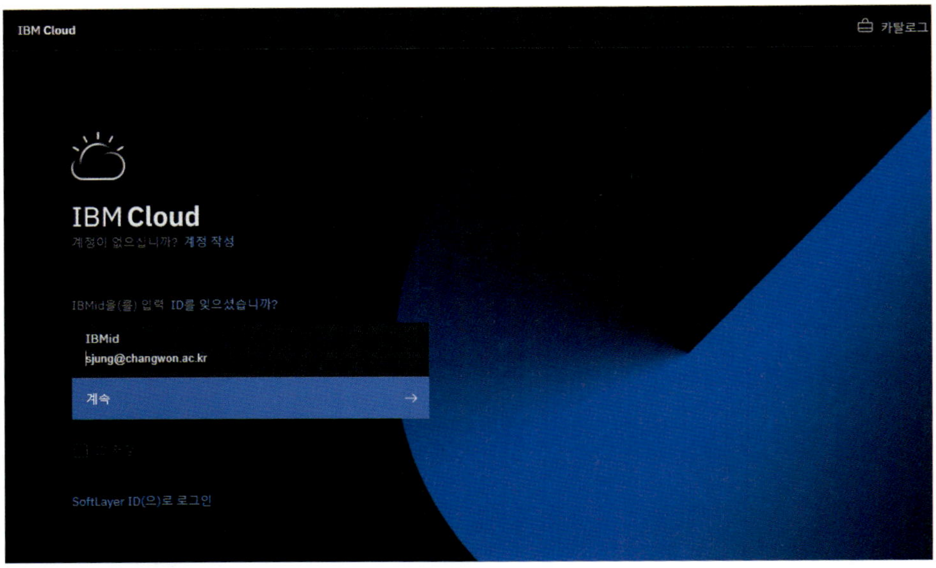

그림 6.3 계정작성을 위한 선택

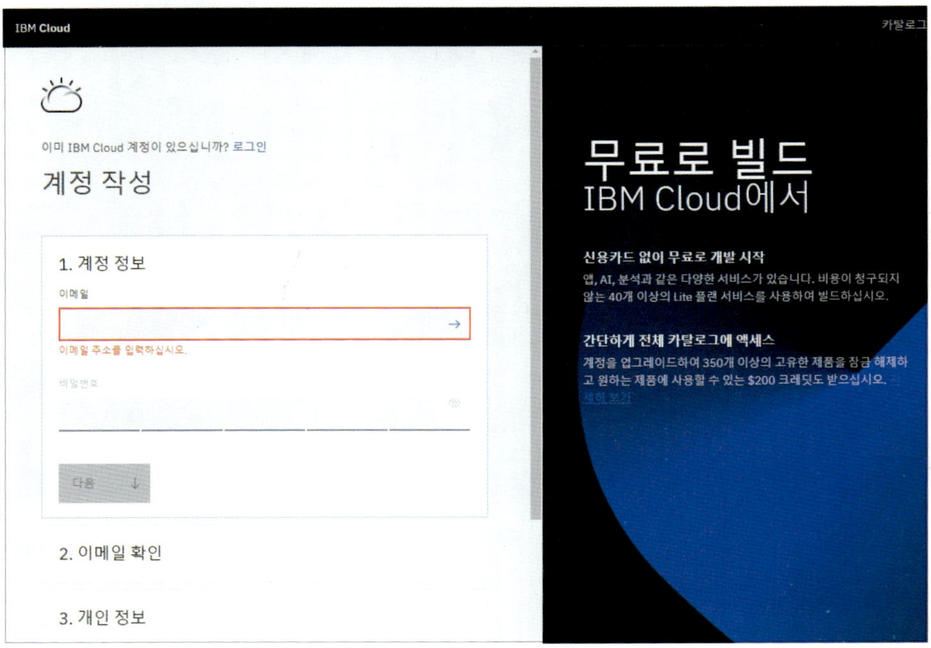

그림 6.4 계정 작성을 위한 화면

계정 만들기 위해 요구하는 정보를 다 작성하면, IBM Cloud에서 계정 만들기 때에 자신이 제공한 이메일을 통해, 그림 6.5와 같은 등록 허가 코드로 7자리 숫자의 코드를 보내온다. 이 코드를 사용하여 계정을 확보한다.

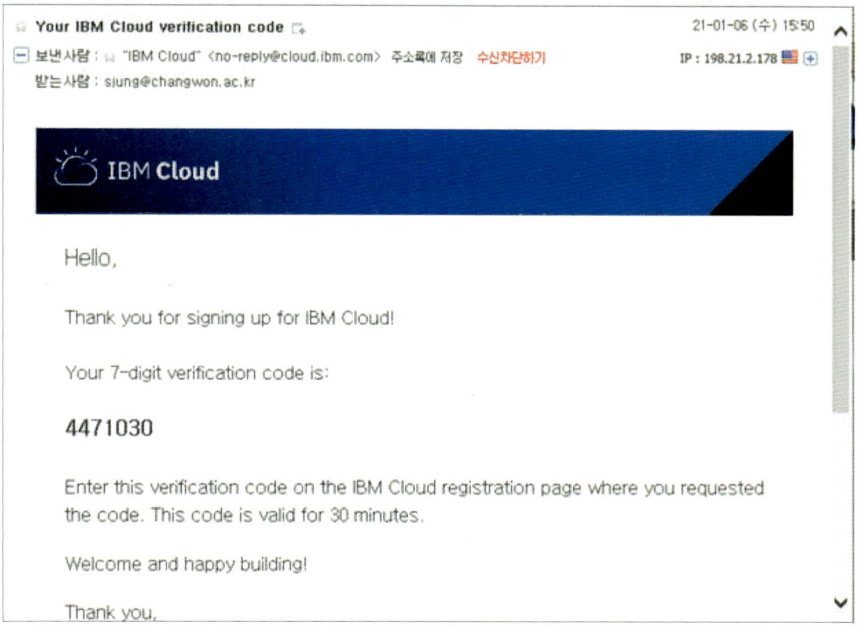

그림 6.5 IBM 클라우드 계정 코드 허가 메일

1.3 IBM 서비스 API 키 발급

IBM 클라우드 계정이 만들어졌으면, 로그인하면 다음 그림 6.6과 같이 '대시보드' 화면이 나타난다. 그리고 이후의 화면들은 IBM 클라우드의 웹페이지의 업데이트에 따라 약간은 달라질 수 있지만 전체적인 흐름은 거의 동일하다(2021.8.17.현재)

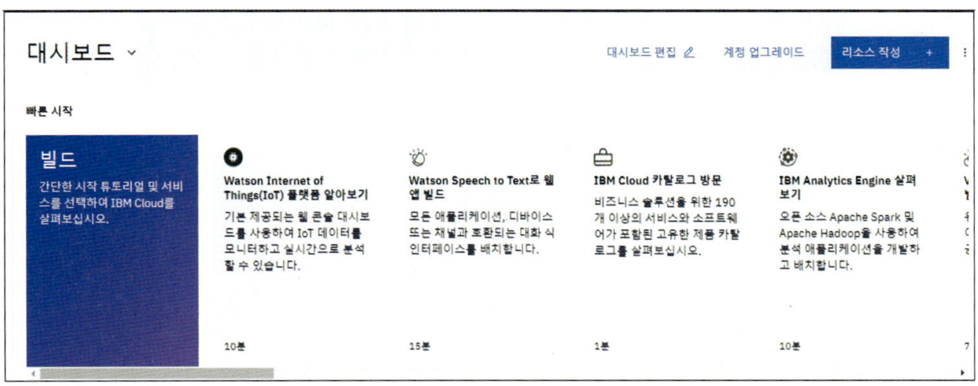

그림 6.6 로그인 후의 대시보드 화면

대시보드 화면 오른쪽 위의 [리소스 작성]을 클릭하면, 그림 6.7과 같이 IBM Cloud 카탈로그 화면이 나타난다. 여기서 왼쪽에 있는 '카테고리'에서 중간 정도 위치에 있는 [AI/기계 학습]을 선택한다.

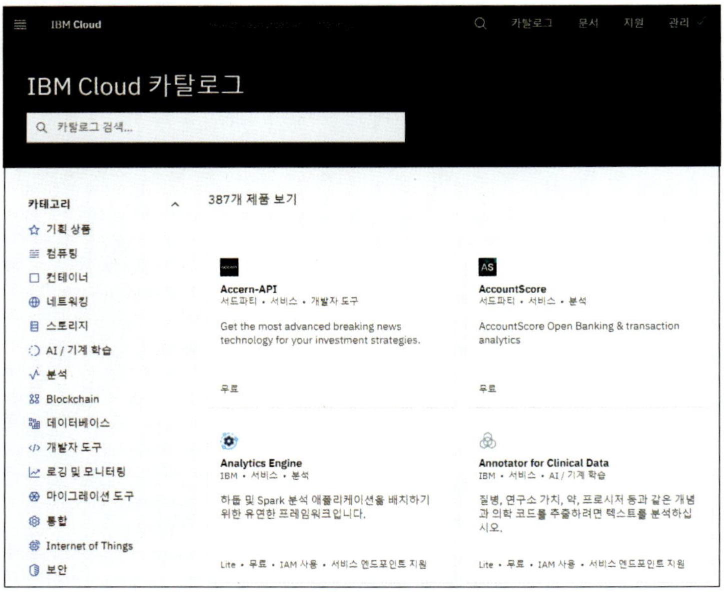

그림 6.7 IBM Cloud 카탈로그 화면

AI/기계 학습 서비스를 선택하면, 다음 그림 6.8과 같이 AI와 기계 학습 관련 여러 서비스 제품들이 화면에 나타난다. 여기서 첫 번째로 보이는 [Watson Assistant]를 선택한다.

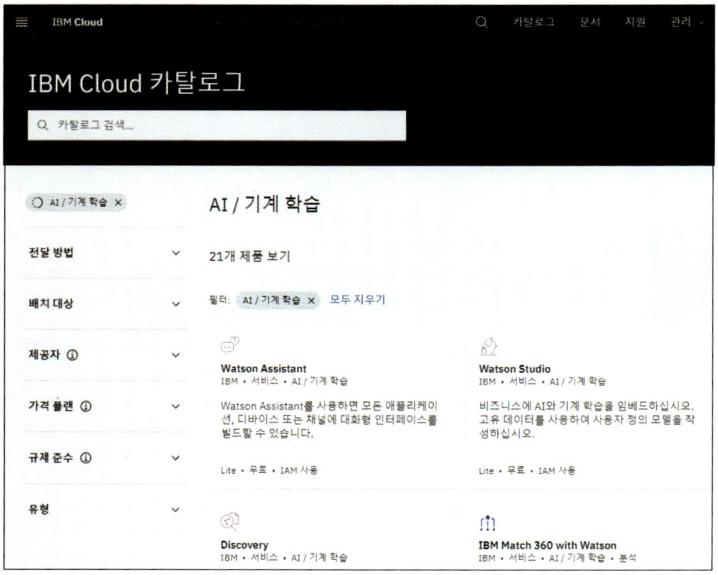

그림 6.8 AI/기계 학습을 선택한 후의 화면

'Watson Assistant'를 선택하면, 그림 6.9와 같은 Watson Assistant 작성 화면이 나타난다. 화면의 [작성] 탭에서 '위치 선택'은 Seoul(kr-seo)을 선택하고, '가격 플랜 선택'은 Lite를 선택한다. 그리고 화면 오른쪽 아래 라이센스 계약 동의 체크를 하고, [작성]을 클릭하여 완성한다.

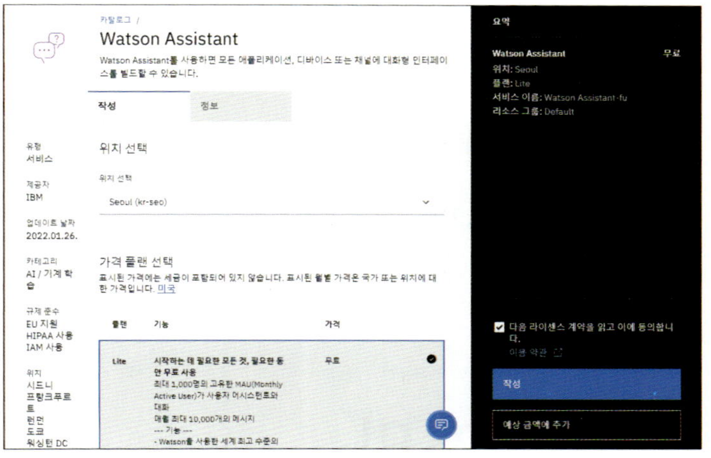

그림 6.9 Watson Assistant 화면의 선택

그림 6.10의 API 키 복사하기 화면에서 키 정보를 화면 아래의 'API 키:'의 오른쪽 사각형을 클릭하여 복사하고, 머신러닝포키즈 웹사이트에 등록할 수 있도록 준비한다.

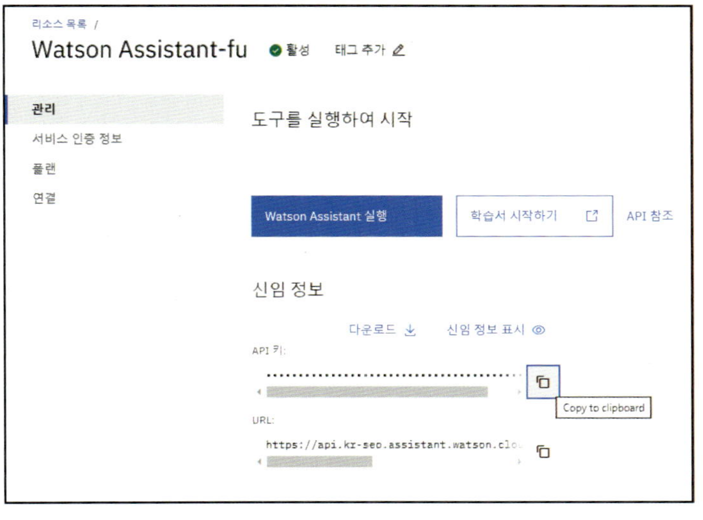

그림 6.10 API 키 복사

이제 IBM 클라우드 서비스 키가 확보되었으므로, ML4K를 사용하기 위한 준비가 되었다.

2 ML4K 사용법

2.1 머신러닝포키즈 계정

먼저 머신러닝포키즈(ML4K)를 사용하기 위해 계정을 만들자. ML4K의 홈페이지 사이트는 다음 URL과 같다.

사이트 URL: https://machinelearningforkids.co.uk

ML4K의 홈페이지 화면이 그림 6.11에 보인다. 여기서 가벼운 마음으로 [시작해봅시다]를 클릭하자.

그림 6.11 ML4K의 홈페이지 화면

그러면 그림 6.12와 같이 머신러닝을 시작해 보기 위해 계정을 만들어 로그인하거나 아니면, 등록을 건너뛰고 지금 맛보기로 바로 실행해 볼 수도 있다. 그러나 우리는 실제 머신러닝을 사용해 보고 프로그램도 만들어 보아야 하니, 계정을 만들어야 한다.

그림 6.12에서 [계정 만들기]를 클릭하면 그림 6.13와 같은 화면이 나타난다.

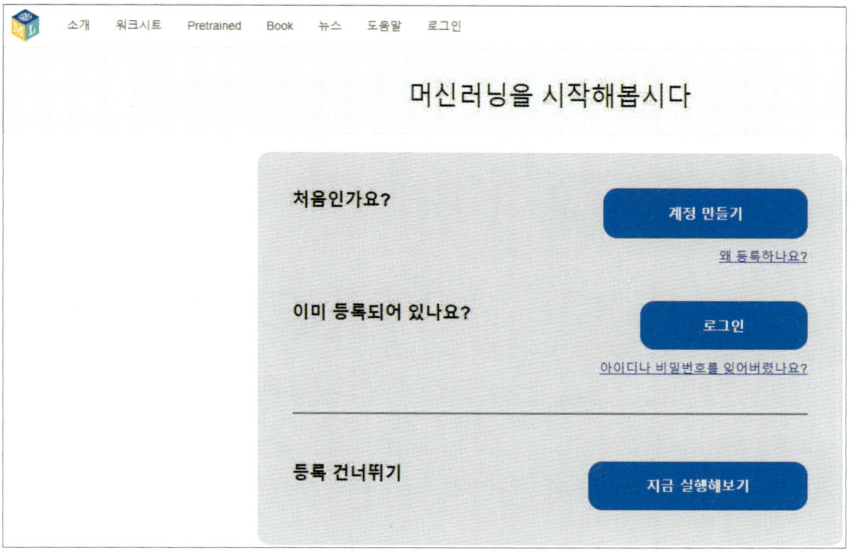

그림 6.12 '시작해봅시다'를 클릭 후 로그인 화면

여기서 [교사 혹은 코딩 클럽의 리더] 버튼과 [학생] 버튼이 있는데, 교사인 경우나 클럽의 리더인 경우는 위의 버튼을 선택하면 학생들을 위한 계정 관리가 편리하다.

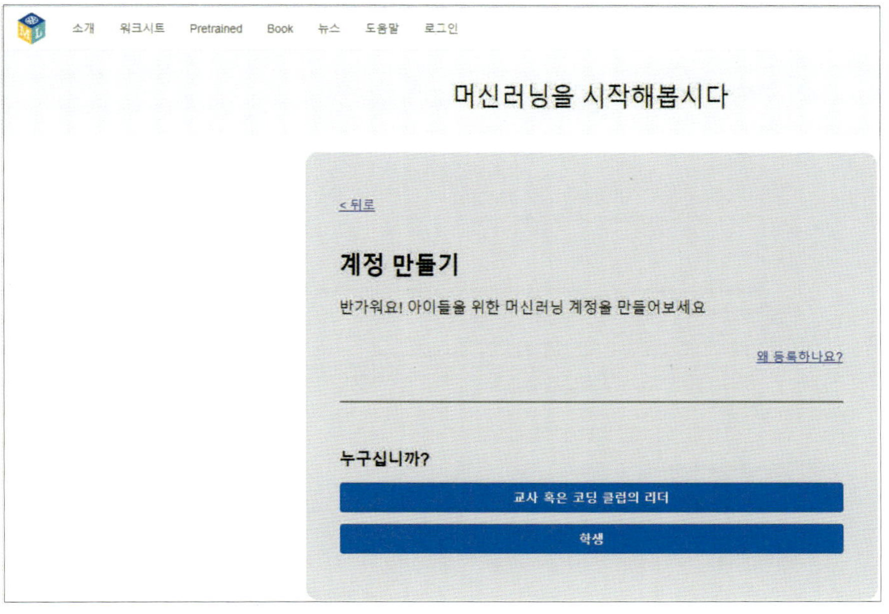

그림 6.13 ML4K의 계정 만들기 화면

[교사 혹은 코딩 리더로 계정 만들기]를 선택하면, 그림 6.14와 같은 자신이 수업 계정을 설정하고 관리하는 계정만들기가 나타난다. 만일 정식으로 학교에서 단체로 혹은 코딩 그룹으로 한다면, 이메일을 보내면 도움을 받을 수도 있다.

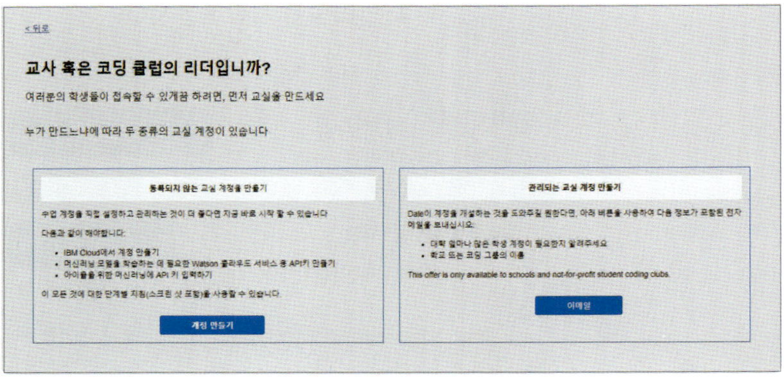

그림 6.14 교사 혹은 코딩 리더의 계정 만들기

[비관리 교실 계정 만들기]를 위해, 그림 6.15와 같이 필요한 사용자 이름, 이메일, 사용 용도, IBM 클라우드 접근에 대한 확인 체크박스를 체크하자. 그리고 아래 있는 [CREATE CLASS ACCOUNT]를 클릭하면 된다.

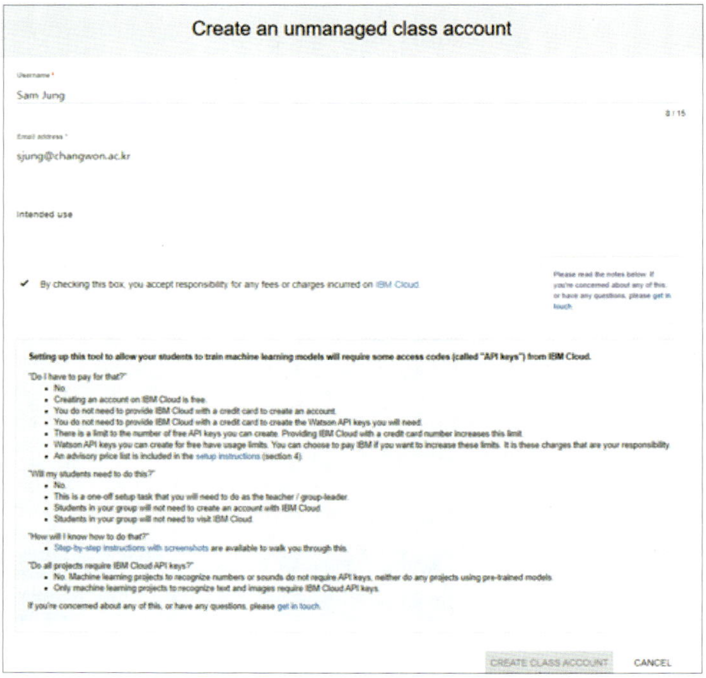

그림 6.15 비관리 교실 계정 만들기

2.2 API Key 등록하기

ML4K에 계정을 만들었다면, 그림 6.16과 같이 로그인 창에서 만든 계정과 패스워드를 사용하여 ML4K에 로그인 해보자. 먼저, IBM Cloud에서 복사해 둔 API 키를 ML4K에 등록한다. 이를 위하여 그림 6.17 화면에서 [관리페이지로 이동]을 클릭한다.

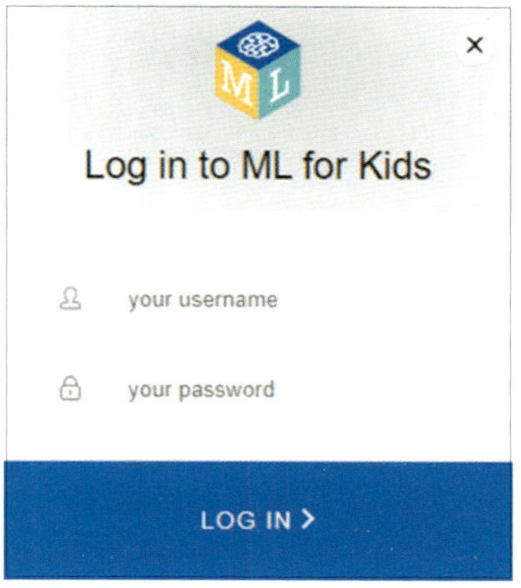

그림 6.16 로그인 화면

그림 6.17 관리페이지로 이동 선택

그림 6.18의 관리자 화면에서 'API Keys'의 [Watson API Keys]를 선택한다. 그리고 그림 6.19 화면에서 오른쪽의 [+ 새로운 인증 추가]를 클릭한다.

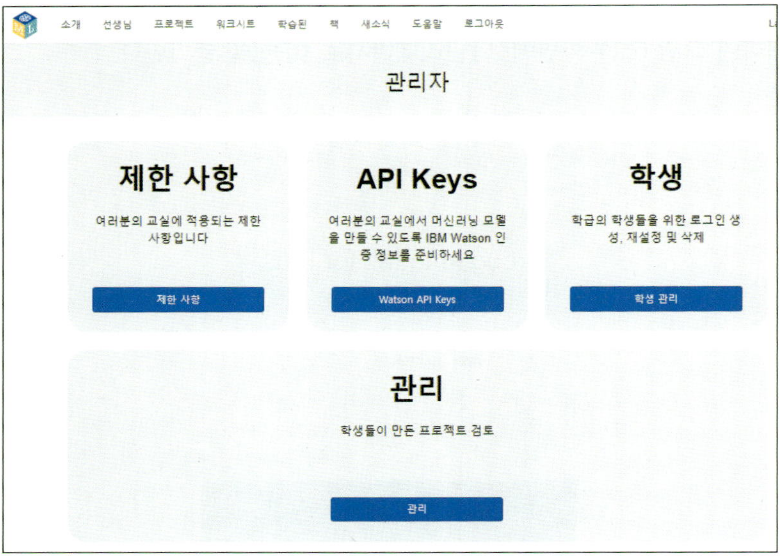

그림 6.18 Watson API Keys 선택

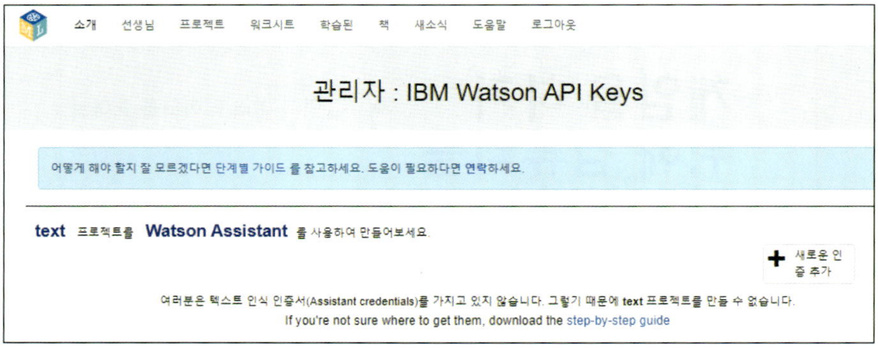

그림 6.19 새로운 인증 추가 선택

그림 6.20에서 가격 정책에서 'Lite(free)'를 선택하고, '아래의 API Key를 적어주세요'에 복사해둔 API 키를 붙여넣기 하고, [추가] 버튼을 클릭하여 등록한다. 등록이 완료되면 그림 6.21과 같이 등록된 API Key를 확인할 수 있다. 이제 텍스트 분류 머신러닝 모델을 5개까지 만들 수 있다.

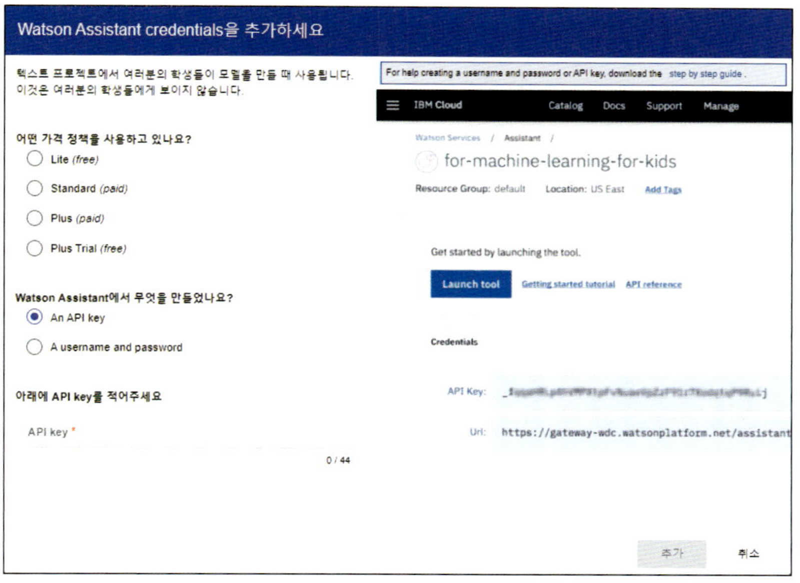

그림 6.20 API Key 추가

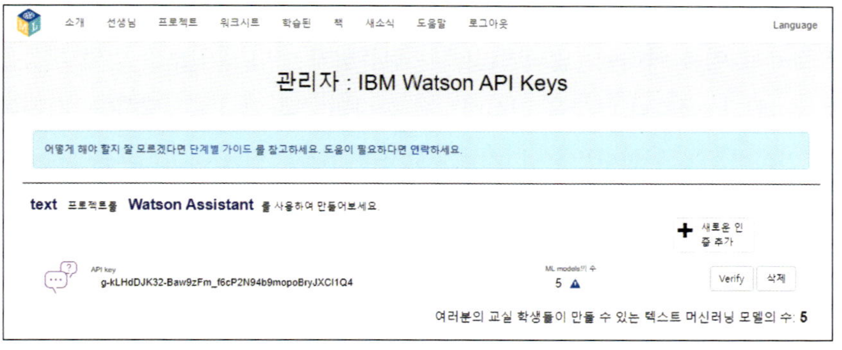

그림 6.21 등록된 API Key 확인

그림 6.21의 왼쪽 상단의 아이콘을 클릭하면 나타나는 그림 6.22 화면에서 [프로젝트 이동]을 클릭하여 프로젝트를 만들도록 한다.

그림 6.22 프로젝트 이동 선택

교사나 클럽 리더의 자격으로 계정을 만들었다면, 학생들에게 계정 이름과 패스워드를 생성해서 학생들에게 제공해 줄 수 있다. 학생들은 제공된 계정 이름과 패스워드를 사용하여 수업에서 머신러닝을 학습해 볼 수 있다.

그림 6.23과 같은 화면이 나타나면, 오른쪽 상단의 [+ 프로젝트 추가]를 클릭하고 프로젝트 이름을 입력한다. 예로서 'test'를 입력 해본다.

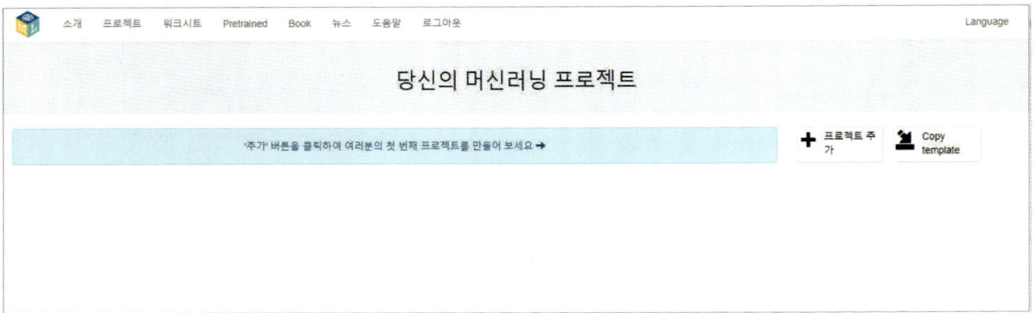

그림 6.23 프로젝트 생성을 위한 화면

그리고 프로젝트 이름 아래에 [인식방법]에는 컴퓨터가 어떤 방식으로 입력 대상을 인식할지를 선택할 수 있다. 글자나 문장을 인식하도록 한다면, '텍스트'를 선택한다. 사진이나 다이어그램 등을 인식하도록 원한다면 '이미지'를, 숫자를 인식하도록 하고 싶다면 '숫자'를, 그리고 음성이나 소리와 같은 사운드를 인식하고 싶다면 '소리'를 선택한다.

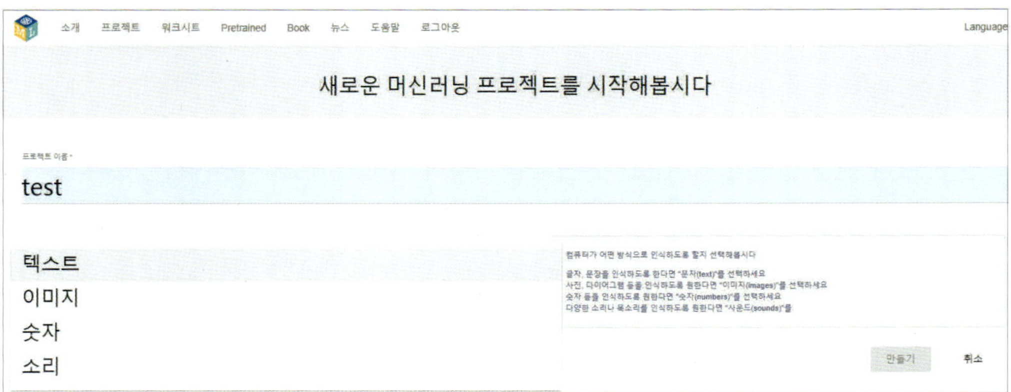

그림 6.24 인식 방법에 대한 선택 화면

그리고 인식방법 아래에 [언어]에서는 처리하고 싶은 언어를 선택하면 된다. 모든 선택이 완료되었다면, 오른쪽 맨 아래에 있는 [만들기]를 클릭하면 프로젝트가 생성된다.

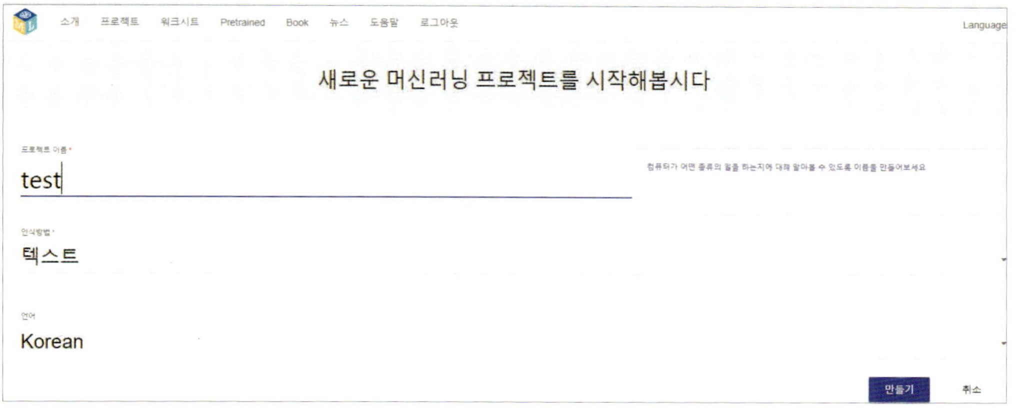

그림 6.25 사용 언어 선택 화면

그림 6.26에는 생성된 프로젝트 'test'가 화면 중앙에 나타나 보인다.

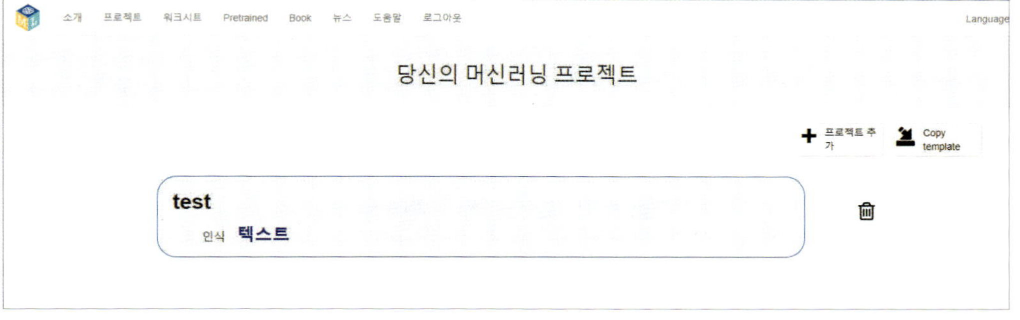

그림 6.26 생성된 프로젝트의 예

이제 생성된 프로젝트 'test'에 그림 6.27과 같이 ML4K의 전체적인 과정인 '훈련', '학습 & 평가'를 통해 모델을 생성하고, 프로그램 언어(스크래치, 앱 인벤터, 파이썬)를 사용하여 [만들기]를 진행할 수 있다.

그림 6.27 ML4K의 전체적인 처리 과정

2.3 프로젝트 만들기

먼저 ML4K 사이트로 가서 로그인해 프로젝트를 생성하고 머신러닝 모델을 만들어 보자. ML4K의 사이트는 다음과 같다.

사이트 URL: https://machinelearningforkids.co.uk

사이트로 로그인을 하여 [프로젝트로 이동]을 클릭한 후, 프로젝트를 생성할 준비를 한다.

먼저 [훈련]을 클릭하면 그림 6.28과 같이 레이블을 추가하여 데이터를 담을 바구니(bucket)을 만들 수 있다. 예로서, 감기와 코로나-19를 구별할 수 있는 머신러닝 모델을 간단하게 만들어 보자.

그림 6.28 훈련을 클릭한 후에 화면

[+ 새로운 레이블 추가] 버튼을 클릭하면 그림 6.29와 같은 화면이 나타나고, 레이블 추가에 'Cold'를 입력하고 [추가] 버튼을 클릭한다. 레이블이 아직은 한글로 작성되지 않기에 영어로 작성하기 바란다.(2021.8.18.)

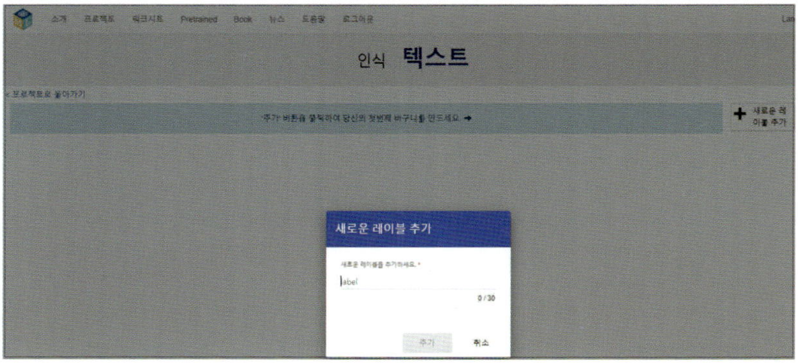

그림 6.29 새로운 레이블 추가 화면

그러면 그림 6.30과 같이 데이터를 담을 바구니가 생긴다. 이 바구니 아래에 있는 [+ 데이터 추가]를 클릭하고, 감기의 증상을 서술하는 텍스트 데이터를 입력하면 된다. 예로서, 감기 증상인 다음의 텍스트 데이터들로 입력해 보자: 코막힘, 콧물 증상, 기침, 보통 2~3일 내에 증상이 사라짐. 먼저 목이 간지럽기 시작한 뒤에 콧물이 흐르고 기침이 남, 재채기, 38도 이하의 가벼운 발열.

그림 6.30 레이블을 추가해 바구니 생성

[+ 데이터 추가]를 클릭하면, 그림 6.31과 같은 화면이 나타나고, 필요한 텍스트들을 입력하고, [추가] 버튼을 클릭하여 차례로 데이터들을 입력한다.

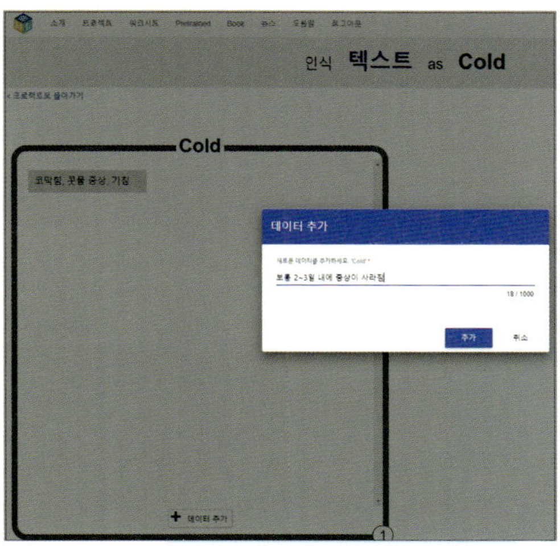

그림 6.31 데이터 추가 화면

데이터 입력이 완료되면, 그림 6.32에서와 같이 Cold 감기의 바구니에 입력된 데이터들이 보인다. 이제 코로나-19에 대한 바구니도 생성하고, 코로나-19에 해당하는 특징의 텍스트 입력 데이터를 입력하도록 하자.

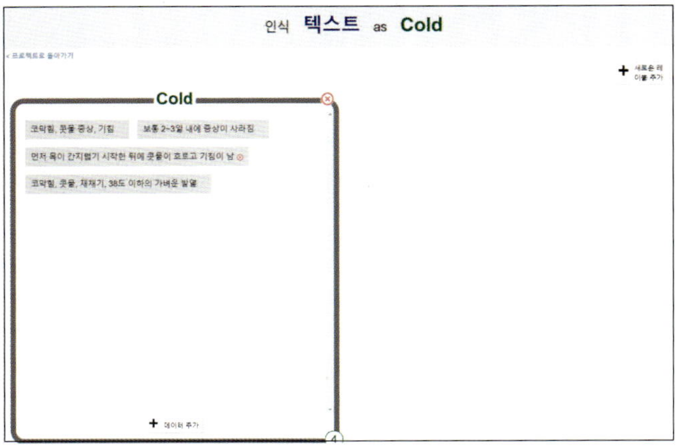

그림 6.32 감기 바구니의 완성

그림 6.33과 같이 새로운 레이블 추가로 'COVID-19'를 입력하고 바구니를 생성한다. 그러면 그림 6.34와 같은 빈 바구니가 생긴다. 여기에 코로나-19의 특징인 예로서, 다음과 같은 텍스트 입력 데이터를 입력하자: 근육통, 몸살, 오한, 구토, 설사, 소화기 증상, 맛을 못 느끼거나 냄새를 맡지 못함, 2주 이상 증상, 발열 증상이 먼저 나타나고 이후 기침, 인후통, 호흡곤란, 증상이 동시다발적으로 나타남.

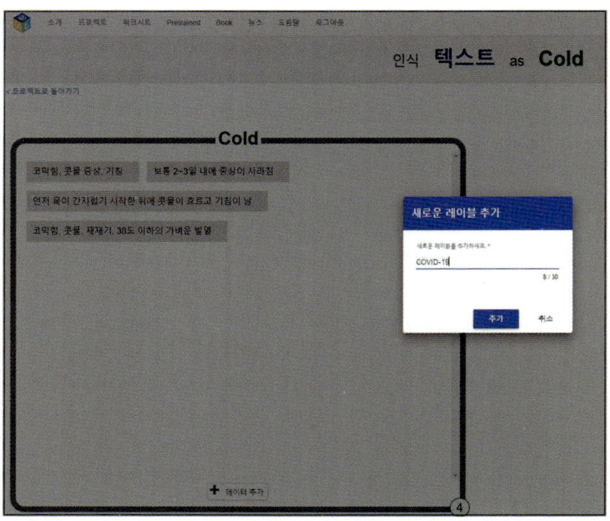

그림 6.33 코로나19의 레이블 추가로 바구니 생성

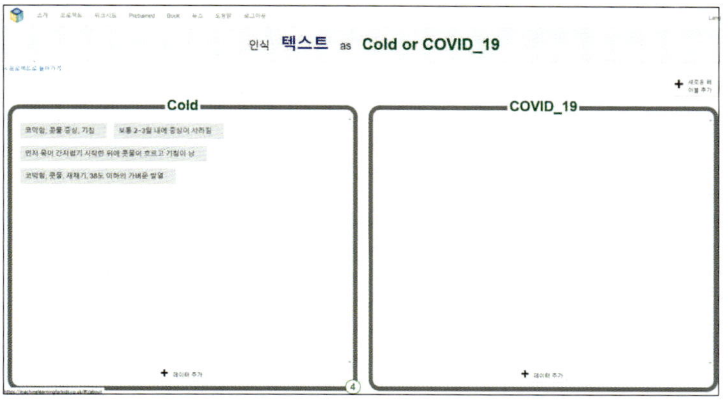

그림 6.34 생성된 감기와 코로나 데이터 바구니들

그림 6.35와 같이 감기와 코로나-19에 대한 바구니에 데이터 입력을 완성하자.

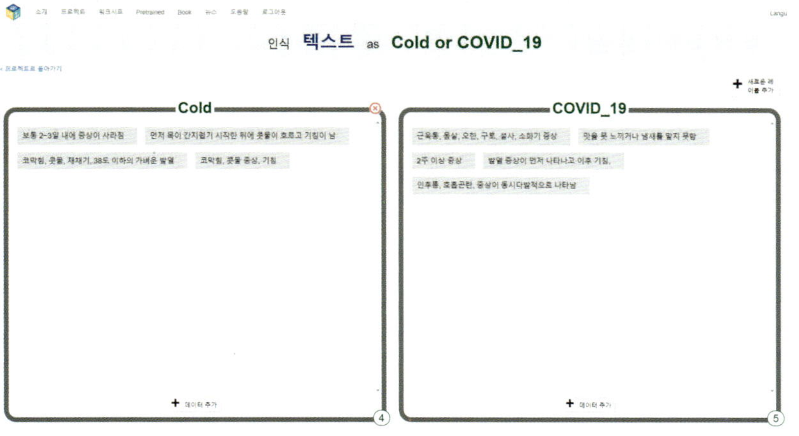

그림 6.35 감기와 코로나-10 바구니에 입력 데이터 완성

컴퓨터를 훈련할 수 있는 데이터들의 준비가 끝났으니 학습을 시키자. 그림 6.35의 왼쪽 위의 코너에 있는 '< 프로젝트로 돌아가기'를 클릭하면, 그림 6.36과 같은 전체 처리 화면이 나타난다.

그림 6.36 머신러닝을 위한 전체 처리 화면

여기서 [학습 & 평가] 버튼을 클릭하자. 그러면 그림 6.37과 같이 훈련에 준비된 데이터를 이용하여 [새로운 머신러닝을 훈련시켜 보세요]를 클릭하여 모델을 만들 수 있다.

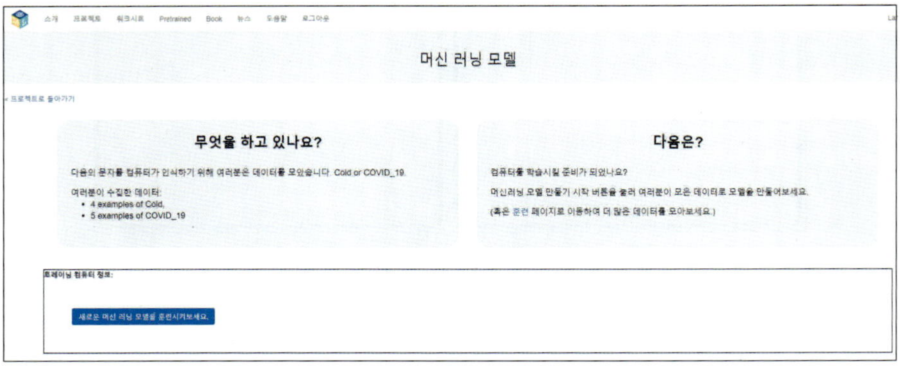

그림 6.37 '학습 & 평가' 버튼 클릭 후의 화면

만들어진 모델에 대한 정보가 그림 6.38의 왼쪽 아래에 나타나 있다. 그리고 그림 중간 부분에 모델의 학습이 잘 되었는지를 테스트를 통해 평가해 볼 수 있다.

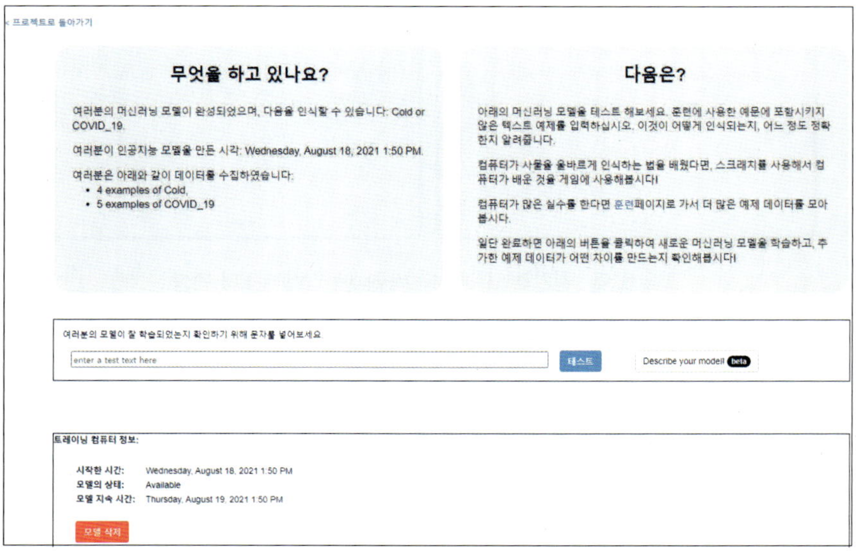

그림 6.38 만들어진 모델 정보

평가를 위한 텍스트 박스에 코로나-19의 증상에 관련된 단어나 문장을 넣고 테스트 해보자. 예로서, "콧물이 남"를 입력하고 [테스트] 버튼을 클릭하자. 그러면 그림 6.39와 같이 비록 신뢰도(confidence)는 낮지만 감기(Cold)로 인식된다.

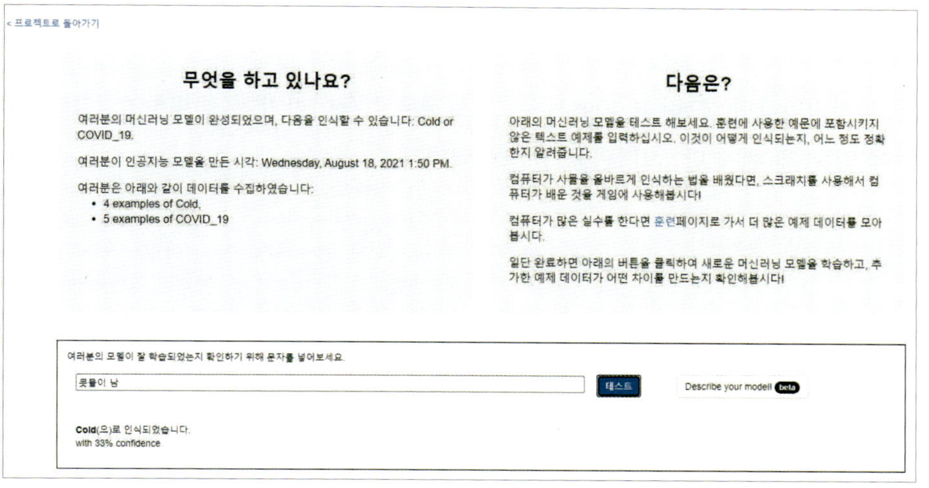

그림 6.39 모델을 테스트하는 예1

이번에는 테스트로 "소화가 안 됨"을 넣어보았다. 그 결과, 그림 6.40과 같이 코로나-19(COVID_19)로 인식이 되었다.

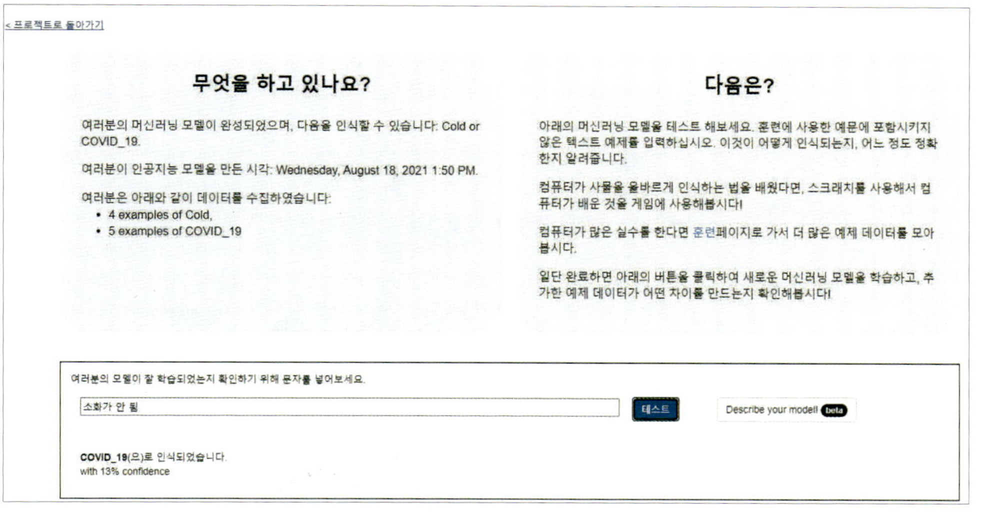

그림 6.40 모델을 테스트하는 예2

인식을 제대로 하지 못한다면, 훈련 단계로 다시 돌아가서 더 많은 유용한 훈련 데이터들을 모아서 모델을 훈련시키자.

2.4 모델을 사용해 프로그램 만들기

모델이 완성되었다면, 그림 6.40에서 '< 프로젝트로 돌아가기'를 클릭하고, 그림 6.41에서 오른쪽에 있는 세 번째 단계인 [만들기]를 클릭하자.

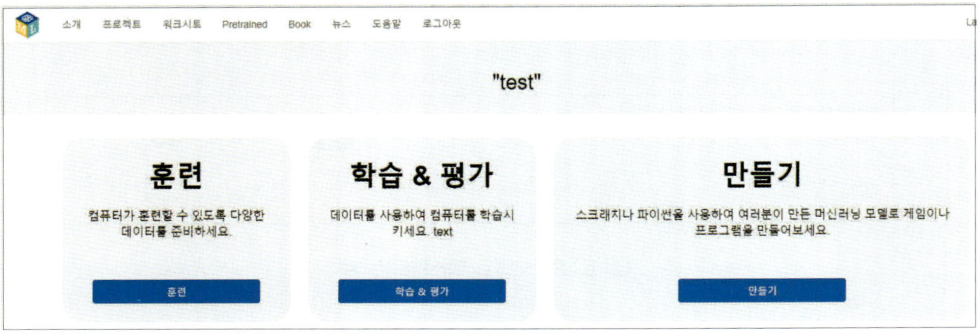

그림 6.41 ML4K의 전체 과정 화면

그림 6.42와 같이 스크래치, 파이썬, 앱 인벤터를 사용하여 인공지능 프로그램을 만들 수 있다. 앱 인벤터 그림에서 [앱 인벤터] 버튼을 클릭하면, 앞에서 만든 모델을 프로그램에 사용하는 방법을 안내한다.

그림 6.42 만든 모델로 인공지능 프로그램 만들기 화면

그림 6.42의 안내와 같이 앱 인벤터 프로그램에서 확장기능으로 만든 모델을 사용하기 위해, 먼저 실제 앱 인벱터의 Extension에서 'Import extension'을 클릭하고, 오른쪽에 열리는 작은 창에 그림 6.43의 예시와 같이 모델이 저장된 URL을 가져와서 사용하면 된다. 앱 인벱터를 실행하려면 왼쪽 위에 있는 [Open App Inventor]를 클릭하자.

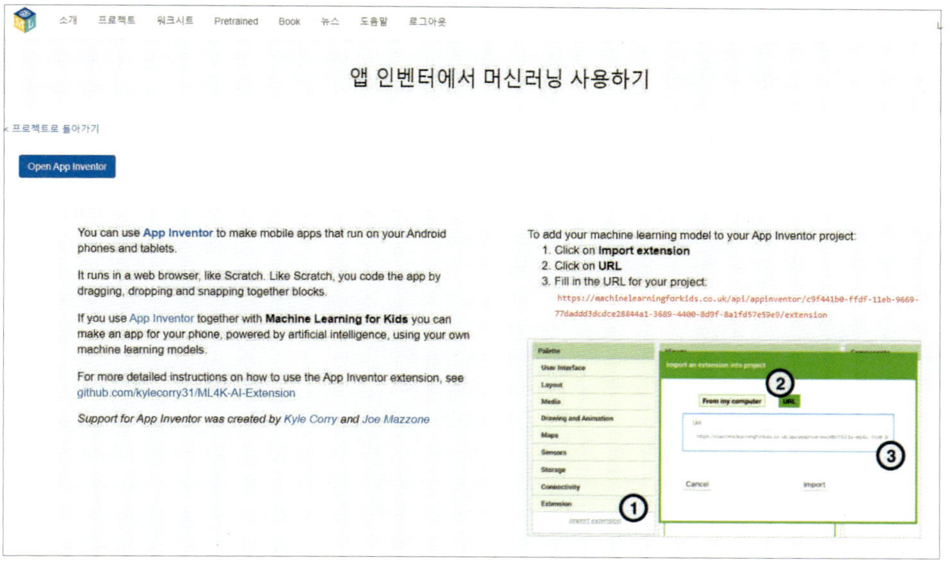

그림 6.43 앱 인벤터의 모델 사용

이제까지 ML4K의 머신러닝 프로젝트 및 모델 생성과 이를 앱 인벤터에 사용하는 방법을 살펴보았다. 다음 절부터는 텍스트, 숫자 등을 이용하여 ML4K에서 모델을 만들고, 앱 인벤터에서 인공지능 응용 프로그램을 만드는 예를 소개할 것이다.

참고문헌

[1] IBM 하이브리드 클라우드 솔루션, https://www.ibm.com/kr-ko/cloud

[2] Artificial Intelligence with MIT App Inventor, http://appinventor.mit.edu/explore/ai-with-mit-app-inventor

[3] Machine Learning for Kids, https://machinelearningforkids.co.uk/#!/about

7 AI 음악 듣기 프로젝트

Chapter

'AI 음악듣기' 앱은 그림 7.1과 같으며, '음악을 틀까요?'라는 물음에 사용자가 텍스트를 입력하면, 텍스트를 AI 모델이 분석하여 음악 재생 여부를 결정한다. 이를 위하여 우리는 먼저 ML4K를 이용하여 텍스트 데이터를 수집하고, 수집한 데이터를 바탕으로 학습하여 AI 모델을 생성한다. 그리고 생성된 모델을 이용하여 앱 인벤터에서 앱 프로젝트를 수행한다.

그림 7.1 AI 음악듣기 앱

1 ML4K를 이용한 모델 생성

앱 인벤터에서 'AI 음악듣기' 앱을 개발하기 위해 먼저 ML4K에서 텍스트 기반의 모델을 생성한다. 이를 위하여 https://machinelearningforkids.co.uk/에 접속하고 그림 7.2의 [시작해봅시다]를 클릭한다. 그리고 그림 7.3에서 [로그인]을 선택하여 자신의 아이디와 패스워드를 입력하여 로그인한다.

그림 7.2 ML4K 사이트 접속

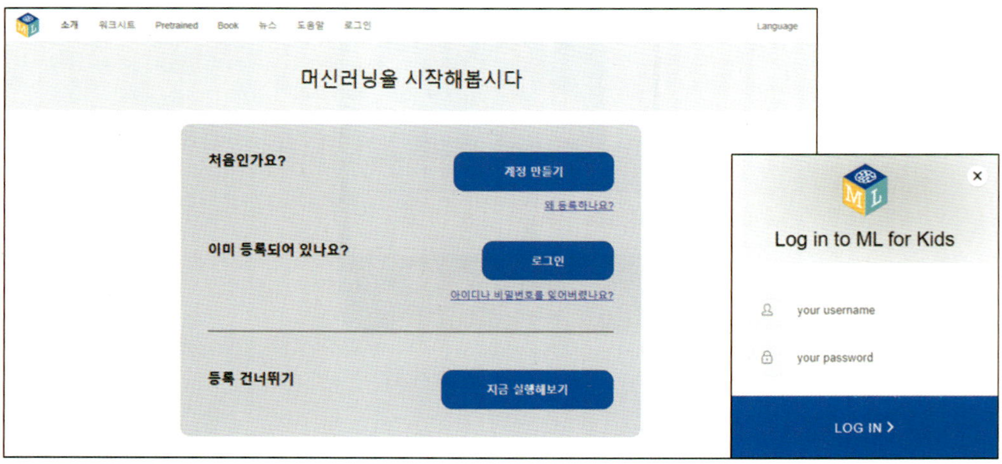

그림 7.3 로그인

그리고 그림 7.4에서 [프로젝트로 이동]을 선택하여 그림 7.5에서 머신러닝 프로젝트를 추가하기 위하여 [+ 프로젝트 추가]를 선택한다. 그림 7.6과 같이 프로젝트 이름에는 'Music'을 입력하고, 인식방법에는 '텍스트'를 선택하고, 언어는 'Korean'을 선택한다. 그리고 [만들기]를 클릭하여 프로젝트를 생성한다.

그림 7.4 프로젝트로 이동

그림 7.5 프로젝트 추가

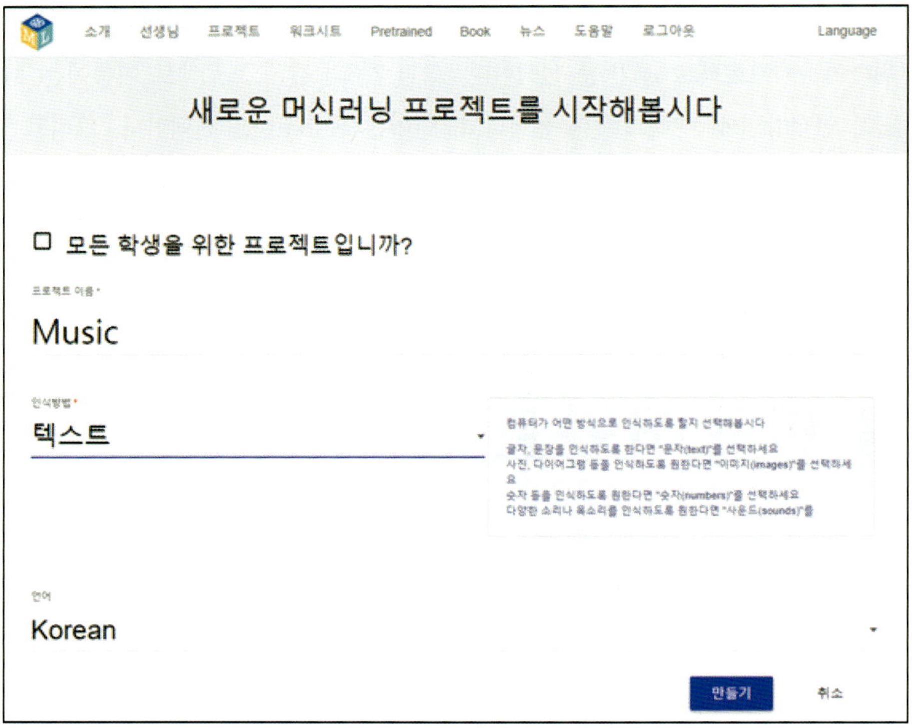

그림 7.6 프로젝트 이름, 인식방법, 언어 선택

생성된 프로젝트가 그림 7.7과 같이 화면의 중앙에 나타난다. 생성된 'Music' 프로젝트를 선택하면 그림 7.8과 같이 '훈련', '학습 & 평가' 그리고 '만들기' 과정이 나타난다. 이 과정을 통해서 데이터를 수집하고, 수집된 데이터를 바탕으로 모델을 만들고, 만든 모델을 이용하여 프로그램을 작성한다.

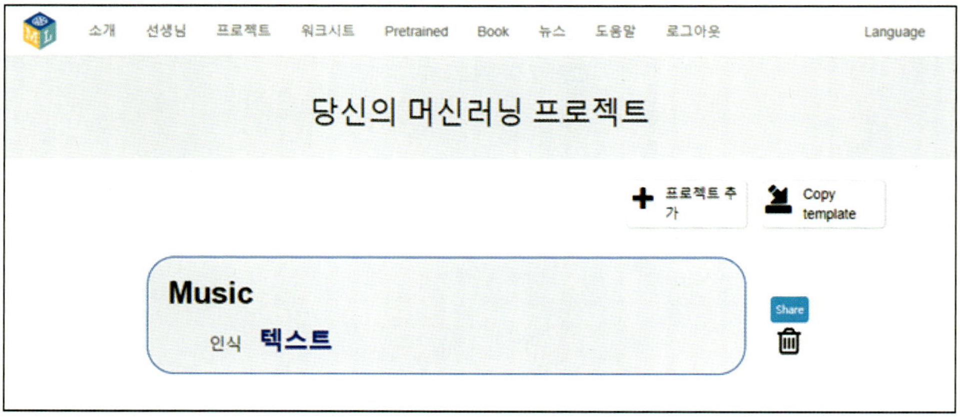

그림 7.7 생성된 프로젝트

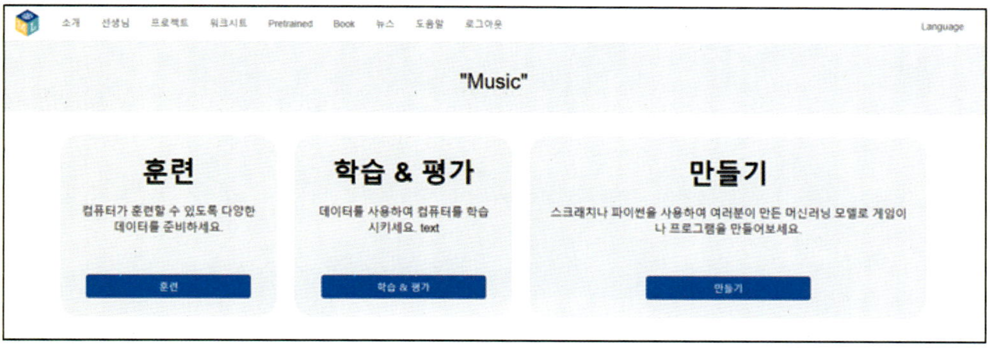

그림 7.8 훈련, 학습 & 평가, 만들기

먼저 그림 7.8에서 [훈련]을 클릭하여 데이터를 수집한다. 우리가 수집할 데이터는 노래를 부르는 것과 관련된 텍스트 데이터와 노래를 부르지 말 것과 관련된 텍스트 데이터이다. 우리는 각각의 텍스트 데이터를 수집하기 위하여 먼저 두 개의 레이블(Yes, No)을 만들어 데이터를 수집한다. 레이블 생성을 위해서 그림 7.9의 [+ 새로운 레이블 추가]를 선택한다.

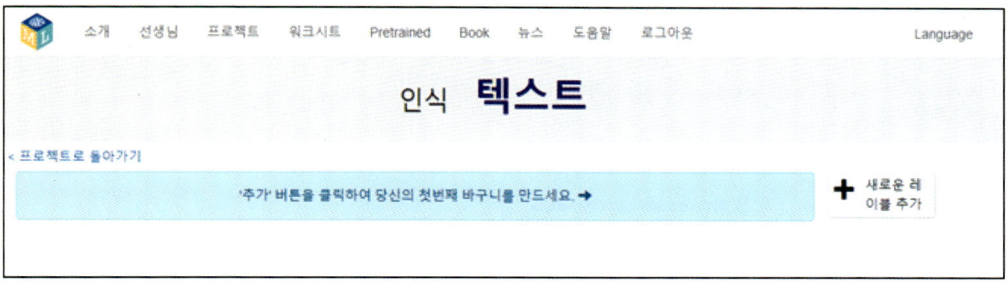

그림 7.9 새로운 레이블 추가

레이블의 이름을 그림 7.10과 같이 'Yes'로 입력하고 [추가]를 선택한다. 그러면 그림 7.11과 같이 'Yes' 레이블이 생성되는 것을 알 수 있다. 그리고 레이블에 노래를 부르는 것과 관련된 텍스트 데이터를 추가하기 위하여 [+ 테이터 추가]를 선택하고 그림 7.12와 같이 텍스트 데이터를 추가한다.

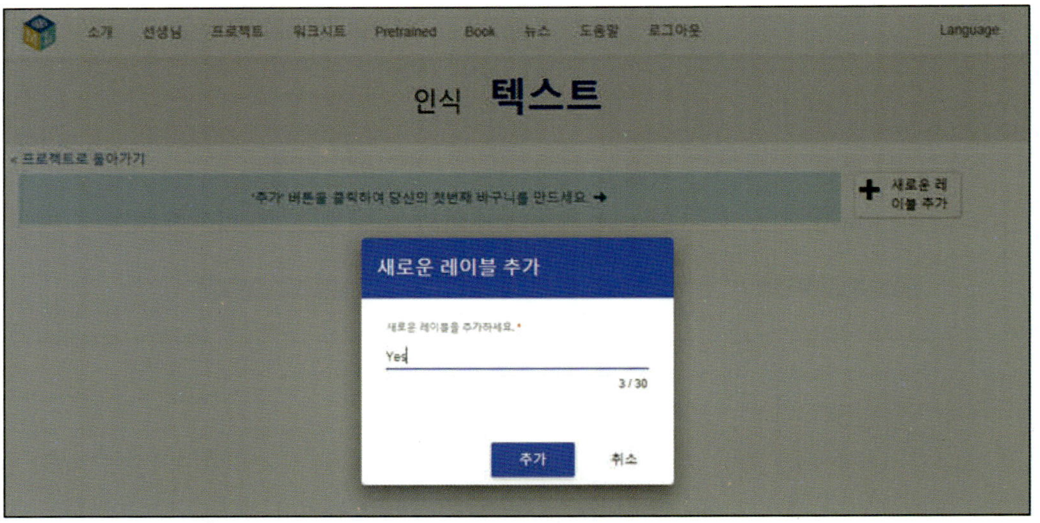

그림 7.10 'Yes' 레이블 만들기

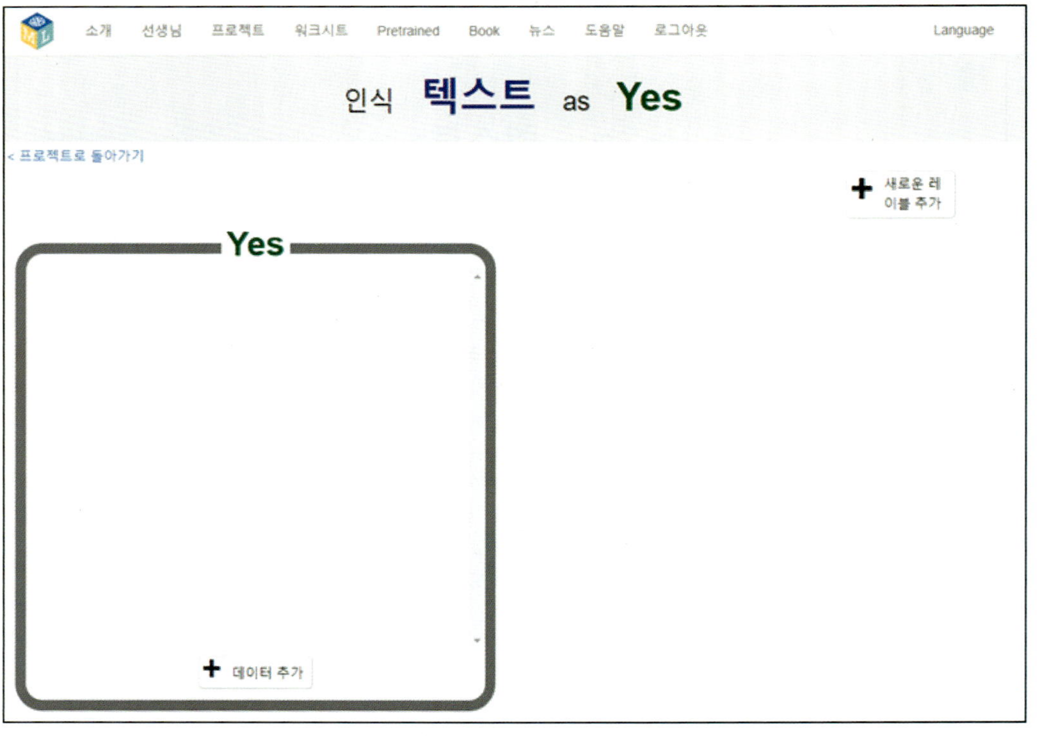

그림 7.11 'Yes' 레이블 생성

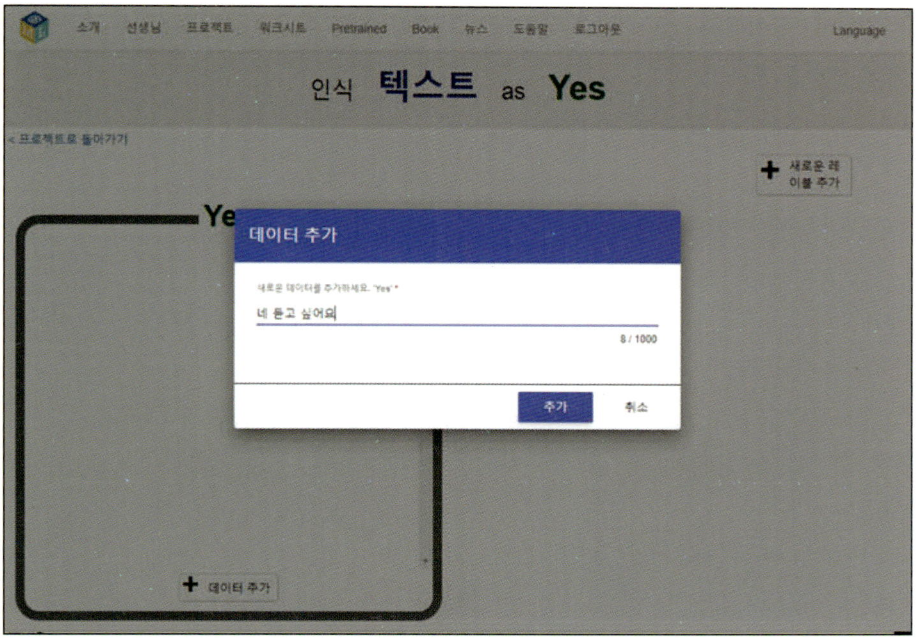

그림 7.12 'Yes' 레이블 데이터 추가

'Yes' 레이블에 추가된 텍스트 데이터는 그림 7.13과 같이 '네 듣고 싶어요', '들려주세요', '좋아요', '틀어주세요', '듣고싶어요', '네 좋아요', '네', '네 틀어주세요', '네 지금 듣고 싶어요', '네 빨리요', 10개이다.

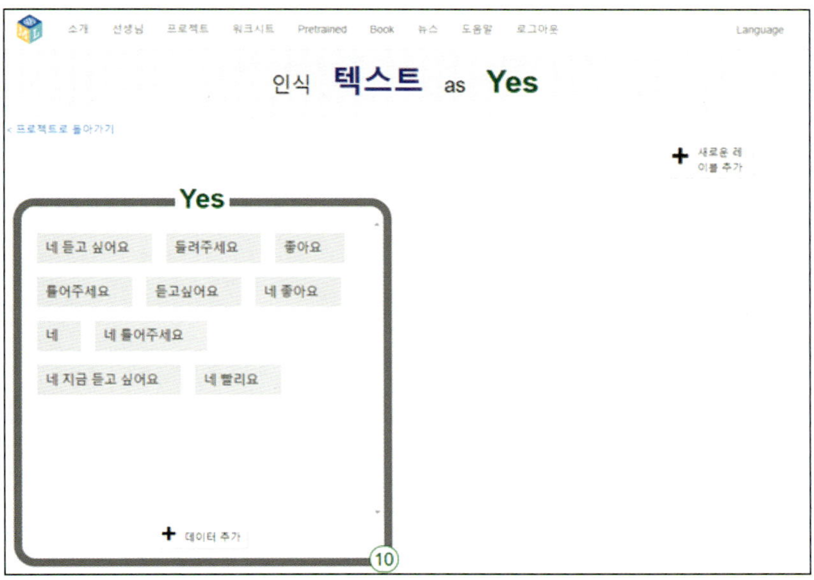

그림 7.13 'Yes' 레이블 전체 텍스트 데이터

'No' 레이블을 생성하기 위하여 [+ 새로운 레이블 추가]를 클릭하여 그림 7.14와 같이 'No'로 입력하고 [추가]를 선택하여 그림 7.15와 같이 'No' 레이블을 생성한다. 그리고 관련 텍스트 데이터를 그림 7.16과 같이 추가한다.

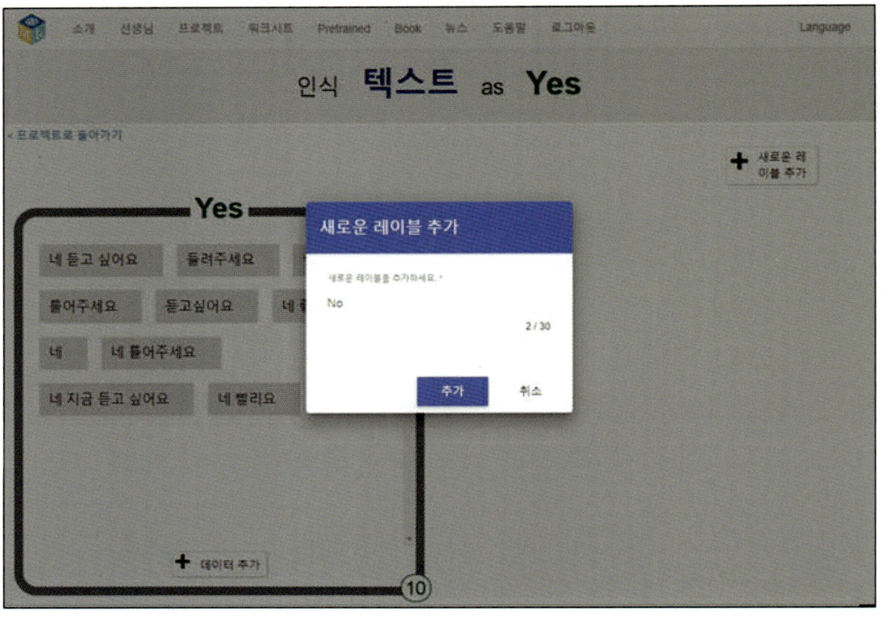

그림 7.14 'No' 레이블 만들기

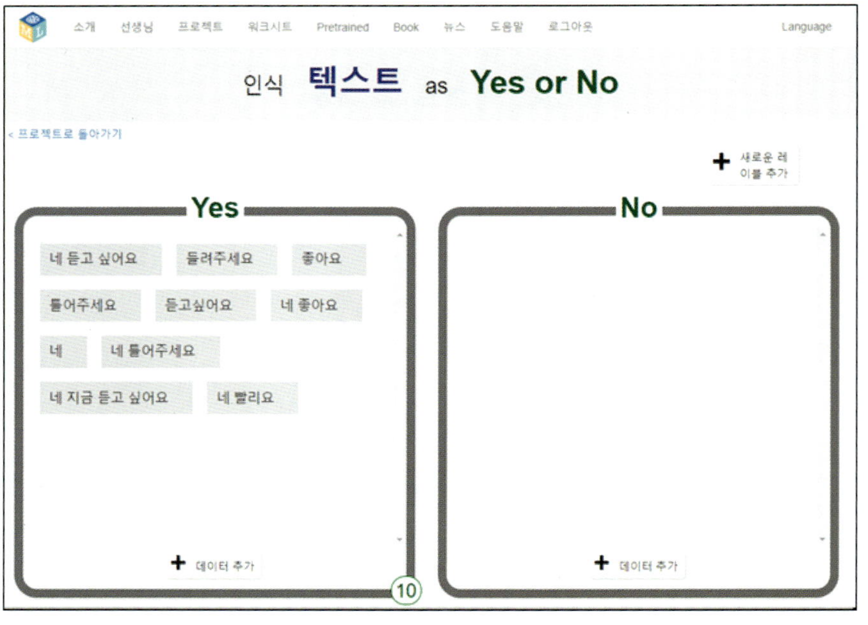

그림 7.15 'No' 레이블 생성

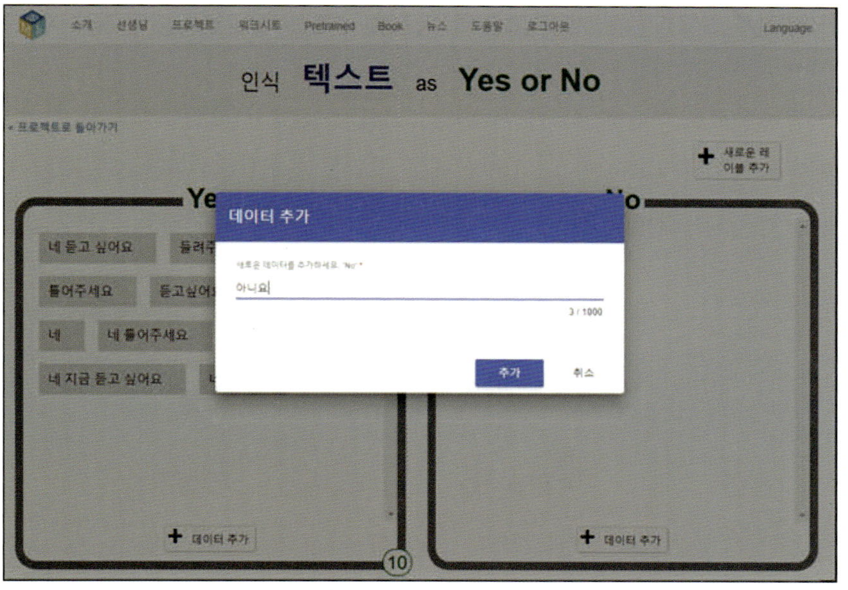

그림 7.16 'No' 레이블 데이터 추가

'No' 레이블에 추가된 텍스트 데이터는 그림 7.17과 같이 '아니요', '괜찮아요', '지금은 괜찮아요', '아니요 괜찮아요', '아직은요', '나중에 들을께요', '지금은 듣고 싶지 않습니다', '괜찮습니다 감사합니다', '천천히 들을께요', '틀지 말아 주세요', 10개이다.

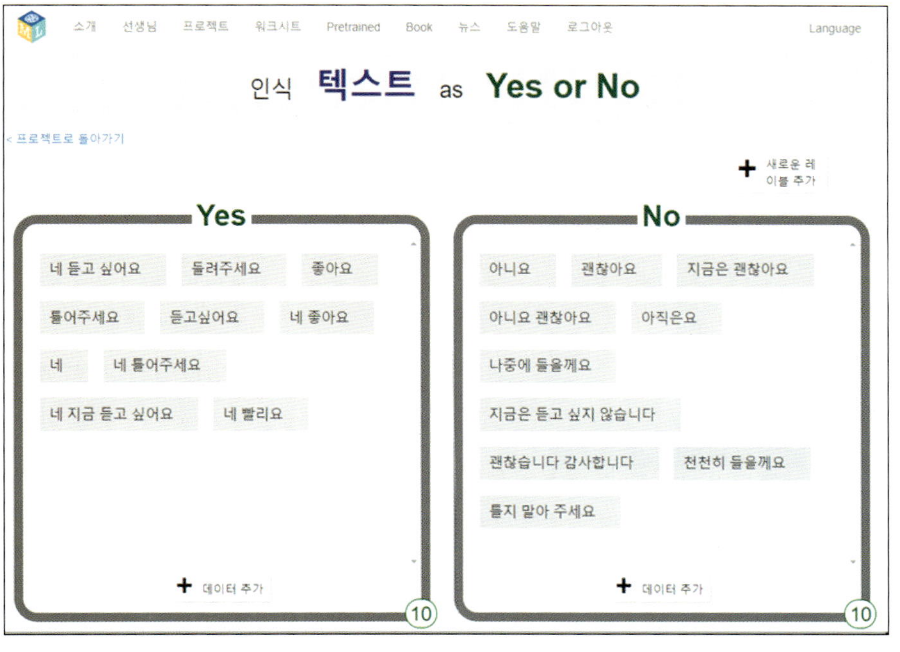

그림 7.17 'No' 레이블 전체 텍스트 데이터

두 개의 레이블을 생성하고 각 레이블에 훈련에 필요한 텍스트 데이터를 각각 10개씩 수집하였다. 다음으로는 그림 7.17의 왼쪽 상단에 있는 '< 프로젝트로 돌아가기'를 선택하고 수집한 데이터를 바탕으로 학습을 시키도록 한다. 그림 7.18에서 [학습 & 평가]를 선택한다. 그림 7.19에서 여러분들의 레이블 데이터에 대한 정보를 확인할 수 있고, 하단의 [새로운 머신 러닝 모델을 훈련시켜주세요.]를 선택하여 여러분들이 수집한 데이터로 모델을 생성한다.

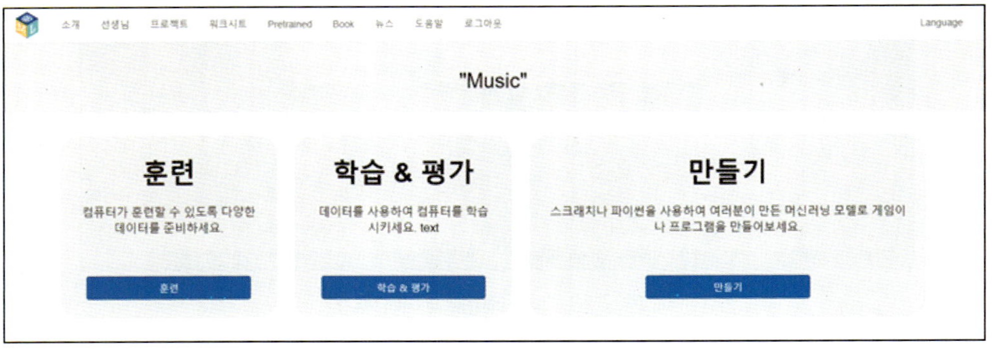

그림 7.18 학습 & 평가 선택

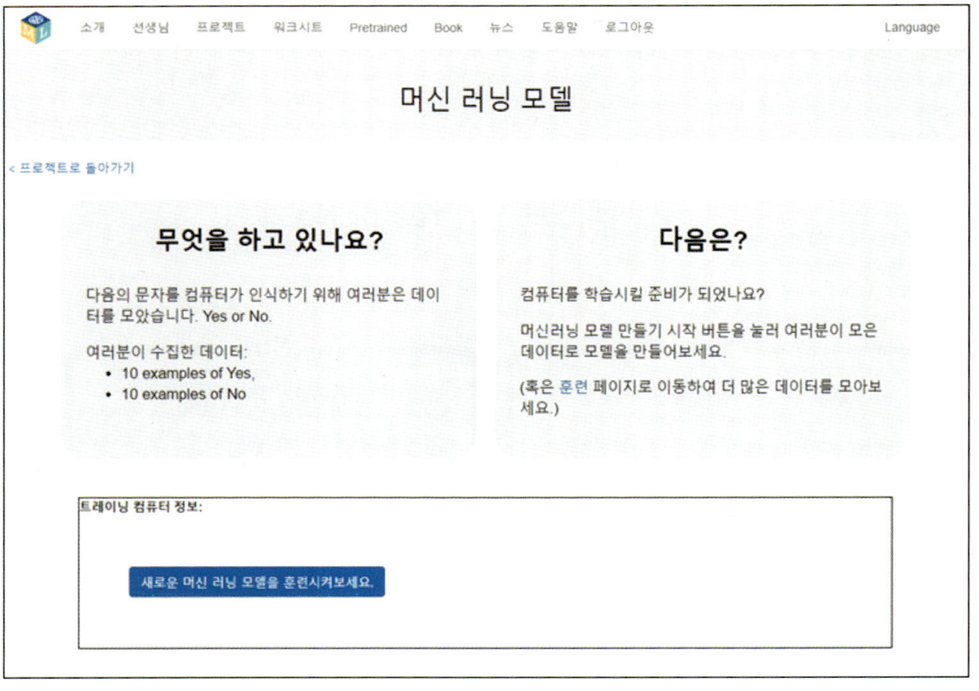

그림 7.19 머신 러닝 모델 훈련

그림 7.20은 모델이 생성되는 과정 동안에 나타나는 화면이다. 생성되는 시간이 많이 소요되는 경우는 화면 아래쪽에 여러분들이 기다리는 동안 간단한 퀴즈를 풀도록 제공해주기도 한다. 모델 생성이 완료되면, 그림 7.21과 같이 생성된 모델을 테스트를 통하여 성능을 점검할 수 있다.

그림 7.20 모델 생성 과정

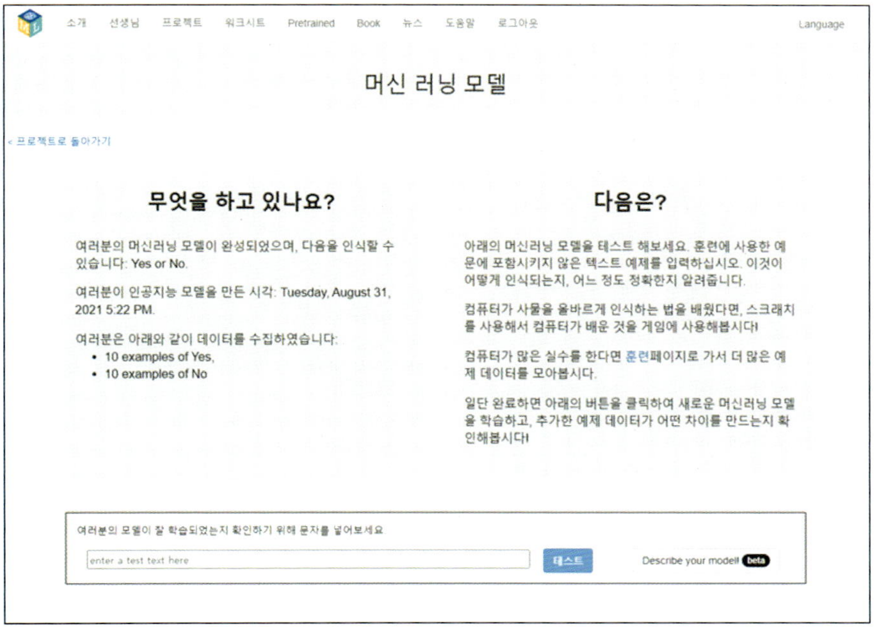

그림 7.21 생성 모델 테스트

'네 듣고 싶어요'를 입력하고 **[테스트]**를 선택하면 그림 7.22와 같이 'Yes(으)로 인식되었습니다. with 100% confidence'라는 결과가 나왔다. 그리고 '아니 괜찮아요'를 입력한 경우는 그림 7.23과 같이 'No(으)로 인식되었습니다. with 99% confidence'라는 결과가 나타났다.

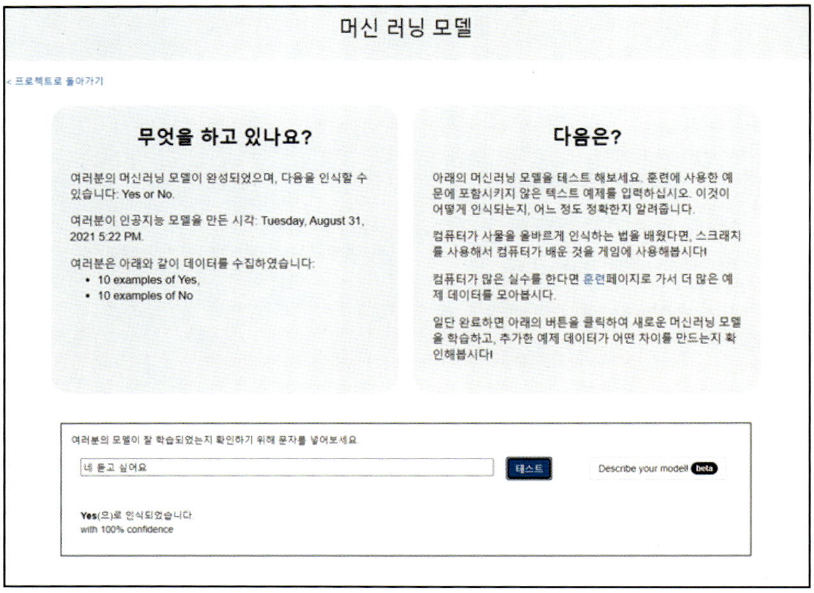

그림 7.22 Yes(으)로 인식

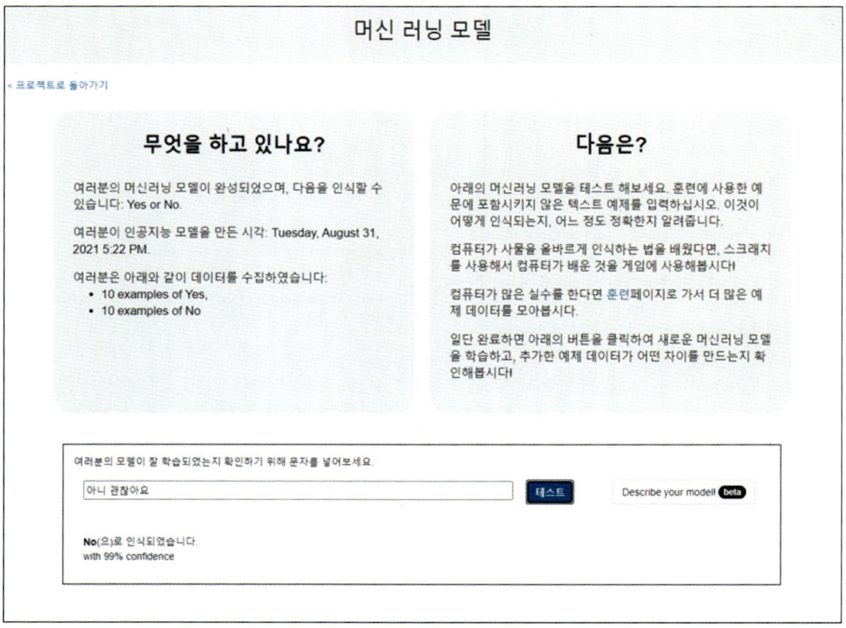

그림 7.23 No(으)로 인식

완성된 인공지능 모델을 이용하여 프로그램을 만들기 위하여 그림 7.23의 왼쪽 상단의 [프로젝트로 돌아가기]를 선택하고 그림 7.24의 오른쪽 [만들기]를 선택한다. 그림 7.25와 같이 우리가 만든 모델을 이용하여 프로그램 할 수 있는 프로그램들을 제공해주는데, 우리는 스마트폰 앱을 만들기 위하여 [앱 인벤터]를 선택한다.

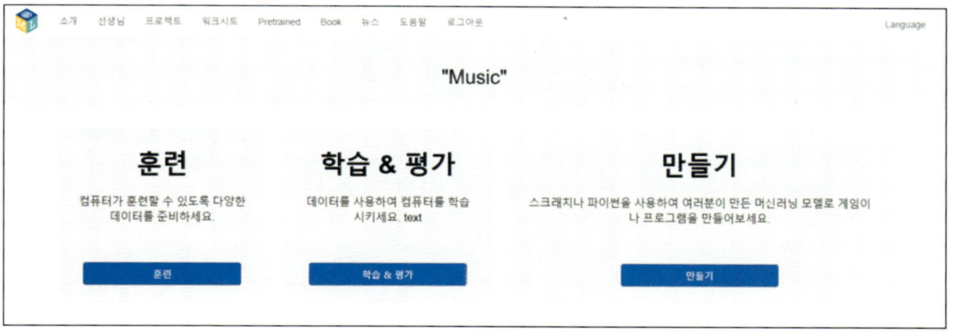

그림 7.24 만들기 선택

그림 7.25 앱 인벤터 프로그램 선택

[앱 인벤터]를 선택하면 그림 7.26과 같이 우리가 만든 모델을 앱 인벤터에 추가하는 방법을 알려준다. 여기서 우리가 만든 모델을 무료로 호스팅하는 오른쪽의 붉은색 URL을 블록 지정하여 복사하고, 화면 왼쪽 상단에 있는 [Open App Inventor]를 선택하여 앱 인벤터를 실행시킨다.

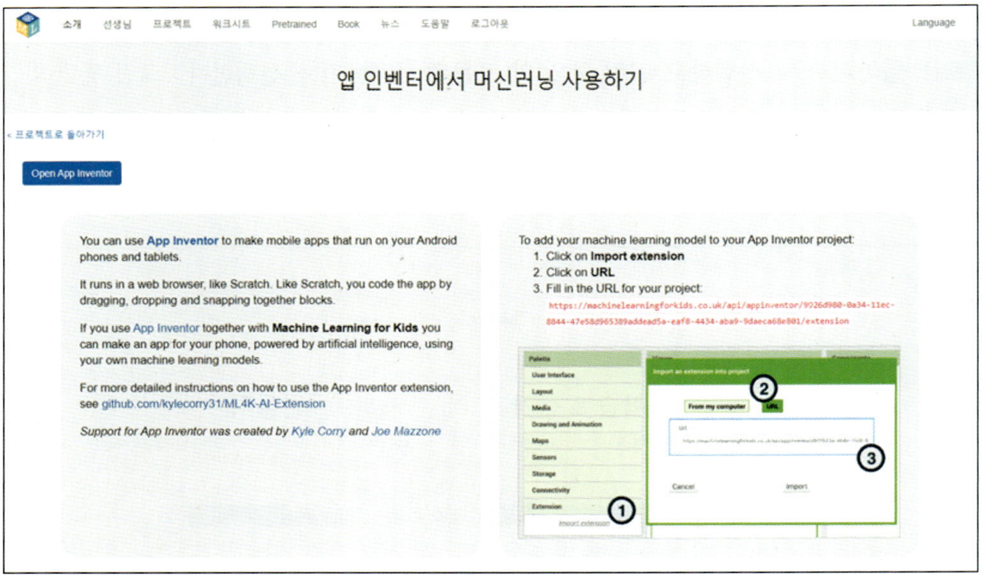

그림 7.26 앱 인벤터에서 모델 사용 방법

2 생성 모델을 이용한 앱 인벤터 프로젝트 만들기

우리가 만든 모델을 이용하여 구현할 앱 인벤터 프로젝트의 이름과 그 내용은 표 7.1과 같다. 우리가 만들 'AI 음악듣기' 앱은 사용자가 입력한 텍스트 답변을 분석하여 음악 재생 여부를 자동으로 결정한다. 그리고 사용자는 음악 서비스를 받을 뿐 아니라 능동적으로 음악 관련된 기능을 이용하여 음악을 제어할 수 있다.

표 7.1 프로젝트에 관한 정보

프로젝트 이름	프로젝트 내용
Music	앱을 실행했을 때 '음악을 틀까요?'라는 물음에 사용자의 답변을 AI 모델이 분석하여 음악 재생을 결정한다. 또한 'Pause', 'Play', 'Stop', '>>>' 등의 기능을 추가하여 음악을 제어할 수 있도록 함

그림 7.26의 화면 왼쪽 상단에 있는 [Open App Inventor]를 선택하여 앱 인벤터를 실행시키고, 앱 인벤터에서 그림 7.27과 같이 [프로젝트] – [새 프로젝트 시작하기]를 선택하여 [프로젝트 이름]에 'Music'이라는 이름으로 프로젝트를 만든다.

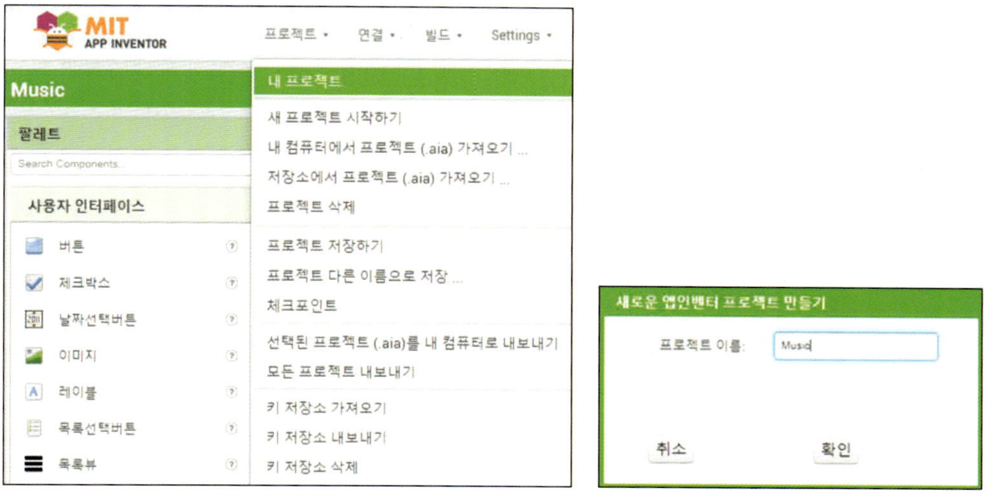

그림 7.27 프로젝트 만들기

1) 디자이너 구성하기

앱 인벤터 오른쪽 상단의 "디자이너" 버튼을 선택하여 우리가 만든 모델을 그림 7.28과 같이 팔레트의 [확장기능] 선택 – [확장기능 추가하기] 선택 – [URL] 선택 – 그림 7.26에서 복사한 URL 주소를 붙이기하여 모델을 추가한다.

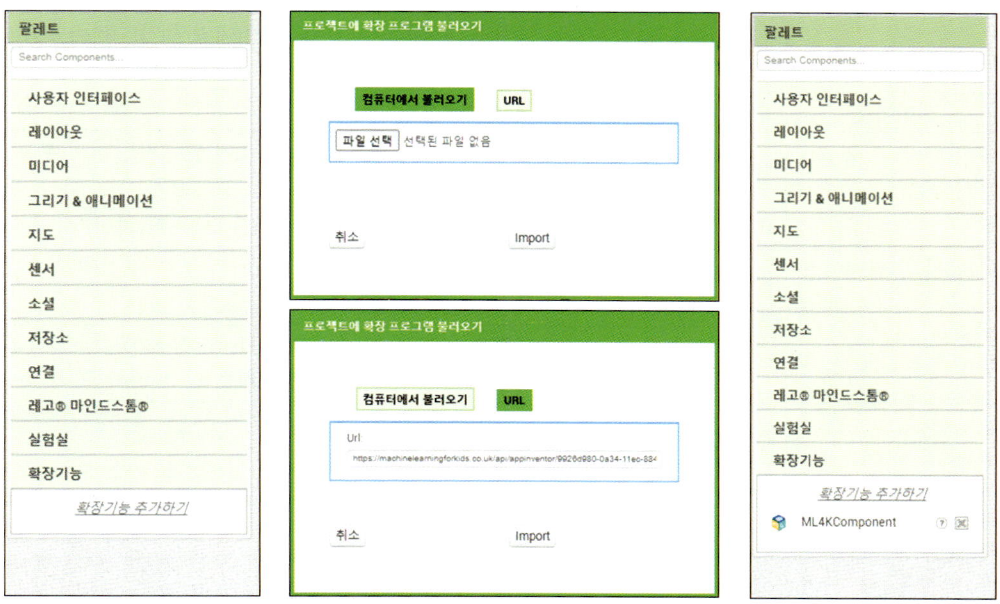

그림 7.28 생성 모델 추가

앱의 디자이너 구성은 그림 7.29와 같다. 디자이너를 구성할 때 사용하는 컴포넌트와 그 속성은 표 7.2와 같다. 그리고 [미디어]에는 앱의 배경 그림(music.JPG) 1개와 6개의 음악 파일(music1.m4a ~ music6.m4a)이 등록되어 있다.

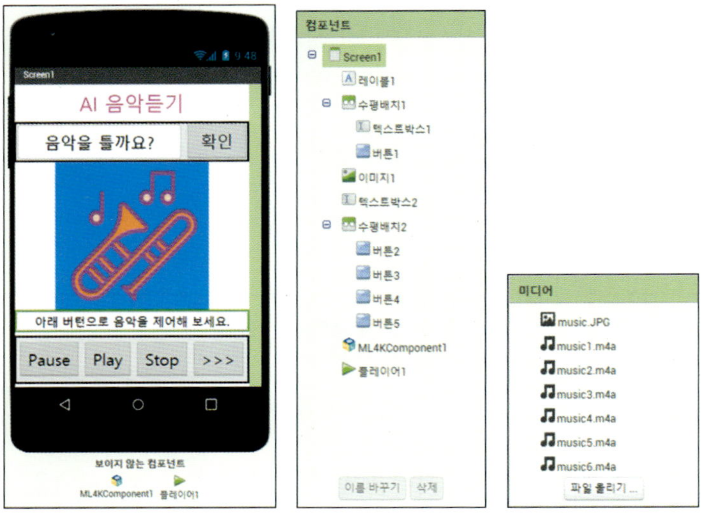

그림 7.29 디자이너 구성

표 7.2 컴포넌트와 속성

팔레트	컴포넌트	속성
사용자 인터페이스	레이블1	글꼴크기(30), 너비(부모 요소에 맞추기), 텍스트(AI 음악듣기)
레이아웃	수평배치1	너비(부모 요소에 맞추기)
사용자 인터페이스	텍스트박스1	글꼴크기(25), 높이(부모 요소에 맞추기), 너비(부모 요소에 맞추기), 텍스트(음악을 틀까요?)
	버튼1	글꼴크기(25), 너비(25퍼센트), 텍스트(확인)
	이미지1	높이(부모 요소에 맞추기), 너비(부모 요소에 맞추기), 사진(music.JPG)
	텍스트박스2	글꼴크기(18), 너비(부모 요소에 맞추기), 텍스트(아래 버튼으로 음악을 제어해 보세요.)
레이아웃	수평배치2	수평정렬(가운데), 수직정렬(가운데), 높이(15퍼센트), 너비(부모 요소에 맞추기)
사용자 인터페이스	버튼2	글꼴크기(25), 텍스트(Pause)
	버튼3	글꼴크기(25), 텍스트(Play)
	버튼4	글꼴크기(25), 텍스트(Stop)
	버튼5	글꼴크기(25), 텍스트(>>>)
확장기능	ML4KComponent1	–
미디어	플레이어1	소스(music1.m4a)

2) 블록 구성하기

앱 인벤터 오른쪽 상단에 있는 [블록] 버튼을 클릭하여 코딩을 하도록 하자. 재생할 음악은 전역변수를 선언하여 리스트에 등록하도록 하자. 이를 위하여 그림 7.30과 같이 [변수] 선택 – [전역변수 만들이 이름 초기값] 선택하여 뷰어에 드래그하여 놓고 '이름'을 클릭하여 '음악목록'으로 변경한다.

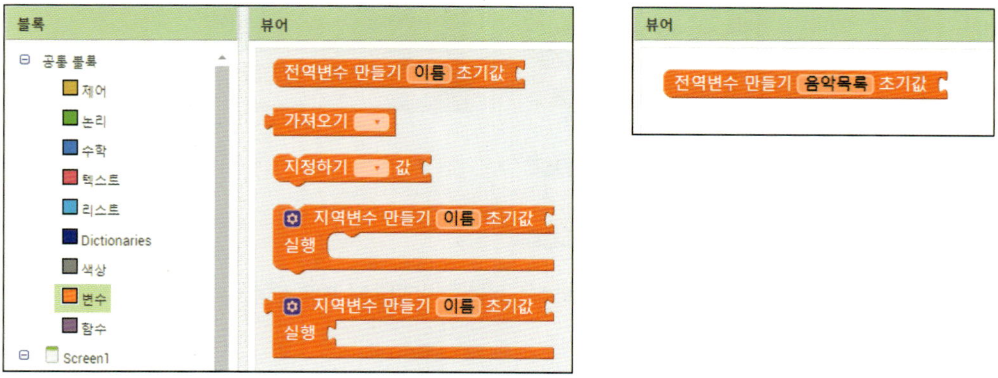

그림 7.30 변수 블록 선택

[리스트] 선택 – [리스트 만들기]를 [전역변수 만들이 음악목록 초기값] 블록으로 드래그하여 그림 7.31과 같이 연결시킨다. 그리고 아래와 같이 리스트를 4개 더 추가하고, [텍스트] 선택 – [빈칸]을 6개 선택하여 [리스트 만들기] 블록에 드래그하여 연결하고 6개의 음악파일 이름을 등록한다.

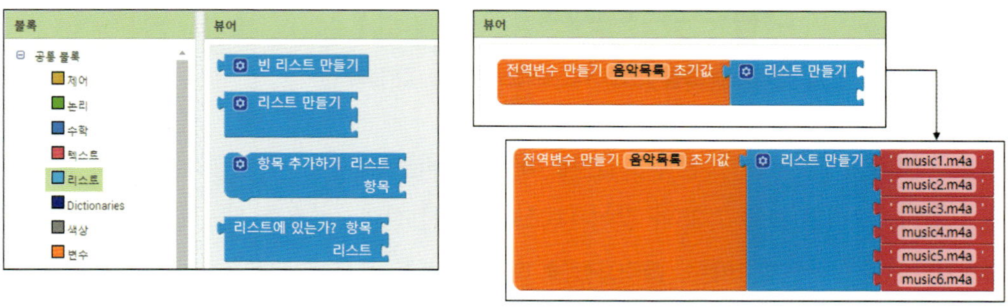

그림 7.31 리스트 블록 선택

[텍스트박스1] 선택 – [언제 텍스트박스1 포커스를받았을 때 ~ 실행] 선택 – 뷰어에 그림 7.32와 같이 드래그하고, 그림 7.33과 같이 [텍스트박스1] 선택 – [지정하기 텍스트박스1

텍스트 값] 선택 - [언제 텍스트박스1 포커스를받았을 때 ~ 실행] 블록에 드래그하여 연결하고, [텍스트] 선택 - [빈칸] 선택하여 [지정하기 텍스트박스1 텍스트 값] 블록에 드래그하여 연결시킨다.

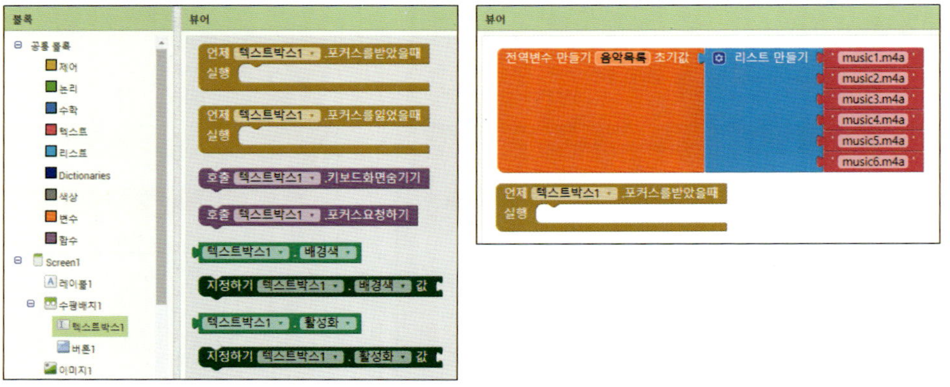

그림 7.32 텍스트박스1 포커스를 받았을 때 블록 선택

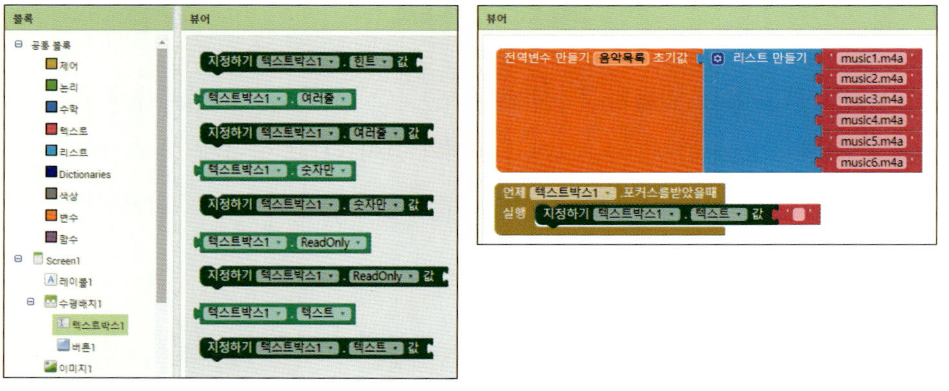

그림 7.33 텍스트박스1 텍스트 값 블록 선택

그림 7.34와 같이 [버튼1] 선택 - [언제 버튼1 클릭을했을 때 ~ 실행] 선택하여 뷰어로 드래그 한다. 그리고 그림 7.35와 같이 [텍스트박스1] 선택 - [호출 텍스트박스1 키보드화면숨기기] 선택 - [언제 버튼1 클릭을했을 때 ~ 실행] 블록에 드리그하여 연결시킨다. 또한 그림 7.36과 같이 [ML4KComponent1] 선택 - [호출 ML4KComponent1 ClassifyText ~ data] 선택하여 [언제 버튼1 클릭을했을 때 ~ 실행] 블록에 드래그하여 연결시킨다. 그리고 [텍스트박스1] 선택 - [텍스트박스1 텍스트] 선택하여 앞의 보라색 [호출 ML4KComponent1 ClassifyText ~ data] 블록에 드래그하여 연결시킨다.

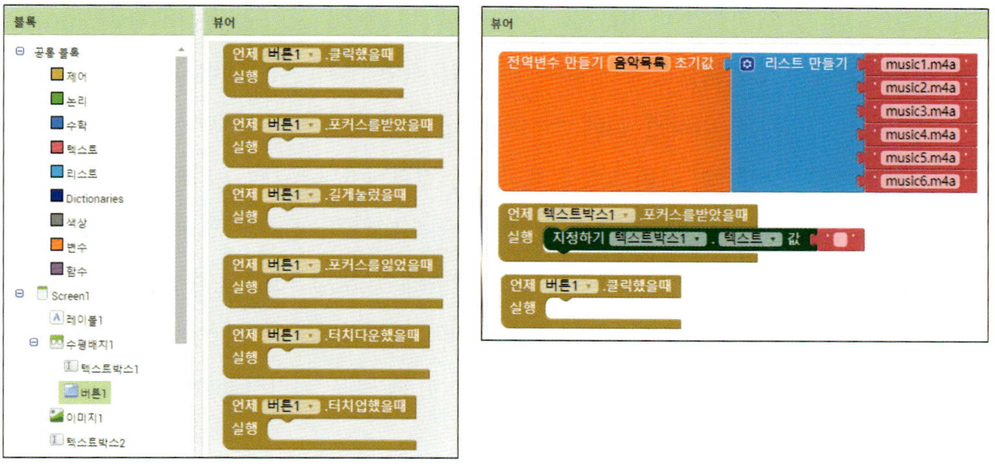

그림 7.34 버튼1 블록 선택

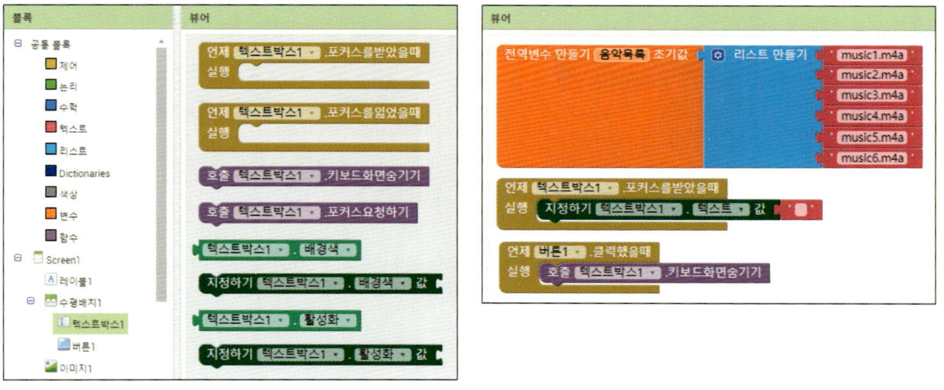

그림 7.35 텍스트박스1 키보드화면숨기기 블록 선택

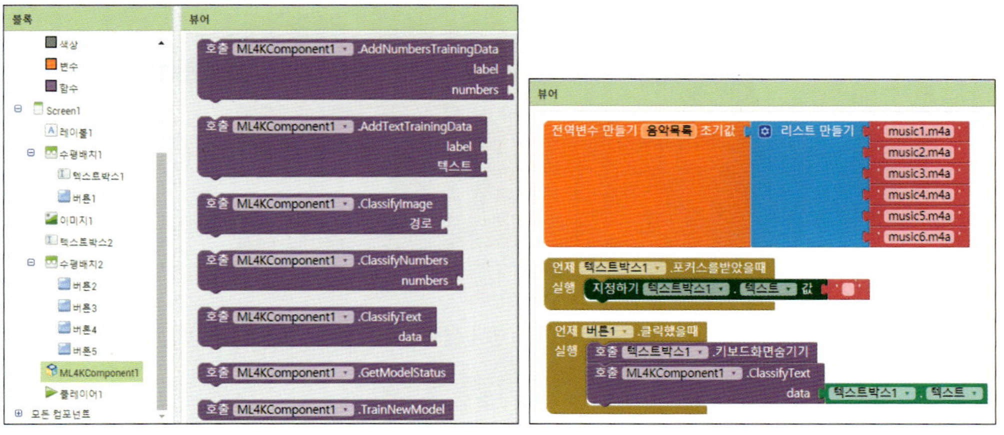

그림 7.36 ML4KComponent1 블록 선택

다음으로 그림 7.37과 같이 [ML4KComponent1] 선택 – [언제 ML4KComponent1 GotClassification ~ 실행] 선택 – 뷰어에 드래그하여 가져온다. 그리고 그림 7.38과 같이 [제어] 선택 – [만약 ~ 이라면 실행 ~ 아니라면] 선택 – 앞의 [언제 ML4KComponent1 GotClassification ~ 실행] 블록으로 드래그하여 연결시킨다. 그림 7.39와 같이 [수학] 선택 – [두수같음비교] 선택 – [만약 ~ 이라면 실행 ~ 아니라면] 블록에 드래그하여 연결시킨다. 그리고 그림 7.40과 같이 청색 [두수같음비교] 블록에 왼쪽 값으로는 [텍스트] 선택 – [빈칸] 선택하고 드래그하여 연결시키고 텍스트를 'Yes'로 하고, 오른쪽 값으로는 [언제 ML4KComponent1 Got Classification ~ 실행] 블록의 'classification'에 마우스 커서를 올려 [가져오기 classification] 선택하여 연결시킨다.

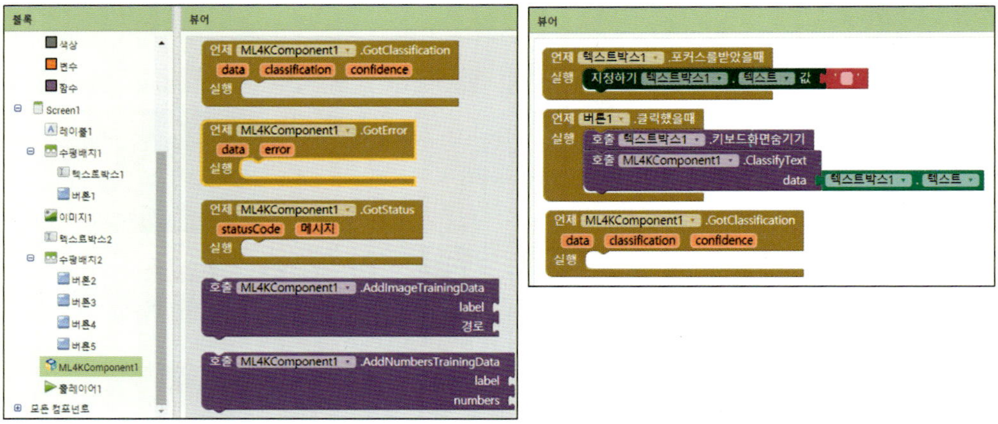

그림 7.37 ML4KComponent1 GotClassification 블록 선택

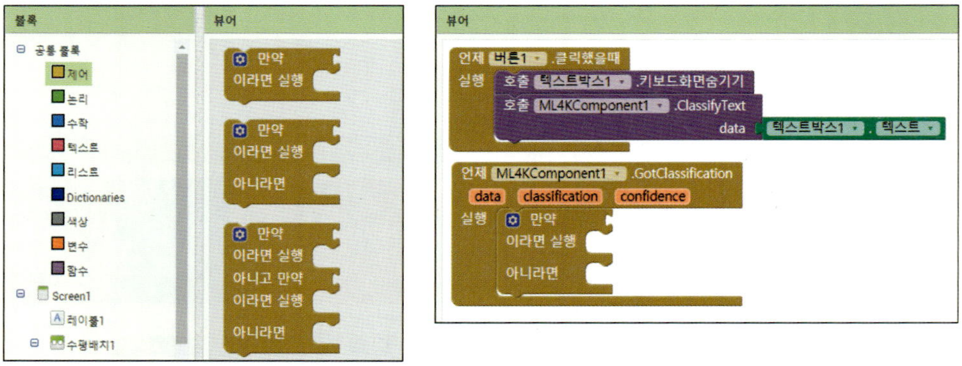

그림 7.38 제어 블록 선택

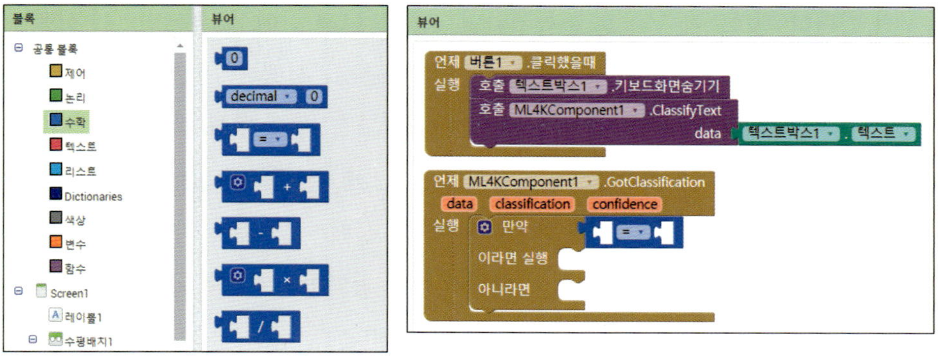

그림 7.39 수학 블록 선택

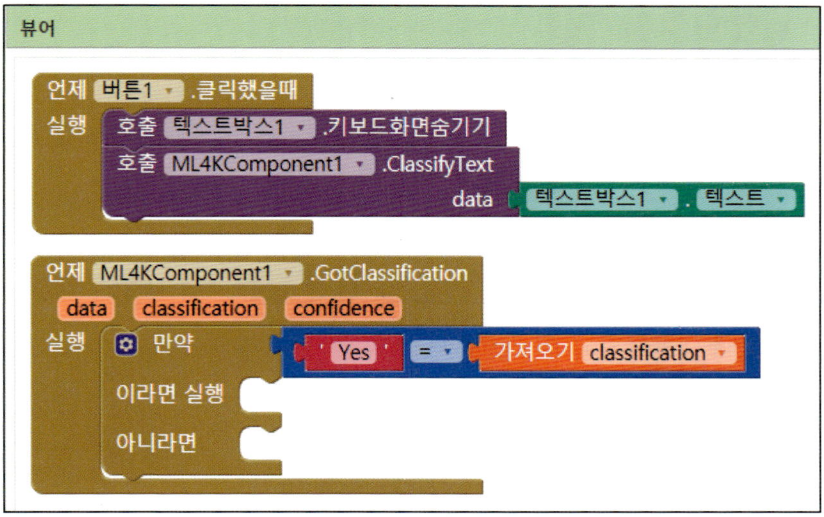

그림 7.40 두수같음비교 블록

사용자가 입력한 텍스트가 'Yes'로 분류된다면 그림 7.41과 같이 [텍스트박스1] 선택 – [지정하기 텍스트박스1 텍스트 값]을 선택하고, 빈칸에 [텍스트] 선택 – [빈칸] 선택해 드래그하여 연결시킨 후 '음악을 재생합니다~'로 지정한다. 그리고 그림 7.42와 같이 [플레이어1] 선택 – [지정하기 플레이어1 소스 값]을 연결시키고, [리스트] 선택 – [임의의 항목 선택하기 리스트] 선택하여 드래그하여 연결시킨다. 또한 [변수] 선택 – [가져오기] 선택하여 [임의의 항목 선택하기 리스트] 블록에 드래그하여 연결시키고 '전역변수 음악목록'을 선택한다. 이렇게 하면 리스트에 등록된 음악이 임의로 선택되어 재생된다.

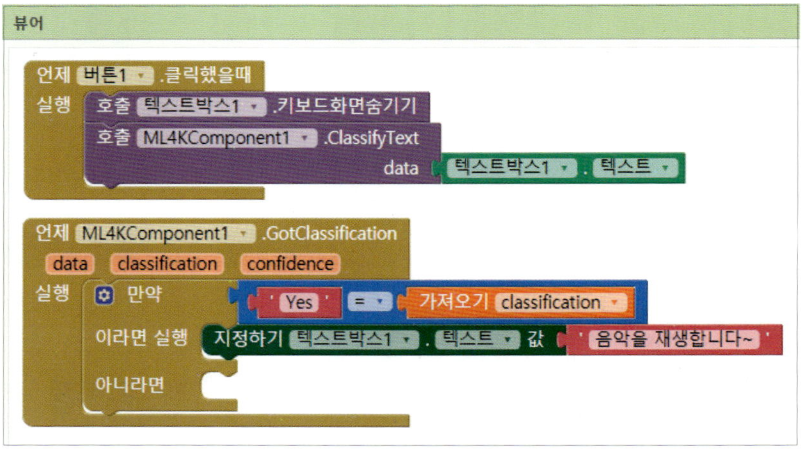

그림 7.41 테스트박스1 텍스트 음악 재생 지정

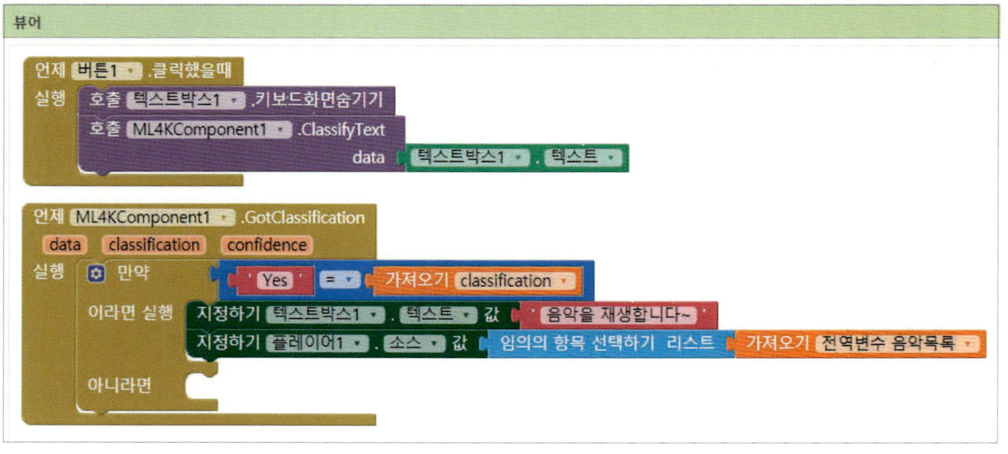

그림 7.42 플레이어1 소스값 연결

선택된 음악을 재생하기 위하여 그림 7.43과 같이 [플레이어1] 선택 – [호출 플레이어1 시작하기] 선택 – [만약 ~ 이라면 실행 ~ 아니라면] 블록에 드래그하여 연결시킨다. 만약 사용자의 입력한 텍스트가 'Yes'가 아닌 경우, 즉 분류 조건에서 'No'인 경우는 그림 7.44의 아래 부분 같이 [텍스트박스1] 선택 – [지정하기 텍스트박스1 텍스트 값]을 드래그하여 연결시키고, [텍스트] 선택 – [빈칸] 선택 - 드래그하여 연결시킨 다음, '음악을 틀지 않겠습니다'로 지정한다.

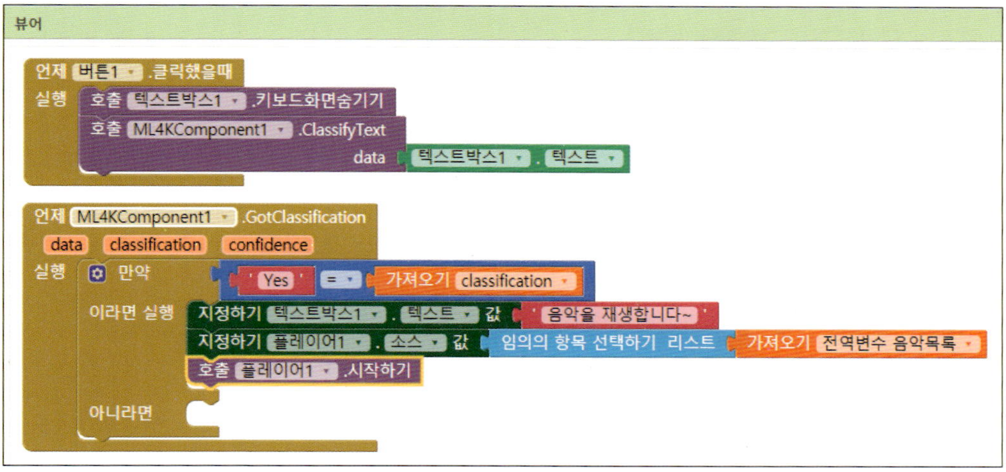

그림 7.43 플레이어1 시작하기 연결

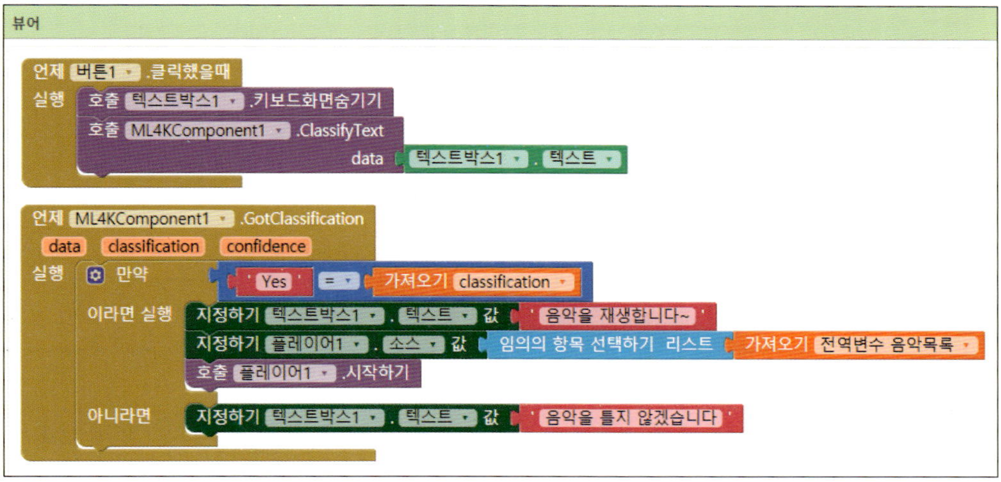

그림 7.44 테스트박스1 텍스트 음악 틀지않기 지정

마지막으로 그림 7.45와 같이 사용자가 음악을 제어할 수 있도록 [버튼2](Pause), [버튼3](Play), [버튼4](Stop), [버튼5](>>>)를 각각 선택하여 뷰어에 드래그한다. 그리고 [플레이어1] 선택 – [호출 플레이어1 일시정지하기], [호출 플레이어1 시작하기], [호출 플레이어1 정지], [호출 플레이어1 시작하기] 선택하여 드래그해 각각 연결시킨다. 그리고 [버튼5]의 경우는 리스트 목록에 등록된 임의의 곡이 재선정되도록 코딩하였다.

그림 7.45 'Pause', 'Play', 'Stop', '>>>' 지정

3 앱 실행 및 AI 음악듣기

개발한 앱을 자신의 스마트폰에 다운받아 'AI 음악듣기' 서비스를 받아보자. 먼저 그림 7.46과 같이 앱 인벤터의 [연결] – [AI 컴패니언] 선택 – [Connect to Companion]의 QR code를 생성한다. 그리고 자신의 스마트폰에 설치되어 있는 "MIT AI2 Companion" 앱 실행 – [scan QR code] 선택 – [Connect to Companion]의 QR code 스캔하여 자신의 스마트폰에서 앱을 실행시킨다.

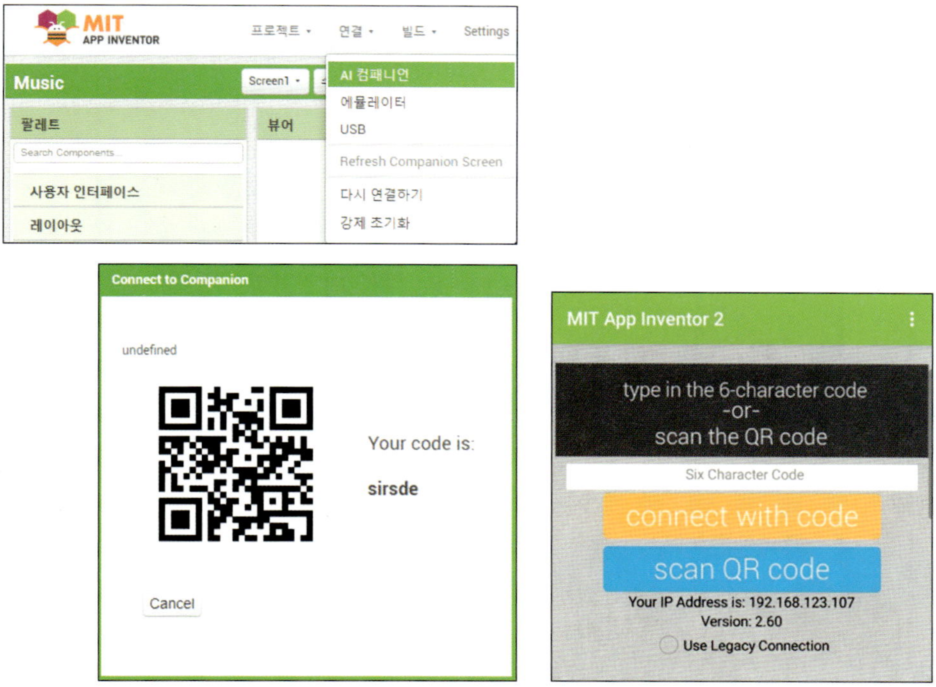

그림 7.46 개발 앱 실행

앱을 자신의 스마트폰에 실행시키면, 화면이 그림 7.47과 같다.

그림 7.47 앱 첫 화면

그림 7.48의 경우는 사용자가 '네 들려주세요' 텍스트를 입력하고 [확인] 버튼을 선택하였고, AI 모델에 의하여 입력 텍스트가 'Yes'로 분류되어 음악이 재생되는 경우이다. 그리고 그림 7.49의 경우는 사용자가 '아닙니다 괜찮아요' 텍스트를 입력한 경우로서, AI 모델은 입력 텍스트를 'No'로 분류하여 음악 재생 서비스를 하지 않는다.

(a) 사용자 텍스트 입력 (b) AI 음악재생

그림 7.48 사용자 텍스트 분류(음악재생)

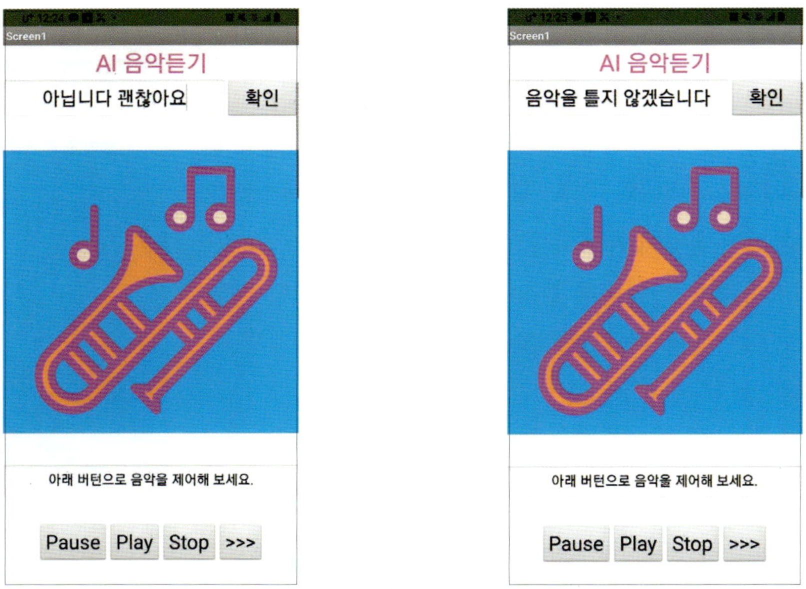

(a) 사용자 텍스트 입력 (b) AI 음악재생 안함

그림 7.49 사용자 텍스트 AI 분류(음악재생 안함)

그리고 실행 앱의 아래쪽에 있는 4개의 버튼을 이용하면, 사용자가 재생 중인 음악을 일시 정지하거나 재생하거나 멈출 수도 있고, 임의로 음악을 선택하고 재생할 수 있다.

8 AI와 가위바위보 게임 프로젝트

Chapter

'AI와 가위바위보 게임' 앱은 그림 8.1과 같이 사용자와 AI가 가위바위보 게임을 하는 것이다. 사용자는 3초가 될 때 자신의 스마트폰 카메라를 통하여 가위바위보 중 하나를 촬영하면, AI 모델은 그 이미지를 분석한다. 그리고 AI가 선택한 자신의 가위바위보와 비교하여 승패를 결정짓는 게임이다. 이를 위하여 우리는 먼저 ML4K를 이용하여 가위바위보 이미지 데이터를 수집하고 수집한 데이터를 바탕으로 학습하여 AI 모델을 생성한다. 그리고 생성된 모델을 이용하여 앱 인벤터에서 앱 프로젝트를 수행한다.

그림 8.1 AI와 가위바위보 게임 앱

1 ML4K를 이용한 모델 생성

앱 인벤터에서 'AI와 가위바위보 게임' 앱을 개발하기 위하여 먼저 ML4K에서 가위바위보 이미지 기반의 모델을 생성한다. 이를 위하여 https://machinelearningforkids.co.uk/에 접속하여 그림 8.2의 [시작해봅시다]를 클릭한다. 그리고 그림 8.3에서 [로그인]을 선택하여 자신의 아이디와 패스워드를 입력하여 로그인한다.

그림 8.2 ML4K 사이트 접속

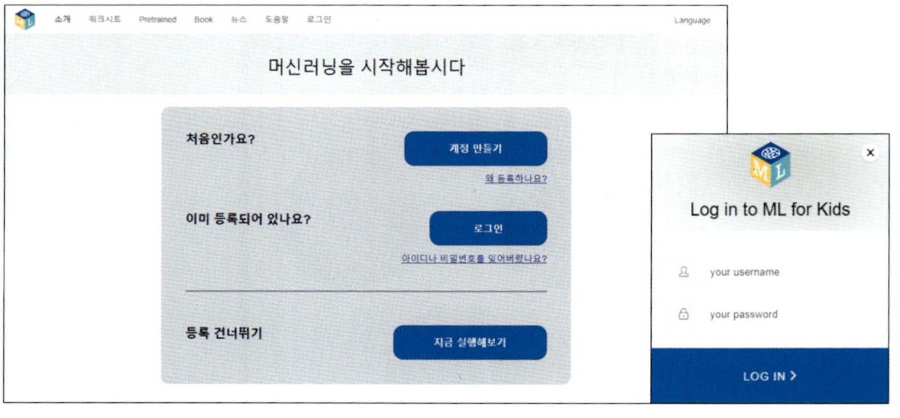

그림 8.3 로그인

그리고 그림 8.4에서 [프로젝트로 이동]을 선택하여 그림 8.5에서 머신러닝 프로젝트를 추가하기 위하여 [+ 프로젝트 추가]를 선택한다. 그림 8.6과 같이 [프로젝트 이름]에는 'RPSGame'을 입력하고, [인식방법]에는 '이미지'를 선택한다. 그리고 [만들기]를 클릭하여 프로젝트를 생성한다.

그림 8.4 프로젝트로 이동

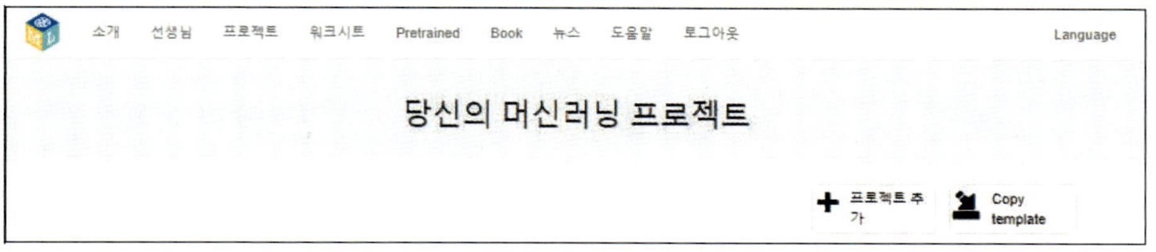

그림 8.5 프로젝트 추가

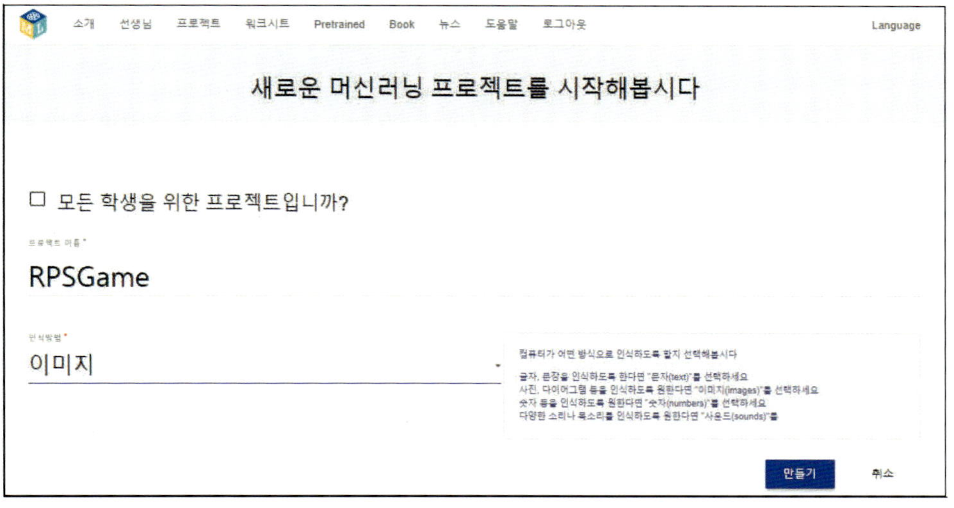

그림 8.6 프로젝트 이름, 인식방법

생성된 프로젝트가 그림 8.7과 같이 화면의 중앙에 나타난다. 생성된 'RPSGame' 프로젝트를 선택하면 그림 8.8과 같이 '훈련', '학습 & 평가' 그리고 '만들기' 과정을 통해서 가위바위보 이미지 데이터를 수집하고, 수집된 데이터를 바탕으로 모델을 생성한다. 그리고 생성된 모델을 바탕으로 프로그램을 작성한다.

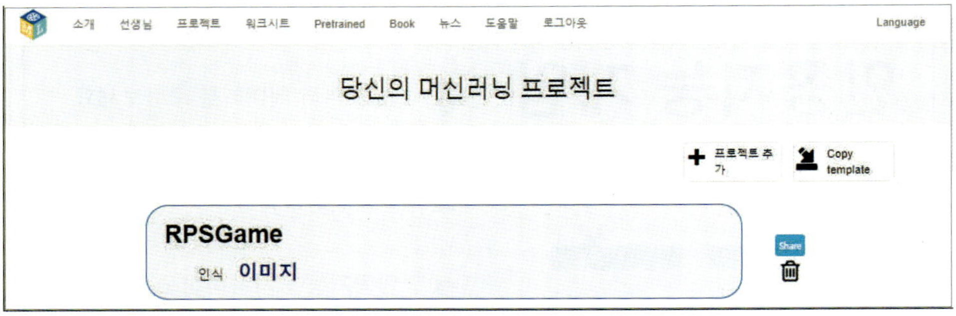

그림 8.7 생성된 프로젝트

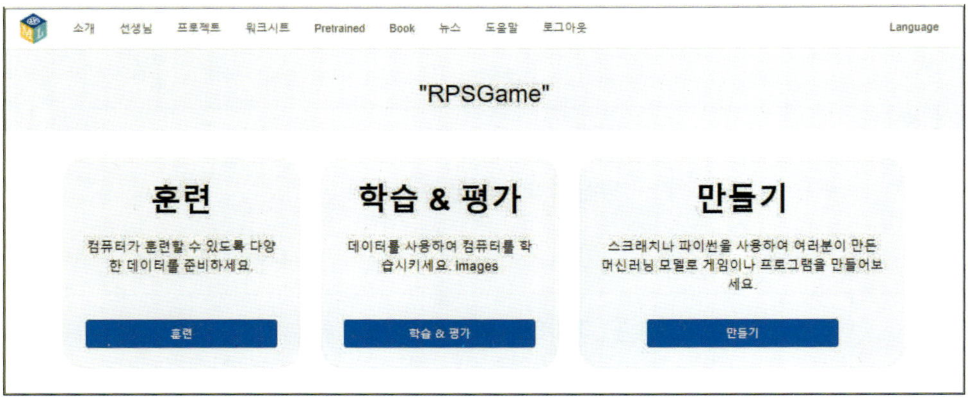

그림 8.8 훈련, 학습 & 평가, 만들기

먼저 그림 8.8에서 [훈련]을 클릭하여 이미지 데이터를 수집한다. 우리가 수집할 데이터는 가위바위보와 관련된 이미지 데이터이다. 우리는 각각의 이미지 데이터를 수집하기 위하여 먼저 세 개의 레이블(Rock, Paper, Scissors)을 만들어 데이터를 수집한다. 레이블 생성을 위해서 그림 8.9의 [+ 새로운 레이블 추가]를 선택한다.

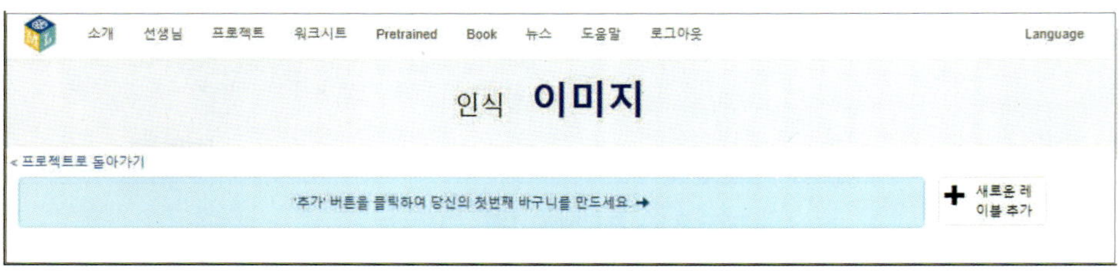

그림 8.9 새로운 레이블 추가

레이블의 이름을 그림 8.10과 같이 'Rock'로 입력하고 [추가]를 선택한다. 그러면 그림 8.11과 같이 'Rock' 레이블이 생성된다.

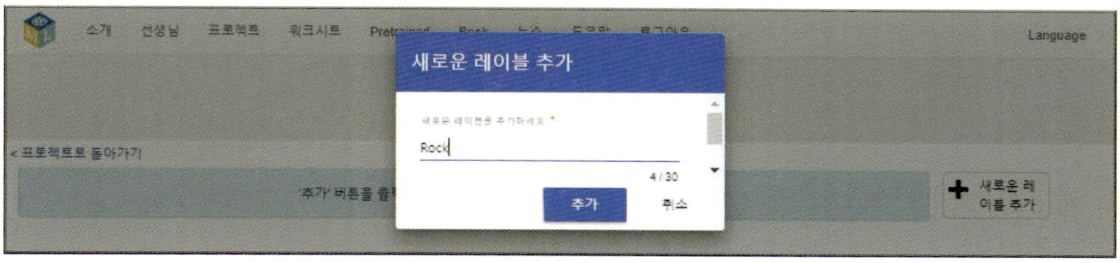

그림 8.10 'Rock' 레이블 만들기

그림 8.11 'Rock' 레이블 생성

계속해서 [+ 새로운 레이블 추가]를 선택하고, 그림 8.12와 같이 레이블 이름을 'Paper'로 입력하고 [추가]를 선택한다. 그러면 그림 8.13과 같이 'Paper' 레이블이 생성된다.

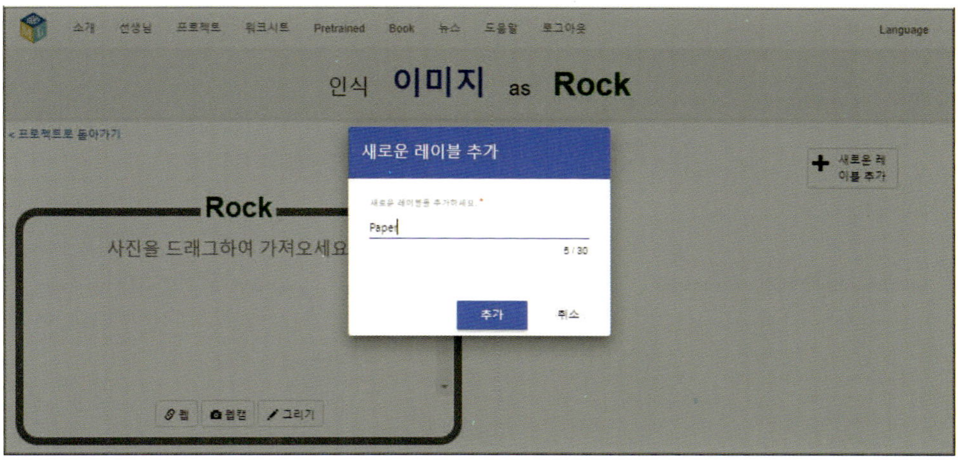

그림 8.12 'Paper' 레이블 만들기

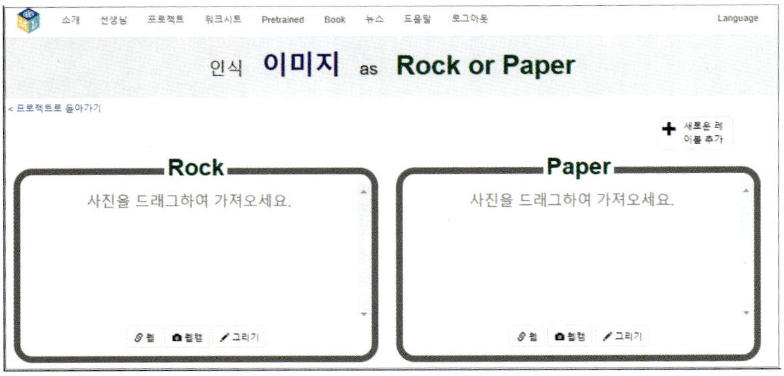

그림 8.13 'Paper' 레이블 생성

다시 [+ 새로운 레이블 추가]를 선택하여 그림 8.14와 같이 레이블 이름을 'Scissors'로 입력하고 [추가]를 선택한다. 그러면 그림 8.15와 같이 'Scissors' 레이블이 생성된다.

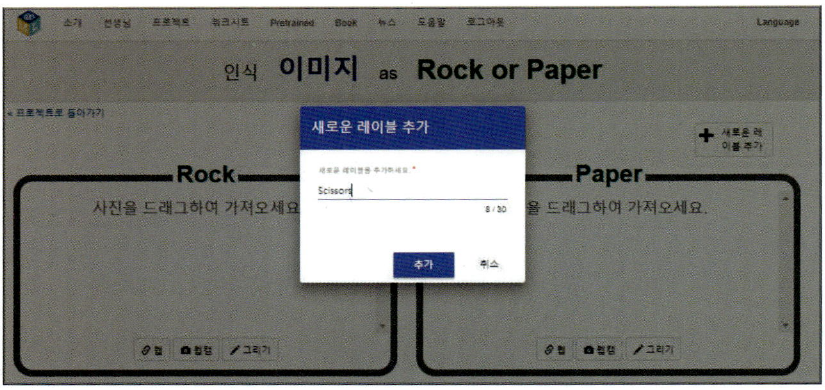

그림 8.14 'Scissors' 레이블 만들기

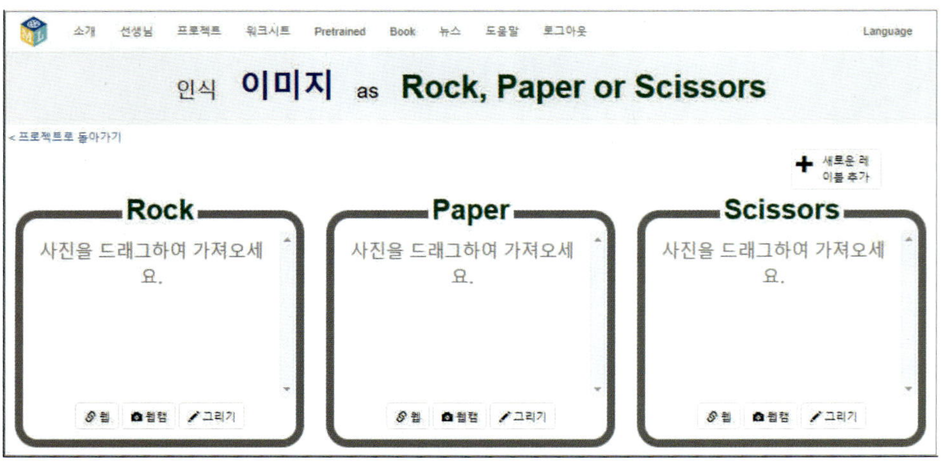

그림 8.15 'Scissors' 레이블 생성

이제 생성한 세 개의 레이블에 각각 가위바위보 이미지를 수집하도록 하자. 먼저 'Rock' 레이블에 '바위' 이미지를 수집하기 위하여 [웹캠]을 선택하고 자신의 웹캠을 통하여 다양한 방향에서 촬영한 10개의 '바위' 이미지를 그림 8.16과 같이 수집한다. 그리고 'Paper' 레이블에 '보' 이미지를 수집하기 위하여 [웹캠]을 선택하고 다양한 방향에서 촬영한 '보' 이미지를 그림 8.17과 같이 수집한다.

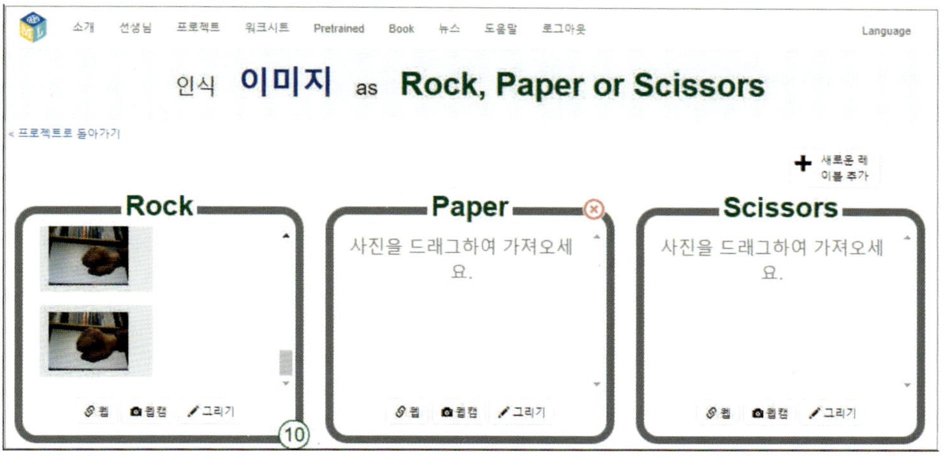

그림 8.16 'Rock' 레이블 데이터 추가

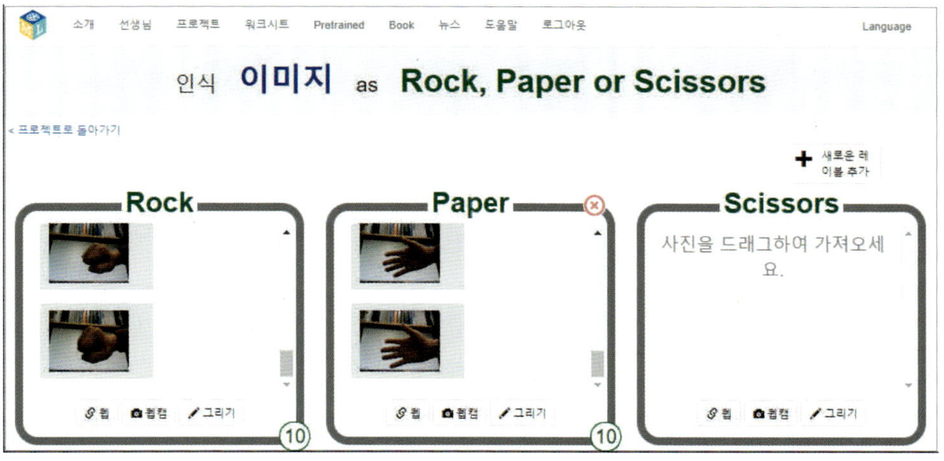

그림 8.17 'Paper' 레이블 데이터 추가

마지막으로 'Scissors' 레이블에 '가위' 이미지를 수집하기 위하여 [웹캠]을 선택하고 다양한 방향에서 촬영한 '가위' 이미지를 웹캠을 이용하여 그림 8.18과 같이 수집한다. 이렇게 우리는 자신의 컴퓨터에 있는 웹캠을 이용하여 가위바위보 이미지를 그림 8.19와 같이 수집하였다.

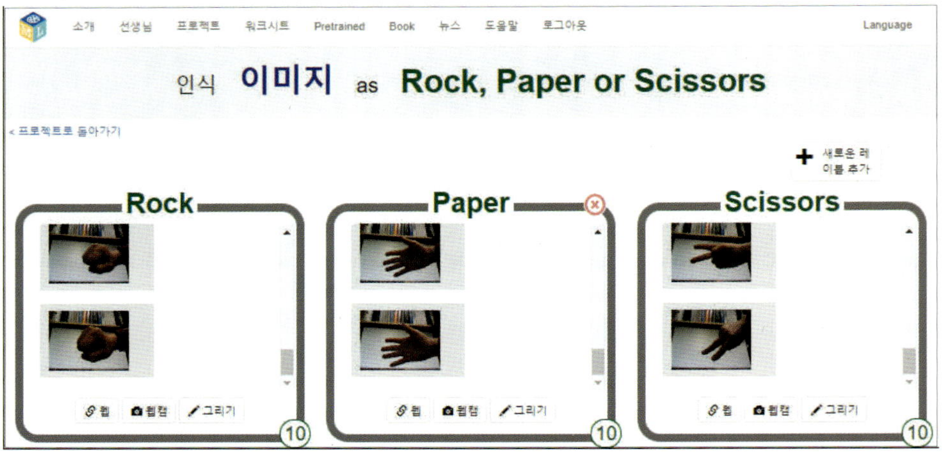

그림 8.18 'Scissors' 레이블 데이터 추가

그림 8.19 가위바위보 이미지 데이터 수집

수집한 이미지 데이터를 학습시키기 위하여 그림 8.19의 왼쪽 상단에 있는 ‘< 프로젝트로 돌아가기’를 선택한다. 그리고 그림 8.20에서 [학습 & 평가]를 선택한다. 그림 8.21에서 생성한 레이블과 수집한 데이터에 대한 정보를 확인할 수 있고, 하단의 [새로운 머신 러닝 모델을 훈련시켜주세요.]를 선택하여 수집한 데이터로 모델을 생성한다.

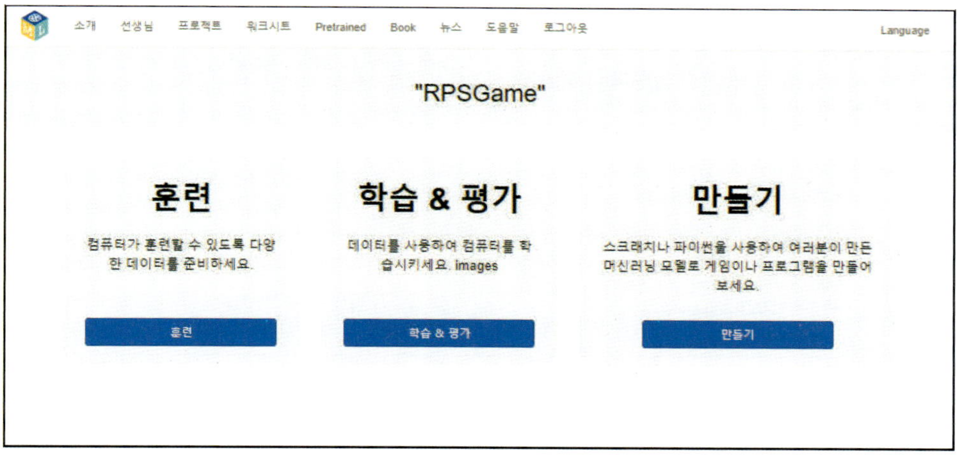

그림 8.20 ‘학습 & 평가’ 선택

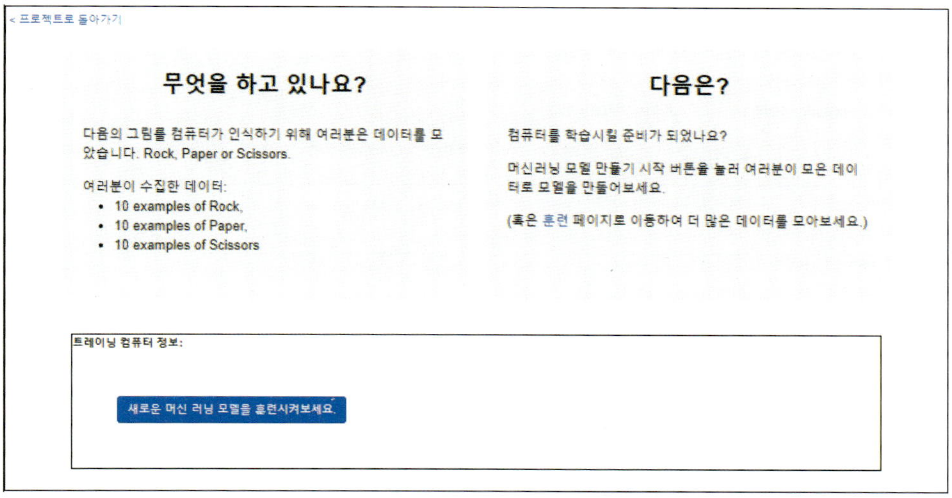

그림 8.21 머신 러닝 모델 훈련

그림 8.22는 모델이 생성되는 동안에 나타나는 화면이며, 시간이 많이 소요되는 경우 간단한 퀴즈를 제공해주기도 한다. 모델 생성이 완료되면 그림 8.23과 같이 생성된 모델의 테스트를 통하여 그 성능을 점검할 수 있다.

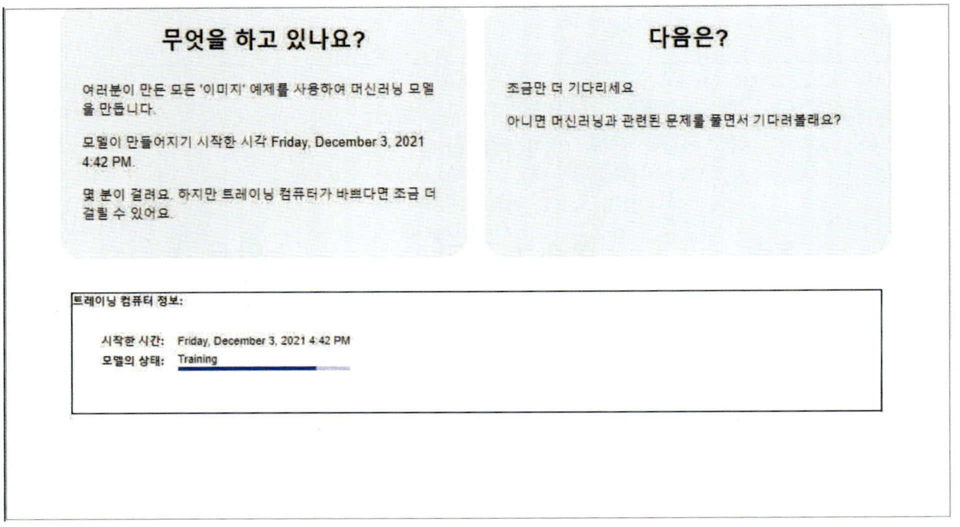

그림 8.22 모델 생성 과정

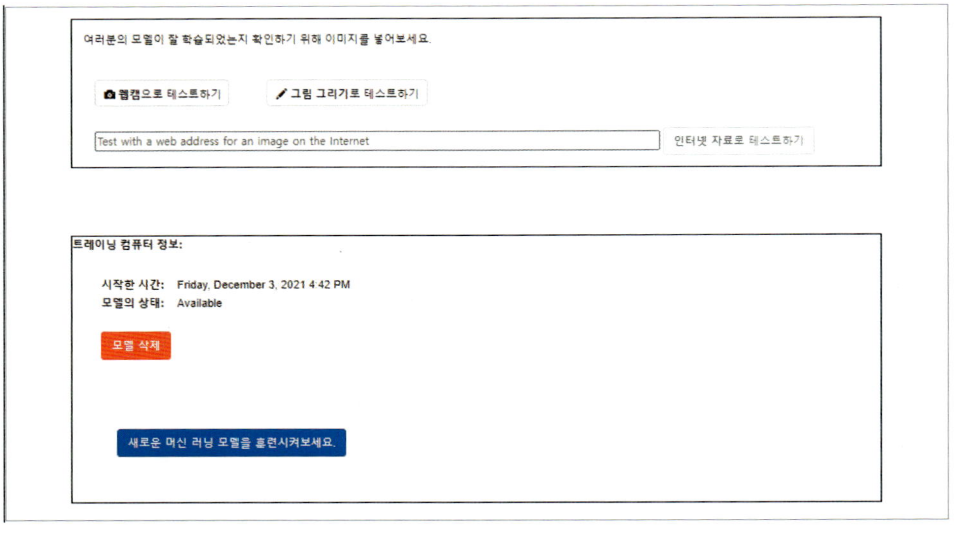

그림 8.23 생성 모델 테스트

[웹캠으로 테스트하기]를 선택하면 '사진을 찍어서 모델을' 창이 나타나고, 그림 8.24와 같이 '바위'를 해서 [테스트]를 선택하면 그림 8.25와 같이 87%의 정확도로 'Rock'으로 분류된다.

그림 8.24 바위 이미지 테스트

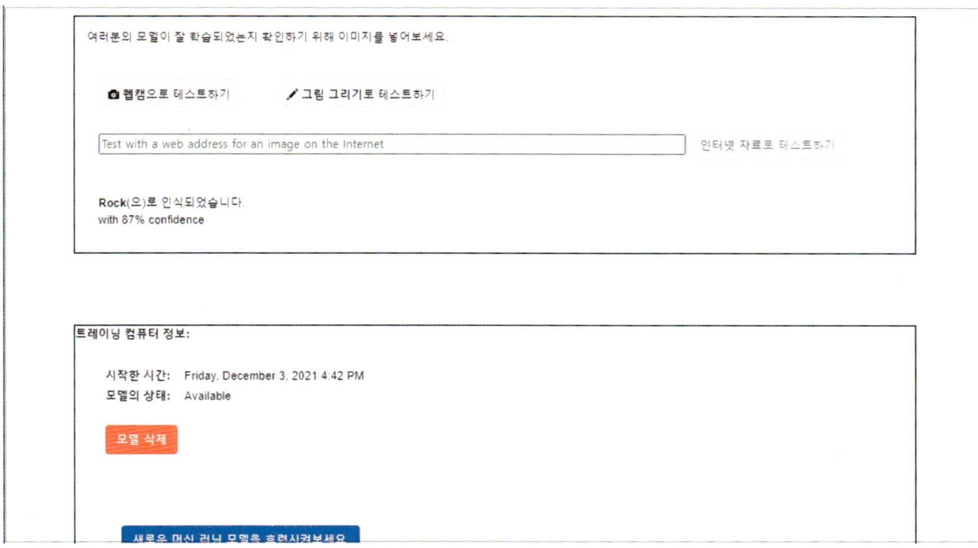

그림 8.25 'Rock'(으)로 인식

그리고 그림 8.26과 같이 손을 가위 모양으로 하여 테스트한 결과는 그림 8.27과 같이 정확도 92%로 'Scissors'로 인식되었다.

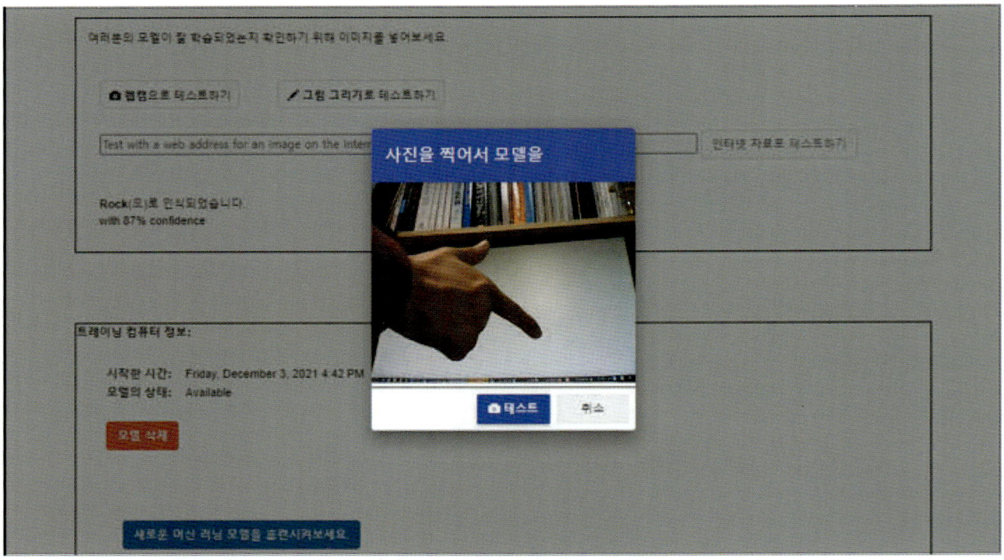

그림 8.26 가위 이미지 테스트

그림 8.27 'Scissors'(으)로 인식

마지막으로 그림 8.28과 같이 학습 데이터와는 반대 손으로 '보'를 나타내어 테스트를 실시하였다. 그 결과는 그림 8.29와 같이 정확도 100%로 'Paper'로 인식하였다. 따라서 생성한 모델의 성능이 우수함을 알 수 있었다.

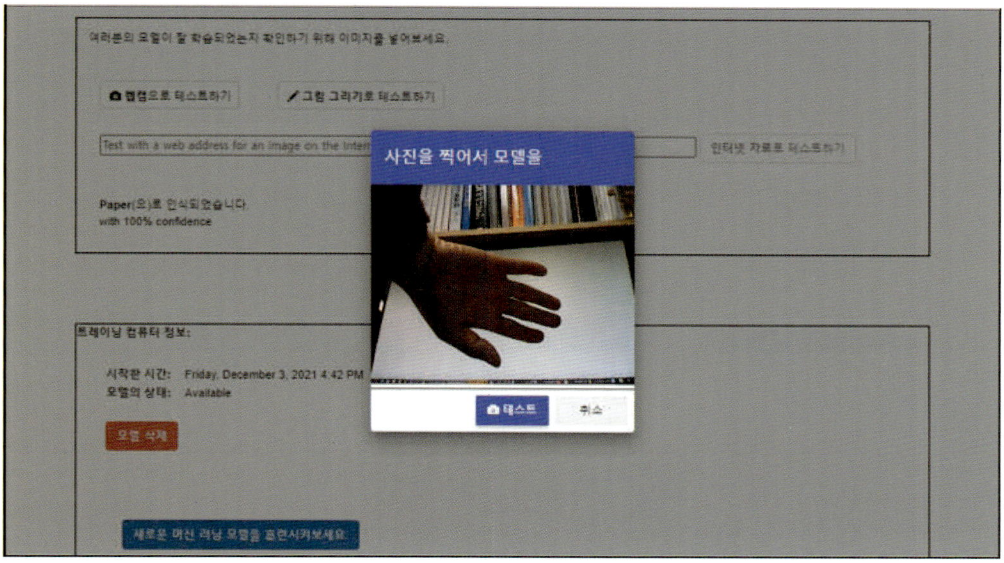

그림 8.28 보 이미지 테스트

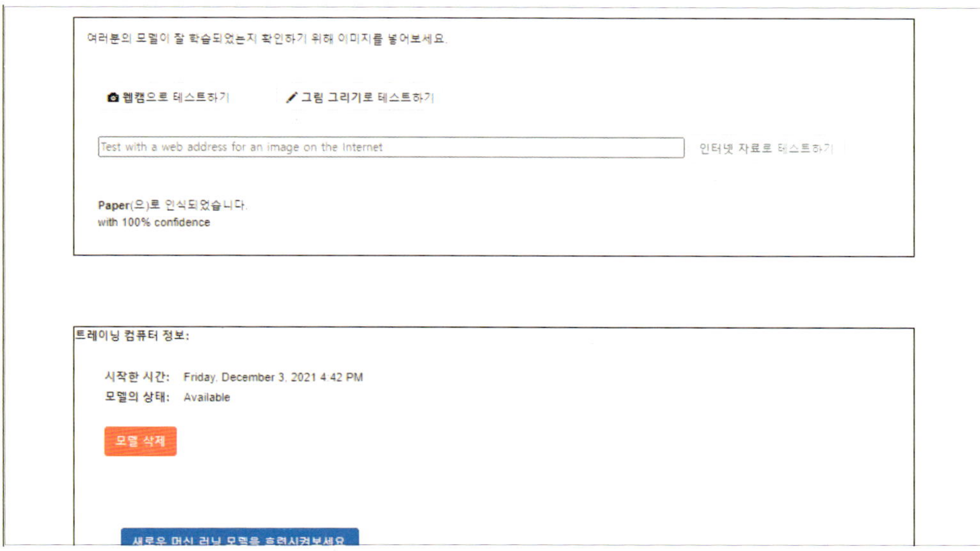

그림 8.29 'Paper'(으)로 인식

생성된 모델을 이용하여 프로그램을 만들기 위하여 사이트 왼쪽 상단의 '프로젝트로 돌아가기'를 선택하고, 그림 8.30의 오른쪽에 있는 [만들기]를 선택한다. 그리고 그림 8.31에서 우리가 만든 모델을 이용하여 스마트폰 앱을 만들기 위하여 [앱 인벤터]를 선택한다.

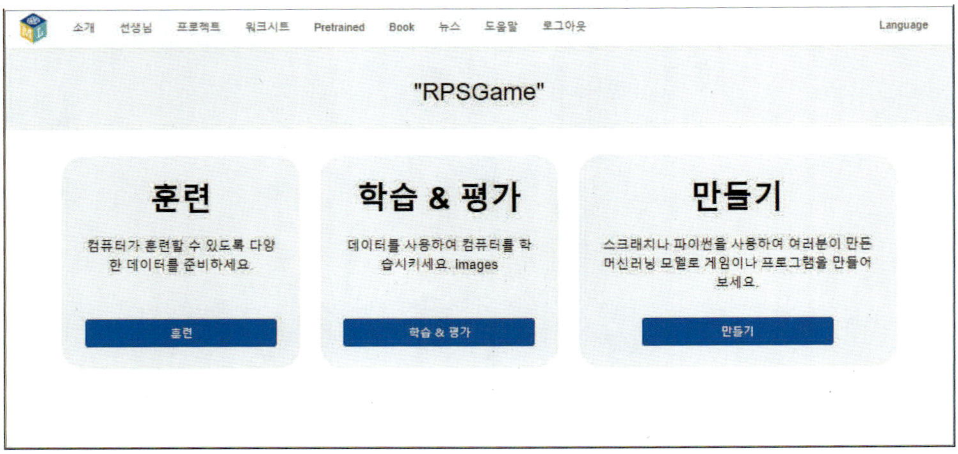

그림 8.30 만들기 선택

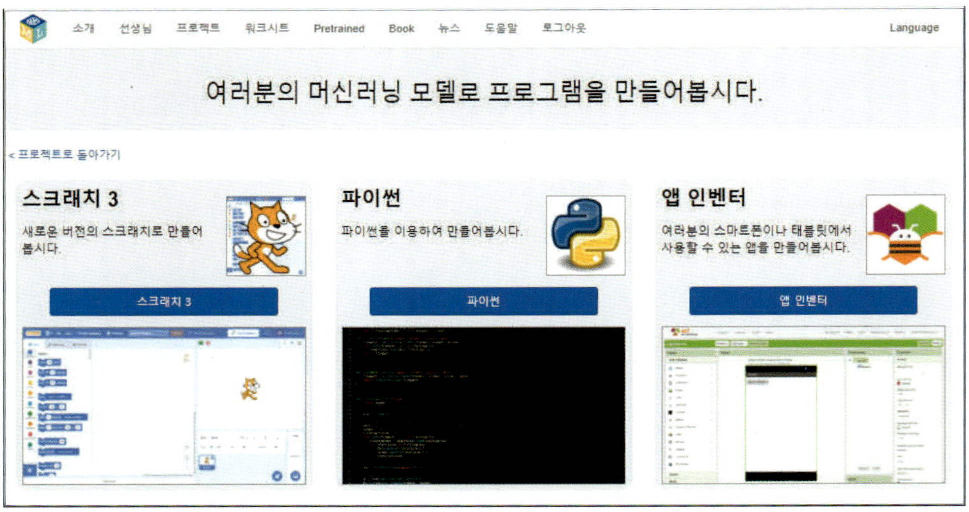

그림 8.31 앱 인벤터 프로그램 선택

[앱 인벤터]를 선택하면 그림 8.32와 같이 우리가 만든 모델을 앱 인벤터에 추가하는 방법에 대한 설명이 있다. 여기서 우리가 만든 모델을 무료로 호스팅하는 오른쪽의 붉은색 URL을 블록 지정하여 복사하고, 화면 왼쪽 상단에 있는 [Open App Inventor]를 선택하여 앱 인벤터를 실행시킨다.

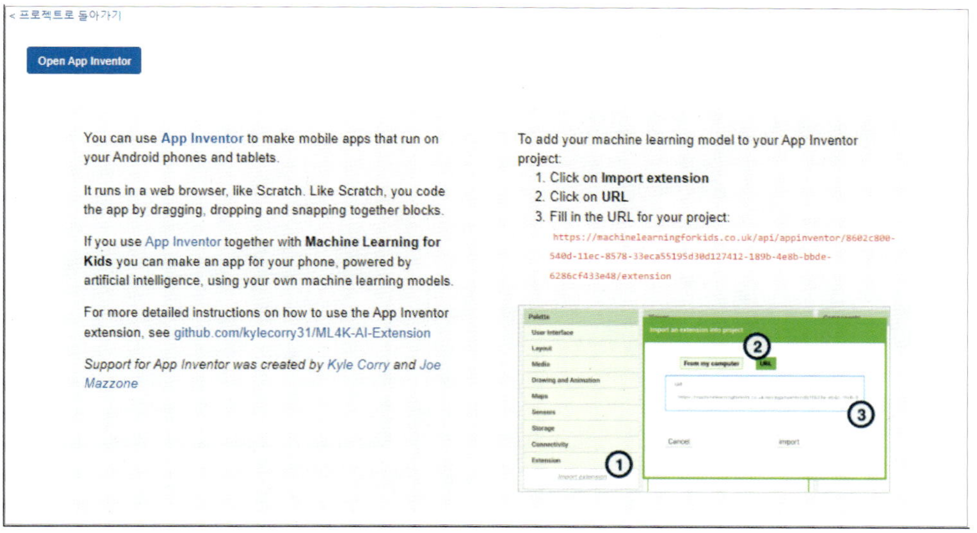

그림 8.32 앱 인벤터에서 모델 사용 방법

2 생성 모델을 이용한 앱 인벤터 프로젝트 만들기

우리가 만든 모델을 이용하여 구현할 앱 인벤터 프로젝트의 이름과 그 내용은 표 8.1에 정리하였다. 'AI와 가위바위보 게임' 앱은 사용자가 3초가 될 때에 자신의 스마트폰 카메라를 이용하여 가위바위보 중 하나를 촬영하여 이미지를 입력하면 인공지능 모델이 그것을 인식하여 AI와 게임을 하는 것이다.

표 8.1 프로젝트에 관한 정보

프로젝트 이름	프로젝트 내용
RPSGame	사용자가 생성한 인공지능 모델을 기반으로 AI와 가위바위보 게임을 하는 앱 개발

[Open App Inventor]를 선택하여 앱 인벤터를 실행시키고, 그림 8.33과 같이 [프로젝트] - [새 프로젝트 시작하기]를 선택하여 [프로젝트 이름]에 'RPSGame'이라는 이름으로 프로젝트를 만든다.

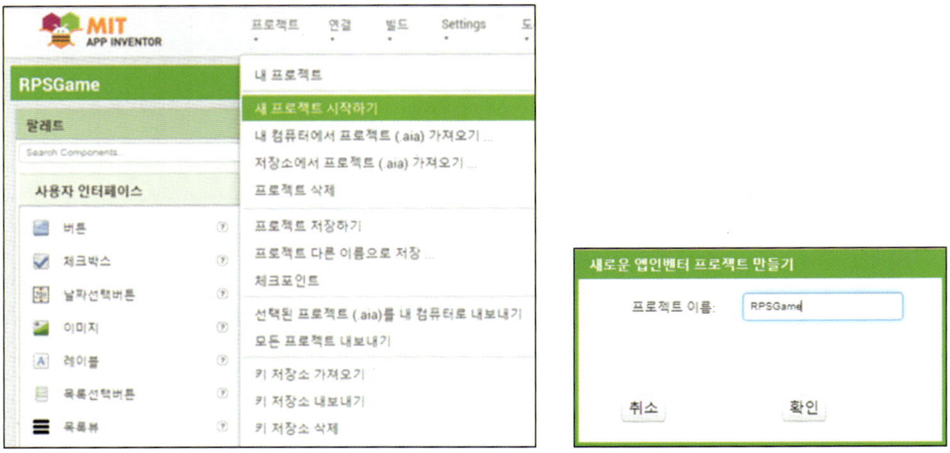

그림 8.33 프로젝트 만들기

1) 디자이너 구성하기

앱 인벤터 오른쪽 상단의 [디자이너] 버튼을 선택하여 우리가 만든 모델을 그림 8.34와 같이 팔레트의 [확장기능] 선택 – [확장기능 추가하기] 선택 – [URL] 선택하여 그림 8.32에서 복사한 URL 주소를 붙이기하여 모델을 추가한다.

그림 8.34 생성 모델 추가

앱의 디자이너 구성은 그림 8.35와 같고, 디자이너를 구성할 때 사용하는 컴포넌트와 그 속성은 표 8.2에 정리하였다. 그리고 [미디어]에는 앱의 배경 그림(RPSGame.JPG) 1개와 가위바위보 게임의 결과를 타나내기 위한 9개의 이미지가 그림에서와 같이 등록되어 있다.

그림 8.35 디자이너 구성

표 8.2 컴포넌트와 속성

팔레트	컴포넌트	속성
	Screen1	제목(가위바위보)
사용자 인터페이스	레이블1	글꼴굵게(선택), 글꼴크기(30), 너비(부모 요소에 맞추기), 텍스트(가위바이보 게임), 텍스트정렬(가운데), 텍스트색생(자홍색)
	텍스트박스1	글꼴굵게(선택), 글꼴크기(20), 너비(부모 요소에 맞추기), 텍스트(방법: 1)게임시작 2)3초에 사진찍기), 텍스트정렬(가운데)
레이아웃	수평배치1	너비(부모 요소에 맞추기)
사용자 인터페이스	버튼1	글꼴굵게(선택), 글꼴크기(30), 너비(부모 요소에 맞추기), 텍스트(게임시작), 텍스트정렬(가운데), 텍스트색생(파랑)
	버튼2	글꼴굵게(선택), 글꼴크기(30), 너비(부모 요소에 맞추기), 텍스트(사진찍기), 텍스트정렬(가운데), 텍스트색생(파랑)
미디어	카메라1	–
확장기능	ML4KComponent1	–
센서	시계1	타이머활성화여부(해제)

2) 블록 구성하기

앱 인벤터 오른쪽 상단에 있는 [블록] 버튼을 클릭하여 코딩을 하도록 하자. 앱을 실행하면 그림 8.36과 같고 [게임시작] 버튼을 선택하면, 그림 8.37과 같이 초가 카운트 되는데, 사용자는 기다렸다가 3초가 될 때 가위바위보 중 하나를 [사진찍기] 버튼을 선택하여 사진을 촬영한다.

이와 같이 스마트폰에 초를 나타내기 위하여 그림 8.38과 같이 시스템시간을 저장할 전역변수 time과 초를 저장할 전역변수 sec를 선언하고 0으로 초기화한다. 이를 위하여 [변수] 선택 – [전역변수 만들이 이름 초기값] 선택하여 뷰어에 각각 드래그하여 놓고 [이름]을 클릭하여 'time'과 'sec'로 각각 변경한다.

그림 8.36 앱 실행

그림 8.37 게임시작 선택

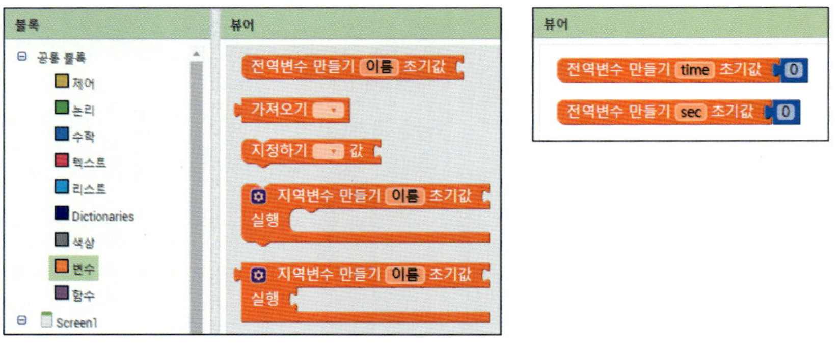

그림 8.38 변수 블록 선택

다음으로 그림 8.39와 같이 [버튼1]을 클릭했을 때 시계1의 타이머활성여부를 참으로 바꾸고, 그때의 시스템시간을 전역변수 time에 저장한다. 이를 위하여 [버튼1] 선택 – [언제 버튼1을 클릭했을 때] 블록을 뷰어에 드래그하여 놓는다. 그리고 [시계1] 선택 – 녹색의 [지정하기 시계1 타이머활성화여부 값]을 [언제 버튼1을 클릭했을 때] 블록에 드래그하여 연결시키고 [논리] 선택 – [참]을 [지정하기 시계1 타이머활성화여부 값] 블록에 드래그하여 연결시킨다. [변수] 선택 – 주황색의 [지정하기 번역변수 time 값]을 [언제 버튼1을 클릭했을 때] 블록에 드래그하여 놓고, [시계1] 선택 – 보라색의 [호출 시계1 시스템시간가져오기]를 [지정하기 번역변수 time 값] 블록에 드래그하여 연결시킨다.

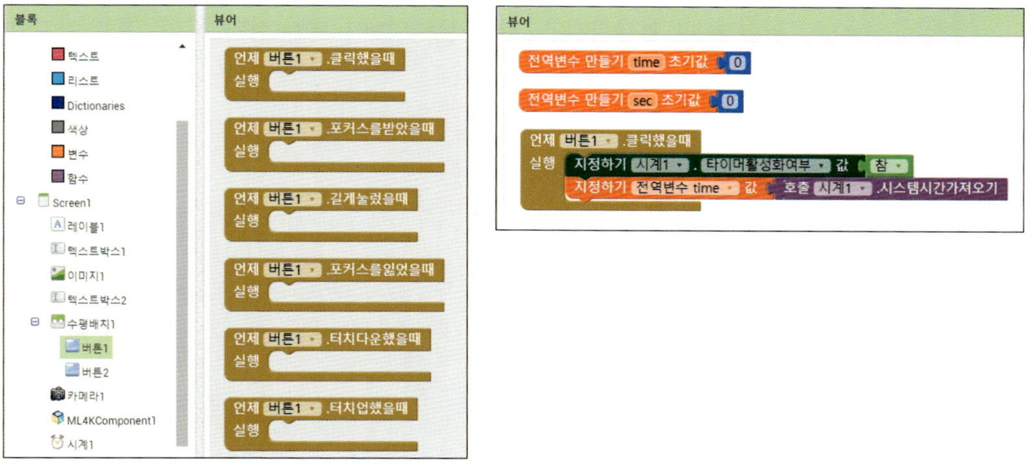

그림 8.39 버튼1 블록 선택

이제 초를 앱의 화면에 나타내기 위하여 그림 8.40과 같이 현재의 시스템시간에서 전역변수 time을 빼주고 1000으로 나누어 주어 초를 구한다. 이때 소수점이하 자리는 0으로 하여 전역변수 sec에 저장한다.

이를 위하여 [시계1] 선택 – [언제 시계1 타이머가작동할 때]을 뷰어에 드래그하여 놓고, [변수] 선택 – 주황색의 [지정하기 번역변수 sec 값]을 [언제 시계1 타이머가작동할 때] 블록에 드래그하여 연결시킨다. 그리고 [수학] 선택 – 청색의 [소수로 나타내기 숫자 ~ 자릿수]을 [지정하기 번역변수 sec 값] 블록에 연결시키고, [수학] 선택 – [두수빼기]와 [두수나누기]를 [소수로 나타내기 숫자 ~ 자릿수] 블록에 드래그하여 각각 연결시킨다. 빼기를 위해 [시계1] 선택 – 보라색의 [호출 시계1 시스템시간가져오기]와 [변수] 선택 – [전역변수 time]을 드래그하여 연결시키고, 나누기를 위해 [수학] 선택 – [빈칸]을 가져와서 1000을 입력한다.

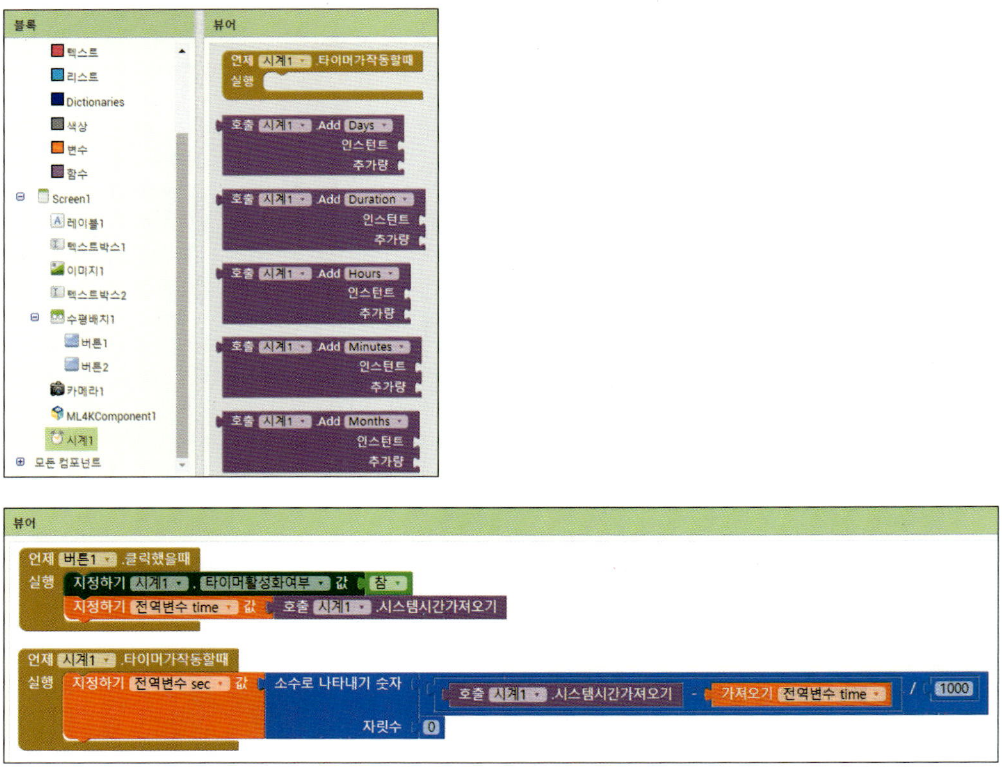

그림 8.40 시계1 블록 선택 초 구하기

구한 초를 앱 화면에 표시하기 위하여 그림 8.41과 같이 코딩을 한다. 이를 위하여 [텍스트박스2] 선택 – 녹색의 [지정하기 텍스트박스2 텍스트 값]을 [언제 시계1 타이머가작동할 때] 블록에 드래그하여 연결시킨다. 그리고 [텍스트] 선택 – [합치기]를 드래그하여 [지정하기 텍스트박스2 텍스트 값] 블록에 연결시킨다. 마지막으로 [변수] 선택 – [전역변수 sec]와 [텍스트] 선택 – [빈칸]을 드래그하여 [합치기] 블록에 결시키고 [빈칸] 블록을 "초"로 변경한다.

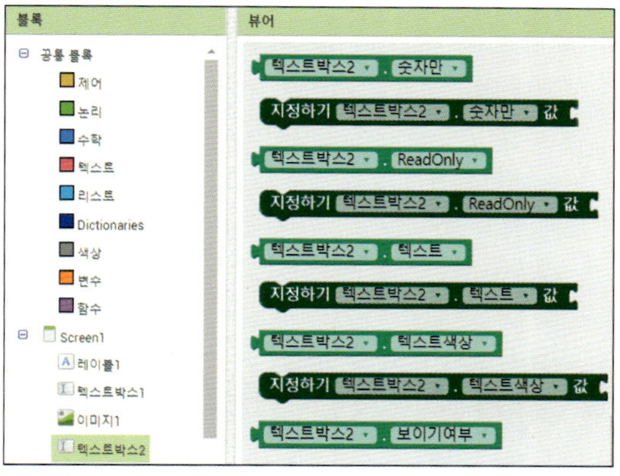

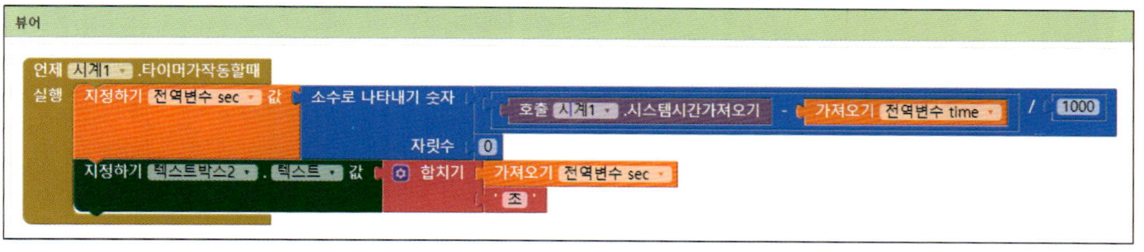

그림 8.41 시계1 블록 선택 초 표시하기

이제 "게임시작" 버튼을 클릭하고 가위바위보 중 하나를 준비해서 3초가 될 때 "사진찍기" 버튼을 클릭하여 사진을 찍은 후 전송하는 부분을 살펴보도록 하자. 먼저 1부터 3까지의 정수를 하나 저장할 전역변수를 그림 8.42와 같이 만든다. 이를 위하여 [변수] 선택 – [전연변수 만들기 이름 초기값]을 뷰어에 드래그하여 가져와서 이름을 'rps'로 변경한다. 그리고 [수학] 선택 – [빈칸]을 드래그하여 [전연변수 만들기 이름 초기값] 블록에 연결시키고 값을 0으로 초기화한다.

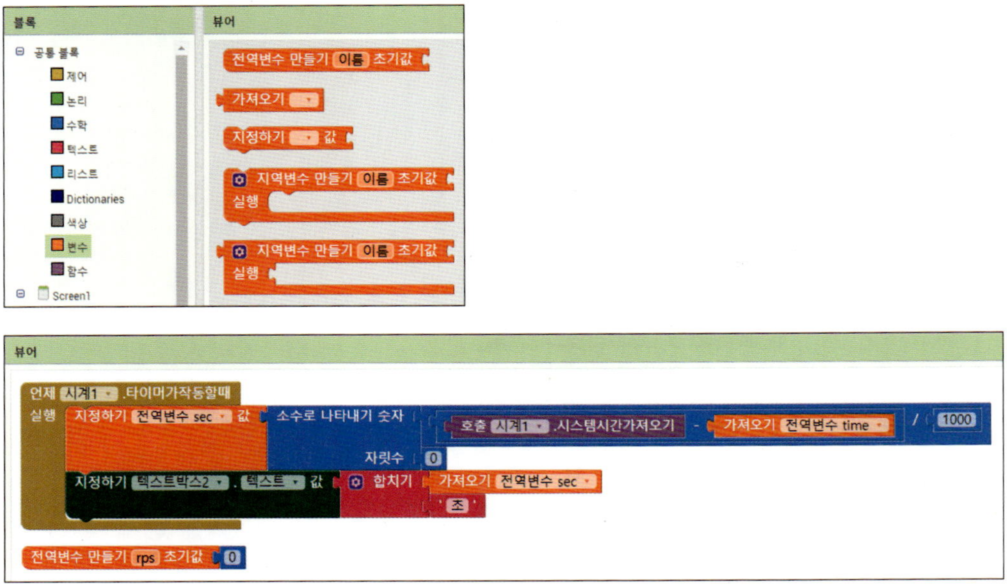

그림 8.42 변수 블록 선택

사용자가 가위바위보 중 하나를 사진으로 찍는 것과 이 때 시계를 더 이상 활성화하지 않기 위하여 그림 8.43과 같이 코딩한다.

이를 위하여 [버튼2] 선택 – [언제 버튼2 클릭했을 때]를 뷰어에 드래그하여 놓는다. 그리고 [카메라1] 선택 – 보라색의 [호출 카메라1 사진찍기]를 [언제 버튼2 클릭했을 때] 블록에 드래그하여 연결시킨다. 또한 [시계1] 선택 – 녹색의 [지정하기 시계1 타이머활성화여부 값]을 [언제 버튼2 클릭했을 때] 블록에 연결시키고, [논리] 선택 – [거짓]을 [지정하기 시계1 타이머활성화여부 값] 블록에 드래그하여 연결시킨다.

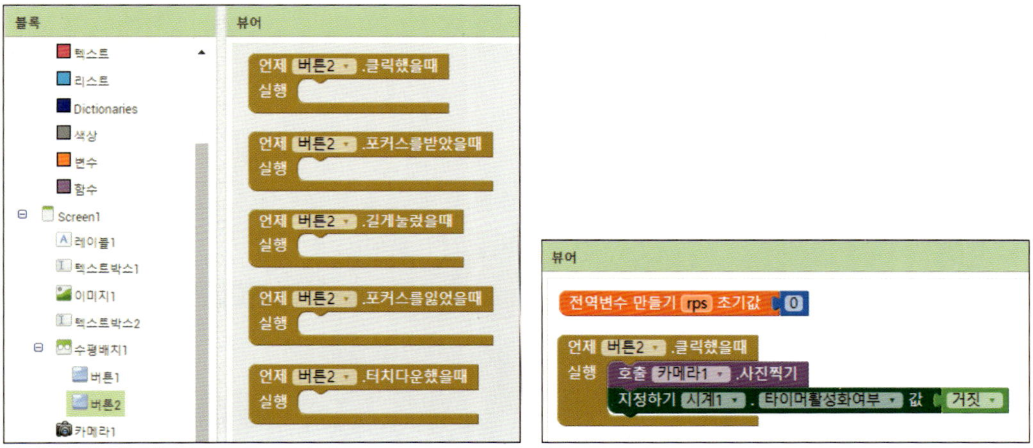

그림 8.43 버튼2 블록 선택

사용자의 찍은 손 이미지를 우리가 생성한 인공지능 모델로 분류하기 위하여 그림 8.44와 같이 코딩한다.

이를 위하여 [카메라1] 선택 – [언제 카메라1 사진찍은후에]를 뷰어에 드래그하여 놓는다. 그리고 [ML4KComponent1] 선택 – 보라색의 [호출 ML4KComponent1 ClassifyImage ~ 경로]를 [언제 카메라1 사진찍은후에] 블록에 드래그하여 연결시킨다. 그리고 [언제 카메라1 사진찍은후에] 블록에 있는 [이미지]에 마우스를 올리면 나타나는 [가져오기 이미지]를 드래그하여 [호출 ML4KComponent1 ClassifyImage ~ 경로] 블록에 연결시킨다.

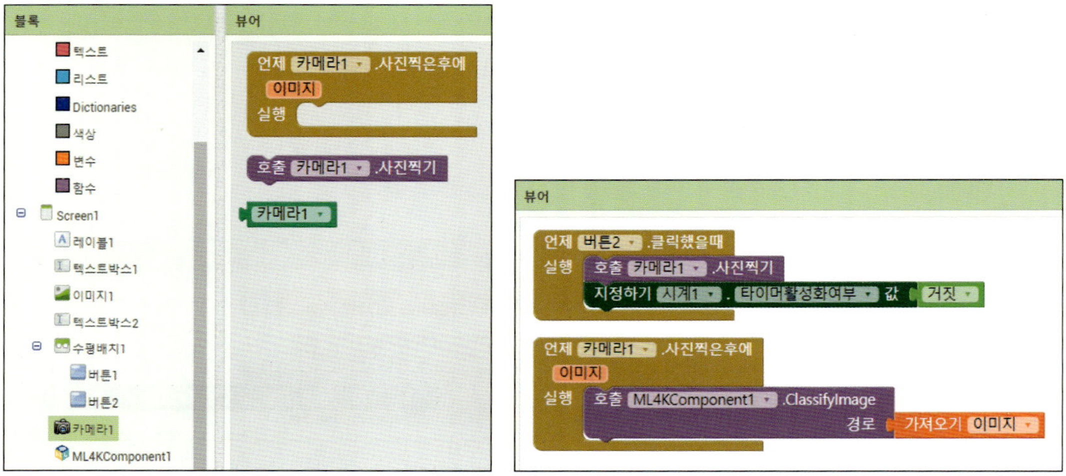

그림 8.44 카메라1 블록 선택

인공지능 모델을 이용하여 분류된 것을 바탕으로 AI와 사용자 간에 가위바위보 승패를 결정하도록 해보자. 먼저 분류 정확도(confidence)가 55 이상의 경우와 그렇지 않은 경우로 나누어 그림 8.45와 같이 코딩한다.

이를 위하여 [ML4KComponent1] 선택 – [언제 ML4KComponent1 GotClassification ~ 실행]과 [만약 ~ 이라면 실행 ~ 아니라며]을 뷰어에 드래그하여 연결해 놓는다. 그리고 [수학] 선택 – [크거나같다]를 드래그하여 [만약 ~ 이라면 실행 ~ 아니라며] 블록에 연결한다. 다음으로 [언제 ML4KComponent1 GotClassification ~ 실행]에 있는 [confidence]에 마우스를 올리면 나타나는 [가져오기 confidence]를 드래그하여 [크거나같다] 블록에 연결시키고, 마지막으로 [수학] 선택 – [빈칸]을 드래그하여 [크거나같다] 블록에 연결시켜 값을 55로 지정한다.

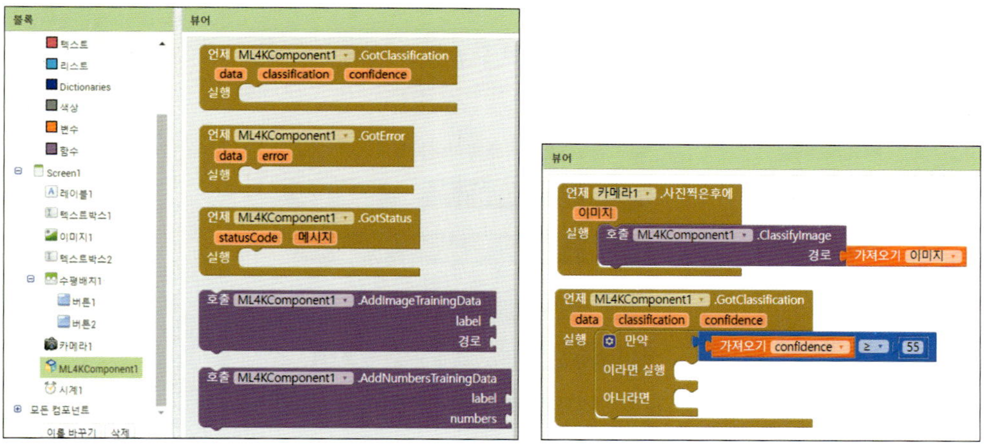

그림 8.45 ML4KComponent1 블록 선택

분류 정확도가 55보다 작으면, 그림 8.46과 같이 코딩하여 "인식을 잘 못했습니다."를 알리면서 앱의 화면을 게임의 초기화면과 같이 바꾸어 준다.

이를 위하여 [이미지1] 선택 – 녹색의 [지정하기 이미지1 사진 값]을 드래그하여 [만약 ~ 이라면 실행 ~ 아니라면] 블록에 연결시킨다. 그리고 이미지를 "RPSGame.JPG"로 선택한다. 그리고 [텍스트박스1] 선택 – [지정하기 텍스트박스1 텍스트 값]과 [텍스트박스2] 선택 – [지정하기 텍스트박스2 텍스트 값]을 드래그하여 [만약 ~ 이라면 실행 ~ 아니라며] 블록에 각각 연결시킨다.

마지막으로 [텍스트] 선택 – [빈칸] 두 개를 각각 드래그하여 [지정하기 텍스트박스1 텍스트 값] 블록과 [지정하기 텍스트박스2 텍스트 값] 블록에 연결시키고, 그 내용을 "방법: 1)게임시작 2)3초에 사진찍기"와 "인식을 잘 못했습니다."로 각각 추가한다.

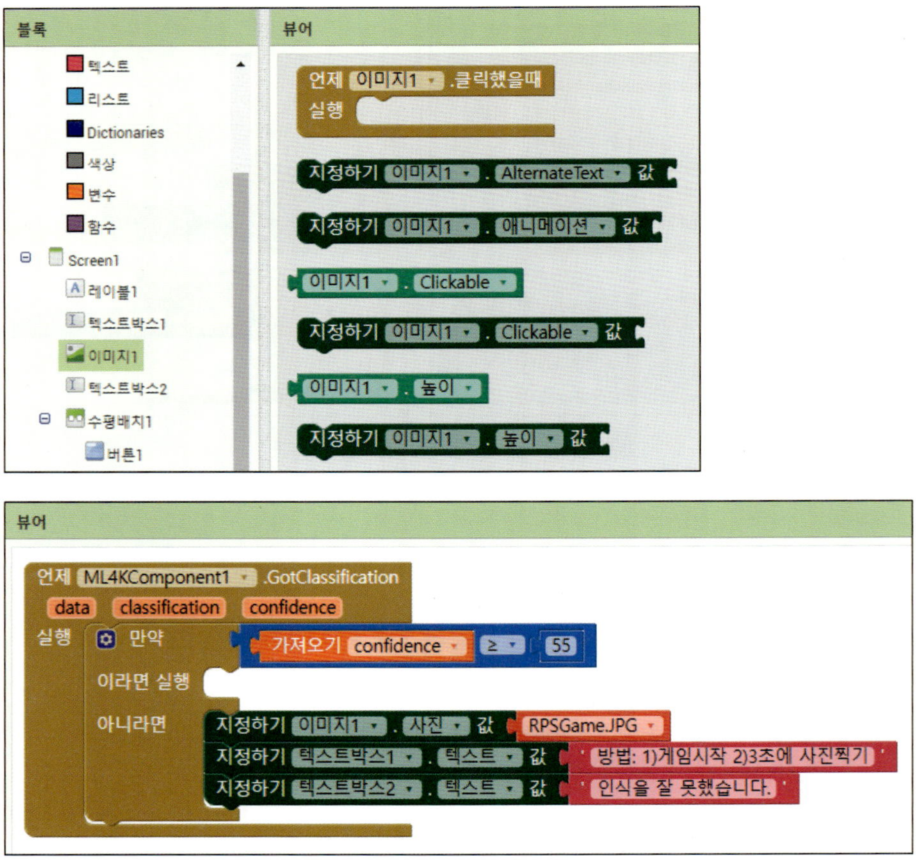

그림 8.46 이미지1 블록 선택

이제 분류 정확도가 55 이상의 경우에 대하여 그 정확도와 분류 레이블을 그림 8.47의 코딩과 같이 나타내도록 하자.

이를 위하여 [텍스트박스1] 선택 – 녹색의 [지정하기 텍스트박스1 텍스트 값]을 드래그하여 [만약 ~ 이라면 실행 ~ 아니라며] 블록에 연결한다. 그리고 [텍스트] 선택 – [합치기]를 드래그하여 [지정하기 텍스트박스1 텍스트 값] 블록을 연결시킨다. 그리고 [텍스트] 선택 – [빈칸] 3개를 드래그하여 그림과 같이 각각 연결하고 그 내용을 “정확도 ”, “의 ”, “ 입니다.”로 추가한다.

마지막으로 [언제 ML4KComponent1 GotClassification ~ 실행] 블록에 있는 [confidence]와 [classification]에 마우스를 올려 나타나는 [가져오기 confidence]와 [가져오기 classification]을 드래그하여 그림과 같이 각각 연결시킨다.

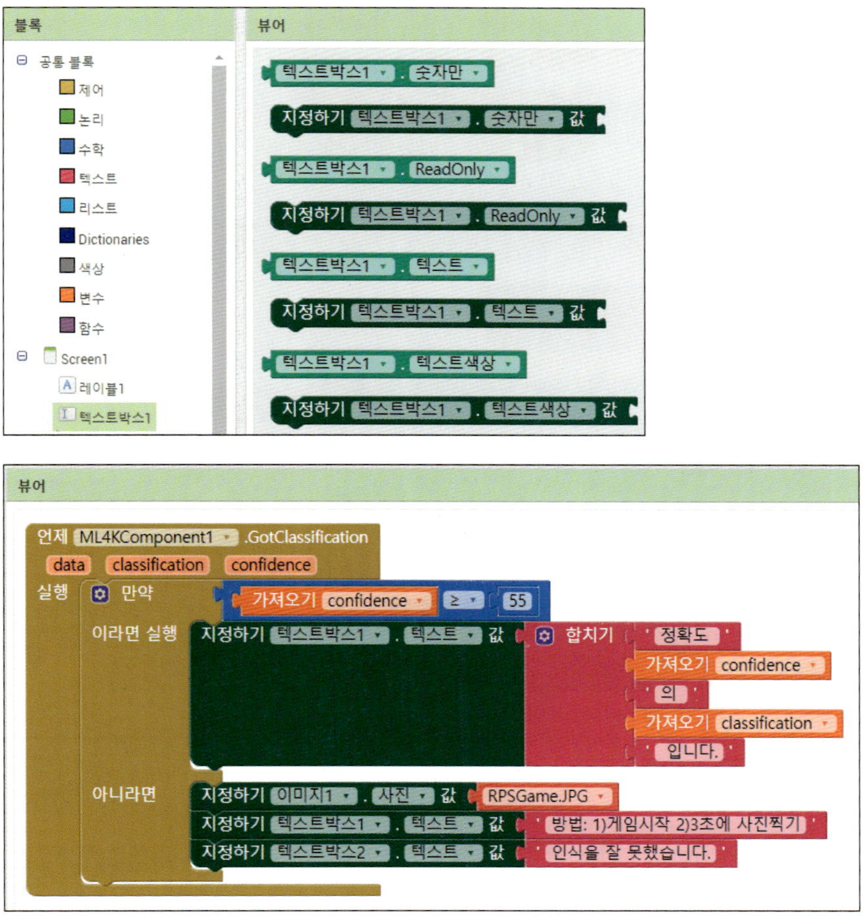

그림 8.47 텍스트박스1 블록 선택

AI가 가위바위보 중에 임의 것을 가지도록 하기 위하여 정수 1에서 3의 임의의 값을 가지도록 그림 8.48과 같이 코딩한다. 정수의 각 의미는 1(Rock), 2(Paper), 3(Scissors)이다.

이를 위하여 [변수] 선택 – 주황색의 [지정하기 전역변수 rps 값]을 드래그하여 [만약 ~ 이라면 실행 ~ 아니라며] 블록에 연결시킨다. 그리고 [수학] 선택 – 청색의 [임의의 정수 시작 ~ 끝 ~]을 드래그하여 [지정하기 전역변수 rps 값] 블록에 연결시키고, 시작 값과 끝 값을 각각 1과 3으로 지정한다.

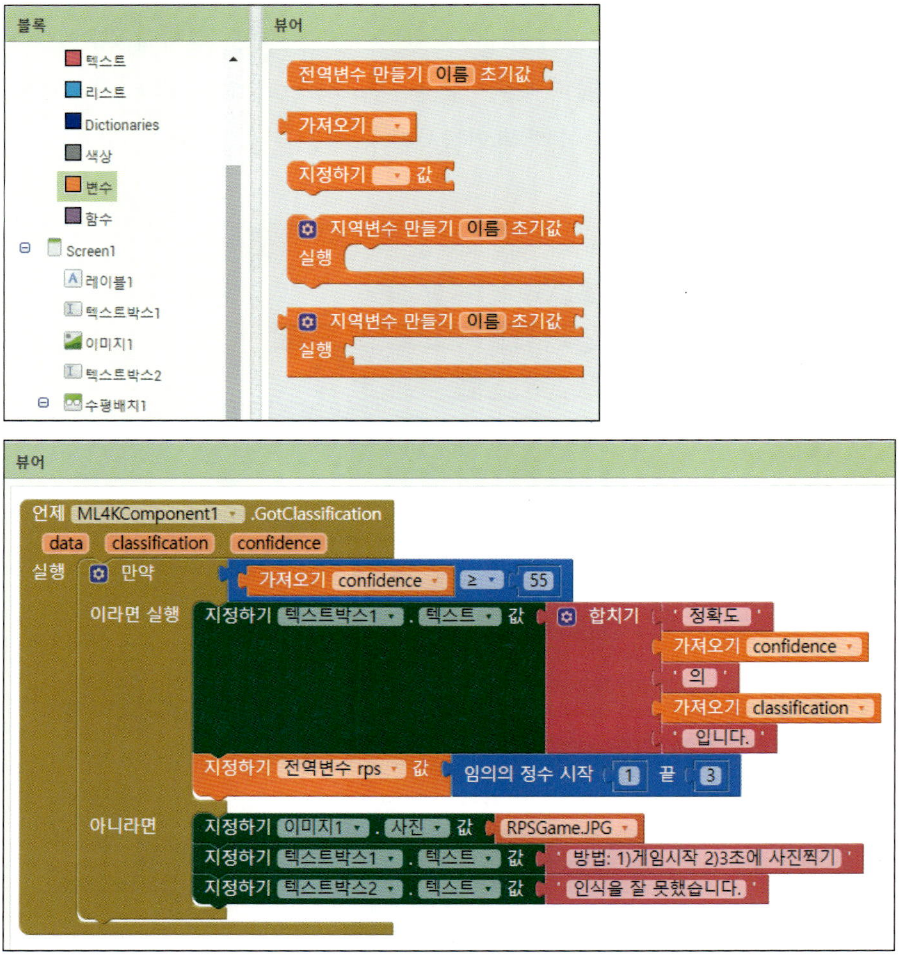

그림 8.48 변수 블록 선택

이제 AI가 선택한 가위바위보와 사용자가 선택한 가위바위보의 승패를 결정하기 위하여 표 8.3을 참고하여 코딩을 한다. 코딩은 세 부분으로 구성된다. 비긴 경우, AI가 이긴 경우, 사용자가 이긴 경우이다. 먼저 비긴 경우의 코딩을 그림 8.49에 나타내었다. 3가지 비긴 경우에 대해서 앱 화면에

"비겼네요^^"라는 텍스트와 표 8.3의 결과 표시에 있는 그림을 나타낸다.

이를 위하여 [논리] 선택 – 연두색의 [그리고]를 드래그하여 청색의 [만약 ~ 이라면 실행 ~ 아니라면] 블록의 내부 블록에 연결시키고, [수학] 선택 – [같은] 2개를 드래그하여 [그리고] 블록의 왼쪽과 오른쪽에 각각 연결시킨다. 그리고 [변수] 선택 – [가져오기 전역변수 rps]를 드래그하여 왼쪽 [같은] 블록의 왼쪽에 연결시키고 그 값이 1 혹은 2 혹은 3인지 비교한다. 또한 [언제 ML4KComponent1 GotClassification ~ 실행] 블록에 있는 [classification]에 마우스를 올려 나타나는 [가져오기 classification]을 드래그하여 오른쪽 [같은] 블록의 오른쪽에 연결시키고, 레이블이 각각 "Rock" 혹은 "Paper" 혹은 "Scissors"인지 비교한다. 각 비교의 결과가 참인 경우에 대해서 텍스트를 앱 화면에 나타내고 해당 그림(RR.png, PP.png, SS.png)을 앱 화면 중앙에 나타낸다.

표 8.3 승패 결정

승패 결과	AI	사용자	결과 표시
비김	1(Rock)	Rock	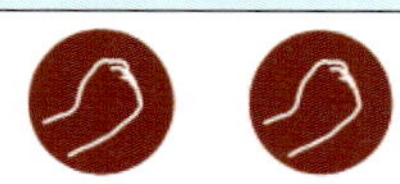
	2(Paper)	Paper	
	3(Scissors)	Scissors	
AI 승	1(Rock)	Scisssors	
	2(Paper)	Rock	
	3(Scissors)	Paper	
사용자 승	1(Rock)	Paper	
	2(Paper)	Scissors	
	3(Scissors)	Rock	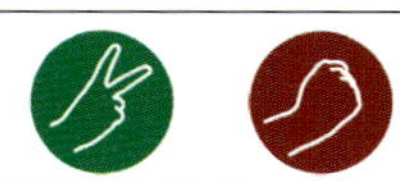

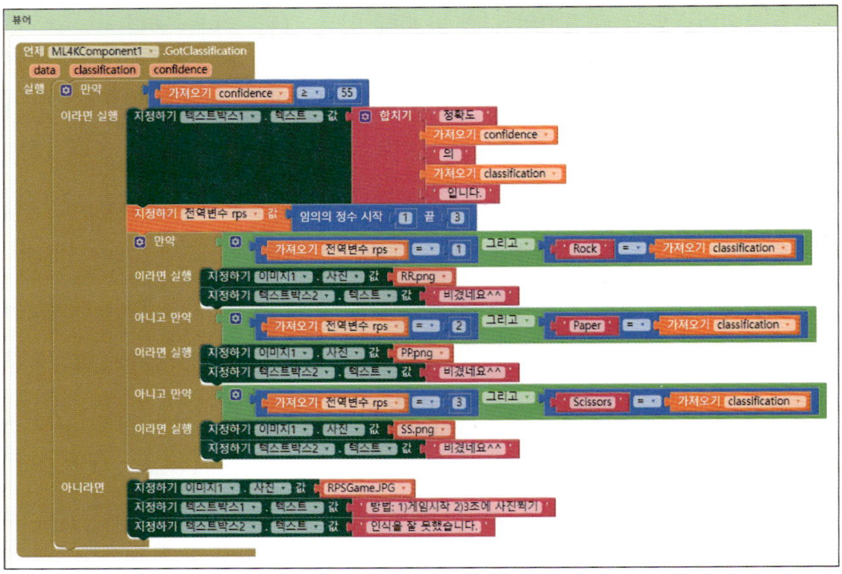

그림 8.49 비긴 게임

다음은 AI가 승을 거둔 경우의 코딩을 그림 8.50에 나타내었다. 자세한 코딩에 대한 설명은 그림 8.49에서 하였기 때문에 여기서는 생략한다. AI가 승을 거두었을 때는 "저가 이겼어요^^" 텍스트를 앱 화면에 표시하고, 각 이긴 경우에 해당하는 그림(RS.png, PR.png, SP.png)을 앱 화면 중앙에 나타낸다.

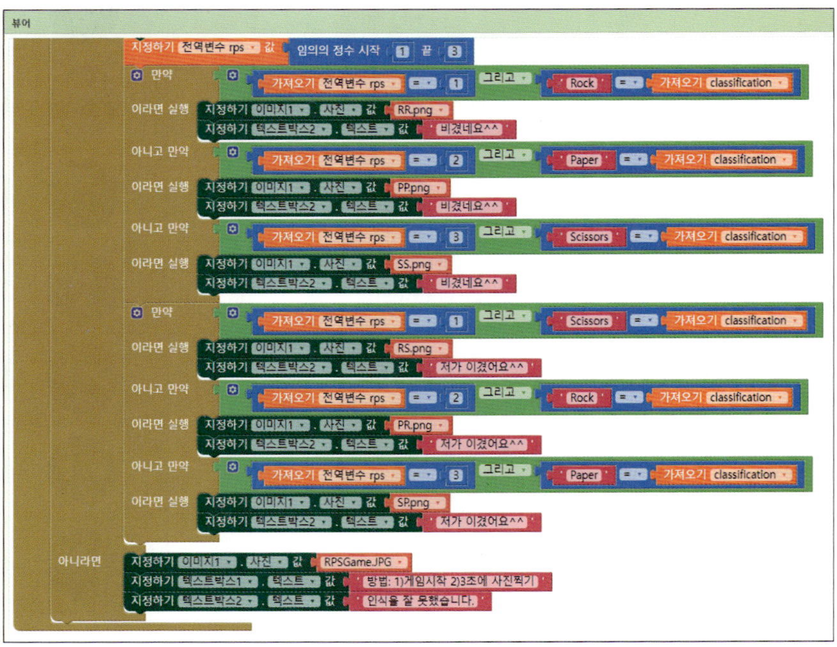

그림 8.50 AI 승 게임

마지막으로 사용자가 승을 거둔 경우의 코딩을 그림 8.51에 나타내었다. 사용자가 게임에서 승을 하게 되면 앱의 화면에 "당신이 이겼어요^^" 텍스트를 나타내고, 앱 중앙에 이긴 경우에 해당하는 그림(RP.png, PS.png, SR.png)을 나타낸다.

그림 8.51 사용자 승 게임

3 앱 실행 및 가위바위보 게임

개발한 앱을 자신의 스마트폰에 다운받아 '가위바위보 게임'을 해보도록 하자. 먼저 그림 8.52와 같이 앱 인벤터의 [연결] – [AI 컴패니언] 선택 – [Connect to Companion]의 QR code를 생성한다. 그리고 자신의 스마트폰에 설치되어 있는 "MIT AI2 Companion" 앱 실행 – [scan QR code] 선택 – [Connect to Companion]의 QR code 스캔하여 자신의 스마트폰에서 앱을 실행시킨다.

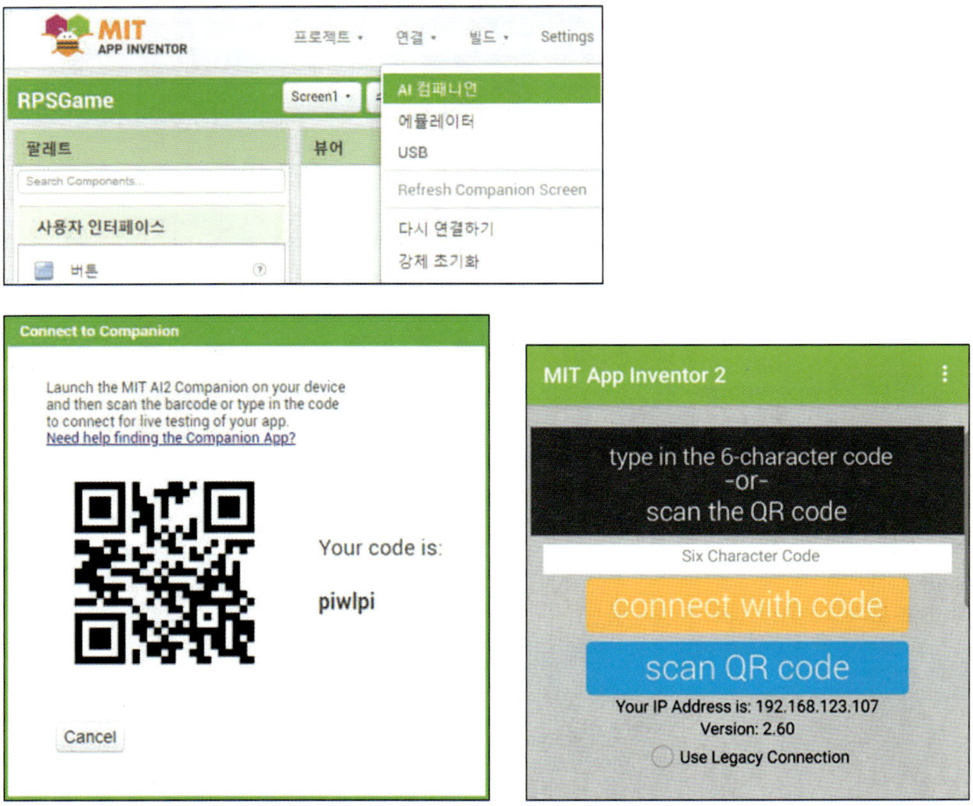

그림 8.52 개발 앱 실행

앱을 실행시켰을 때의 첫 화면과 [게임시작] 버튼을 클릭했을 때 나타나는 화면은 그림 8.53과 그림 8.54와 같다. 가위바위보 게임을 AI와 해본 결과는 다음과 같다.

그림 8.55와 그림 8.56의 경우 사용자의 손을 잘 인식하여 정상 결과가 나타났다. 그러나 그림 8.57의 경우는 '보'를 '가위'로 오분류하여 사용자가 이긴 것으로 나타난 것을 볼 수 있다.

실제 앱을 구축하여 테스트 해보면 인공지능 모델의 성능 개선이 필요함을 느낀다. 이럴 때는 관련 이미지 데이터를 보다 충분히 수집하고 학습시켜 향상된 모델을 생성해야 한다. 이러한 꾸준한 데이터 수집과 모델 업데이트 과정은 인공지능 분야에서는 필수 과정이다.

그림 8.53 앱 실행

그림 8.54 게임시작 선택

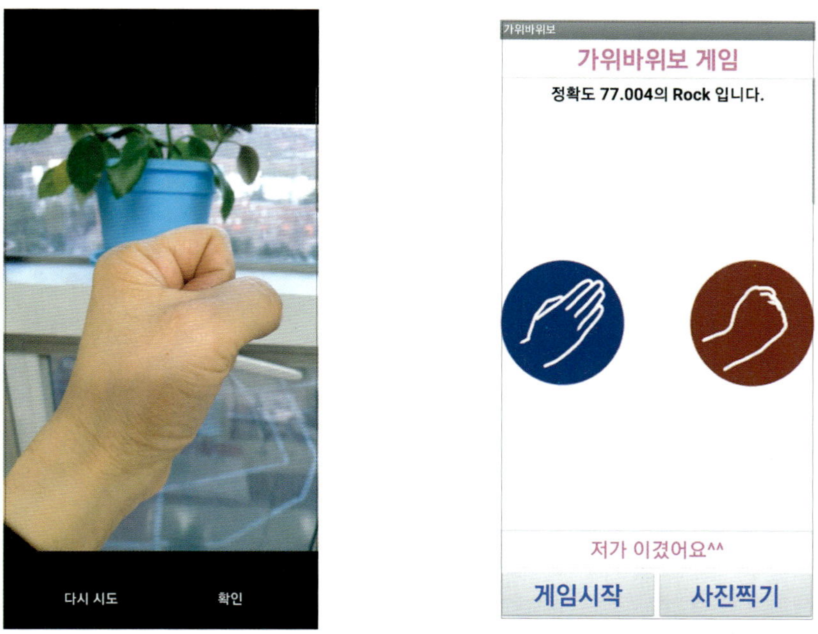

그림 8.55 AI 승(Paper vs. Rock)

그림 8.56 AI 승(Rock vs. Scissors)

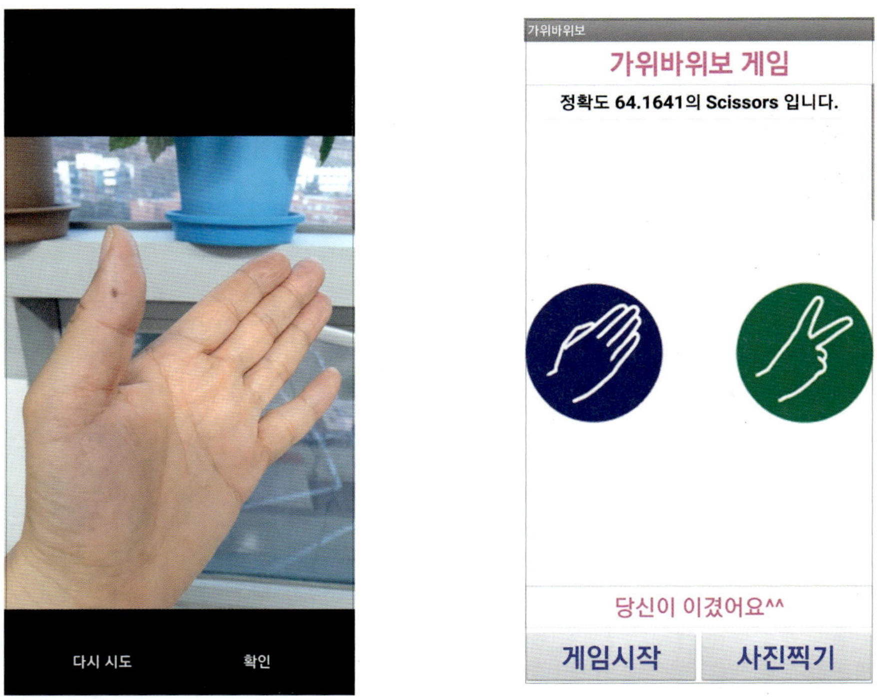

그림 8.57 레이블 오분류

9 Chapter 합격 or 불합격 예측 프로젝트

우리가 이번 장에서 만들 프로젝트는 웹 프로그램 수업을 수강한 학생들이 자신의 성적에 대한 결과가 나오기 전, 자신의 예상 성적에 대하여 'Pass' 혹은 'Fail'을 예측하는 앱을 그림 9.1과 같이 만드는 것이다. 이것을 만들기 위해 먼저 ML4K를 이용하여 기존의 'Pass'와 'Fail' 데이터를 수집하고 수집한 데이터를 바탕으로 학습하여 모델을 생성한다. 그리고 생성된 모델을 이용하여 앱 인벤터에서 'Pass or Fail' 예측 앱 프로젝트를 개발한다.

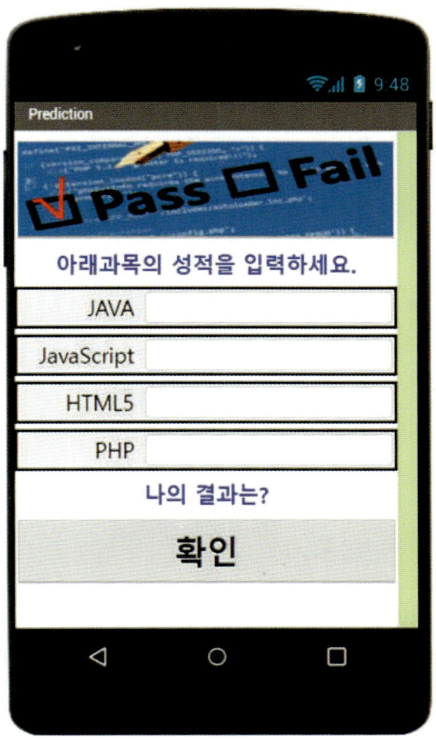

그림 9.1 'Pass or Fail' 앱

1 ML4K를 이용한 모델 생성

앱 인벤터에서 인공지능 앱을 개발하기 위하여 먼저 ML4K에서 숫자 기반의 모델을 생성한다. 이를 위하여 https://machinelearningforkids.co.uk/에 접속하여 그림 9.2의 [시작해봅시다]를 클릭한다. 그리고 그림 9.3에서 [로그인]을 선택하여 자신의 아이디와 패스워드를 입력하여 로그인한다.

그림 9.2 ML4K 사이트 접속

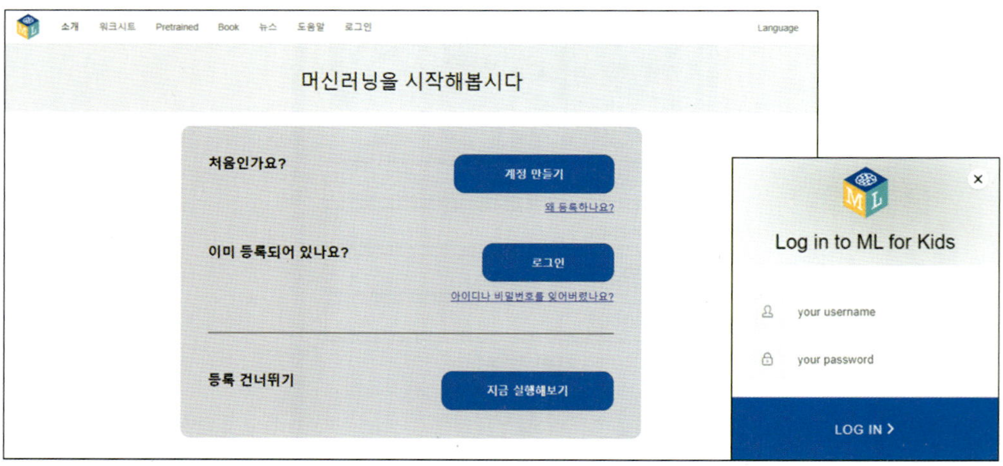

그림 9.3 로그인

그리고 그림 9.4에서 [프로젝트로 이동]을 선택하여 그림 9.5에서 머신러닝 프로젝트를 추가하기 위하여 [+ 프로젝트 추가]를 선택한다.

그림 9.4 프로젝트로 이동

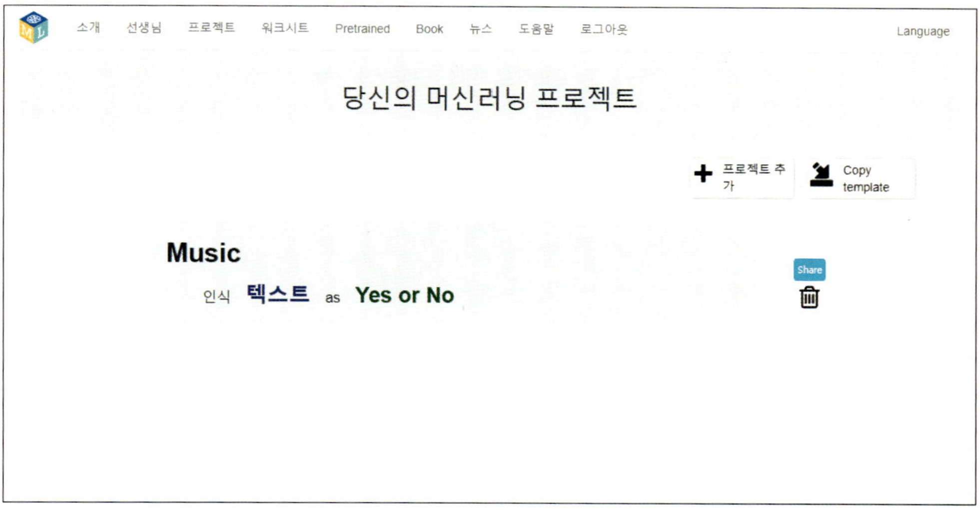

그림 9.5 프로젝트 추가

그림 9.6과 같이 [프로젝트 이름]에는 'Evaluation'을 입력하고, [인식방법]에는 '숫자'를 선택한다. 그리고 [ADD VALUE] 버튼을 클릭하여 그림 9.7과 같이 [Value1]에 'JAVA'를 입력하고 [유형]은 '숫자'를 선택한다.

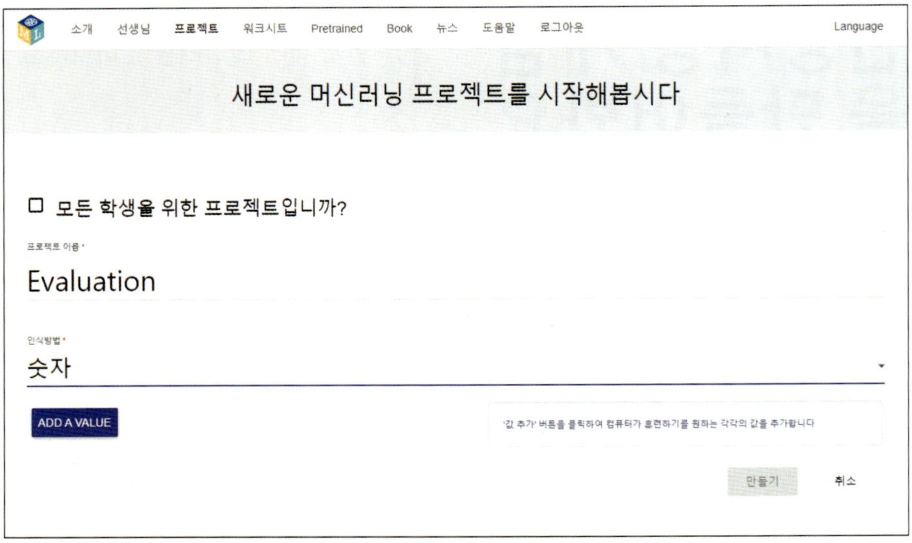

그림 9.6 프로젝트 이름, 인식방법 선택

그림 9.7 JAVA 유형 선택

다음으로 [ADD ANOTHER VALUE] 버튼을 클릭하여 그림 9.8과 같이 [Value2]에 'JavaScript'를 입력하고 [유형]은 '숫자'를 선택한다. 다시 [ADD ANOTHER VALUE] 버튼을 클릭하여 [Value3]에 'HTML5'를 입력하고 [유형]은 '숫자'를 선택한다. 마지막으로 [ADD ANOTHER VALUE] 버튼을 클릭하여 [Value4]에 'PHP'를 입력하고 [유형]은 '숫자'를 선택하고 [만들기]를 클릭하여 프로젝트를 생성한다.

그림 9.8 JavaScript, HTML5, PHP 유형 선택

생성된 프로젝트가 그림 9.9와 같이 화면의 중앙에 나타난다. 생성된 'Evaluation' 프로젝트를 선택하면 그림 9.10과 같이 '훈련', '학습 & 평가' 그리고 '만들기' 과정을 통해서 데이터를 수집하고, 수집된 데이터를 바탕으로 모델을 만들고, 만든 모델을 이용하여 앱 인벤터에서 프로그램을 작성한다.

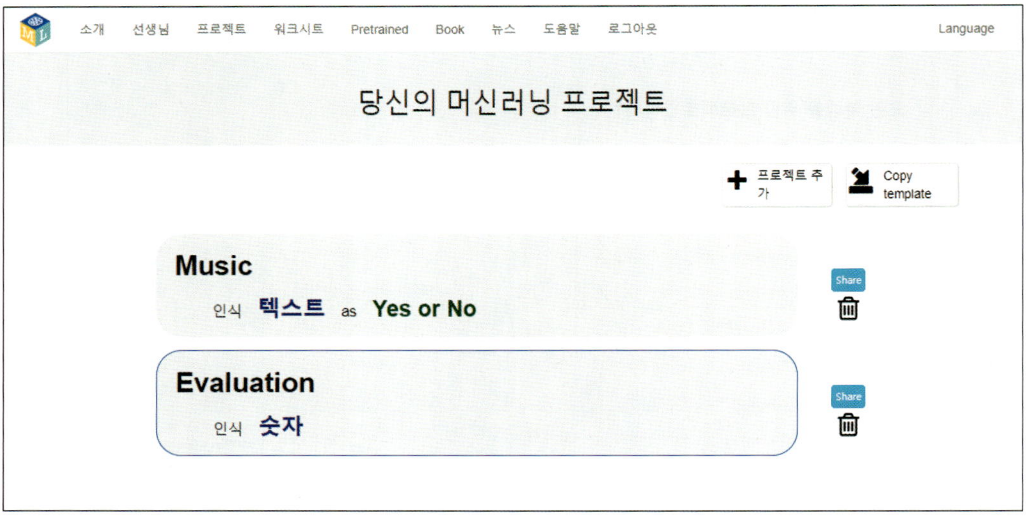

그림 9.9 생성된 프로젝트

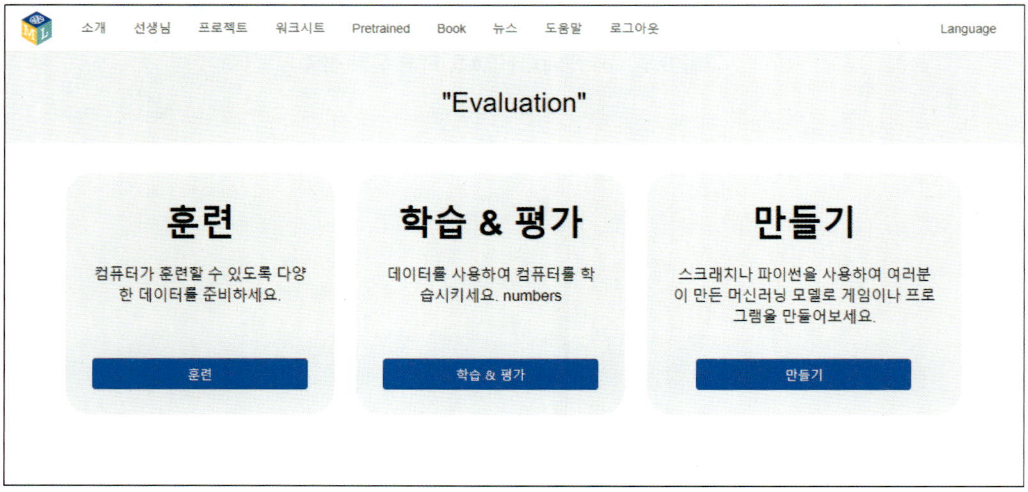

그림 9.10 훈련, 학습 & 평가, 만들기

먼저 그림 9.10에서 [훈련]을 클릭하여 데이터를 수집한다. 우리가 수집할 데이터는 기존의 웹 프로그램 수업을 수강한 학생들의 성적에 대한 'Pass' 관련된 4 과목의 데이터와 'Fail' 관련 4 과목의 데이터이다. 그림 9.11은 15개의 'Pass'와 15개의 'Fail' 데이터를 수집한 데이터 셋이다. 먼저 우리는 데이터 셋을 참고하여 두 개의 바구니(Pass, Fail)를 만들어 데이터를 수집하도록 한다. 바구니 생성을 위해서 그림 9.12의 [+ 새로운 레이블 추가]를 선택한다.

JAVA	JavaScript	HTML5	PHP	합계	Pass/Fail
24	22	22	23	91	Pass
15	18	19	20	72	Pass
21	20	22	21	84	Pass
19	23	20	17	79	Pass
18	19	22	18	77	Pass
20	22	19	17	78	Pass
20	23	21	20	83	Pass
19	21	20	20	80	Pass
22	16	16	23	77	Pass
21	23	23	20	86	Pass
19	24	18	23	83	Pass
24	18	19	23	84	Pass
24	25	24	21	94	Pass
25	23	23	22	93	Pass
21	23	20	18	82	Pass
12	8	7	15	42	Fail
5	8	4	6	23	Fail
8	6	10	8	32	Fail
7	10	14	12	43	Fail
12	11	13	14	50	Fail
12	11	13	5	41	Fail
8	8	4	5	25	Fail
15	14	13	12	54	Fail
8	7	14	16	45	Fail
15	16	10	11	52	Fail
15	13	12	7	47	Fail
13	12	14	11	50	Fail
9	2	8	14	33	Fail
15	4	8	8	35	Fail
6	5	2	4	17	Fail

그림 9.11 'Pass/Fail' 데이터 셋

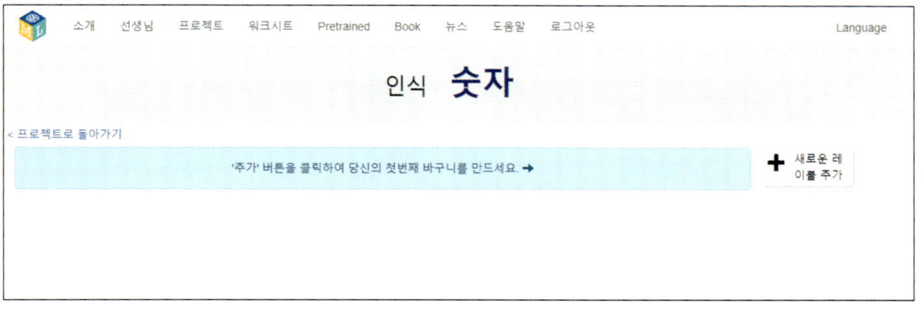

그림 9.12 새로운 레이블 추가

레이블의 이름을 그림 9.13과 같이 'Pass'로 입력하고 [추가]를 선택한다. 그러면 그림 9.14와 같이 'Pass' 바구니가 생성된다.

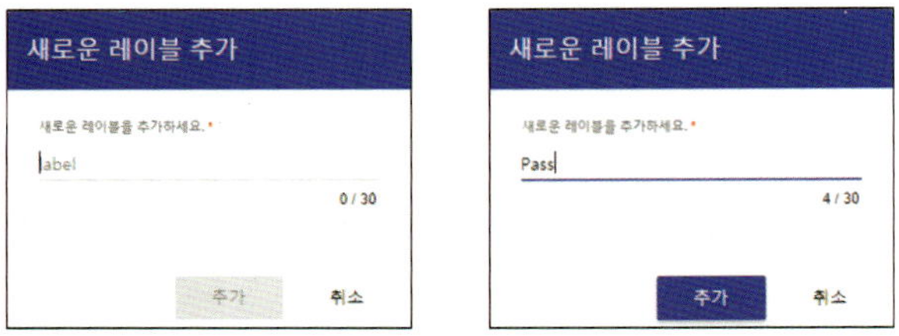

그림 9.13 'Pass' 바구니 추가

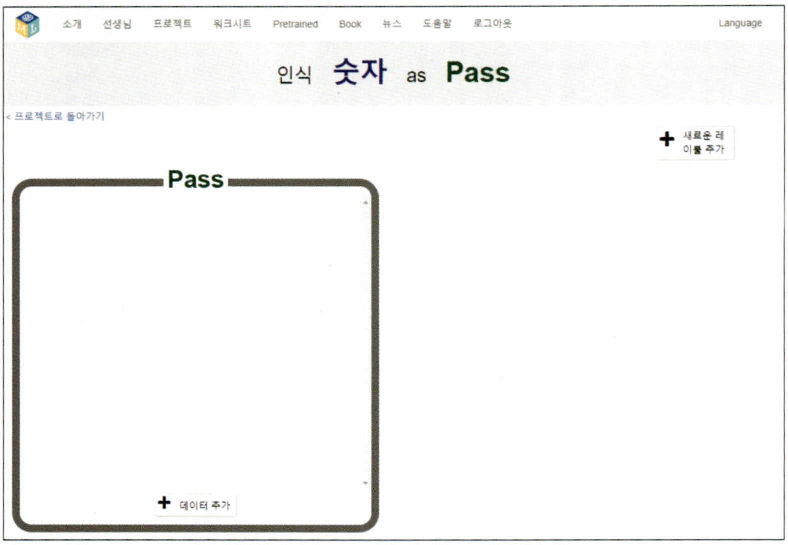

그림 9.14 'Pass' 바구니 생성

그리고 그림 9.14에서 [+ 새로운 레이블 추가]를 선택하여 그림 9.15와 같이 레이블 이름을 'Fail'로 입력하고 [추가]를 선택하여 그림 9.16과 같이 'Fail' 바구니를 생성한다.

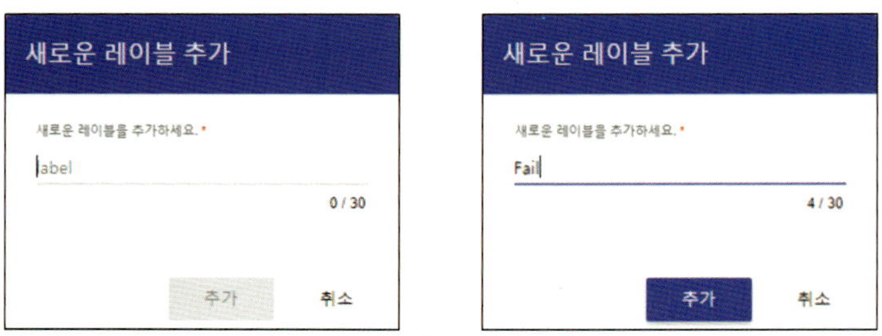

그림 9.15 'Fail' 바구니 추가

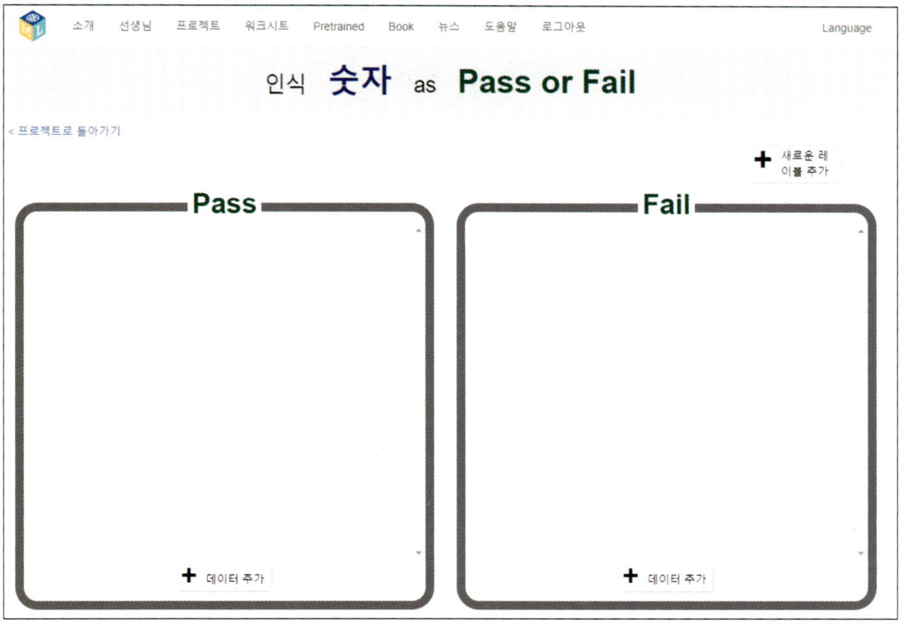

그림 9.16 'Fail' 바구니 생성

이제 'Pass' 바구니에 그림 9.11의 데이터 셋을 참고하여 학생들의 4 과목 성적 데이터를 추가하기 위하여 그림 9.16의 'Pass' 바구니의 [+ 데이터 추가]를 선택하고 그림 9.17과 같이 4 과목의 데이터를 입력하고 [추가]를 선택한다. 그러면 그림 9.18과 같이 'Pass' 바구니에 4 과목 성적 데이터가 추가된 것을 확인할 수 있다.

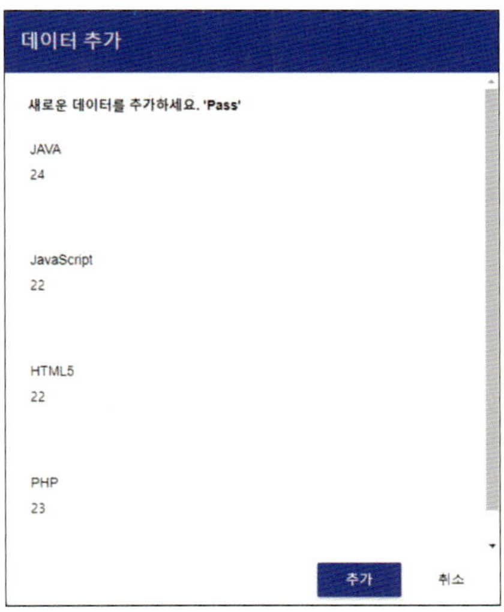

그림 9.17 'Pass' 데이터 추가

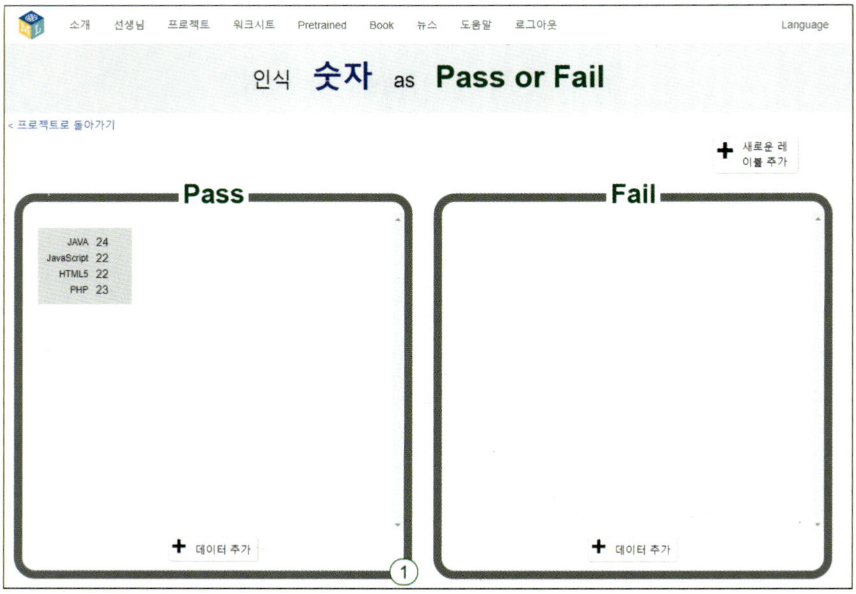

그림 9.18 'Pass' 바구니 데이터 추가

이와 같이 나머지 데이터를 'Pass' 바구니의 [+ 데이터 추가]를 선택하여 추가하면 그림 9.19와 같이 'Pass' 바구니에 15개의 4 과목에 대한 학생 성적 데이터를 모두 추가할 수 있다. 'Pass' 바구니에 15개의 데이터를 추가한 것과 같이 그림 9.11의 데이터 셋을 참고하여 'Fail' 바구니에 15개의 성적 데이터를 그림 9.20과 같이 추가한다.

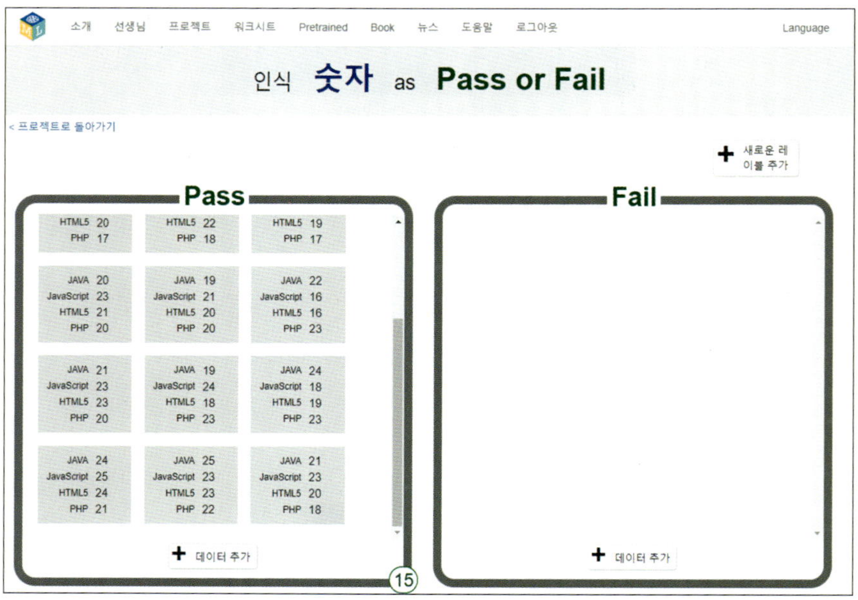

그림 9.19 'Pass' 바구니 15개 데이터 추가

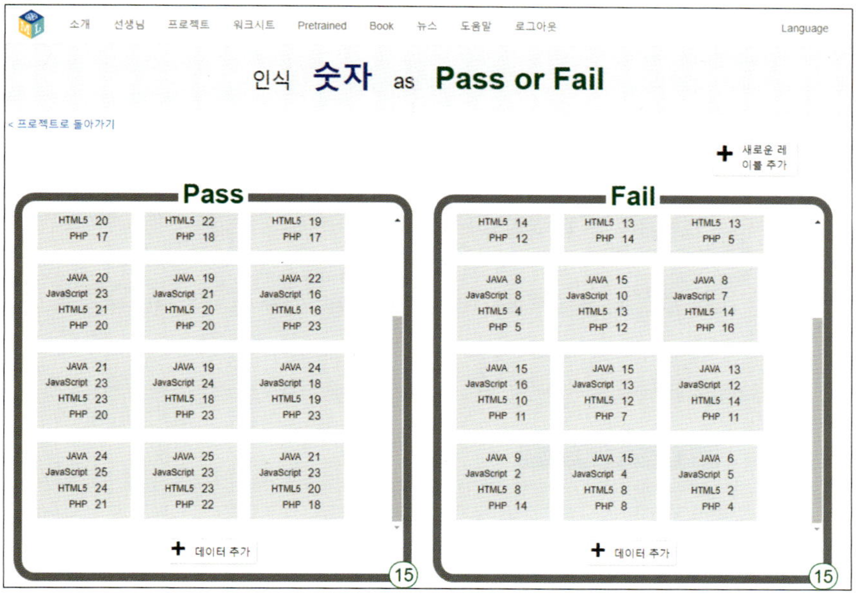

그림 9.20 'Fail' 바구니 15개 데이터 추가

다음으로는 그림 9.20의 왼쪽 상단에 있는 '< 프로젝트로 돌아가기'를 선택하고 수집한 데이터를 바탕으로 학습을 시키기 위하여 그림 9.21에서 [학습 & 평가]를 선택한다. 그림 9.22에서는 여러분들이 수집한 데이터에 대한 정보를 확인할 수 있고, 하단의 [새로운 머신 러닝 모델을 훈련시켜주세요.]를 선택하여 여러분들이 수집한 데이터를 바탕으로 훈련시켜 새로운 모델을 생성한다.

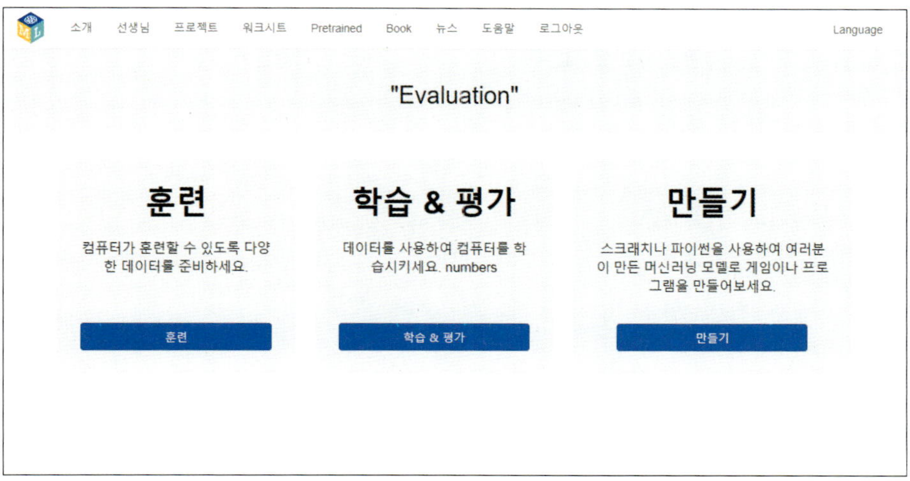

그림 9.21 학습 & 평가 선택

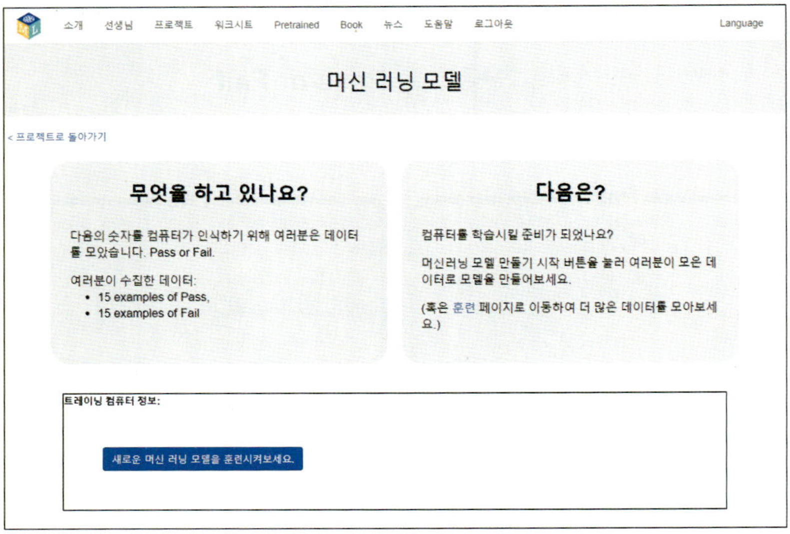

그림 9.22 머신 러닝 모델 생성

모델을 생성하는 시간이 많이 소요되는 경우는 시스템이 화면 아래쪽에 간단한 퀴즈를 제공해주기도 한다. 모델 생성이 완료되면 그림 9.23과 같이 생성된 모델을 테스트하여 성능을 점검할 수 있다. 먼저 그림 9.24와 같이 4 과목의 성적을 각각 입력하고 **[테스트]**를 클릭하면 'Pass(으)로 인식되었습니다. with 100% confidence' 라는 결과가 나온다. 그리고 그림 9.25와 같이 4 과목의 성적을 입력하고 '테스트'를 클릭하면 'Fail(으)로 인식되었습니다. with 100% confidence' 라는 결과가 나온다.

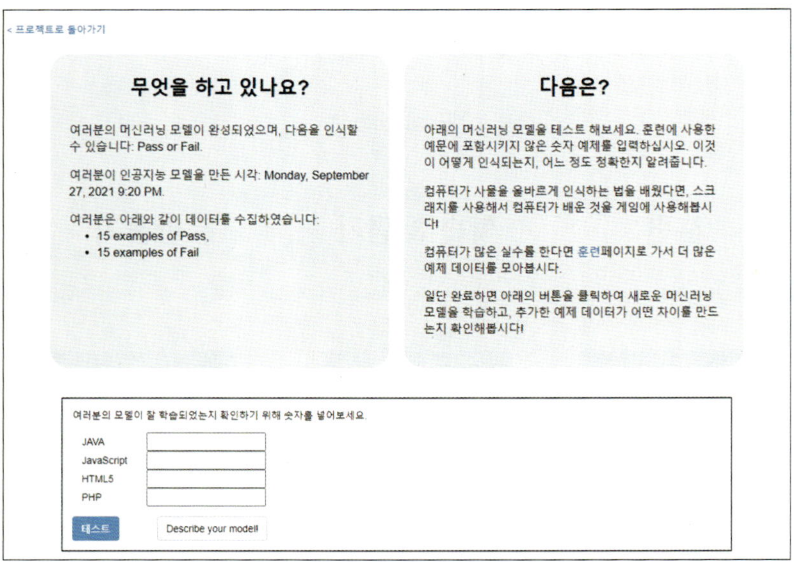

그림 9.23 생성 모델 테스트

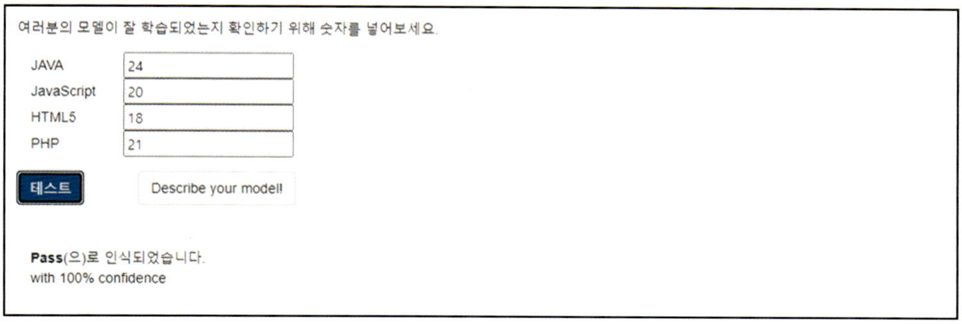

그림 9.24 'Pass'로 인식

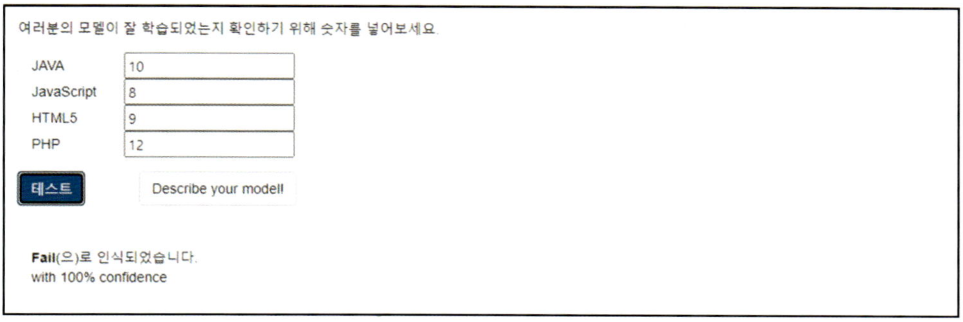

그림 9.25 'Fail'로 인식

이제 완성된 인공지능 모델을 이용하여 앱 인벤터로 프로그램을 만들기 위하여 그림 9.26의 왼쪽 상단의 '< 프로젝트로 돌아가기'를 선택하여 그림 9.27의 오른쪽 [만들기]를 선택한다.

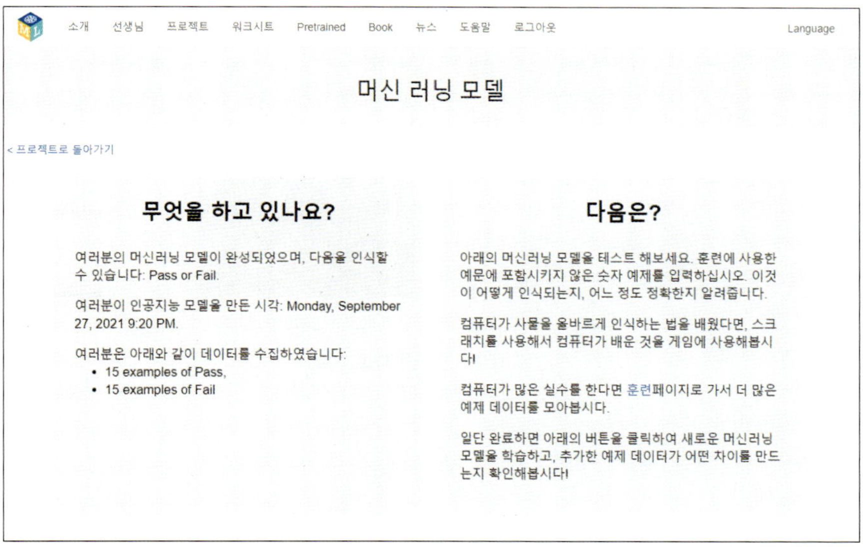

그림 9.26 '< 프로젝트로 돌아가기' 선택

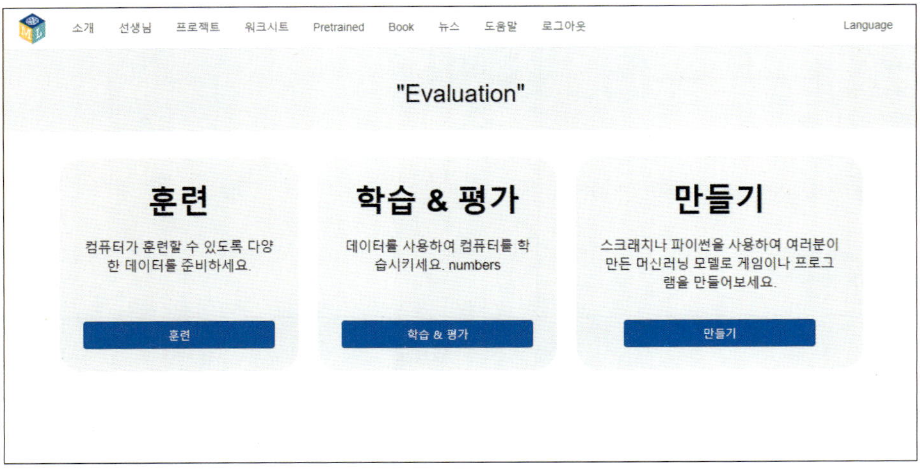

그림 9.27 '만들기' 선택

앱 인벤터에서 우리가 만든 모델을 이용하여 프로그램하기 위해서 그림 9.28에서 [앱 인벤터]를 선택한다. 그림 9.29에서는 우리가 만든 모델을 앱 인벤터에 사용하는 방법을 알려준다. 여기서 우리는 우리가 만든 모델을 무료로 호스팅하는 오른쪽의 붉은색 URL을 블록 지정하여 복사하고, 화면 왼쪽 상단에 있는 [Open App Inventor]를 선택하여 앱 인벤터를 실행시킨다.

그림 9.28 '앱 인벤터' 선택

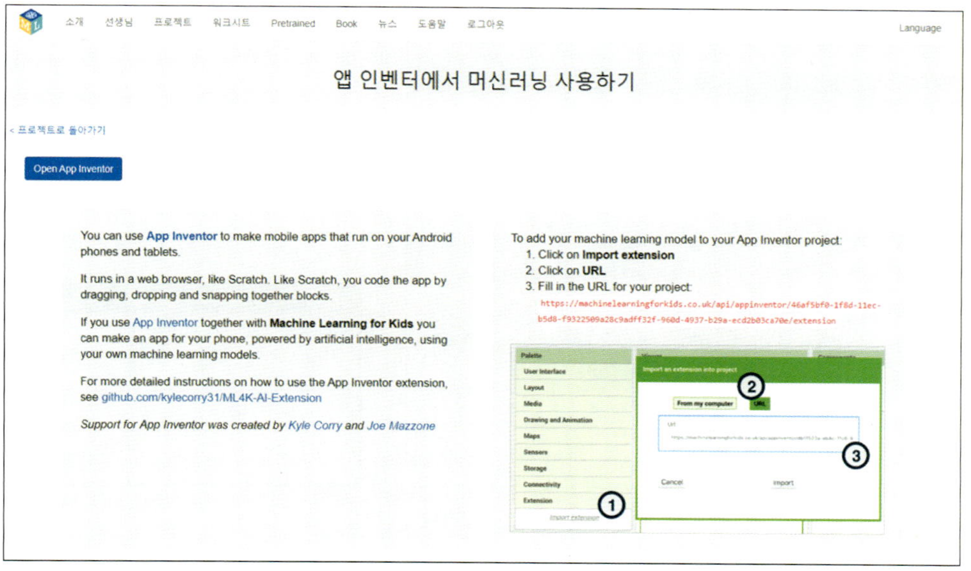

그림 9.29 앱 인벤터에서 모델 사용 방법

2 생성 모델을 이용한 앱 인벤터 프로젝트 만들기

이제 우리가 만든 모델을 이용하여 앱을 만들어 보도록 하자. 구현할 앱 인벤터 프로젝트의 이름과 그 내용은 표 9.1과 같다. 우리가 만들 'Pass or Fail' 앱은 웹 프로그램 강의를 수강한 학생들의 4 과목 예상 성적을 입력하였을 때, 자신의 'Pass' 혹은 'Fail'을 예측하여 주는 것이다.

표 9.1 프로젝트에 관한 정보

프로젝트 이름	프로젝트 내용
Prediction	수강생들의 4 과목에 대한 성적을 입력받아 생성한 모델을 이용하여 'Pass'와 'Fail'을 결정하여 관련 메시지를 알려주는 앱

그림 9.29의 화면 왼쪽 상단에 있는 [Open App Inventor]를 선택하여 앱 인벤터를 실행시키고, 앱 인벤터에서 그림 9.30과 같이 [프로젝트] – [새 프로젝트 시작하기]를 선택하여 [프로젝트 이름]에 'Prediction'이라는 이름으로 프로젝트를 만든다.

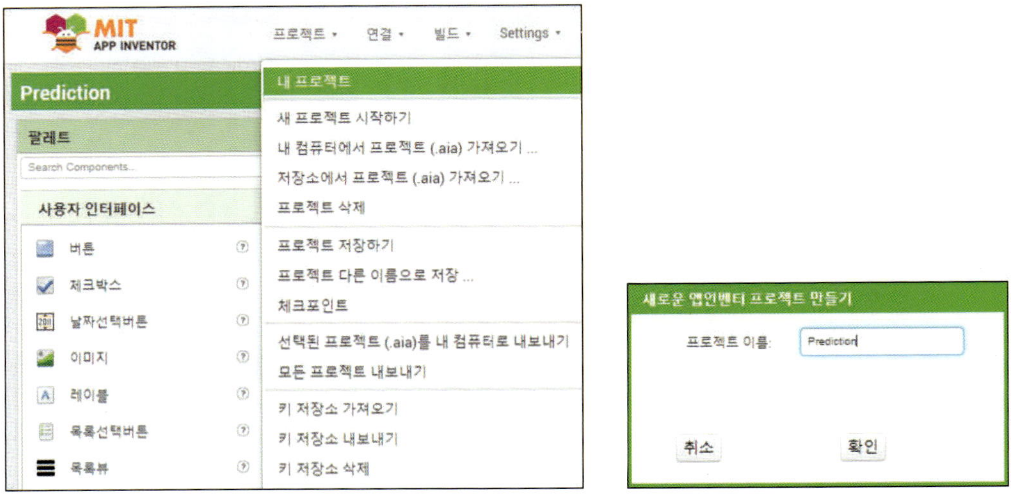

그림 9.30 프로젝트 만들기

1) 디자이너 구성하기

앱 인벤터 오른쪽 상단의 [디자이너] 버튼을 선택하여 우리가 만든 모델을 그림 9.31과 같이 팔레트의 [확장기능] 선택 – [확장기능 추가하기] 선택 – [URL] 선택하여 그림 9.29에서 복사한 URL 주소를 붙이기하고 [Import]를 클릭하여 모델을 추가한다.

그림 9.31 생성 모델 추가

우리가 만든 앱의 디자이너 구성은 그림 9.32와 같다. 디자이너를 구성할 때 사용하는 컴포넌트와 그 속성은 표 9.2와 같다. 그리고 [미디어]에는 앱의 상단에 위치하는 그림(pass_fail.JPG)이 등록되어 있다.

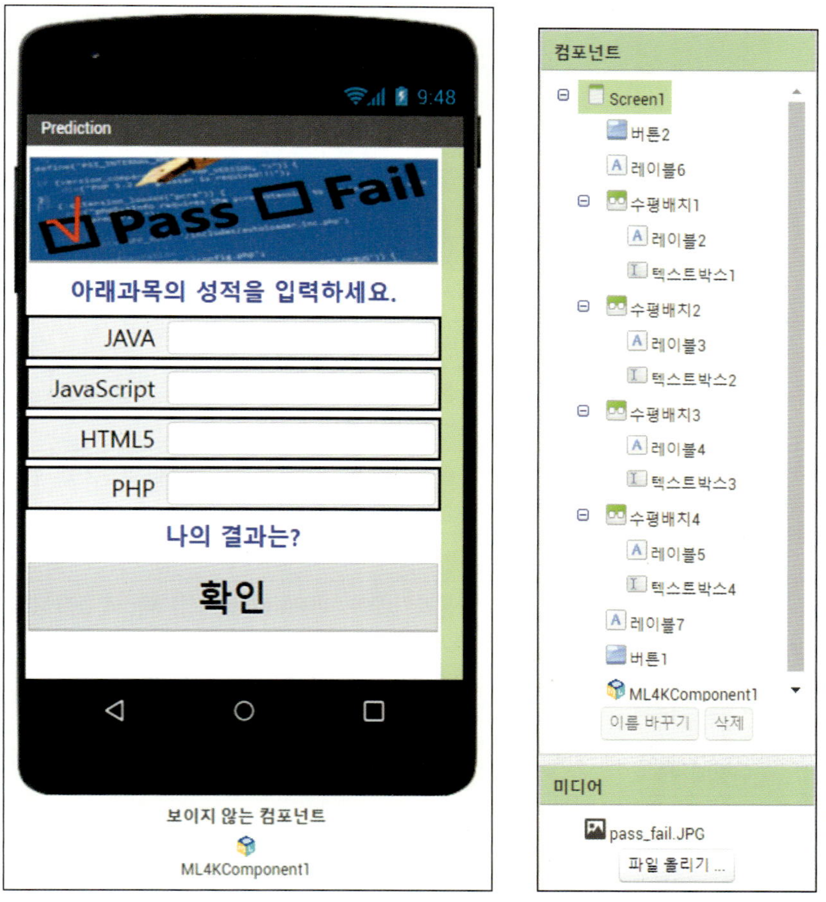

그림 9.32 디자이너 구성

표 9.2 컴포넌트와 속성

팔레트	컴포넌트	속성
	Screen1	제목(Prediction)
사용자 인터페이스	버튼2	높이(20%), 너비(부모 요소에 맞추기), 이미지(pass_fail.JPG)
	레이블6	글꼴굵게(선택), 글꼴크기(20), 너비(부모 요소에 맞추기), 텍스트(아래과목의 성적을 입력하세요.), 텍스트색상(파랑)
레이아웃	수평배치1	너비(부모 요소에 맞추기)
사용자 인터페이스	레이블2	글꼴크기(20), 너비(30퍼센트), 텍스트(JAVA), 텍스트정렬(오른쪽)
	텍스트박스1	글꼴크기(20), 너비(부모 요소에 맞추기), 힌트(점수입력), 텍스트(없음)
레이아웃	수평배치2	너비(부모 요소에 맞추기)
사용자 인터페이스	레이블3	글꼴크기(20), 너비(30퍼센트), 텍스트(JavaScript), 텍스트정렬(오른쪽)
	텍스트박스2	글꼴크기(20), 너비(부모 요소에 맞추기), 힌트(점수입력), 텍스트(없음)
레이아웃	수평배치3	너비(부모 요소에 맞추기)
사용자 인터페이스	레이블4	글꼴크기(20), 너비(30퍼센트), 텍스트(HTML5), 텍스트정렬(오른쪽)
	텍스트박스3	글꼴크기(20), 너비(부모 요소에 맞추기), 힌트(점수입력), 텍스트(없음)
레이아웃	수평배치4	너비(부모 요소에 맞추기)
사용자 인터페이스	레이블5	글꼴크기(20), 너비(30퍼센트), 텍스트(PHP), 텍스트정렬(오른쪽)
	텍스트박스4	글꼴크기(20), 너비(부모 요소에 맞추기), 힌트(점수입력), 텍스트(없음)
사용자 인터페이스	레이블7	글꼴크기(20), 너비(부모 요소에 맞추기), 텍스트(나의 결과는?)
	버튼1	글꼴굵게(선택), 글꼴크기(30), 너비(부모 요소에 맞추기), 텍스트(나확인)
확장기능	ML4KComponent1	–

2) 블록 구성하기

이제 블록 코딩을 위하여 앱 인벤터 오른쪽 상단에 있는 [블록]을 클릭한다. 4 과목 예상 성적을 입력하고 생성 모델을 이용하여 'Pass'와 'Fail'로 구분하여 위하여, 먼저 그림 9.33과 같이 [버튼1] 선택 – [언제 버튼1 클릭했을 때 ~ 실행] 선택 – 뷰어에 드래그하여 놓는다. 다음으로 그림 9.34와 같이 [ML4KComponent1] 선택 – 보라색의 [호출 ML4KComponent1 ClassifyNumbers ~ numbers] 선택 – [언제 버튼1 클릭했을 때 ~ 실행] 블록으로 드래그하여 연결시킨다.

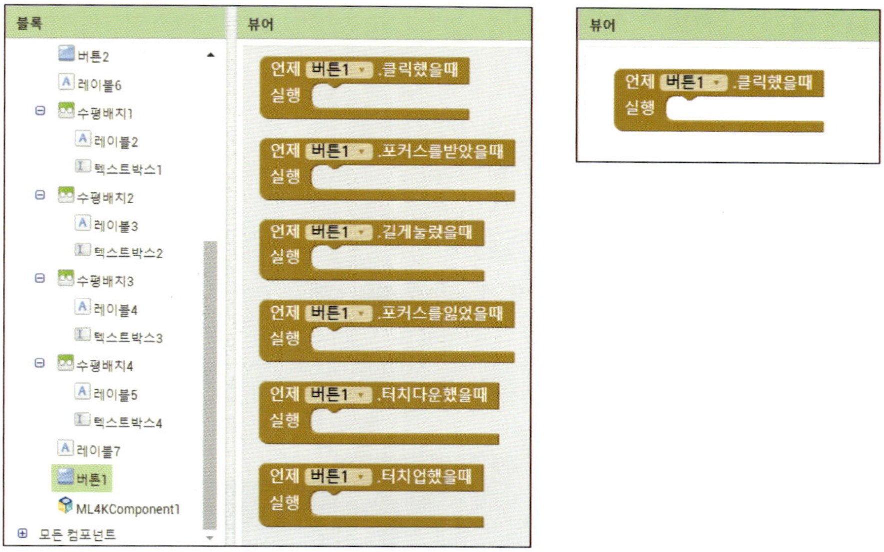

그림 9.33 버튼1 블록 선택

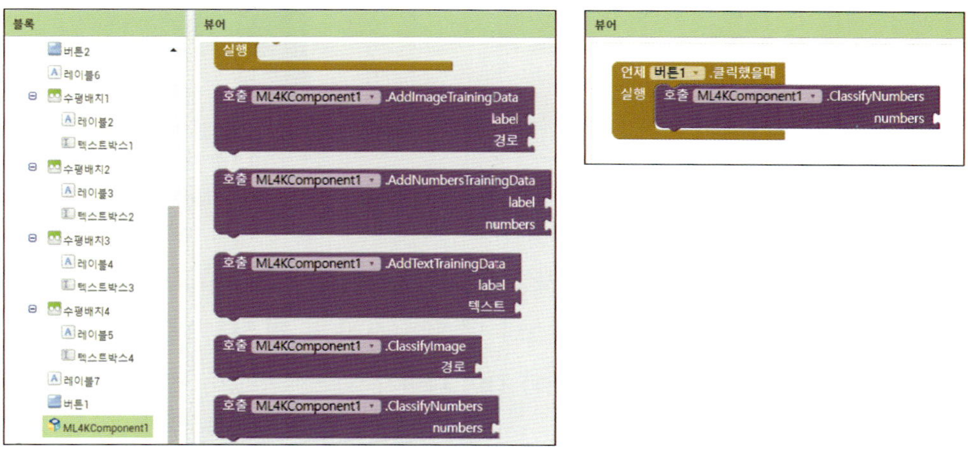

그림 9.34 ML4KComponenet1 블록 선택

수강생이 입력한 4 과목 예상 성적을 입력받아 분류하기 위하여 그림 9.35와 같이 [리스트] 선택 – 하늘색의 [리스트 만들기] 선택 – [호출 ML4KComponent1 ClassifyNumbers ~ numbers] 블록에 드래그하여 연결시킨다. 그리고 그림 9.36과 같이 항목을 두 개 더 추가한다.

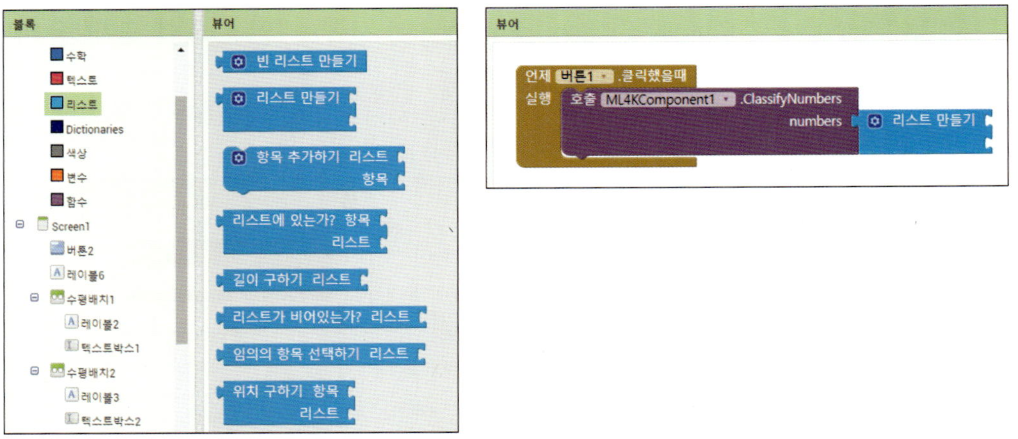

그림 9.35 리스트 블록 선택

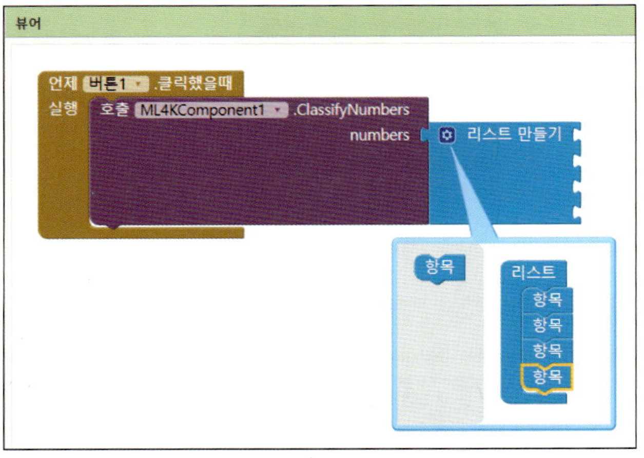

그림 9.36 리스트 만들기 항목 추가

이제 [리스트 만들기]에 4 과목의 예상 점수를 연결시키기 위하여 그림 9.37과 같이 [텍스트박스1] 선택 – 녹색의 [텍스트박스1 텍스트] 선택 – [리스트 만들기] 블록에 드래그하여 연결시킨다. 그리고 그림 9.38과 같이 나머지 [텍스트박스2], [텍스트박스3], [텍스트박스4] 각각 선택 – [텍스트박스2 텍스트], [텍스트박스3 텍스트], [텍스트박스4 텍스트] 각각 선택 – [리스트 만들기] 블록에 드래그하여 연결시킨다.

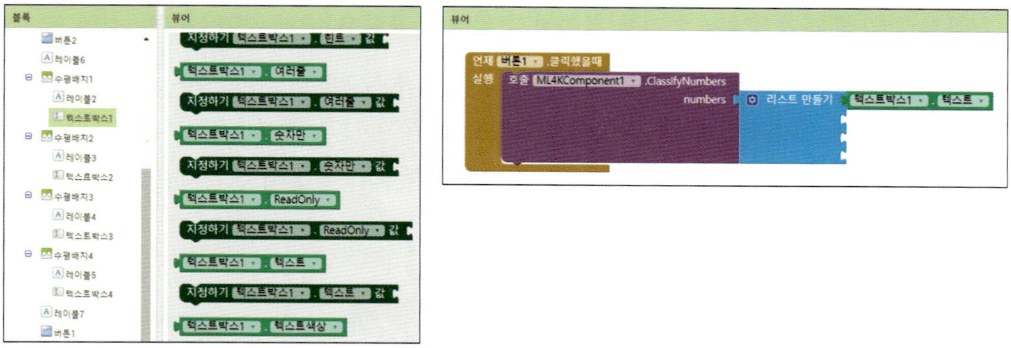

그림 9.37 텍스트박스1 블록 선택

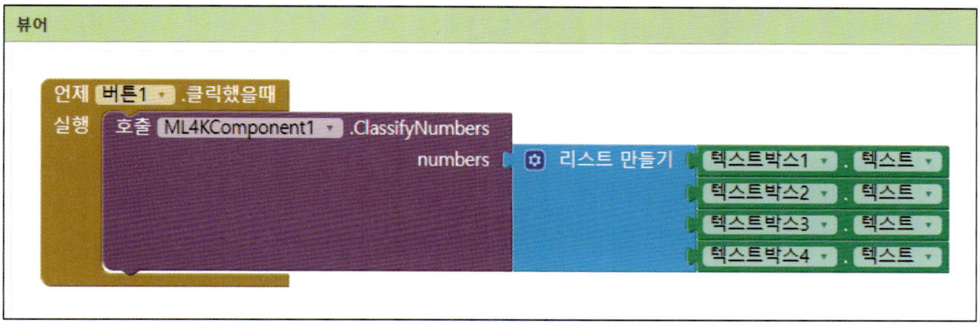

그림 9.38 텍스트박스2, 3, 4 블록 선택

이렇게 4 과목 예상 점수에 대해서 분류 작업을 한 뒤에는 그 분류를 결과를 이용하여 'Pass' 혹은 'Fail'에 따라 해당 메시지를 수강생에게 전달하도록 하자. 먼저 그림 9.39와 같이 [ML4KComponent1] 선택 – [언제 ML4KComponent1 GotClassification ~ 실행] 선택 – 뷰어에 드래그하여 놓는다.

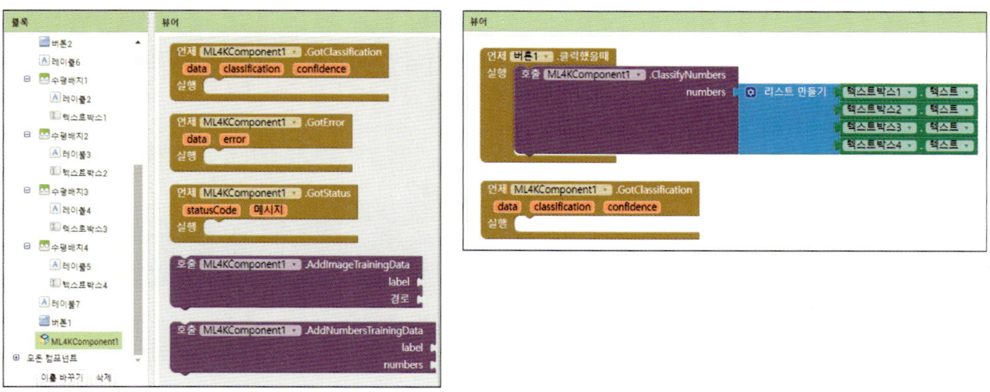

그림 9.39 ML4KComponenet1 블록 선택

분류 작업 결과가 'Pass' 인지를 확인하기 위하여 그림 9.40과 같이 [제어] 선택 – [만약 ~ 이라면 실행 ~ 아니라면] 선택 – [언제 ML4KComponent1 GotClassification ~ 실행] 블록에 드래그하여 연결시킨다. 그리고 그림 9.41과 같이 [논리] 선택 – 연두색의 [두값동일] 선택 – [만약 ~ 이라면 실행 ~ 아니라면] 블록에 연결시킨다.

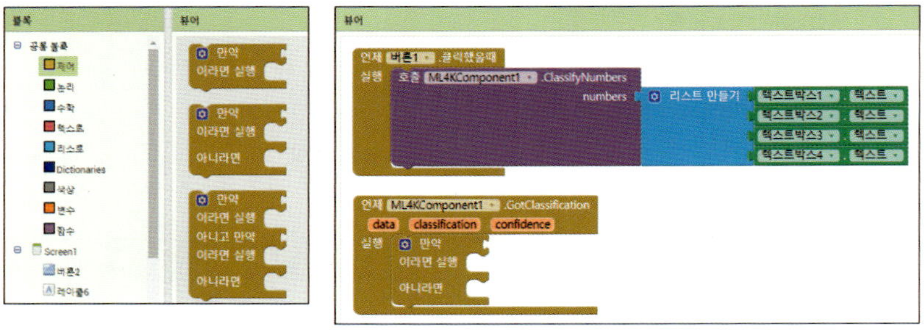

그림 9.40 제어 블록 선택

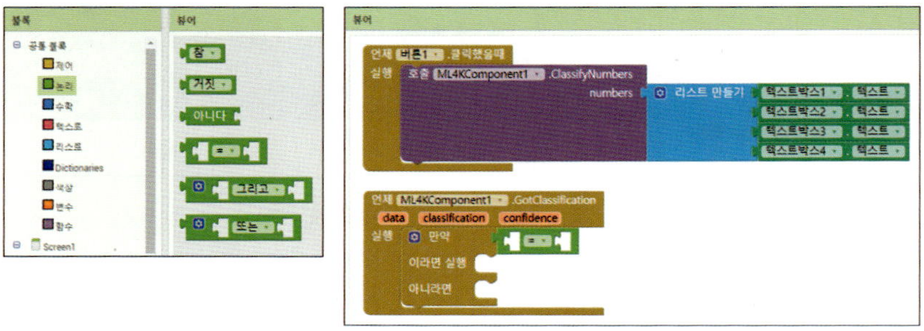

그림 9.41 논리 블록 선택

[두값동일] 블록의 왼쪽에는 그림 9.42와 같이 [텍스트] 선택 – [빈칸] 선택 – [두값동일] 블록에 연결시키고 'Pass'로 수정한다. 그리고 오른쪽에는 그림 9.43과 같이 마우스 커서를 [언제 ML4KComponent1 GotClassification ~ 실행] 블록의 'classification'에 올리면 나타나는 [가져오기 classification] 선택 – [두값동일] 블록의 오른쪽에 연결시킨다.

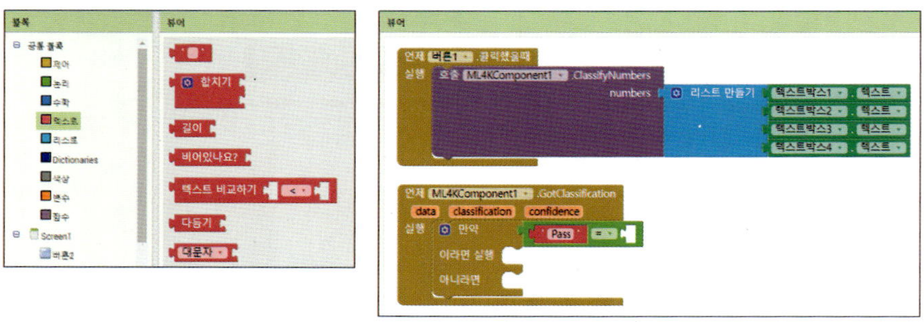

그림 9.42 텍스트 블록 선택

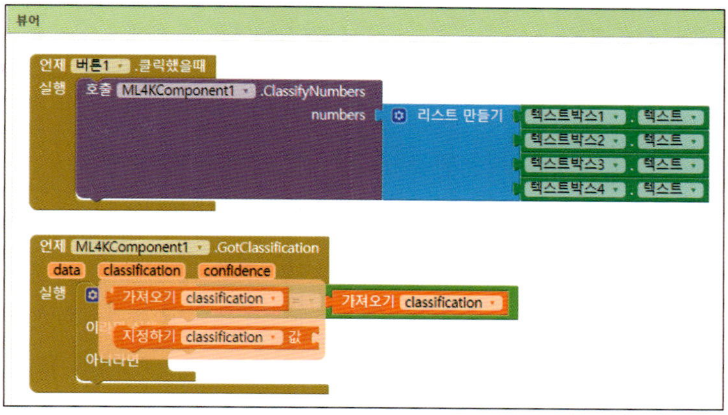

그림 9.43 가져오기 classification 블록 선택

마지막으로 분류에 따른 두 가지 메시지를 각각 출력하도록 하자. 그림 9.44와 같이 [레이블7] 선택 – 녹색의 [지정하기 레이블7 텍스트 값] 선택 – [만약 ~ 이라면 실행 ~ 아니라면] 블록에 2개를 각각 연결시킨다. 그리고 그림 9.45와 같이 [텍스트] 선택 – [빈칸] 선택 – [만약 ~ 이라면 실행 ~ 아니라면] 블록에 2개를 각각 연결시키고 'Pass 하였습니다. 축하합니다!'와 'Fail 입니다. 힘내세요 파이팅!'으로 수정한다.

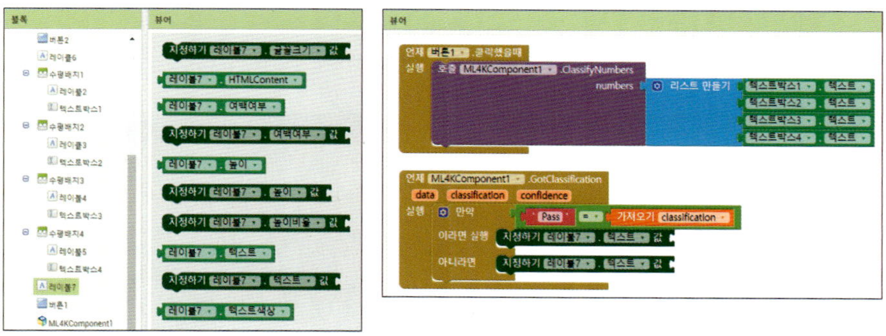

그림 9.44 레이블7 블록 선택

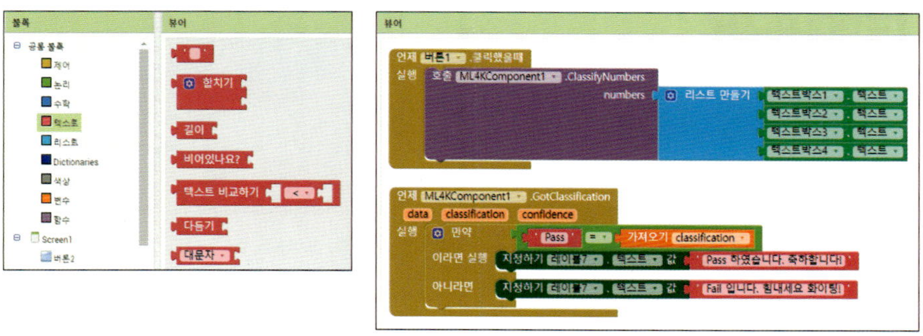

그림 9.45 텍스트 블록 선택

3 앱 실행 및 'Pass or Fail' 예측하기

자신의 스마트폰에 개발한 앱을 다운받아 'Pass or Fail'을 예측하여 보자. 먼저 그림 9.46과 같이 앱 인벤터의 [연결] – [AI 컴패니언] 선택 – [Connect to Companion]의 QR code를 생성한다. 그리고 자신의 스마트폰에 설치되어 있는 "MIT AI2 Companion" 앱 실행 – [scan QR code] 선택 – [Connect to Companion]의 QR code 스캔하여 자신의 스마트폰에서 앱을 실행시킨다. 자신의 스마트폰에 실행한 'Pass or Fail' 앱의 첫 화면은 그림 9.47과 같다.

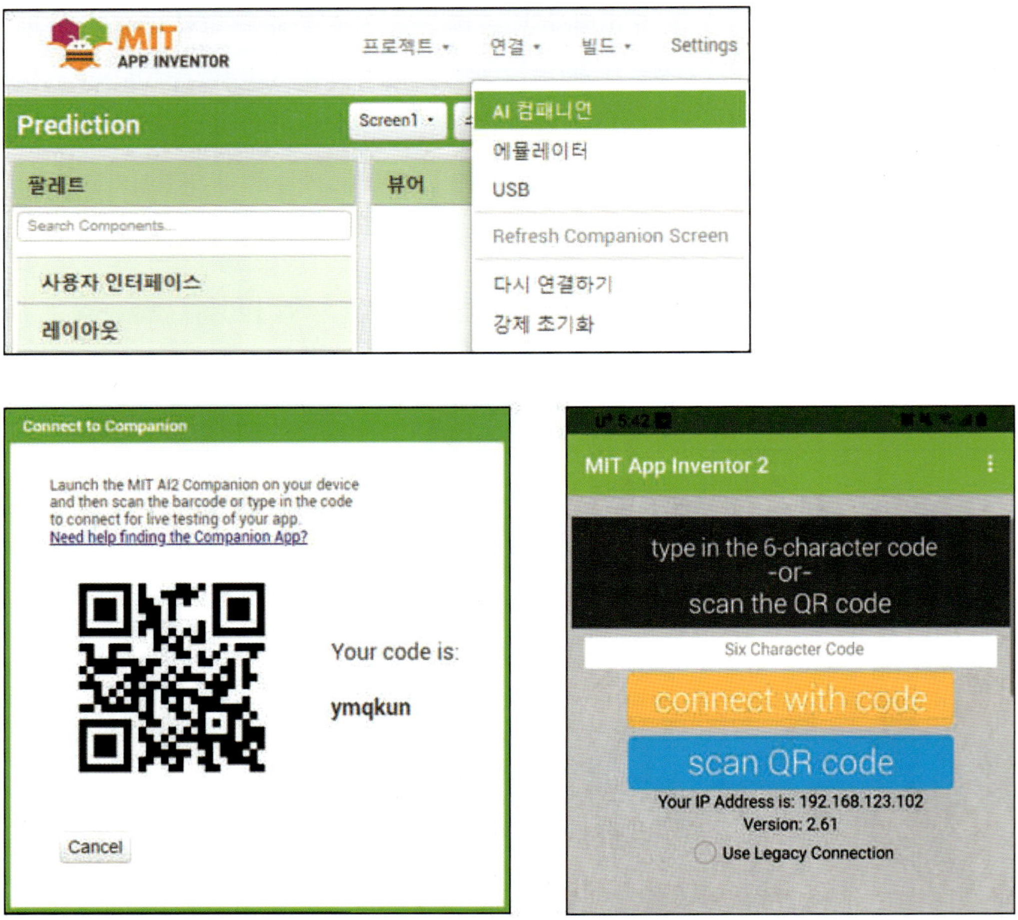

그림 9.46 개발 앱 실행

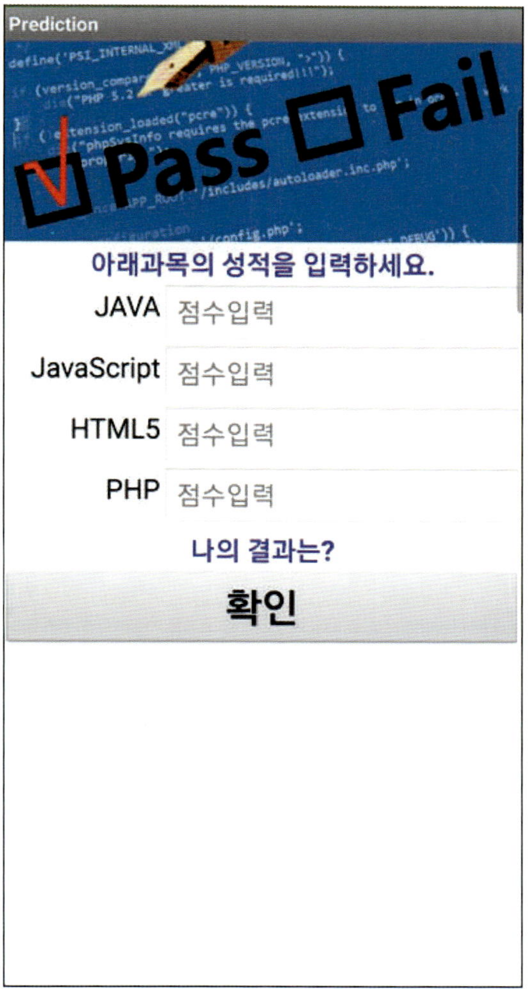

그림 9.47 앱 첫 화면

실행 앱에서 수강생의 4 과목 예상 점수를 입력하여 'Pass' 혹은 'Fail'을 예측하여 보도록 하자. 그림 9.48(a)의 경우는 수강생의 4 과목 예상 점수를 JAVA(23), JavaScript(21), HTML5(19), PHP(23) 입력하고 [확인] 버튼을 클릭하여 AI 모델이 'Pass'로 분류한 예이다. 'Pass'로 분류가 된 경우는 사용자에게 'Pass 하였습니다. 축하합니다!'라는 메시지를 보여준다.

그리고 그림 9.48(b)의 경우는 4 과목 예상 점수를 JAVA(12), JavaScript(10), HTML5(14), PHP(13)으로 입력한 경우로 AI 모델이 'Fail'로 분류한 예이다. 이와 같은 경우는 사용자에게 'Fail입니다. 힘내세요 파이팅!'이라는 메시지를 보여준다.

(a) 'Pass' 예측 (b) 'Fail' 예측

그림 9.48 'Pass or Fail' 앱 실행 예

4

앱 인벤터 AI 확장기능 기반 프로젝트

- Chapter 10 물체 인식 프로젝트
- Chapter 11 감정인식 기반 감성 멜로디 서비스 프로젝트
- Chapter 12 음성보안 기반 Diary Green Light 프로젝트
- Chapter 13 복합모델 기반 Security Enhanced App 프로젝트
- Chapter 14 얼굴 특징 감지 프로젝트
- Chapter 15 신체 움직임 감지 프로젝트

앱 인벤터의 AI 확장기능을 이용한 인공지능 배우기를 살펴보도록 하자. 확장기능은 앱 인벤터의 상단 메뉴 중간쯤에 있는 **[도움말] – [확장기능]**을 선택하면 그림 10.1과 같은 확장기능에 대한 소개가 나타난다. 해당 ".aix File"을 클릭하여 자신의 컴퓨터에 다운 받아 앱 인벤터에서 사용한다.

우리는 앱 인벤터의 확장기능들 중에서 "LookExtension", "PersonalAudioClassifier", "PersonalImageClassifier", "PosenetExtension", "FaceMeshExtension"에 대해서 알아보도록 하자.

Name	Description	Author	Version	Download .aix File	Source Code
BluetoothLE	Adds as Bluetooth Low Energy functionality to your applications. See BluetoothLE Documentation and Resources for more information.	MIT App Inventor	20200828	BluetoothLE.aix	Via GitHub
LookExtension	Adds object recognition using a neural network compiled into the extension.	MIT App Inventor	20181124	LookExtension.aix	Via GitHub
PersonalAudioClassifier	Use your own neural network classifier to recognize sounds with this extension.	MIT App Inventor	20200904	PersonalAudioClassifier.aix	Via GitHub
PersonalImageClassifier	Use your own neural network classifier to recognize images with this extension.	MIT App Inventor	20210315	PersonalImageClassifier.aix	Via GitHub
PosenetExtension	Estimate pose with this extension.	MIT App Inventor	20200226	Posenet.aix	Via GitHub
FaceMeshExtension	Estimate face landmarks with this extension.	MIT App Inventor	20210414	Facemesh.aix	Via GitHub

그림 10.1 앱 인벤터 AI 확장기능

10 물체 인식 프로젝트

Chapter

앱 인벤터에서 사물을 인식할 수 있도록 해주는 확장기능인 "LookExtension"를 사용하여 프로젝트를 만들어 보도록 하자. 프로젝트의 이름과 내용은 표 10.1과 같다.

표 10.1 프로젝트에 관한 정보

프로젝트 이름	프로젝트 내용
LE_App	자신의 스마트폰으로 사진을 찍어 인식하고, 인식 결과를 스피너를 통하여 목록으로 나타내는 것

1 프로젝트 만들기와 AI 확장기능 추가하기

앱 인벤터를 그림 10.2와 같이 실행하여 [프로젝트] - [새 프로젝트 시작하기]를 클릭하여 "LE_App"이라는 이름으로 프로젝트를 만든다.

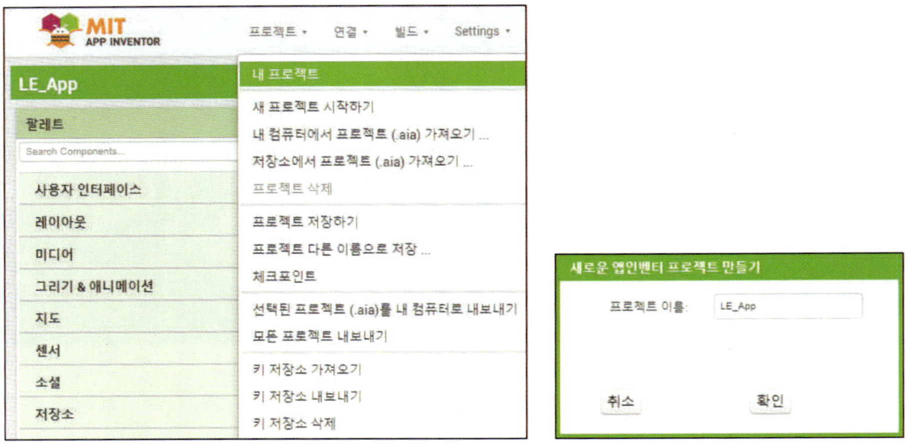

그림 10.2 프로젝트 만들기

[도움말] – [확장기능]을 클릭하여 "LookExtension.aix" 파일을 자신의 컴퓨터에 다운 받는다. 앱 인벤터에서 그림 10.3과 같이 [팔레트] – [확장기능] – [확장기능 추가하기]를 클릭한다. [프로젝트에 확장 프로그램 불러오기] 창에서 [파일 선택]을 선택하여 컴퓨터에 다운 받은 "LookExtension.aix" 파일을 선택하고, [Import] 버튼을 클릭하여 추가한다.

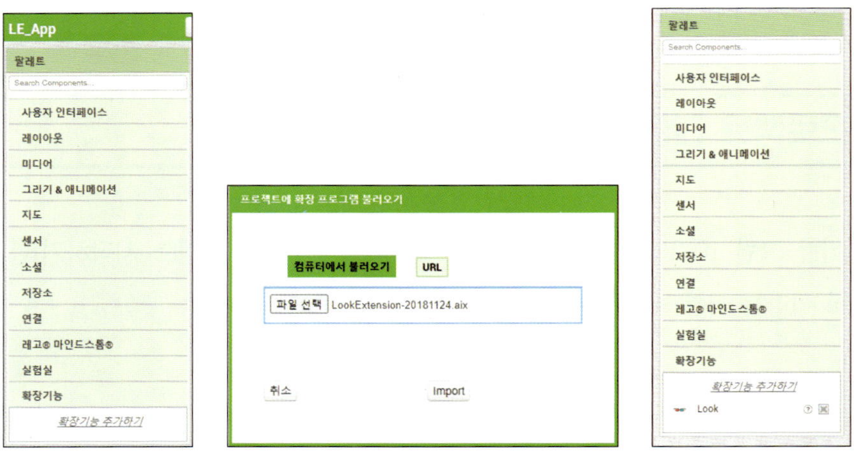

그림 10.3 확장기능 추가하기

2 프로젝트 내용과 디자이너 구성하기

우리가 만들 프로젝트는 자신의 스마트폰으로 사진을 찍고 그것을 인식하는 것이다. 인식결과를 목록 형태로 나타내기 위하여 스피너를 사용할 것이고, 찍은 사진도 같이 나타내도록 하겠다. 스피너 컴포넌트는 목록들을 팝업 창에 표시한다.

앱 인벤터 오른쪽 상단에 "디자이너"와 "블록"이 있는데 **[디자이너]** 버튼을 선택하여 그림 10.4와 같이 디자이너 구성을 하도록 하자. 디자이너 구성할 때 사용할 컴포넌트와 속성을 표 10.2에 정리하였다.

그림 10.4 디자이너 구성

표 10.2 컴포넌트와 속성

팔레트	컴포넌트	속성
사용자 인터페이스	버튼1	글꼴크기(30), 너비(부모 요소에 맞추기) 텍스트(카메라 사진찍기)
	스피너1	너비(부모 요소에 맞추기)
	웹뷰어1	너비(부모 요소에 맞추기)
미디어	카메라1	–
확장기능	Look1	InputMode(Image), WebViewer(웹뷰어1)

3 블록 구성

이제 블록 프로그램에 해당하는 블록 구성을 위해 앱 인벤터 오른쪽 상단에 있는 [블록]을 클릭하여 코딩을 하도록 하자. 우리는 스마트폰에서 [카메라 사진찍기]를 선택했을 때 사진을 찍고 인식하여 그 결과를 스피너에 목록으로 나타내고, 찍은 사진을 웹뷰어에 나타낼 것이다.

먼저 그림 10.5와 같이 [Screen1] – [버튼1] 선택 – [언제 버튼1 클릭했을 때 ~ 실행] 선택 – 뷰어에 드래그하여 놓는다.

그림 10.5 버튼1 블록 선택

다음으로 그림 10.6과 같이 [카메라1] 선택 – [호출 카메라1 사진찍기] 선택 – [언제 버튼1 클릭했을 때 ~ 실행] 블록에 연결시키고, [언제 카메라1 사진찍은후에 ~ 실행] 선택 – 뷰어에 드래그하여 놓는다.

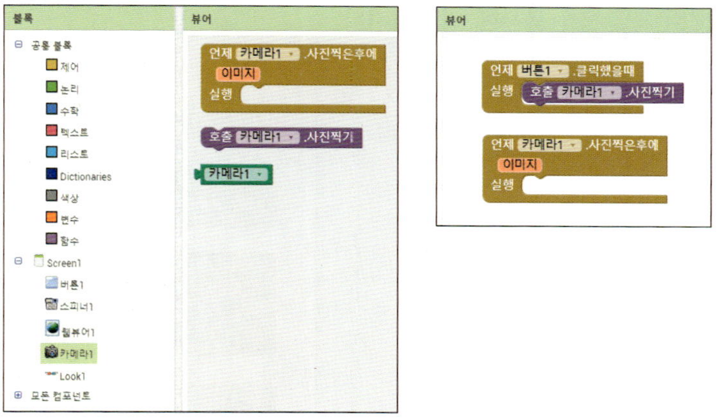

그림 10.6 카메라1 블록 선택

그리고 찍은 사진을 인식하기 위하여, 그림 10.7과 같이 [Look1] 선택 – [호출 Look1 ClassifyImageData ~ 이미지] 선택 – [언제 카메라1 사진찍은후에 ~ 실행] 블록에 연결시킨다. 그리고 "이미지"에 마우스 커서를 올려 [가져오기 이미지] 선택 – [호출 Look1 ClassifyImageData ~ 이미지] 블록에 연결시킨다.

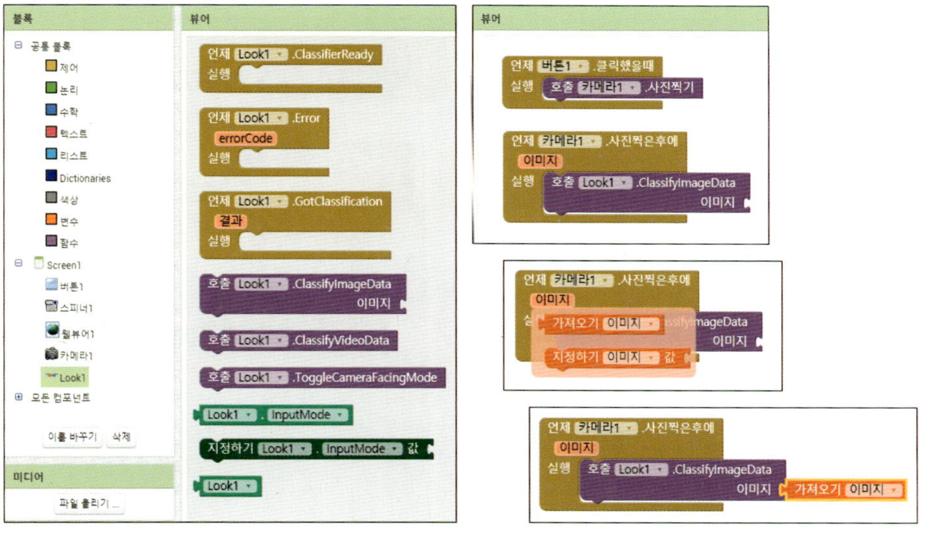

그림 10.7 Look1 ClassifyImageData 블록 선택

마지막으로 스피너에 인식한 결과를 출력하기 위하여, 그림 10.8과 같이 [Look1] 선택 – [언제 Look1 GotClassification ~ 실행] 선택 – 뷰어에 드래그하여 놓고, 그림 10.9와 같이 [스피너1] 선택 – [지정하기 스피너1 요소문자열 값] 선택 – [언제 Look1 GotClassification ~ 실행] 블록에 연결시킨다. "결과"에 마우스 커서를 올려 [가져오기 결과] 선택 – [지정하기 스피너1 요소문자열 값] 블록에 연결시킨다.

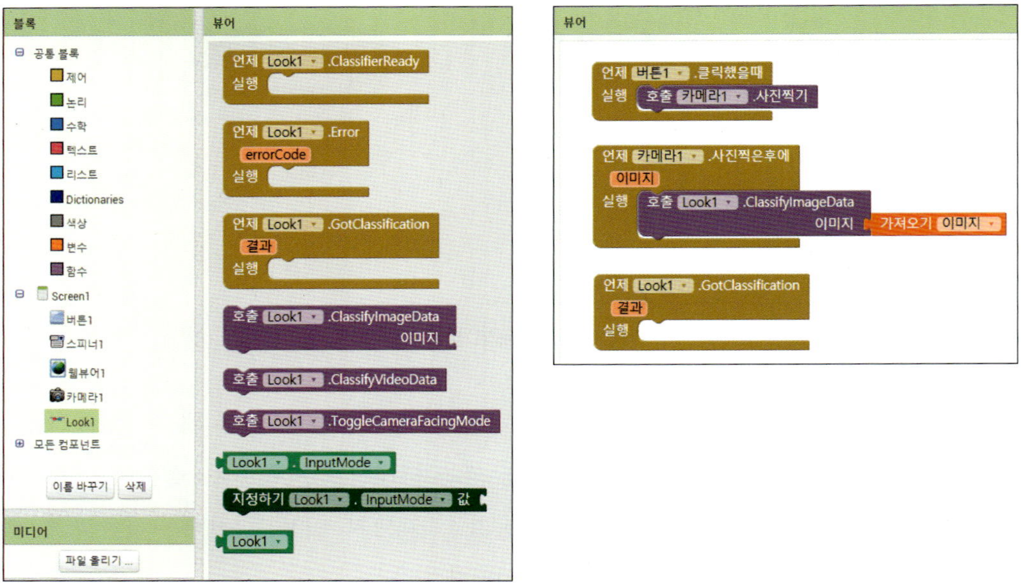

그림 10.8 Look1 GotClassification 블록 선택

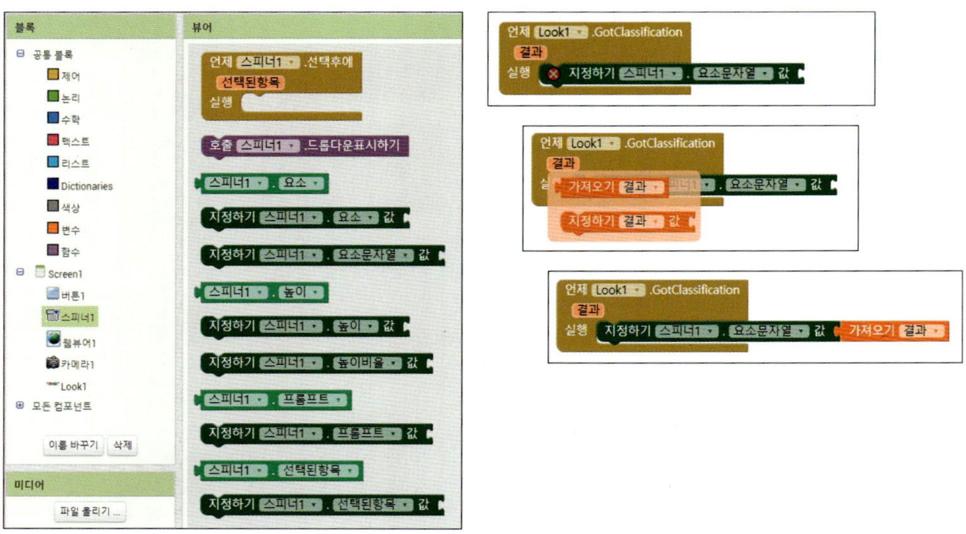

그림 10.9 스피너1 블록 선택

4 앱 실행 및 시험

개발한 앱을 자신이 스마트폰에서 실행하기 위해서는 먼저 그림 10.10과 같이 앱 인벤터의 [연결] – [AI 컴패니언] 선택 – [Connect to Companion]의 QR code를 생성한다. 그리고 자신의 스마트폰에 설치되어 있는 "MIT AI2 Companion" 앱 실행 – [scan QR code] 선택하여 [Connect to Companion]의 QR code를 스캔하면 앱이 실행된다.

그림 10.10 스마트폰에서 앱 실행

실행된 앱을 이용하여 그림 10.11과 같이 [카메라 사진찍기]를 선택하여 자신의 스마트폰 카메라를 이용하여 사물을 찍으면, 그 사진이 무엇인지를 인식하여 그 결과를 스피너의 목록 형태로 제공한다. 목록을 클릭하면 그림의 오른쪽과 같이 자세한 목록 내용을 확인할 수 있으며, 현재 찍은 사진은 약 93%의 확률로 'scissors'로 인식되었다.

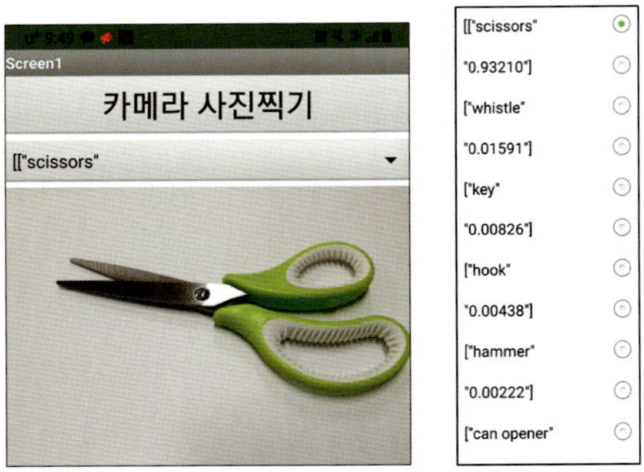

그림 10.11 앱을 이용하여 찍은 사진 인식

계속해서 [카메라 사진찍기]를 선택하여 그림 10.12와 같이 컵에 대해 사진을 찍고 그 인식 결과를 살펴보면, 우리가 기대한 'cup'의 경우는 확률이 약 10%로서 목록에서 세 번째에 위치하고, 목록의 첫 번째에는 확률이 약 13%인 'pick'인 것을 알 수 있다. 앱 인벤터의 "LookExtension" 확장기능은 사물을 인식하지만 우리가 기대한 인식결과와는 다르게 나타나는 경우가 많다.

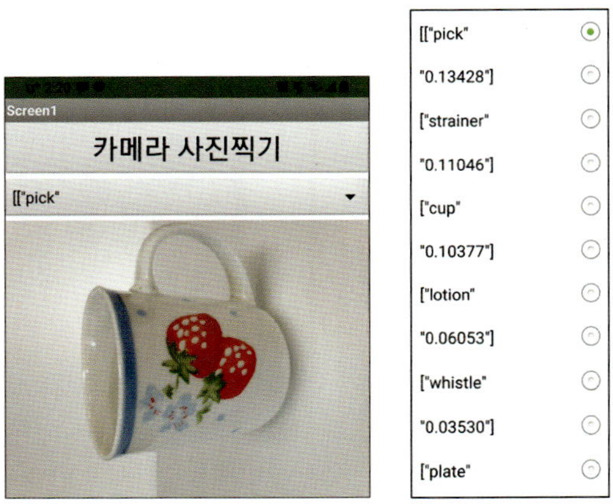

그림 10.12 만족스럽지 못한 사물 인식 결과

그 이유 중 한 가지는 우리가 찍은 사진의 모든 사물을 정확하게 인식하기 위해서는 그 모든 사물에 대한 충분한 데이터를 가지고 훈련을 해야 한다. 즉, 다양하고 충분한 데이터를 바탕으로 학습을 시켜 사물을 인식하는 모델을 만들어야 하는데, 이것은 현실적으로 불가능하기 때문이다.

따라서 우리는 우리의 경우에 맞도록 모델을 커스터마이징하여 만들어야 한다. 이제 "PersonalImageClassifier" 확장기능을 이용하여 자신만의 사물인식 앱을 만들어 보도록 하자.

11 감정인식 기반 감성 멜로디 서비스 프로젝트

Chapter

앞장의 앱 인벤터 "LookExtension" 확장기능은 만들어져 있는 모델을 사용하여 사물을 인식하는 것이었다. 그러나 이번 장의 PersonalImageClassifier (PIC)는 사용자가 직접 모델을 만들어 사물을 인식하는데 사용하는 것이다. 이 단락에서 만들 프로젝트의 이름과 프로젝트 내용을 아래의 표 11.1에 정리하였다.

표 11.1 프로젝트에 관한 정보

프로젝트 이름	프로젝트 내용
PIC_App	자신의 스마트폰으로 얼굴과 행동을 찍었을 때, 감정을 인식하여 관련 음악을 재생하는 감정인식 기반의 감성 멜로디 서비스 제공

1 프로젝트 만들기와 확장기능 추가하기

앱 인벤터를 그림 11.1과 같이 실행하여 [프로젝트] – [새 프로젝트 시작하기]를 클릭하여 “PIC_App”이라는 이름으로 프로젝트를 만든다.

그림 11.1 프로젝트 만들기

[도움말] – [확장기능]을 클릭하여 “PersonalImageClassifier.aix” 파일을 자신의 컴퓨터에 다운 받는다. 그리고 앱 인벤터에서 그림 11.2와 같이 [팔레트] – [확장기능] – [확장기능 추가하기]를 클릭한다. [프로젝트에 확장 프로그램 불러오기] 창에서 [파일 선택]을 선택하여 컴퓨터에 다운받은 “PersonalImageClassifier.aix” 파일을 선택하고, [Import] 버튼을 클릭하여 추가한다.

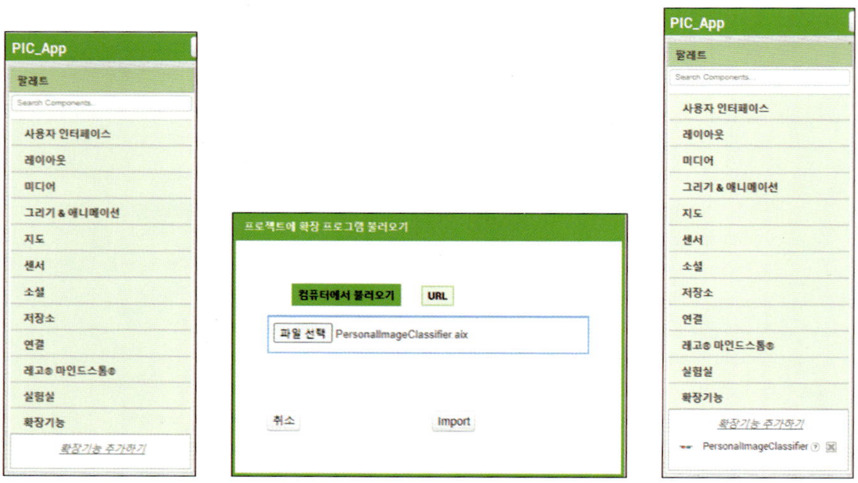

그림 11.2 확장기능 추가하기

2 영상 모델 생성

PIC 확장기능을 이용하여 자신에게 맞는 사물 인식 앱을 만들기 위해서는 먼저 모델을 생성해야 한다. 모델 생성은 그림 11.3의 https://classifier.appinventor.mit.edu 사이트에서 [Previous Version]을 클릭하여 4단계를 거쳐 생성한다.

그림 11.3 모델 생성 사이트

1단계(Add Training Data) 선택: 그림 11.4의 [Add label]에 'happy', 'sad', 'surprised'을 각각 입력하고 엔터를 쳐서 레이블을 생성한다. 그리고 각 레이블에 학습을 위한 관련 이미지 데이터를 30개씩 추가한다. 이미지는 웹 카메라를 이용해 획득하여 만들 수 있고, 인터넷을 이용하여 수집하는 방법도 있다.

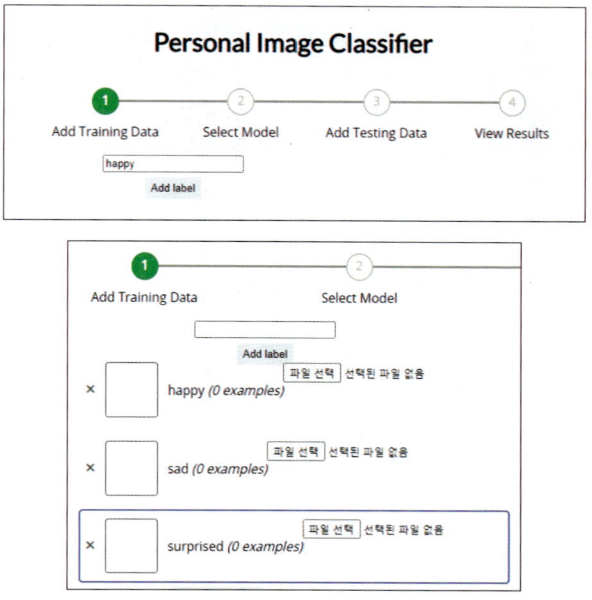

그림 11.4 1단계 happy, sad, surprised 레이블 생성

본 프로젝트에서는 후자의 방법을 이용하여 데이터를 수집한다. 웹 카메라를 이용하여 이미지 데이터를 획득하는 방법은 쉽게 데이터를 수집할 수 있는 장점은 있지만, 다양한 얼굴과 행동을 동시에 획득하는데 한계가 있다.

브라우저로 여러분들은 크롬 구글에서 각 레이블 이름으로 이미지 검색을 하여 다양한 이미지 데이터를 수집한다. 수집 방법은 그림 11.5와 같이 구글에서 'happy'로 검색하여 [이미지] 탭을 선택한다. 검색 결과로 나타나는 이미지 중에서 '마우스 오른쪽 키'를 눌러 나타나는 단축 메뉴에서 [이미지를 다른 이름으로 저장 ...]을 선택하고 'happy01'로 저장하는 방법으로 30장의 이미지 데이터(happy01 ~ happy30)를 수집한다.

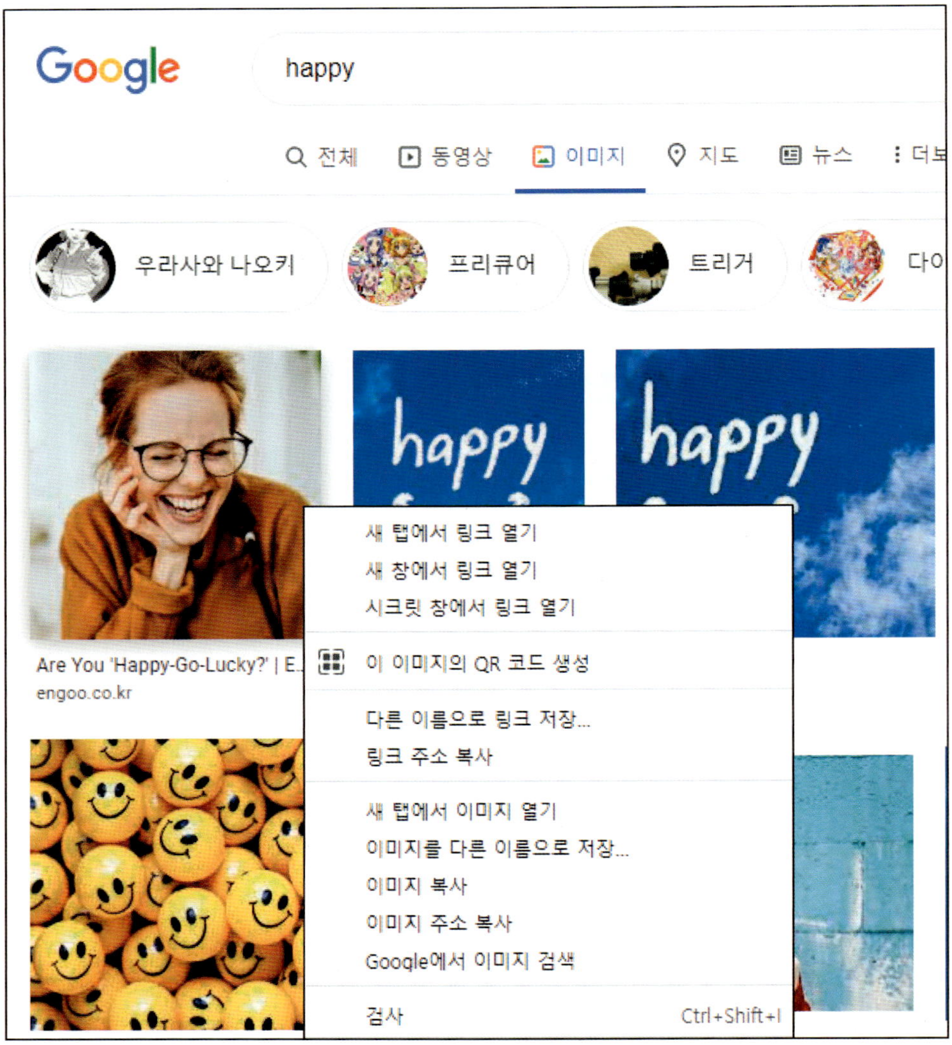

그림 11.5 레이블 이름으로 이미지 데이터 수집

가능한 얼굴 중심의 이미지를 수집하고, 레이블별로 다양한 사람의 이미지 데이터를 수집하기 위하여 영어와 한글로 검색하여 수집한다. 그림 11.6은 'happy'와 '행복'으로 검색하여 수집한 이미지 데이터 셋의 일부를 보여준다.

그림 11.6 'happy'와 '행복'으로 수집한 일부 이미지 데이터 셋

그리고 그림 11.7은 'sad'와 '슬픔'으로 수집한 이미지 데이터 셋의 일부이고, 그림 11.8은 'surprised'와 '놀람'으로 검색하여 수집한 이미지 데이터 셋의 일부이다.

수집 데이터를 보면 얼굴을 중심으로 상반신의 이미지들임을 알 수 있다. 또한 여러 사람이 함께 있는 경우들도 있다. 이러한 사실을 기억해 두었다가 모델 테스트를 할 때나 앱을 자신의 스마트폰으로 실행하여 자신과 다른 사람의 이미지를 획득할 때 참고하도록 하자.

그림 11.7 'sad'와 '슬픔'으로 수집한 일부 이미지 데이터 셋

그림 11.8 'surprised'와 '놀람'으로 수집한 일부 이미지 데이터 셋

다음으로 그림 11.9의 각 레이블의 [파일 선택]을 클릭하여 수집한 데이터를 등록할 수 있다. 등록해야할 이미지 데이터가 많은 경우에는 해당 이미지 데이터 전체를 선택하여 레이블 왼쪽 사각형에 드래그하여 갖다 놓으면 된다.

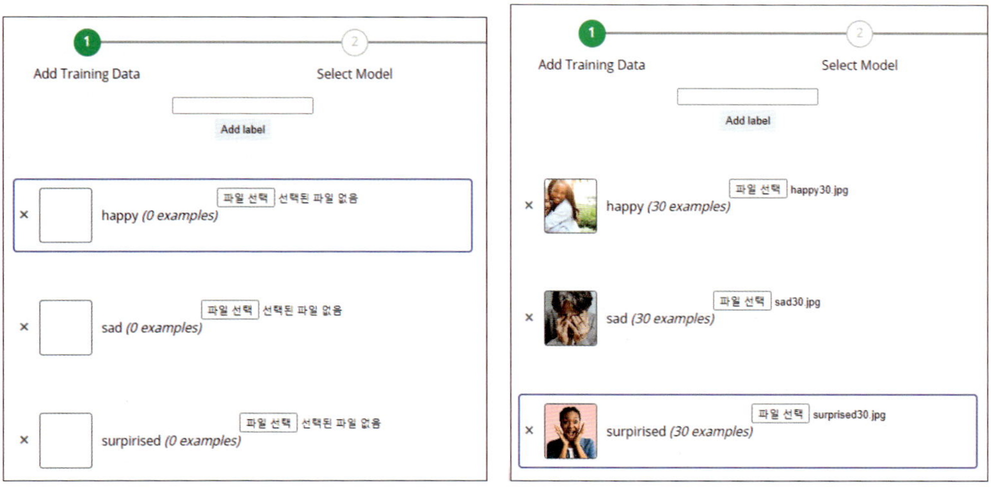

그림 11.9 수집 이미지 데이터 등록

2단계(Select Model) 선택: 수집한 데이터를 이용하여 학습시킬 모델을 선택하는 부분이다. 본 프로젝트에서는 그림 11.10과 같이 'MobileNet' 모델과 기본 파라미터 값을 수정 없이 그대로 선택한 상태에서 오른쪽 하단의 [Train model]을 클릭하여 학습시켜 자신만의 모델을 생성한다. 2단계 모델 선택에서 사용된 용어를 표 11.2에 간단하게 정리하였다. 보다 자세한 내용은 참고문헌을 참조해주기 바란다.

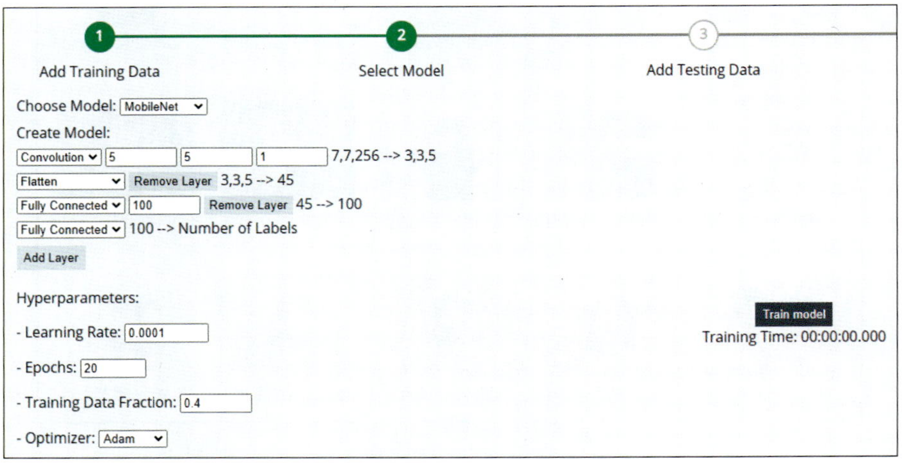

그림 11.10 모델 생성

표 11.2 용어정리

용어	의미
Model	모바일 디바스에서 사용하는 CNN 모델
Convolution	이미지에 필터를 이용하여 중요한 데이터(특징)을 추출
Flatten	2차원 데이터를 1차원 데이터로 변환
Fully Connected	1차원 데이터를 받아 이미지를 분류
Hyperparameters	사용자가 직접 조정하는 아래와 같은 값들
Learning Rate	미분 기울기를 이동할 때의 스텝(step) 값
Epochs	전체 데이터 셋의 학습 횟수
Training Data Fraction	전체 데이터에서 학습 데이터 비율
Optimizer	학습 과정을 통하여 모델을 최적화 시키는 도구

3단계(Add Testing Data) 선택: 2단계에서 만든 자신의 모델을 테스트 이미지를 이용하여 성능을 테스트하는 단계이다. 테스트 이미지는 1단계에서 수집한 30개의 데이터 외에 각각 10개씩이다. 크롬 브라우저에서 각 레이블 이름을 이용하여 이미지를 검색하여 happy_t01

~ happy_t10, sad_t01 ~ sad_t10, surprised_t0 ~ surprised_t10로 수집한다. 그림 11.11은 수집한 각 레이블의 테스트 이미지이다.

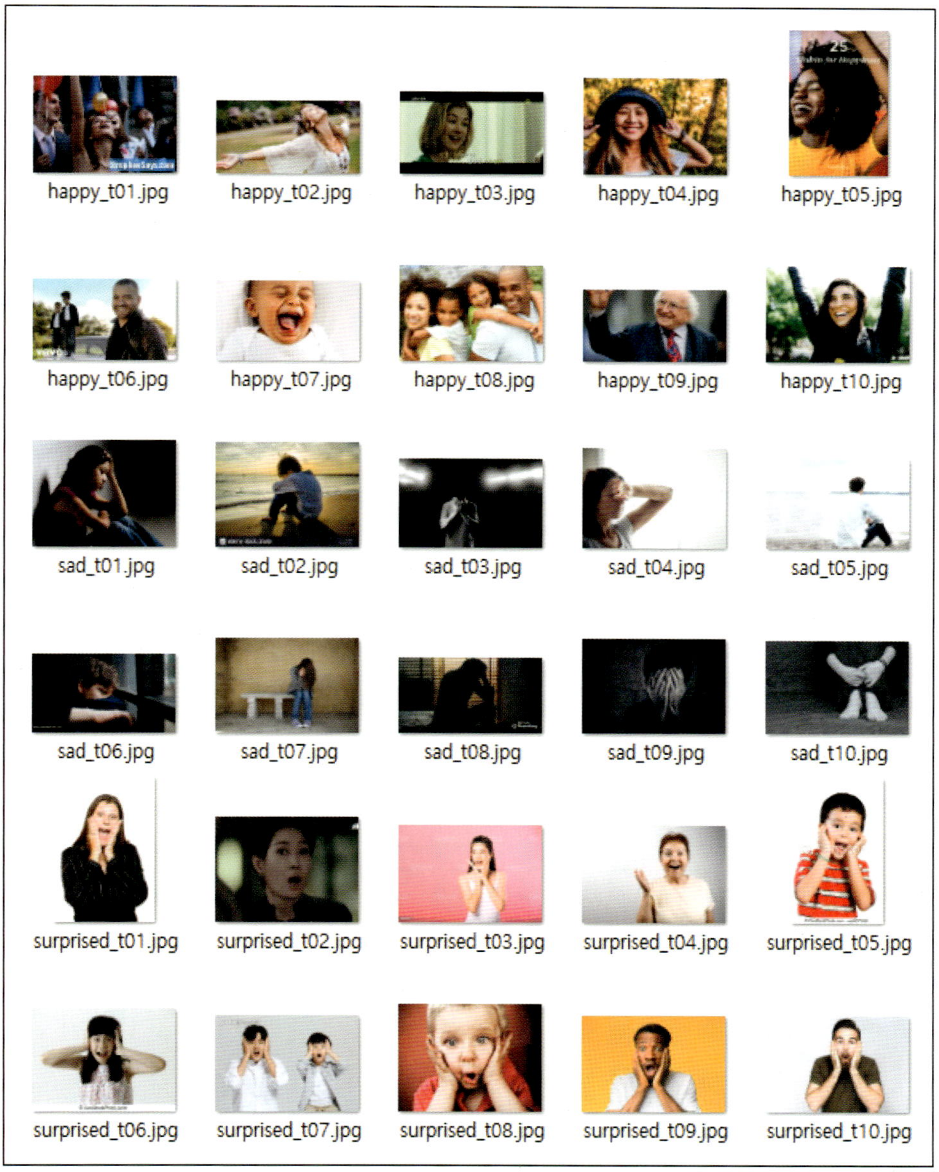

그림 11.11 각 레이블의 테스트 이미지

다음으로 그림 11.12과 같이 각 레이블 'happy', 'sad', 'surprised'에 테스트할 이미지를 [파일 선택]으로 혹은 전체 선택하여 레이블 왼쪽 사각형에 드래그하여 등록한다. 테스트할 이미지 데이터 등록을 마쳤으면 [Predict]를 클릭하여 모델을 테스트한다.

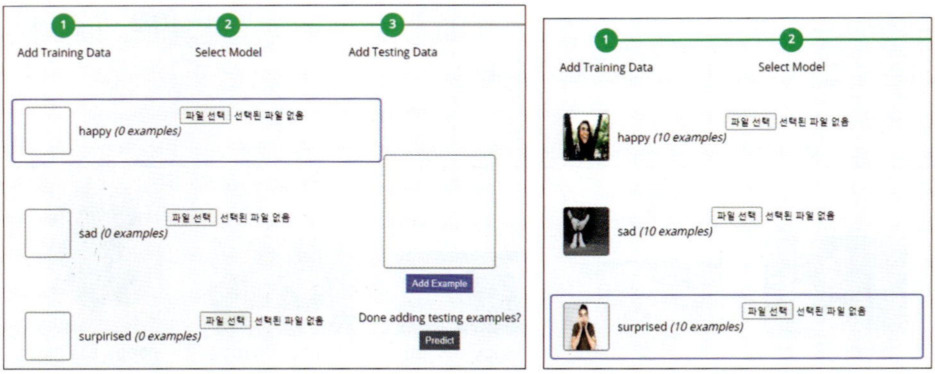

그림 11.12 테스트 이미지로 모델 테스트

4단계(View Results) 선택: 3단계에서 테스트 이미지를 가지고 모델을 테스트한 결과를 그림 11.13와 같이 보여준다. 레이블별로 정확하게 분류된 경우와 그렇지 않은 경우를 보여주고, 각 테스트 이미지에 마우스 커서를 올리면 해당 테스트 이미지에 대한 3가지 레이블에 대한 확률을 확인할 수 있다.

여러분은 3단계로 돌아가서 [Predict]를 클릭하여 모델을 다시 테스트할 수 있는데 그때마다 테스트의 결과가 다르게 나타나는 것을 발견할 것이다. 이제 여러분은 그림 아래쪽에 있는 [Download Model]를 클릭하여 자신이 만든 모델(model.mdl)을 자신의 컴퓨터에 다운받을 수 있다. 크롬의 경우 왼쪽 아래에서 다운받은 모델을 확인할 수 있다. 이제 다운받은 모델을 이용하여 앱 인벤터 프로젝트 개발에 사용할 수 있게 되었다.

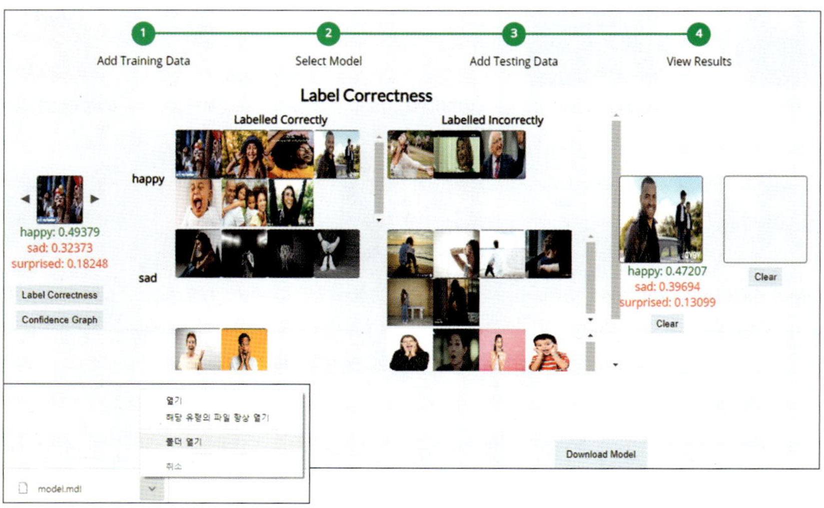

그림 11.13 모델 테스트 결과와 모델 다운

3 프로젝트 내용과 디자이너 구성하기

우리가 만들 프로젝트는 스마트폰으로 자신 혹은 친구의 얼굴과 행동을 찍어 감정을 인식하고 관련 음악을 제공해 줌으로써 감정적 완화에 도움을 주는 감성 서비스이다. 앱 인벤터 오른쪽 상단에 "디자이너"와 "블록" 버튼이 있는데 [디자이너]를 선택하여 그림 11.14와 같이 디자이너 구성을 하도록 하자. 디자이너 구성할 때 사용할 컴포넌트와 속성을 표 11.3에 정리하였다.

그림 11.14 디자이너 구성

표 11.3 컴포넌트와 속성

팔레트	컴포넌트	속성
–	Screen1	수평정렬(가운데:3), 제목보이기(해제)
레이아웃	수평배치1	너비(부모 요소에 맞추기)
사용자 인터페이스	버튼1	텍스트(이미지), 너비(부모 요소에 맞추기)
	버튼2	텍스트(토글), 너비(부모 요소에 맞추기)
	버튼3	텍스트(비디오), 너비(부모 요소에 맞추기)
	레이블1	글꼴크기(20), 텍스트(감정인식 기반의 감성 멜로디^^)
	웹뷰어1	너비(부모 요소에 맞추기)
확장기능	PersonalImage Classifier1	InputMode(Image), Modle(model.mdl), WebViewer(웹뷰어1)
미디어	카메라1	–
	플레이어1	–

4 블록 구성

앱 인벤터 오른쪽 상단에 있는 [블록] 버튼을 클릭하여 코딩을 하도록 하자. 자신의 스마트폰을 이용하여 자신이나 친구의 얼굴과 행동을 촬영하여 그때의 감정을 인식하여 맞는 음악을 서비스할 수 있도록 코딩을 해보도록 하자.

본 프로젝트에서는 얼굴과 행동 이미지를 획득하여 감정을 인식하는 두 가지 방법이 있다. 먼저는 자신의 스마트폰에 실행된 앱의 상단에 있는 [이미지] 버튼을 클릭하여 스마트폰의 카메라로 데이터를 획득하고 인식하는 방법이다. 또 다른 방법은 [비디오] 버튼을 클릭하여 스마트폰의 비디오 기능을 이용하여 데이터를 획득하고 인식하는 방법이다.

첫 번째로 [이미지] 버튼을 클릭하여 데이터를 획득하고 인식하는 코드를 살펴보자. 먼저 데이터를 획득하는 코드는 그림 11.15와 같다. [버튼1]에서 갈색의 [언제 버튼1 클릭했을 때 ~ 실행] 선택 – 뷰어에 드래그하여 놓고, 다음으로 [PersonalImage Classifier]에서 녹색의 [지정하기 PersonalImageClassifier1 InputMode 값] 선택하고 [언제 버튼1 클릭했을 때 ~ 실행] 블록에 드래그하여 연결시킨다. 그리고 [텍스트]에서 – [빈칸] 선택하여 [지정하기 PersonalImageClassifier1 InputMode 값] 블록에 드래그하여 연결시키고, 입력모드를 “Image”로 변경한다. 마지막으로 [카메라1]에서 – [호출 카메라1 사진찍기] 선택 [언제 버튼1 클릭했을 때 ~ 실행] 블록에 드래그하여 연결시킨다.

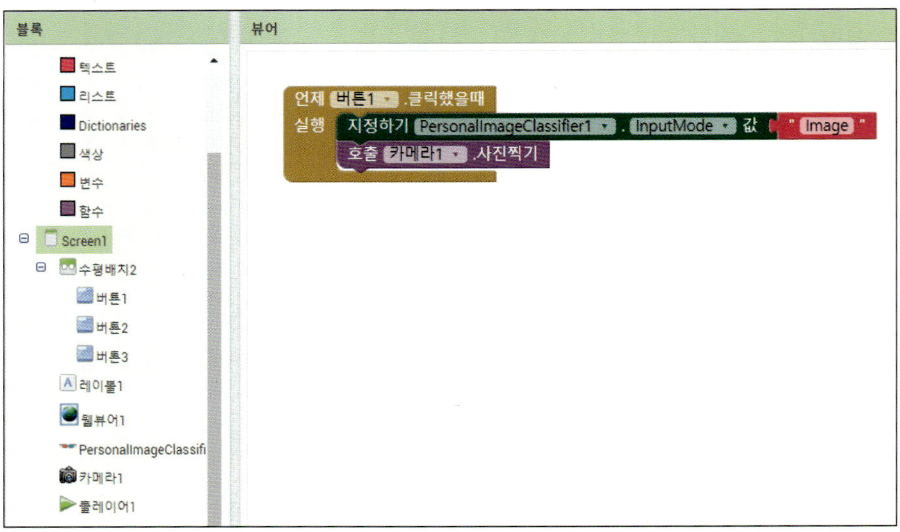

그림 11.15 버튼1 블록 선택

[이미지] 버튼을 클릭하여 획득한 데이터에서 감정을 인식하기 위한 코드를 그림 11.16에 나타내었다. [카메라1]에서 [언제 카메라1 사진찍은후에] 선택 – 뷰어에 드래그하여 놓고, [PersonalImage Classifier1]에서 보라색 [호출 PersonalImageClassifier1 Classify ImageData ~ 이미지] 선택 – [언제 카메라1 사진찍은후에] 블록에 드래그하여 놓는다. 그리고 [언제 카메라1 사진찍은후에 ~ 실행] 블록의 "이미지" 위에 마우스 커서를 올려두면 나타나는 [가져오기 이미지] 블록을 선택하여 [호출 PersonalImageClassifier1 Classify ImageData ~ 이미지] 블록에 드그래하여 연결시킨다.

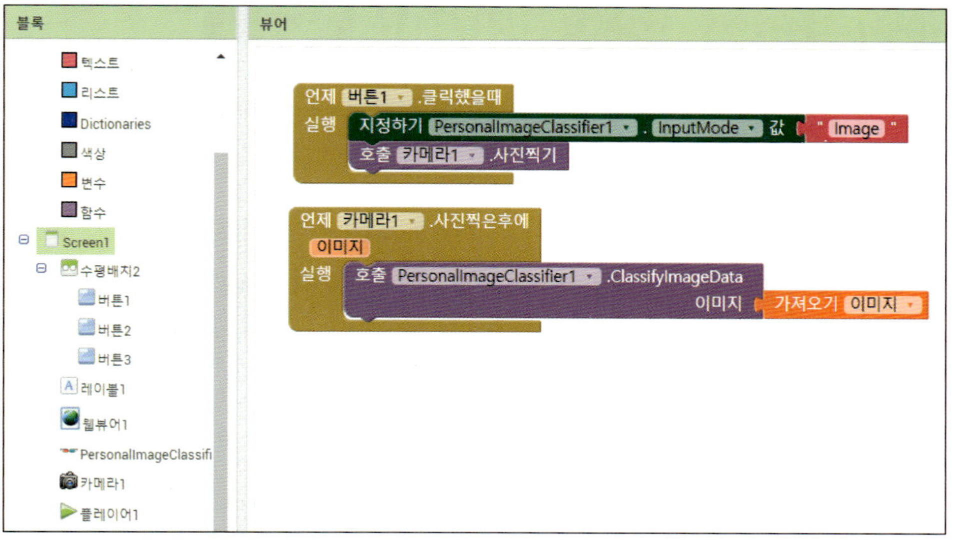

그림 11.16 카메라1 블록 선택

두 번째로 앱 상단의 [비디오] 버튼을 클릭하여 데이터를 획득하고 인식하는 방법의 코드를 살펴보자. 이 방법은 그림 11.17과 같이 [버튼3]에서 [언제 버튼3 클릭했을 때 ~ 실행] 선택 – 뷰어에 드래그하여 놓는다. 다음으로 [PersonalImageClassifier1]에서 녹색의 [지정하기 PersonalImageClassifier1 InputMode 값] 선택 – [언제 버튼3 클릭했을 때 ~ 실행] 블록에 드래그 연결시킨다. 그리고 [텍스트]에서 – [빈칸] 블록 선택 – [지정하기 PersonalImageClassifier InputMode 값] 블록에 드래그하여 연결시키고, 입력모드를 "Video"로 변경한다. 마지막으로 [PersonalImageClassifier1]에서 보라색의 [호출 PersonalImageClassifier1 ClassifyVideoData] 선택 – [언제 버튼3 클릭했을 때 ~ 실행] 블록에 드래그하여 연결하면 된다. 이제 실행 앱의 "비디오" 버튼을 클릭하여 데이터 획득과 감정 인식을 할 수 있다.

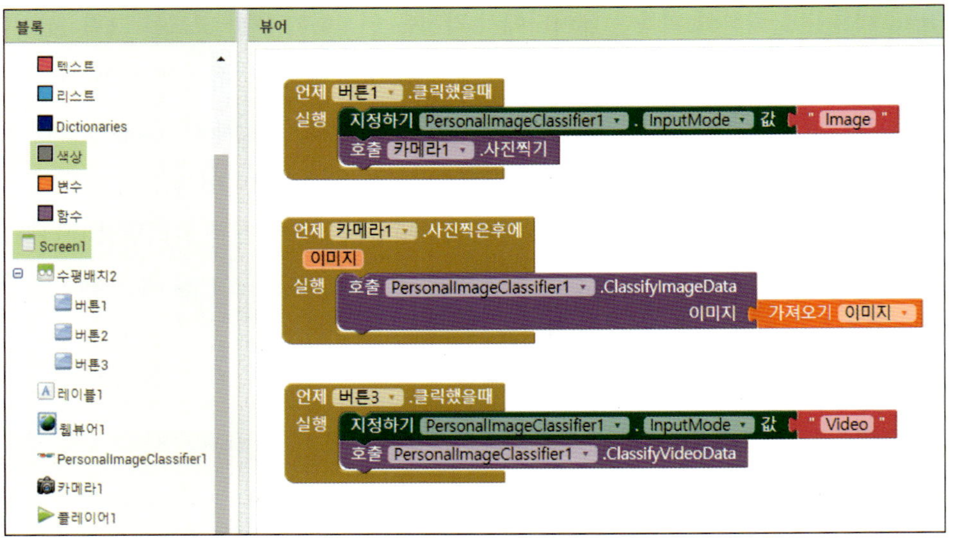

그림 11.17 버튼3 블록 선택

다음으로 카메라 촬영 방향을 바꾸기 위하여 그림 11.18과 같이 [버튼2]에서 [언제 버튼2 클릭했을 때 ~ 실행] 선택 – 뷰어에 드래그하여 놓는다. 그리고 [PersonalImageClassifier1]에서 보라색의 [호출 PersonalImageClassifier1 ToggleCameraFacingMode] 선택 – [언제 버튼2 클릭했을 때 ~ 실행] 블록에 드래그하여 연결시킨다.

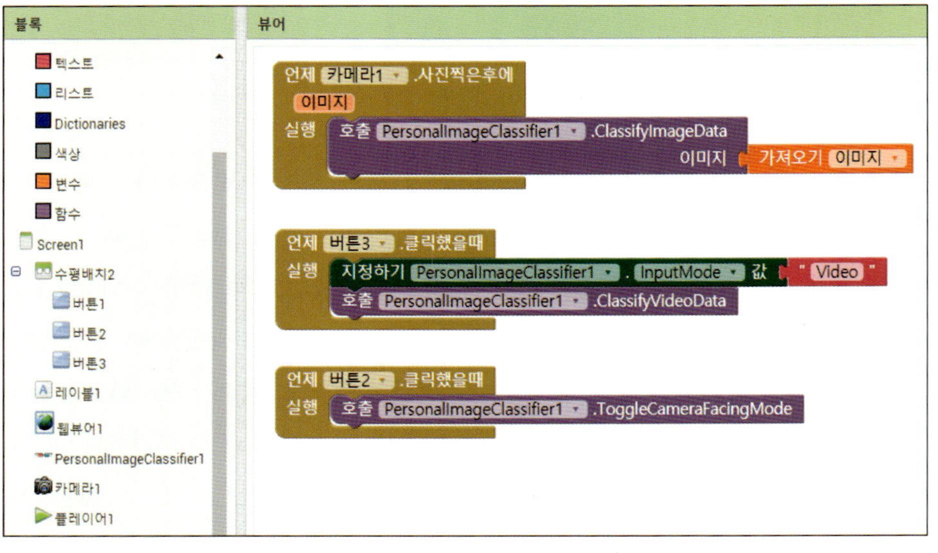

그림 11.18 버튼2 블록 선택

이제 인식 결과를 가지고 감성 메로디를 제공하는 코딩을 작성해 보도록 하자. 먼저 전역변수 "라벨"을 그림 11.19와 같이 만들자. [변수]에서 [전역변수 만들기 이름 초기값] 선택 - 뷰어에 드래그하여 놓고 이름을 "라벨"로 수정한다. 그리고 [텍스트]에서 [빈칸] 선택 - [전역변수 만들기 이름 초기값] 블록에 드래그하여 연결시킨다.

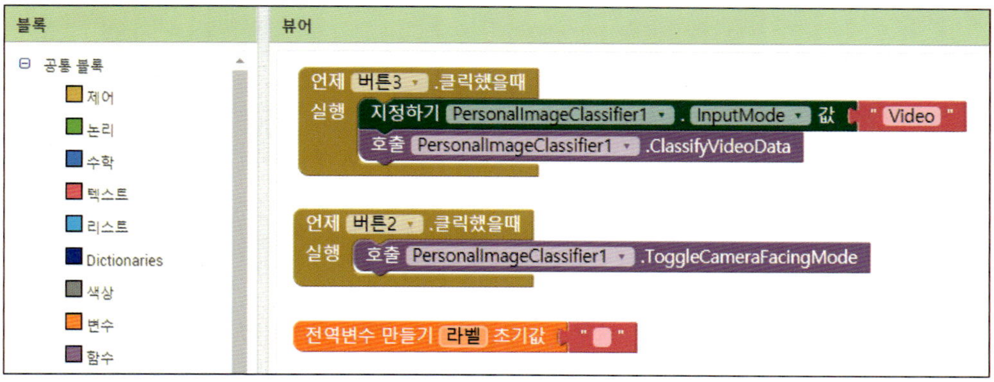

그림 11.19 전역변수 라벨

다음으로 인식된 결과에서 확률이 가장 높은 레이블을 전역변수 "라벨"에 저장을 한다. 이를 위해서 임의로 촬영한 이미지에 대한 인식 결과의 구성을 예로 살펴보면 다음과 같다. 즉, {"happ":0.41849,"surprised":0.32848,"sad":0.25383}. 여기서 첫 번째 요소 "happy" 레이블의 확률은 0.41849로서 가장 높다. 이 레이블을 전역변수 "라벨"에 저장하기 위하여 그림 11.20과 같이 리스트의 위치를 이용하여 항목을 선택하는 기능을 두 번 사용한다.

[PersonalImageClassifier1]에서 [언제 PersonalImageClassifier1 GotClassification ~ 실행] 선택 - 뷰어에 드래그하여 놓는다. [변수]에서 주황색의 [지정하기 값] 선택 - [언제 PersonalImageClassifier1 GotClassification] 블록에 드래그하여 연결시키고 [지정하기 값]에서 "전역변수 라벨"을 선택한다. 그리고 [리스트]에서 청색의 [항목 선택하기 리스트 ~ 위치] 2개를 선택한다. 그리고 [지정하기 전역변수 라벨 값]과 한 개의 [항목 선택하기 리스트 ~ 위치] 블록에 각각 드래그하여 직렬로 연결시키고, [수학]에서 [0] 선택 - [항목 선택하기 리스트 ~ 위치] 블록에 두 번 드래그하여 각각 연결시고 값을 1로 변경한다. 마지막으로 "결과"에 마우스 커서를 올려 [가져오기 결과] 선택 - 바깥쪽 [항목 선택하기 리스트 ~ 위치] 블록에 드래그하여 연결시킨다.

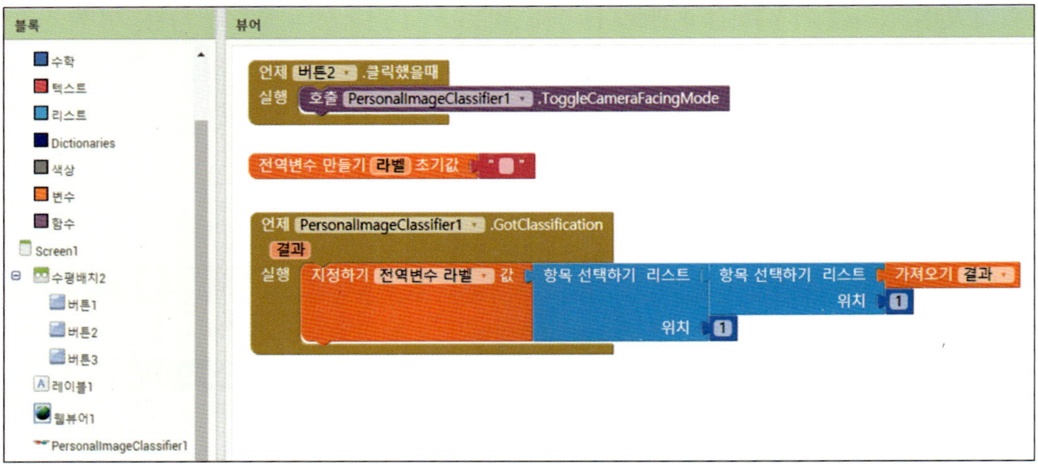

그림 11.20 PersonalImageClassifier1 블록 선택

전역변수 "라벨"에 지정되는 레이블이 3가지(happy, sad, surprised)이므로 그림 11.21과 같이 [제어]에서 [만약 ~ 이라면 실행 ~ 아니고 만약 ~ 이라면 실행 ~ 아니라면] 선택 – [언제 Personal ImageClassifier1 GotClassification~ 실행]에 드래그하여 놓는다. 다음으로 전역변수에 저장된 레이블이 "happy"일 경우 "happy"와 관련 등록 음악을 재생하고 관련 텍스트를 출력한다. 음악 등록은 그림 11.22와 같이 앱 인벤터의 [디자이너]에서 [미디어] – [파일 올리기 ...]로 할 수 있다.

계속해서 [수학]에서 [두수비교 =] 선택하고 안쪽 갈색의 [만약 ~ 이라면 실행 ~ 아니고 만약 ~ 이라면 실행 ~ 아니라면] 블록에 드래그하여 연결시킨다. 그리고 [변수]에서 주황의 [가져오기] 선택 – [두수비교 =] 블록 왼쪽에 드래그하여 놓고 "전역변수 라벨"을 선택한다. 또한 [텍스트]에서 [빈칸] 선택 – [두수비교 =] 블록 오른쪽에 드래그하여 연결시키고 "happy"를 입력한다.

다음으로 [플레이어1]에서 녹색의 [지정하기 플레이어1 소스 값] 선택 – 기존의 [만약 ~ 이라면 실행 ~ 아니고 만약 ~ 이라면 실행 ~ 아니라면] 블록에 드래그하여 놓고, [텍스트]에서 [합치기] 선택 – [지정하기 플레이어1 소스 값] 블록에 드래그하여 연결시키고, 그림 11.21의 오른쪽 하단과 같이 "문자열"을 하나 추가한다. 그리고 [텍스트]에서 [빈칸] 2개 선택 – [합치기] 블록의 제일 위와 제일 아래에 각각 드래그하여 놓고, "happy"와 ".m4a" 문자열을 추가한다. 3개의 "happy" 관련 음악 중에서 임의로 하나가 선택되도록 [수학]에서 청색의 [임의의 정수 시작 ~ 끝] 선택 – [합치기] 블록 중앙에 드래그하여 놓고 시작을 1로 끝을 3으로 지정한다.

플레이어 소스에 지정된 곡을 플레이되도록 [플레이어1]에서 보라색의 [호출 플레이어1 시작하기] 선택 - 기존의 [만약 ~ 이라면 실행 ~ 아니고 만약 ~ 이라면 실행 ~ 아니라면] 블록에 드래그하여 연결시킨다. 그리고 [레이블1]에서 녹색의 [지정하기 레이블1 텍스트 값] 선택하여 계속해서 [만약 ~ 이라면 실행 ~ 아니고 만약 ~ 이라면 실행 ~ 아니라면] 블록에 드래그하여 연결시키고, [텍스트]에서 [빈칸] 선택 - [지정하기 레이블1 텍스트 값] 블록에 드래그하여 연결시키고 "happy: 행복, 행복~^^" 문자열을 추가한다.

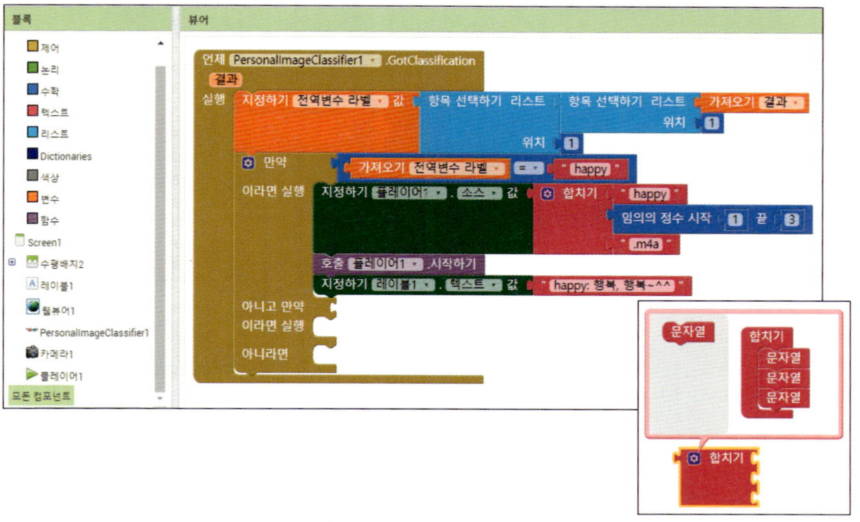

그림 11.21 레이블 "happy" 음악 재생

그림 11.22 음악 등록

레이블 "sad"인 경우와 "surprised"인 경우도 "happy"와 동일하게 그림 11.23과 같이 코딩한다. [텍스트]에서 [빈칸] 선택 – 녹색의 [지정하기 레이블1 텍스트 값] 블록에 드래그하여 연결시키고 문자열을 "sad: 힘 내세요~ 힘!!"과 "surprised: 오~ 대박~~~"으로 각각 추가한다.

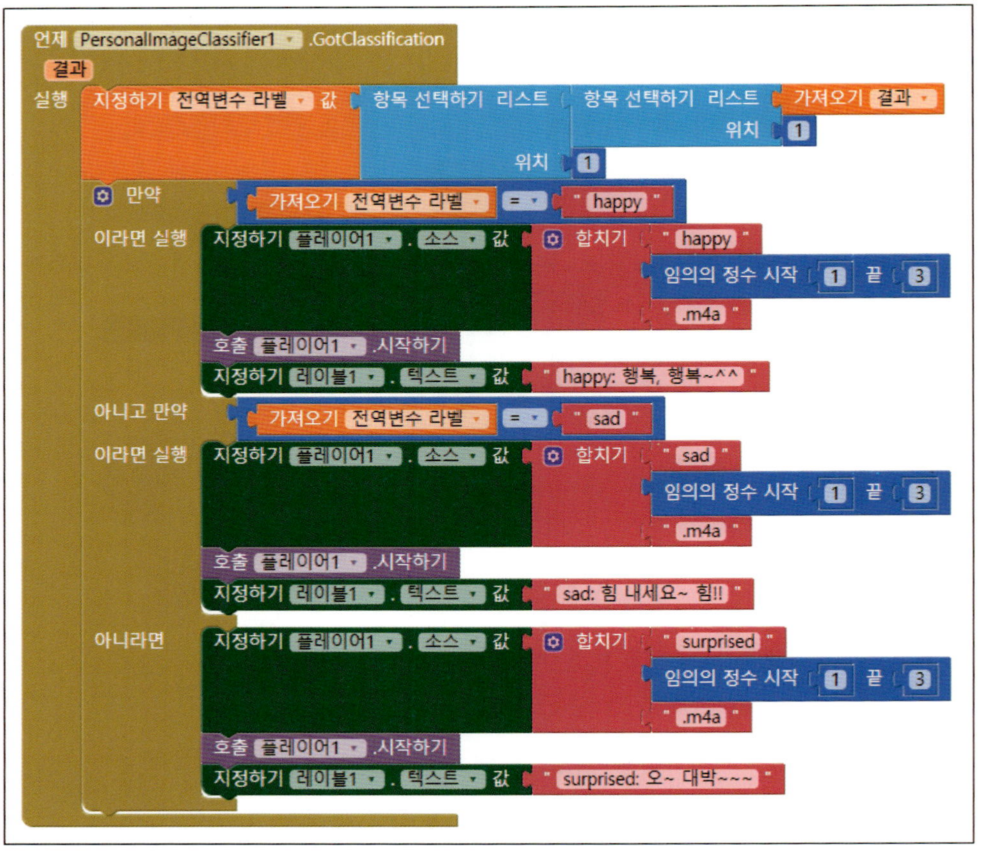

그림 11.23 레이블 "sad"와 "surprised" 음악 재생

5 앱 실행 및 시험

개발한 앱을 자신의 스마트폰에서 실행하기 위해 그림 11.24와 같이 앱 인벤터의 [연결]에서 [AI 컴패니언] 선택 – [Connect to Companion]의 QR code를 생성한다. 그리고 자신의 스마트폰에 설치되어 있는 “MIT AI2 Companion” 앱 실행 – [scan QR code] 선택하여 [Connect to Companion]의 QR code를 스캔하여 앱을 실행시킨다.

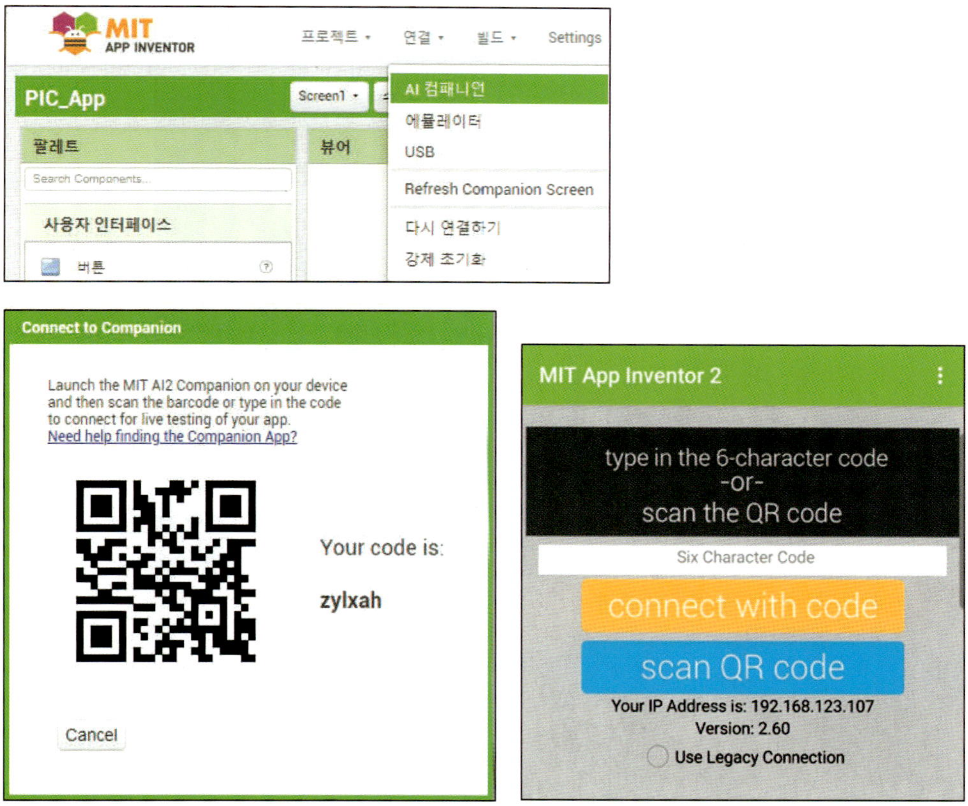

그림 11.24 앱 실행하기

실행된 앱을 이용하여 그림 11.25와 같이 [이미지] 혹은 [비디오] 버튼을 클릭하여 사진을 찍으면 그 사람의 감정을 분석하여 그것에 맞는 텍스트와 음악이 재생된다. 여기서 [이미지] 버튼을 클릭하여 사진을 찍을 때는 스마트폰 화면을 드래그하면 찍는 방향을 바꿀 수 있다. 그리고 [비디오] 버튼의 경우, "토글"을 선택하여 촬영되는 방향을 선택할 수 있고, [비디오] 버튼을 클릭할 때 그 사람의 감정을 분석하여 적절한 음악 서비스가 제공된다.

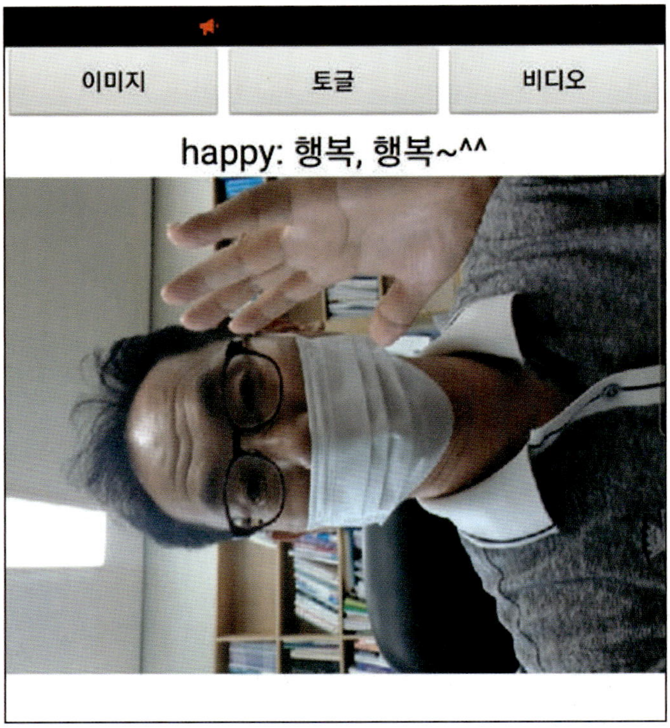

그림 11.25 앱 실행과 감성음악 재생

다음 그림 11.26은 앱을 실행하여 레이블이 “happy”, “sad” 그리고 “surprised”의 경우의 예를 나타내었다. 테스트를 할 때는 모델을 생성할 때 자신이 수집한 데이터의 형태를 생각하면서 촬영할 수 있도록 하자.

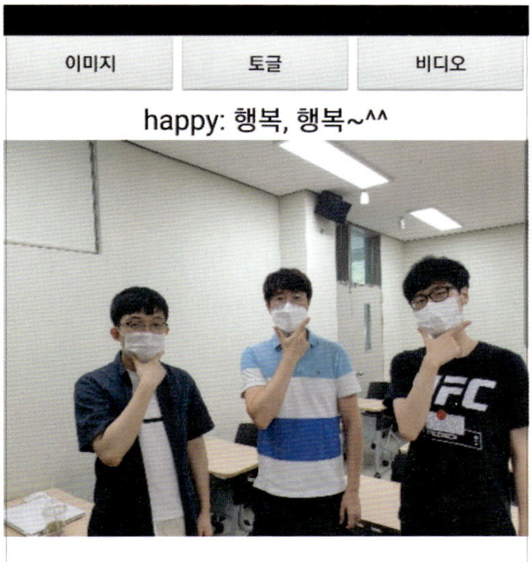

a) “happy” 레이블

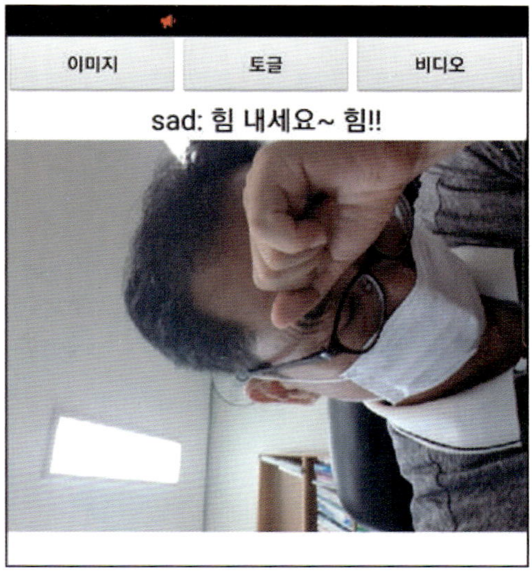

b) “sad” 레이블

c) “surprised” 레이블

그림 11.26 3 가지 레이블에 대한 앱 실행 예

참고문헌

[1] MobileNet이란? 쉬운 개념 설명, http://melonicedlatte.com/machinelearning/2019/11/01/212800.html, 2019. 11

[2] 합성곱 신경망(Convolution Neural Network: CNN)?, https://blog.naver.com/data maker_official/222456717936, 2021. 08

[3] 현재 인공지능의 최첨단 분야, '이미지분석 CNN', https://blog.naver.com/with_msip/222174669641, 2020. 12

[4] 반병현, 쉬운 딥러닝, 생능출판사, 2021. 04

[5] 딥러닝- CNN (Convolutional Neural Network), https://davinci-ai.tistory.com/29, 2020. 04

[6] Fully Connected Layer, https://www.ytimes.co.kr/news/articleView.html?idxno=6013, 2021. 05

[7] Learning Rate란?, https://simpling.tistory.com/14, 2020. 03

[8] Epoch, batch size, iteration의 의미, https://m.blog.naver.com/qbxlvnf11/221449297033, 2019. 01

[9] 옵티마이저(Optimizer)란?, https://needjarvis.tistory.com/685, 2021. 06

12 음성보안 기반 Diary Green Light 프로젝트

Chapter

본 절에서는 앱 인벤터의 PersonalAudioClassifier (PAC) 확장기능을 이용한 앱 개발에 대하여 알아본다. 먼저 본인과 친구의 음성 데이터를 수집하고 수집한 데이터로 학습하여 AI 모델을 만든다. 이렇게 만든 모델과 PAC 확장기능을 이용하여 본인의 목소리 검증과정을 Screen1에서 실시하고, Screen2에서는 검정을 통과한 경우에 대해서 TinyDB에 자신의 일기를 기록하고 관리하는 두 부분으로 구성된 앱을 개발한다. 이 단락에서 만들 프로젝트의 이름과 프로젝트 내용은 표 12.1과 같다.

표 12.1 프로젝트에 관한 정보

프로젝트 이름	프로젝트 내용
PAC_App	Screen1에서 자신의 목소리를 검증하고, Screen2에서 TinyDB에 자신의 일기를 저장하고 관리하는 앱 개발

1 프로젝트 만들기와 확장기능 추가

앱 인벤터를 실행하여 그림 12.1과 같이 [프로젝트] – [새 프로젝트 시작하기]를 클릭하여 "PAC_App"이라는 이름으로 프로젝트를 만든다.

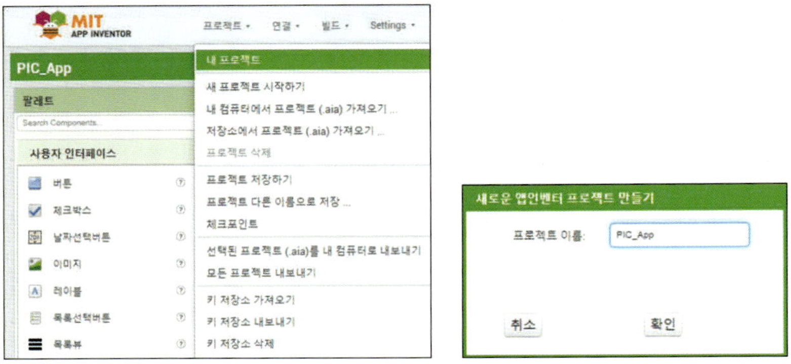

그림 12.1 프로젝트 만들기

앱 인벤터의 [도움말] – [확장기능]을 클릭하여 "PersonalAudioClassifier.aix" 파일을 클릭하여 자신의 컴퓨터에 다운 받는다. 앱 인벤터에서 그림 12.2의 왼쪽과 같이 [팔레트] – [확장기능] – [확장기능 추가하기]를 클릭한다. 그리고 [프로젝트에 확장 프로그램 불러오기] 창에서 [파일 선택]을 선택하여 컴퓨터에 다운받은 "PersonalAudioClassifier.aix" 파일을 선택하고, [Import] 버튼을 클릭하여 오른쪽과 같이 추가한다.

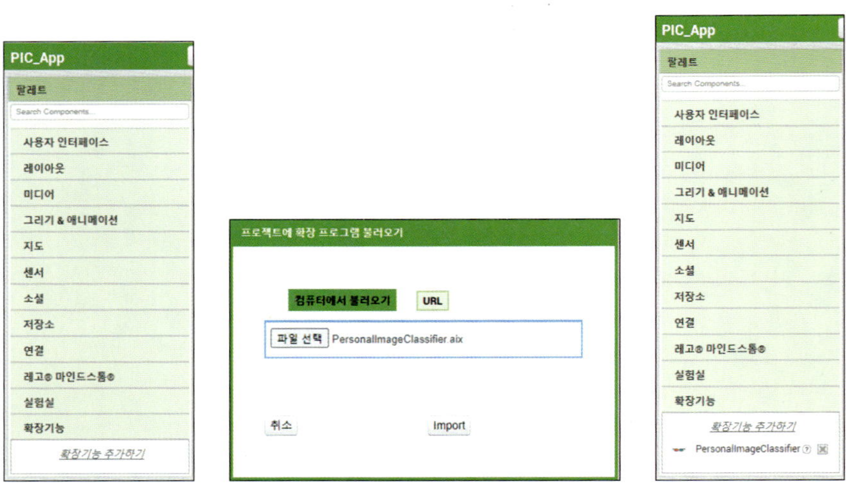

그림 12.2 확장기능 추가하기

2 음성 모델 생성

PAC 확장기능을 이용하여 자신의 음성을 검정하여 일기를 관리하기 위해서는 먼저 자신과 친구의 음성 데이터를 이용하여 음성 모델을 생성해야 한다. 음성 모델 생성은 그림 12.3의 https://c1.appinventor.mit.edu 사이트에서 생성한다.

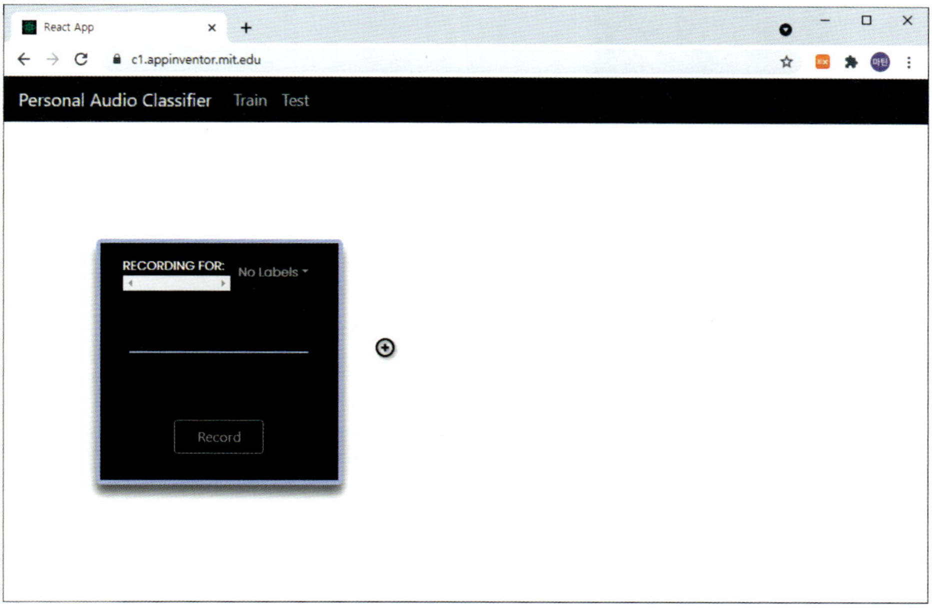

그림 12.3 모델 생성 사이트

먼저 3명(Martin, John, Kate)의 음성 데이터를 수집하기 위하여 그림 12.3에서 ⊕를 클릭하여 그림 12.4와 같이 'Martin'을 입력하고 엔터키를 눌러 'Martin' 레이블을 생성한다. 동일하게 'John'과 'Kate' 레이블도 그림 12.5와 같이 생성한다.

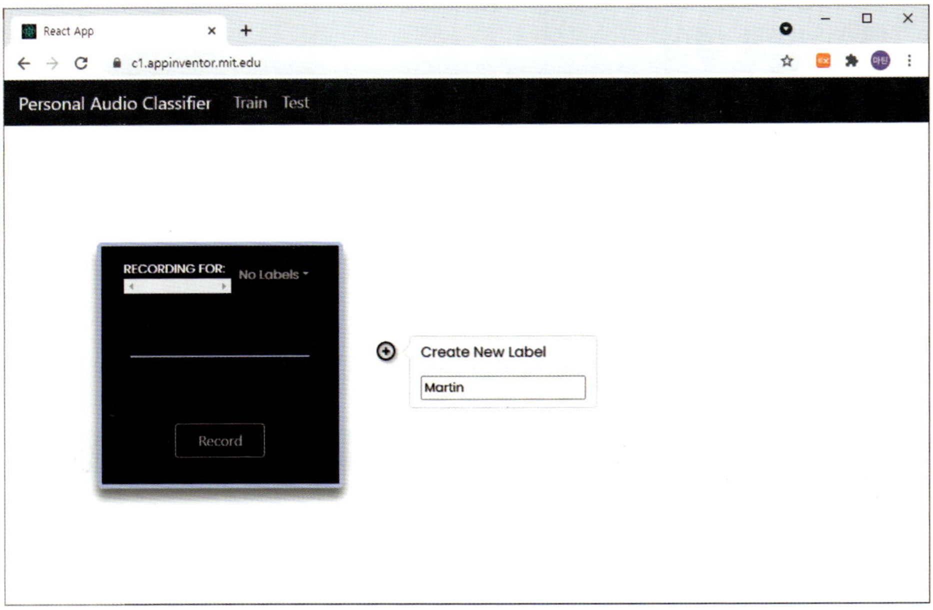

그림 12.4 'Martin' 레이블 생성

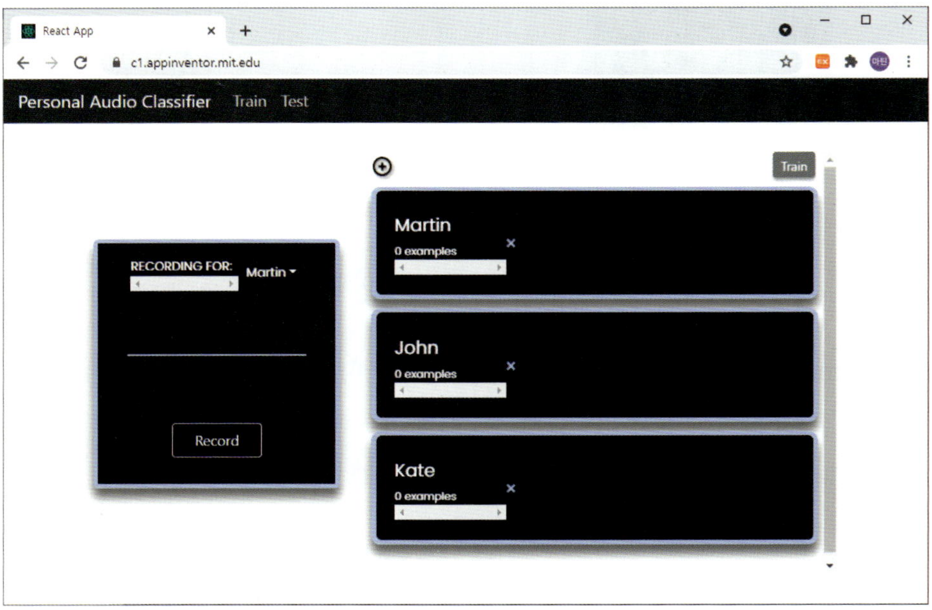

그림 12.5 'John'과 'Kate' 레이블 생성

다음으로 각 레이블에 학습에 사용할 음성 데이터를 10개씩 수집한다. 마이크를 컴퓨터에 연결하여 사용가능 여부를 확인하고, 그림 12.5에서 'RECORDING FOR:'에 [Martin]을 선택하고, [Record]를 클릭하여 'Martin'을 크고 분명하게 말하여 그림 12.6과 같이 10개의 'Martin' 음성 데이터를 등록한다. 음성을 등록할 때는 깨끗하고 분명하게 큰 소리로 등록을 하고, 등록이 잘 못되었을 때는 해당 음성 데이터에 마우스를 올려 오른쪽 상단에 나타나는 'x'를 선택하여 삭제하고 다시 등록한다.

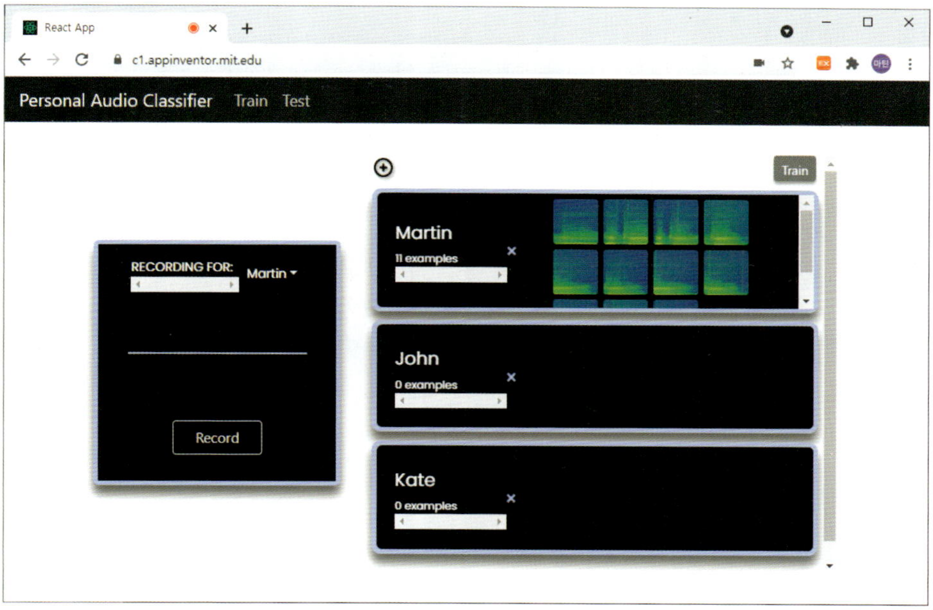

그림 12.6 'Martin' 음성 데이터 등록

그리고 'John' 음성 데이터를 등록하기 위하여 그림 12.7과 같이 'RECORDING FOR:'에 [John]을 선택하고, [Record]를 클릭하여 'John'을 크고 분명하게 말하여 그림 12.8과 같이 10개의 'John' 음성 데이터를 등록한다.

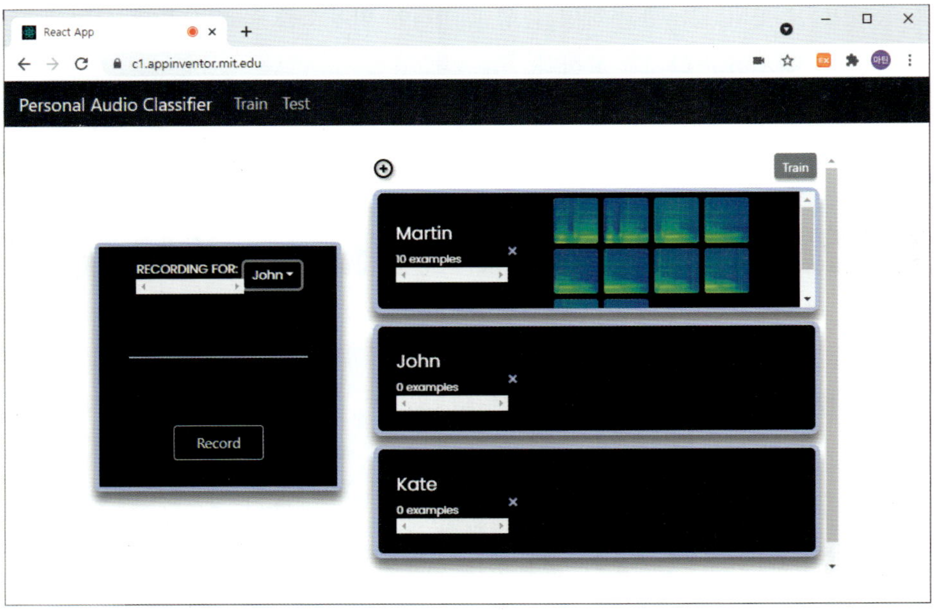

그림 12.7 'John' 레이블 선택

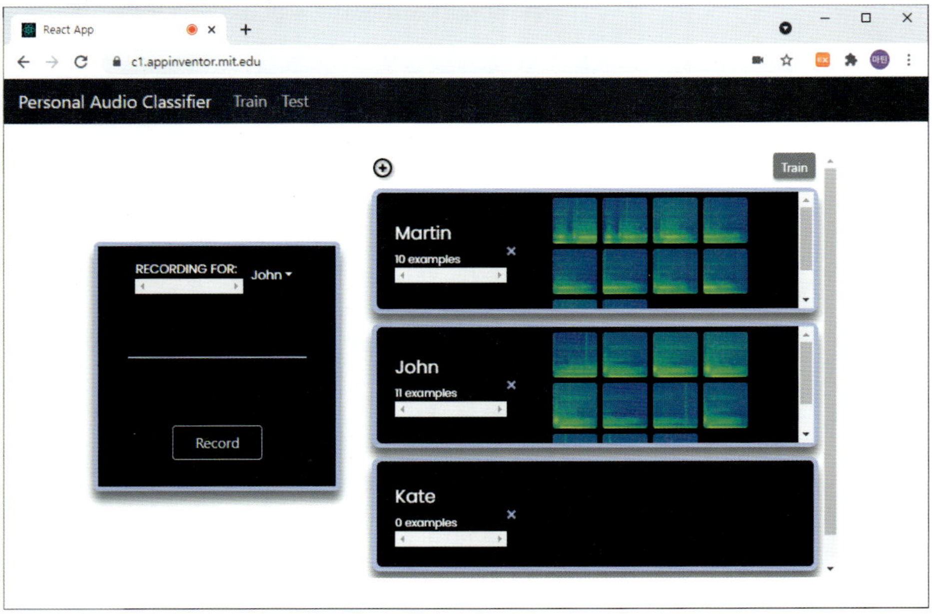

그림 12.8 'John' 음성 데이터 등록

마지막으로 'Kate' 음성 데이터 등록을 위하여 그림 12.9와 같이 'RECORDING FOR:'에 [Kate]을 선택하고, [Record]를 클릭하여 'Kate'을 크고 분명하게 말하여 그림 12.10과 같이 10개의 'Kate' 음성 데이터를 등록한다.

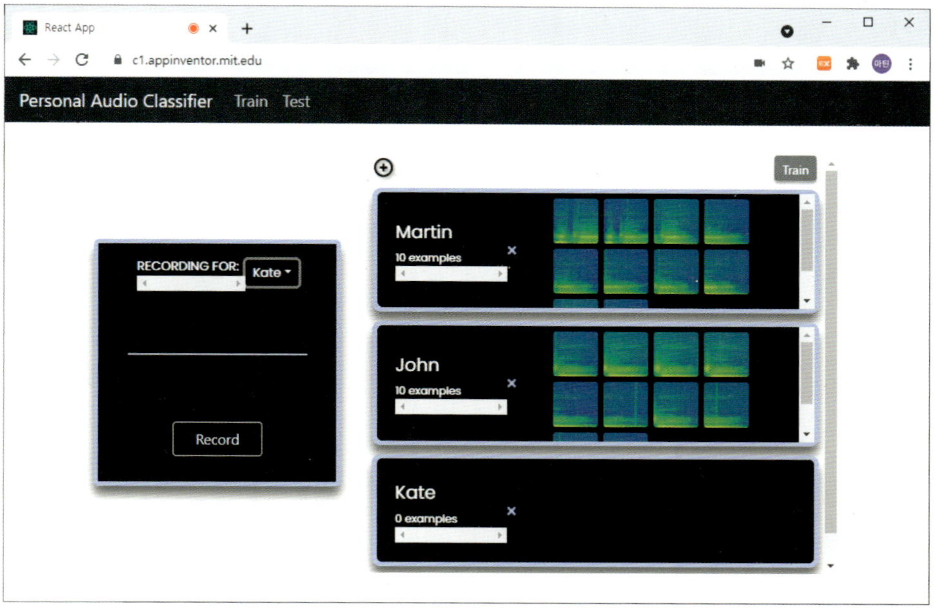

그림 12.9 'Kate' 레이블 선택

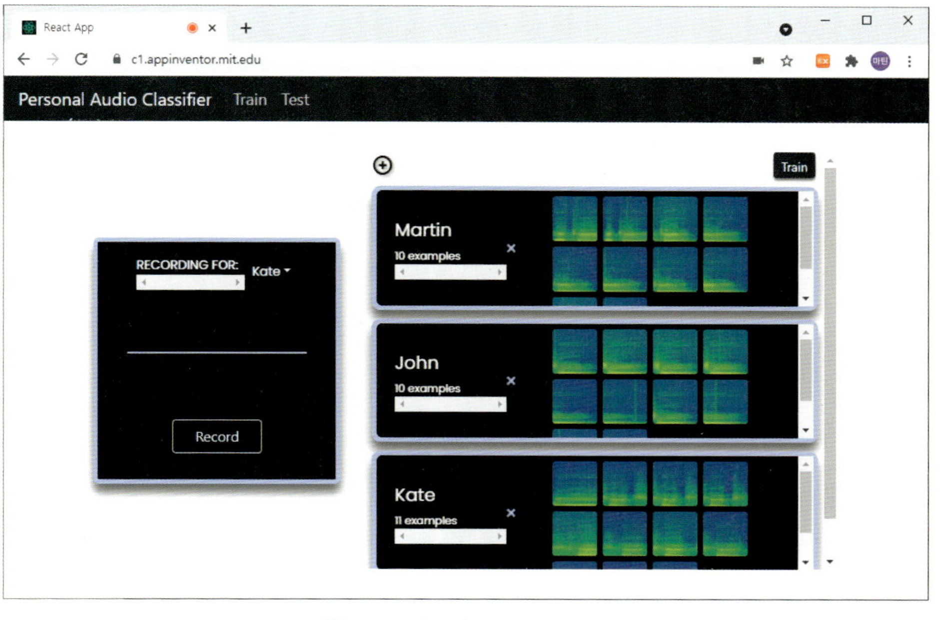

그림 12.10 'Kate' 음성 데이터 등록

이와 같이 'Martin'과 'John' 그리고 'Kate' 레이블을 만들고 각각 10의 음성 데이터를 수집한 다음, 학습을 하기 위하여 그림 12.10의 오른쪽 상단에 있는 [Train] 버튼을 클릭한다. 그림 12.11은 학습에 사용되는 파라미터들로서 기본 값을 그대로 사용하여 [Train Model]을 선택하여 학습한다. 학습을 통하여 음성 모델이 만들어지는 과정을 그림 12.12에서 보여주고 있다.

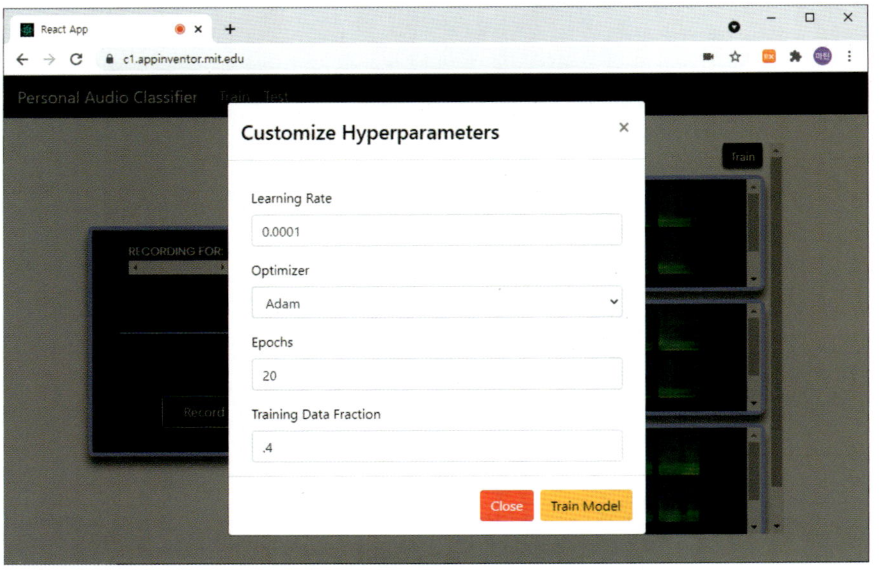

그림 12.11 학습 파라미터

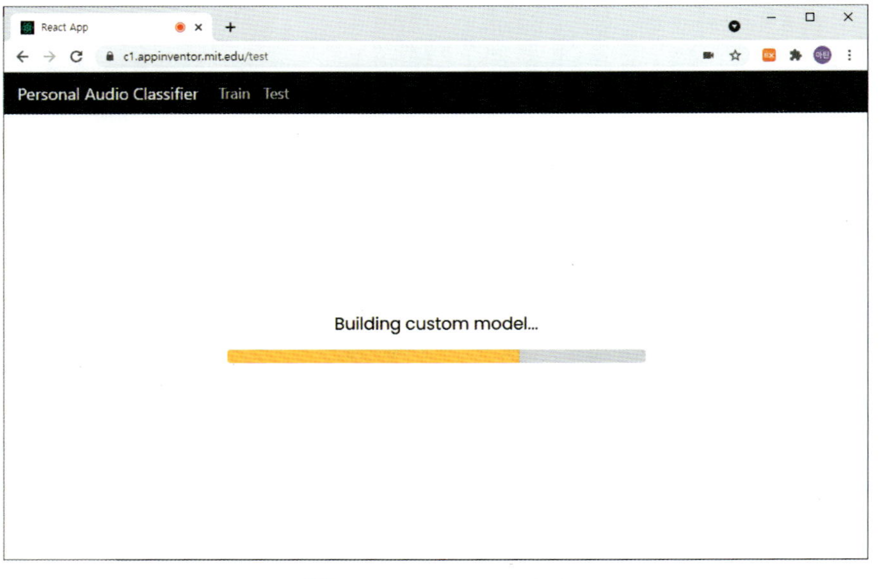

그림 12.12 음성 모델 생성 과정

음성 데이터를 바탕으로 학습을 통하여 음성 모델이 생성이 끝나면 그림 12.13과 같다. 그리고 생성된 모델의 성능을 테스트할 수 있는데, 각 그림의 오른쪽에 있는 CLASSIFICATION에 해당 목소리를 분류한 결과가 나타나 있다. 그림 12.13에서 [Record]를 클릭하여 크고 분명한 목소리로 'John', 'Kate', 'Martin' 순으로 각자 테스트를 한 결과가 그림 12.14, 그림 12.15, 그림 12.16과 같다.

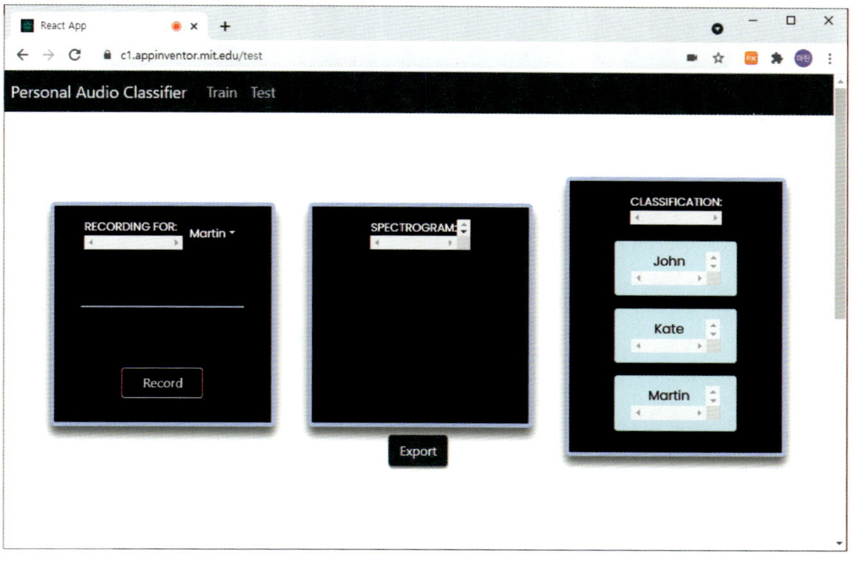

그림 12.13 음성 모델 생성 완료

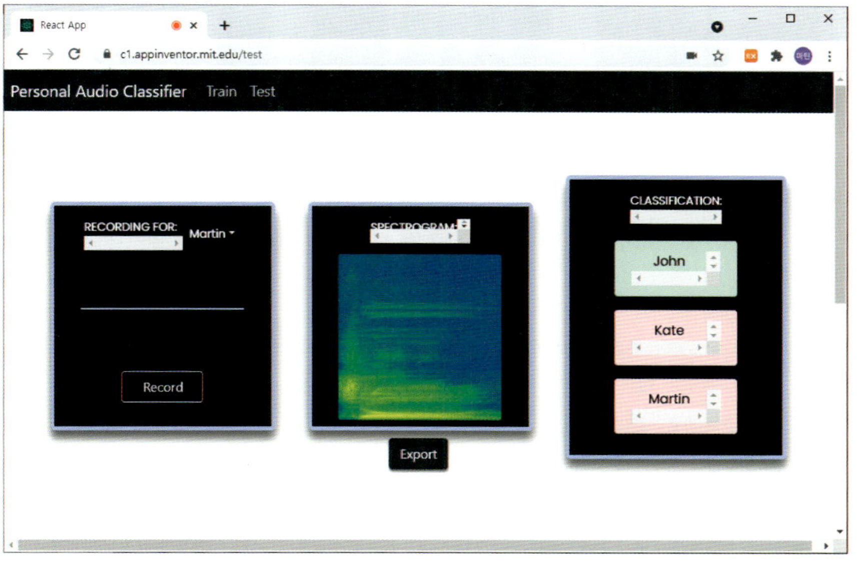

그림 12.14 'John' 음성 테스트

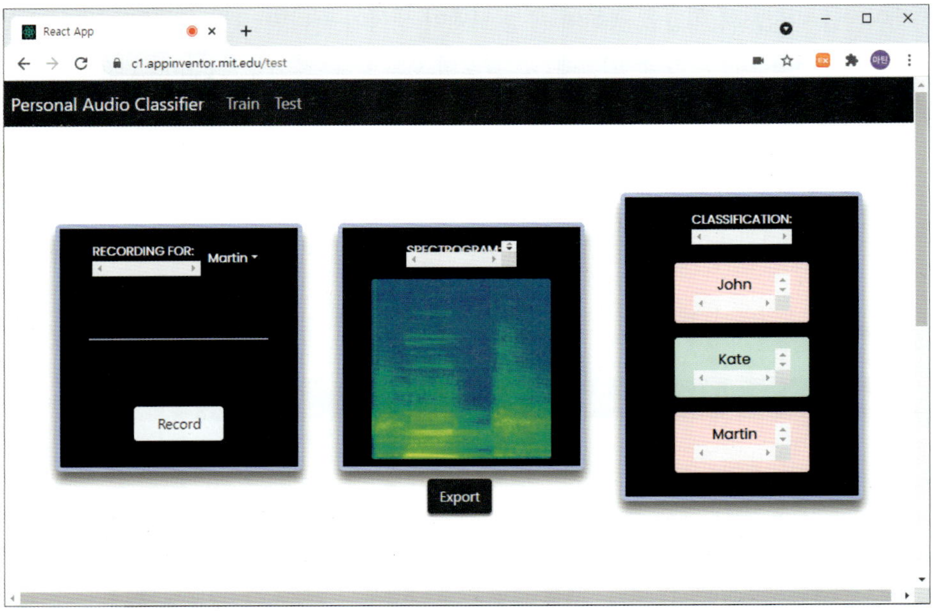

그림 12.15 'Kate' 음성 테스트

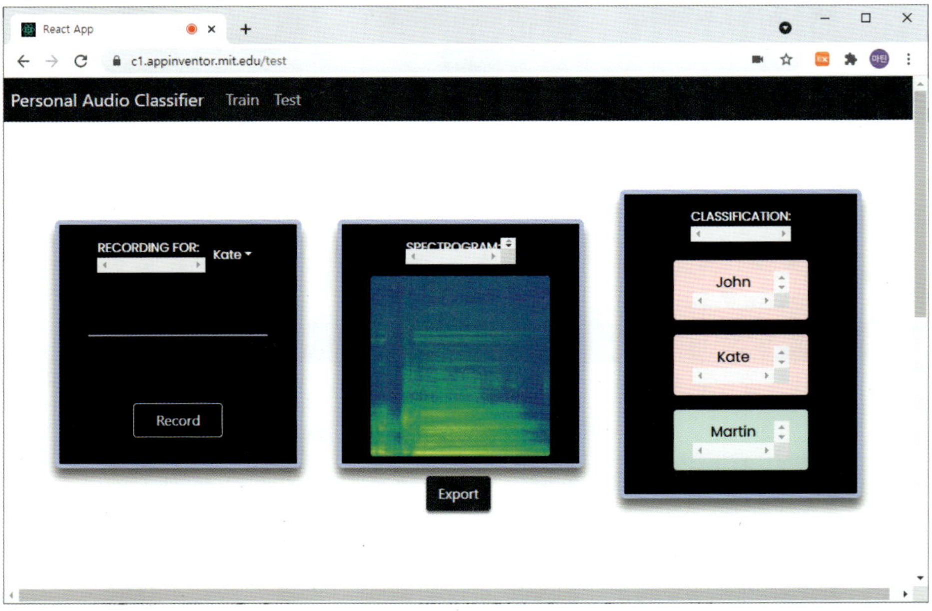

그림 12.16 'Martin' 음성 테스트

음성 모델의 신뢰도(confidence)를 보려면 그림 12.17과 같이 각 레이블 위에 마우스를 올려 놓으면 된다. 음성 모델 테스트에서 원하는 수준의 결과가 나오지 않으면 사이트 왼쪽 상단의 [Train]을 선택하여 해당 레이블에 더 많은 음성 데이터를 수집하여 모델의 성능을 개선시킬 수 있다.

음성 모델의 성능이 만족스러우면, 사이트 하단의 [Export]를 선택하여 그림 12.18의 왼쪽 아래 같이 해당 모델을 자신의 컴퓨터에 다운받는다.

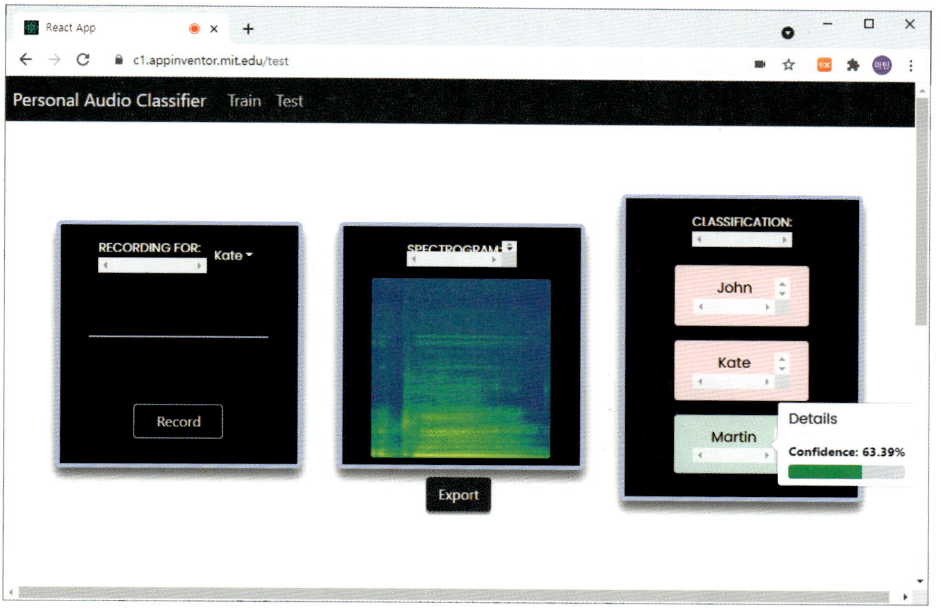

그림 12.17 신뢰도 확인

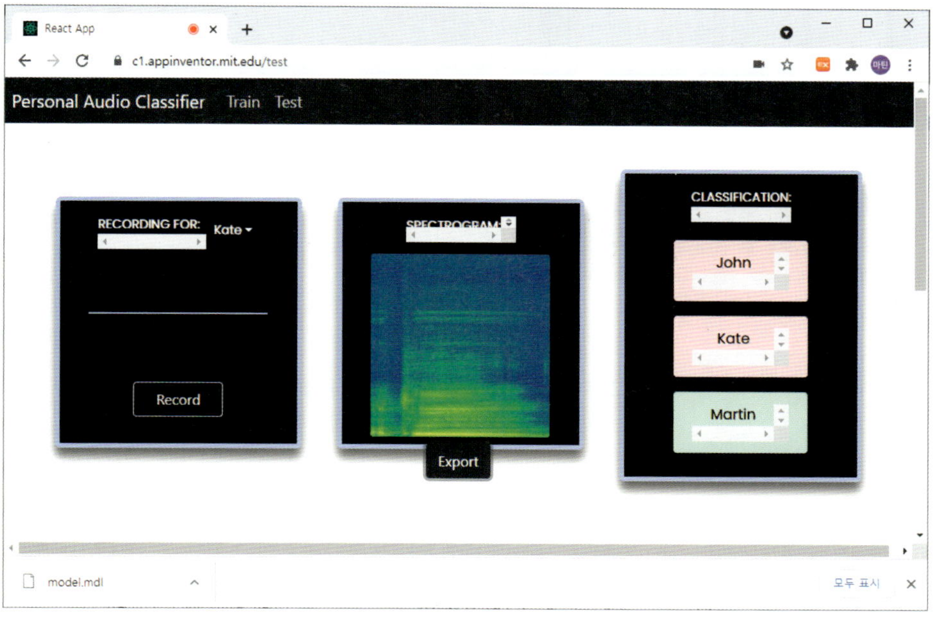

그림 12.18 음성 모델 다운받기

3 프로젝트 내용과 디자이너 구성

우리가 만들려는 프로젝트는 PAC 확장기능과 음성 모델을 이용하여 본인의 음성을 검증하고, TinyDB에 자신의 일기를 기록, 저장, 불러오기 등의 기능을 제공하는 앱을 개발하는 것이다. 이번 프로젝트에는 Screen1과 Screen2를 각각 사용하여 Screen1에서는 음성을 검정하고, Screen2에서는 검정이 성공된 경우, 자신의 일기를 관리하는 부분으로 구성한다.

앱 인벤터 오른쪽 상단에 "디자이너"와 "블록"이 있는데 [디자이너] 버튼을 선택하여 그림 12.19와 같이 Screen1의 디자이너 구성을 하도록 한다. 그리고 디자이너 구성할 때 사용할 컴포넌트와 속성을 표 12.2에 나타내었다.

그림 12.19 Screen1 디자이너 구성

표 12.2 Screen1 컴포넌트와 속성

팔레트	컴포넌트	속성
–	Screen1	아이콘(diary_icon.JPG), 제목(Martin's Diary)
사용자 인터페이스	레이블1	글꼴크기(35), 너비(부모 요소에 맞추기), 텍스트(Diary Green Light!), 텍스트색상(파랑), 텍스트정렬(가운데)
	레이블2	글꼴크기(15), 너비(부모 요소에 맞추기), 텍스트(Record를 클릭하여 목소리를 입력해주세요!), 텍스트정렬(가운데)
	웹뷰어1	–
미디어	음성변환1	–
확장기능	PersonalAudioClassifier1	Model(model.mdl), WebWiewer(웹뷰어1)

Screen2의 디자이너 구성은 먼저 그림 12.20과 같이 [스크린 추가 ...] 클릭 – [새 스크린] 창 – 스크린 이름(Screen2)을 등록한다. 그리고 등록된 Screen2를 선택하여 그림 12.21과 같이 Screen2의 디자이너를 구성한다. 그리고 디자이너 구성할 때 사용할 컴포넌트와 속성은 표 12.3과 같다.

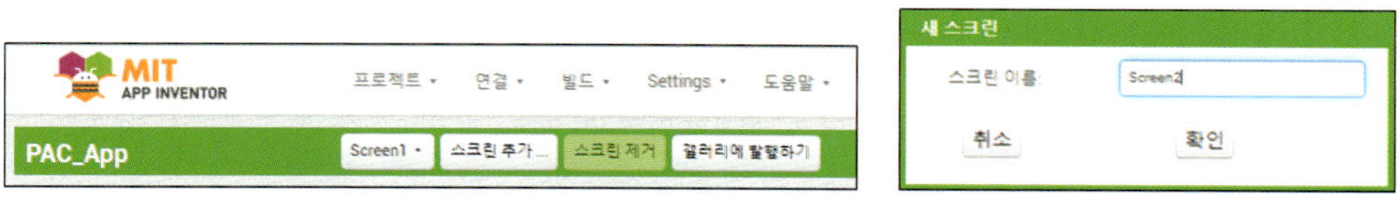

그림 12.20 Screen2 추가

그림 12.21 Screen2 디자이너 구성

표 12.3 Screen2 컴포넌트와 속성

팔레트	컴포넌트	속성
–	Screen2	제목(MyDiary)
사용자 인터페이스	버튼1	높이(25퍼센트), 너비(부모 요소에 맞추기), 이미지(diary.JPG)
레이아웃	수평배치2	너비(부모 요소에 맞추기)
사용자 인터페이스	버튼2	글꼴크기(20), 너비(부모 요소에 맞추기), 텍스트(가져오기), 텍스트정렬(가운데)
	버튼3	글꼴크기(20), 너비(부모 요소에 맞추기), 텍스트(일기 저장), 텍스트정렬(가운데)
	버튼4	글꼴크기(20), 너비(부모 요소에 맞추기), 여러줄(체크), 텍스트(첫 화면), 텍스트정렬(가운데)
	텍스트박스1	높이(50퍼센트), 너비(부모 요소에 맞추기), 텍스트(나의 일기 ...)
	레이블4	너비(부모 요소에 맞추기), 텍스트(처음이면 지우고 입력, 다음부터는 가져오기!), 텍스트정렬(가운데), 텍스트색상(파랑)
저장소	타이니DB1	–
사용자 인터페이스	알림1	–

4 블록 구성

앱 인벤터 오른쪽 상단에 있는 [블록] 버튼을 클릭하여 Screen1과 Screen2에 대한 코딩을 하도록 하자. Screen1에서는 PAC를 이용하여 사용자의 음성을 검정하는 코딩을 하고, Screen2에서는 검정된 사용자의 일기를 관리하는 코딩을 한다. PAC 확장기능을 이용하여 코딩을 할 때는 PIC와는 다른 점이 있다. PIC의 경우는 이미지를 [ClassifyImageData] 블록을 사용하여 분류하고 [GotClassification] 블록에서 레이블을 이용하여 코딩한다. 그러나 PAC의 경우는 [ClassifySoundData] 블록을 사용하지 않고 바로 [GotClassicatication] 블록에서 코딩을 한다.

1) Screen1 코딩

먼저 Screen1에서 [블록] 탭을 선택하고 그림 12.22과 같이 [PersonalAudioClassifier1]에서 [언제 PersonalAudioClassifier1 GotClassification ~ 실행] 선택 – 뷰어에 드래그

한다. 그리고 그림 12.23과 같이 [레이블2]에서 녹색의 [지정하기 레이블2 텍스트 값] 선택 – [언제 PersonalAudioClassifier1 GotClassification ~ 실행] 블록에 드래그하여 연결시키고 [언제 PersonalAudioClassifier1 GotClassification ~ 실행]의 "결과" 위에 마우스 커서를 올리면 나타나는 [가져오기 결과] 드래그하여 [지정하기 레이블2 텍스트 값] 블록에 연결시킨다.

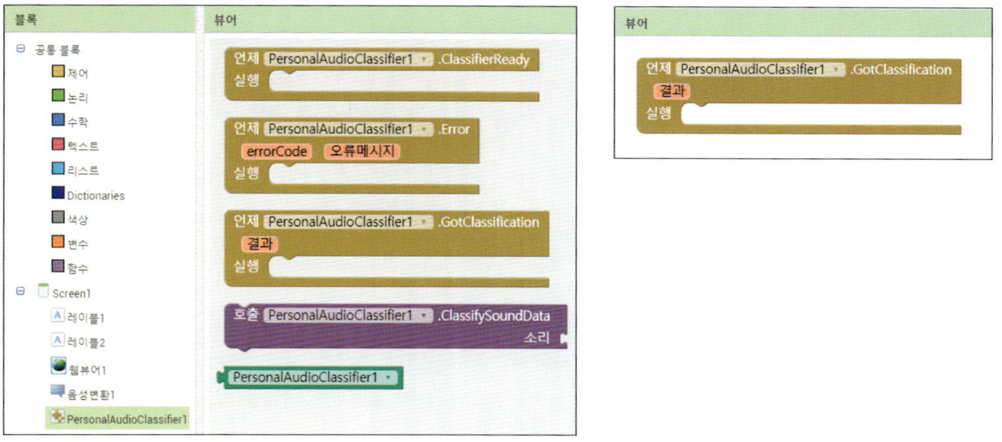

그림 12.22 [PersonalAudioClassifier1] 블록 선택

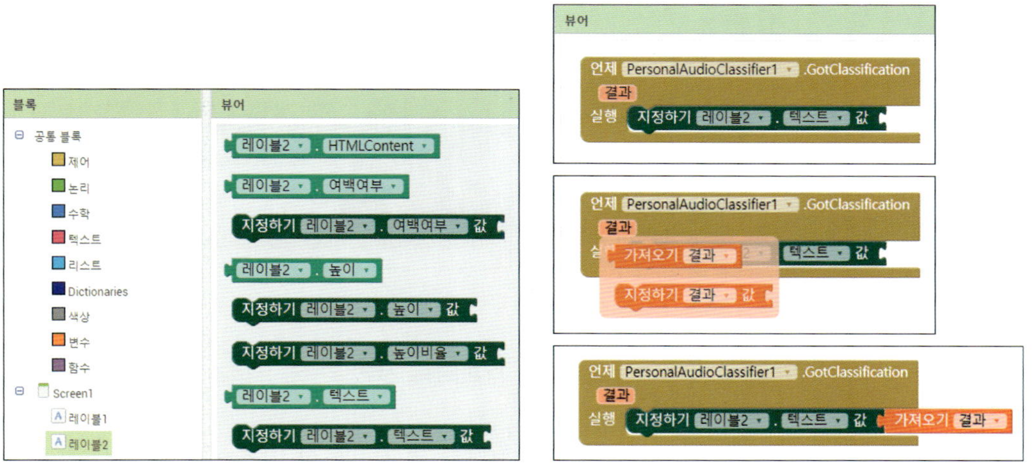

그림 12.23 [레이블2] 블록 선택

사용자의 음성을 검정하기 위하여 그림 12.24와 같이 [제어]에서 갈색의 [만약 ~ 이라면 실행 ~ 아니라면] 선택 – 기존의 [언제 PersonalAudioClassifier1 GotClassification ~ 실행] 블록에 드래그하여 연결시킨다. 그리고 그림 12.25와 같이 [논리]에서 연두의 [두값동일비교] 선택 – 앞서 연결시킨 [만약 ~ 이라면 실행 ~ 아니라면] 블록에 드래그하여 연결시킨다.

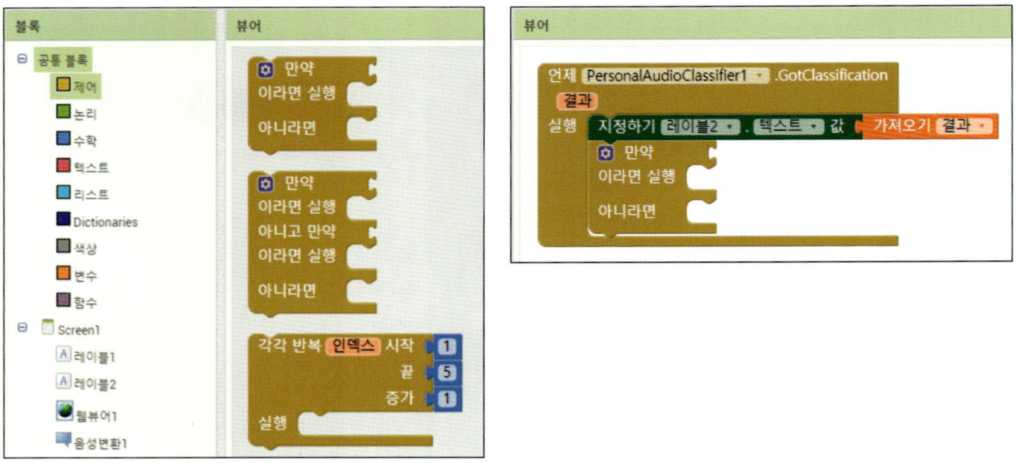

그림 12.24 [제어] 블록 선택

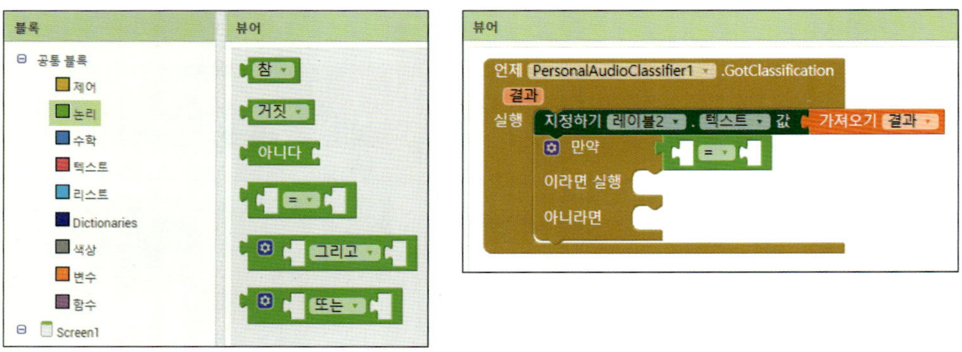

그림 12.25 [논리] 블록 선택

오디오 검출 결과에서 일기 쓰기가 허락된 "Martin" 사용자의 검증을 위하여 그림 12.26과 같이 [리스트]에서 하늘색 [항목 선택하기 리스트 ~ 위치] 2개를 연속해 앞서 연결한 [두값동일비교] 블록의 왼쪽 항목에 드래그하여 연결시킨다. 그리고 그림 12.27과 같이 [수학]에서 [0] 선택하여 2개의 [항목 선택하기 리스트 ~ 위치] 블록에 드래그하여 각각 연결시키고 그 위치 값을 1로 수정한다.

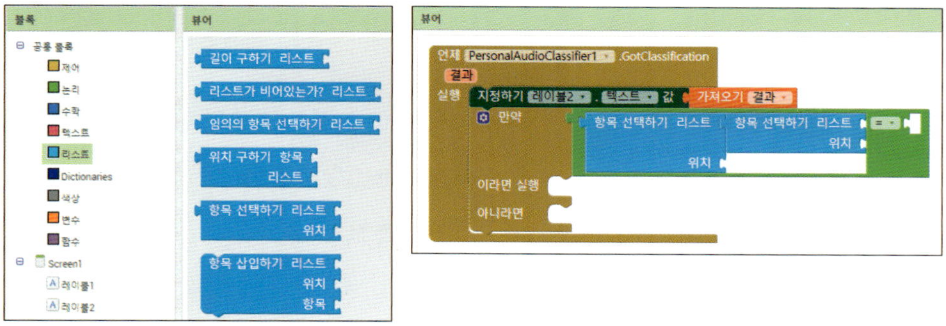

그림 12.26 [리스트] 블록 선택

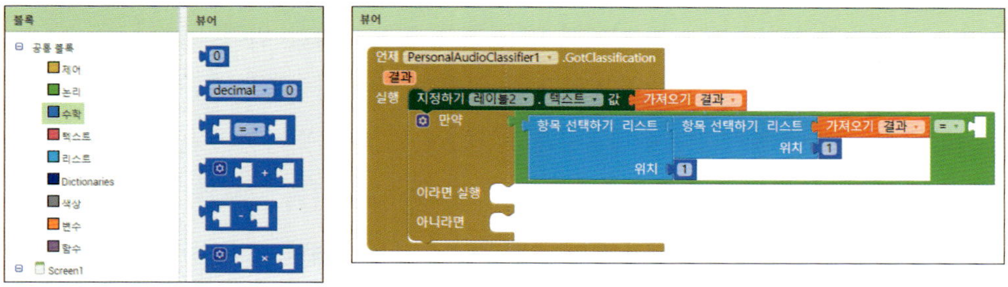

그림 12.27 [수학] 블록 선택

[두값동일비교] 블록의 오른쪽 항목은 그림 12.28과 같이 [텍스트]에서 [빈칸] 선택하여 드래그하여 연결시키고 "Martin"으로 수정한다. 그리고 음성 검정 결과가 "Martin"인 경우 그림 12.29와 같이 [음성변환1] 선택하여 보라색 [호출 음성변환1 말하기 ~ 메시지] 선택 – [만약 ~ 이라면 실행 ~ 아니라면] 블록에 드래그하여 연결시키고, [텍스트]에서 [빈칸] 선택 – [호출 음성변환1 말하기 ~ 메시지] 블록에 연결시키고 "마틴 성공!"으로 수정한다.

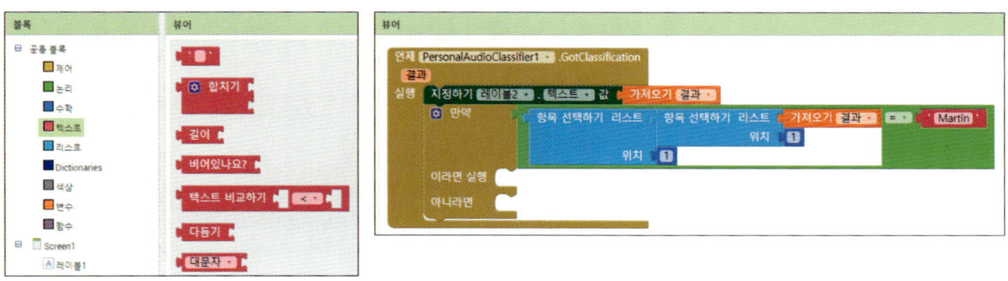

그림 12.28 [텍스트] 블록 선택

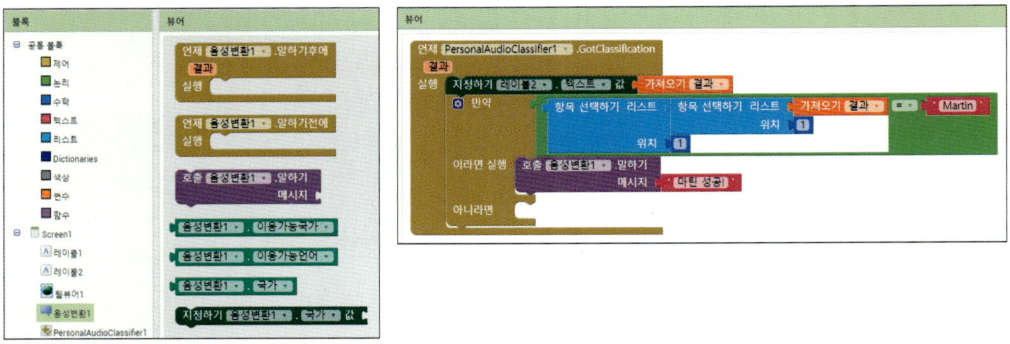

그림 12.29 [음성변환1] 탭 선택

사용자 검정이 성공되면 [Screen1]에서 [Screen2]로 넘어가기 위하여 그림 12.30과 같이 [제어]에서 각색의 [다른 스크린 열기 스크린 이름 Screen1] 선택 – [만약 ~ 이라면 실행 ~ 아니라면] 블록에 드래그하여 연결시키고 "Screen1"을 클릭하여 "Screen2"를 선택한다. 만약 사용자 검정에서 "Martin"이 아니면 그림 12.31과 같이 [음성변환1] 선택하여 보라색의 [호출 음성변환1 말하기 ~ 메시지] 선택 – [만약 ~ 이라면 실행 ~ 아니라면] 블록에 드래그하여 연결시킨다. 그리고 [텍스트]에서 [빈칸] 선택 – 연결된 [호출 음성변환1 말하기 ~ 메시지] 블록에 연결시키고 "마틴이 아님"으로 수정한다.

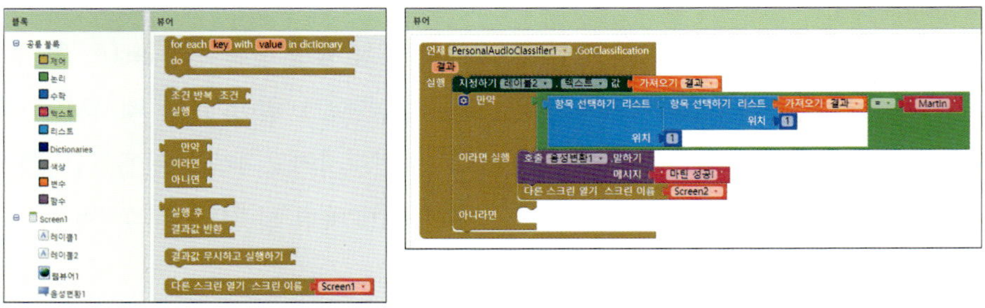

그림 12.30 [제어] 블록 선택

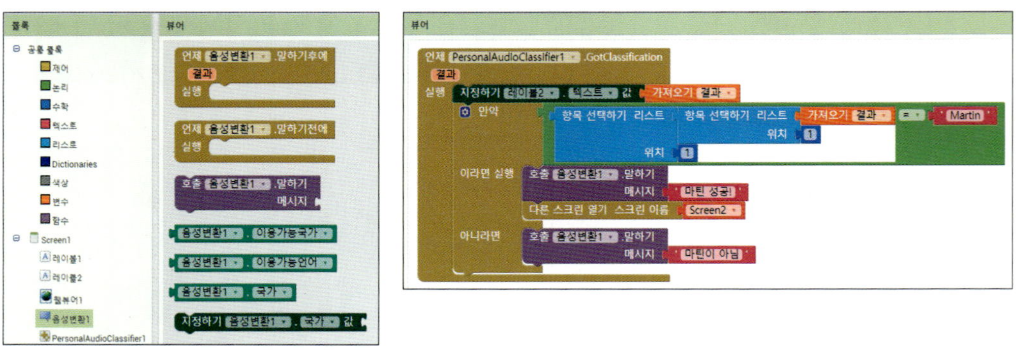

그림 12.31 [음성변환1] 블록 선택

2) Screen2 코딩

오디오 사용자 검정이 성공되면 일기 관리를 "Screen2"에서 하게 된다. 먼저 그림 12.32와 같이 [버튼2]에서 [언제 버튼2 클릭했을 때 ~ 실행] 선택 – 뷰어에 드래그하여 놓는다. 그리고 그림 12.33과 같이 [텍스트박스1]에서 녹색의 [지정하기 텍스트박스1 텍스트값] 선택 - 드래그해 놓은 [언제 버튼2 클릭했을 때 ~ 실행] 블록에 드래그하여 연결시킨다.

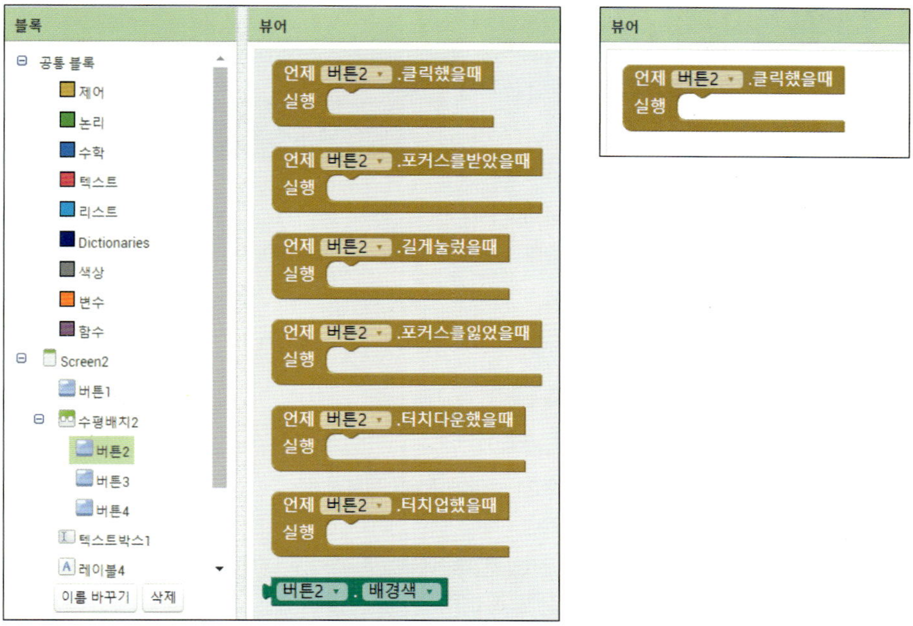

그림 12.32 [버튼2] 블록 선택

그림 12.33 [텍스트박스1] 블록 선택

타이니DB에 저장된 일기를 가져오기 위하여 그림 12.34와 같이 [타이니DB1]에서 보라색의 [호출 타이니DB1 값가져오기 ~ 태그 ~ 찾는태그가이없을 경우] 선택 – [지정하기 텍스트박스1 텍스트] 블록에 드래그하여 연결시킨다. 그리고 그림 12.35와 같이 [텍스트 값]에서 [빈칸] 2개 선택 – [호출 타이니DB1 값가져오기 ~ 태그 ~ 찾는태그가이없을 경우] 블록에 드래그하여 연결시키고, 각각 "Martin", "일기 내용이 없어요. 입력해주세요!"로 수정한다. 여기서 "Martin"은 일기 DB와 다른 DB를 구별시켜주는 키(key)이다.

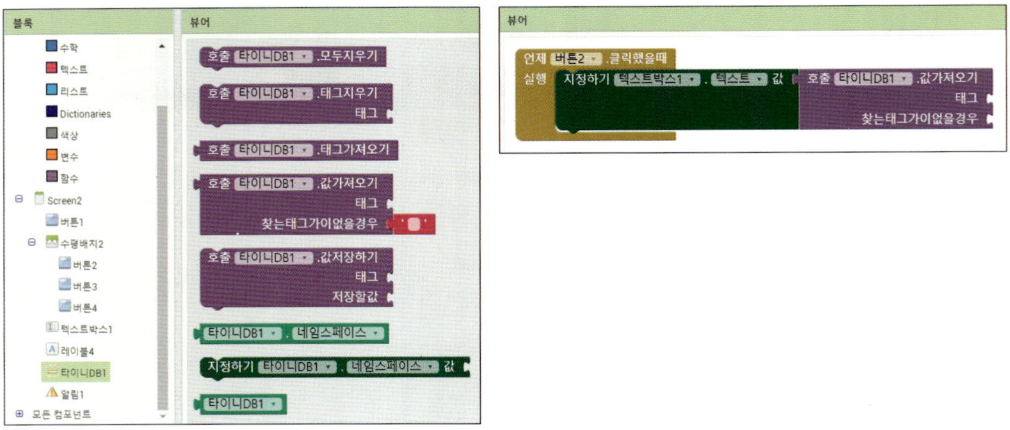

그림 12.34 [타이니DB1] 블록 선택

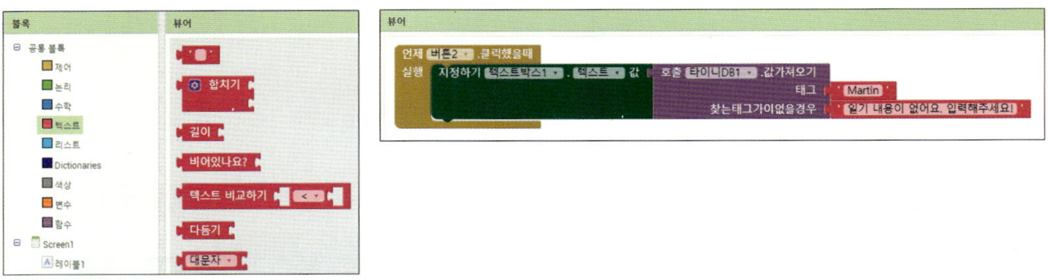

그림 12.35 [텍스트] 블록 선택

자신의 일기를 작성하고 저장하기 위하여 그림 12.36과 같이 [버튼3]에서 [언제 버튼3 클릭했을 때 ~ 실행] 선택 – 뷰어에 드래그하여 놓는다. 그리고 그림 12.37과 같이 [타이니DB1]에서 보라색의 [호출 타이니DB1 값저장하기 ~ 태그 ~ 저장할 값] 선택 – [언제 버튼3 클릭했을 때 ~ 실행] 블록에 드래그하여 연결시킨다.

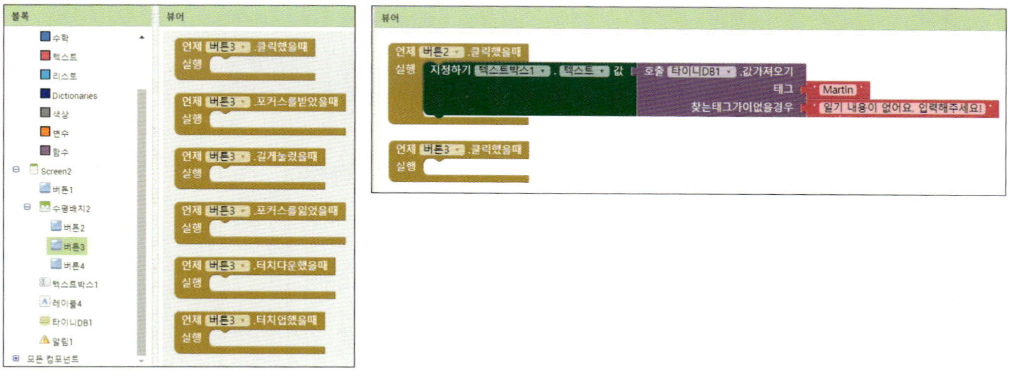

그림 12.36 [버튼3] 블록 선택

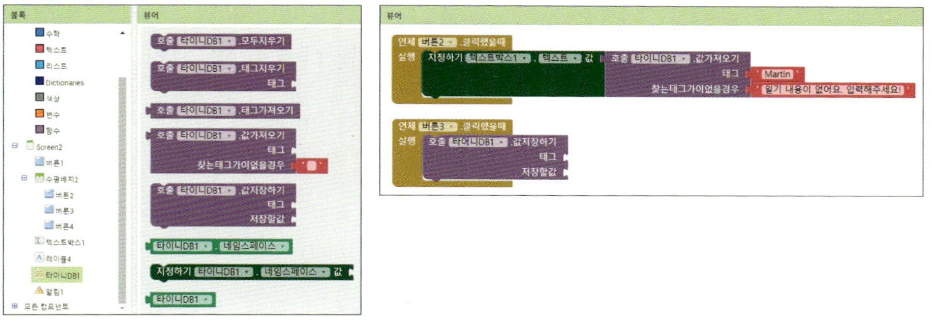

그림 12.37 [타이니DB1] 블록 선택

그림 12.38과 같이 [텍스트]에서 [빈칸] 선택 – [호출 타이니DB1 값저장하기 ~ 태그 ~ 저장할 값] 블록에 드래그하여 연결시키고 "Martin"으로 수정한다. 그리고 그림 12.39와 같이 [텍스트박스1]에서 녹색의 [텍스트박스1 텍스트] 선택 – [호출 타이니DB1 값저장하기 ~ 태그 ~ 저장할 값] 블록에 드래그하여 연결시킨다.

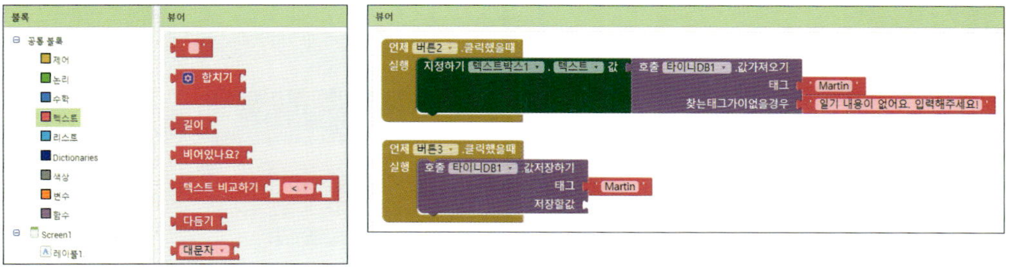

그림 12.38 [텍스트] 블록 선택

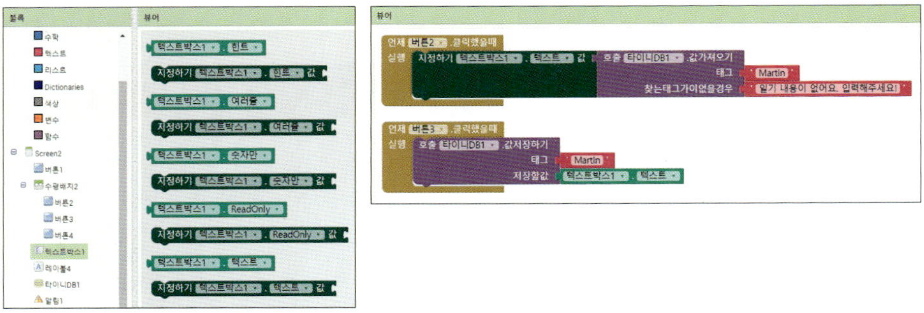

그림 12.39 [텍스트박스1] 블록 선택

일기를 정상적으로 저장되었음을 알림하기 위하여 그림 12.40과 같이 [알림1]에서 보라색의 [호출 알림1 메시지창보기 ~ 메시지 ~ 제목 ~ 버튼텍스트] 선택 – [언제 버튼3 클릭했을 때 ~ 실행] 블록에 연속적으로 드래그하여 연결시킨다. 그리고 그림 12.41과 같이 [텍스트]에서 3개의 [빈칸] 선택 – 설치된 [호출 알림1 메시지창보기 ~ 메시지 ~ 제목 ~ 버튼텍스트] 블록에 드래그하여 각각 연결시키고, 각각 "정상 저장되었습니다.", "일기 저장", "확인"으로 수정한다.

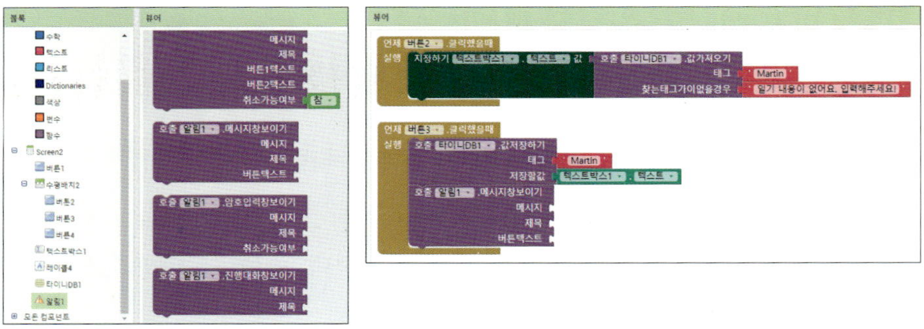

그림 12.40 [알림1] 블록 선택

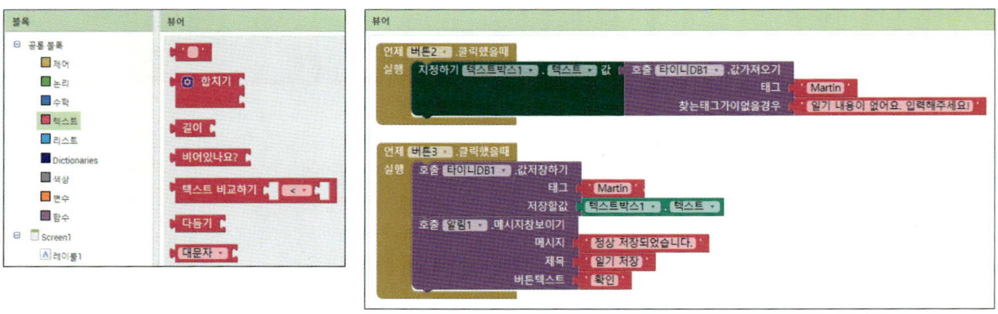

그림 12.41 [텍스트] 블록 선택

이제 “Screen1”로 돌아가기 위하여 그림 12.42와 같이 [버튼4]에서 [언제 버튼4 클릭했을 때 ~ 실행] 선택 – 뷰어에 드래그하여 놓는다. 그리고 그림 12.43과 같이 [제어]에서 [스크린 닫기] 선택 – 앞의 [언제 버튼4 클릭했을 때 ~ 실행] 블록으로 드래그하여 연결시킨다.

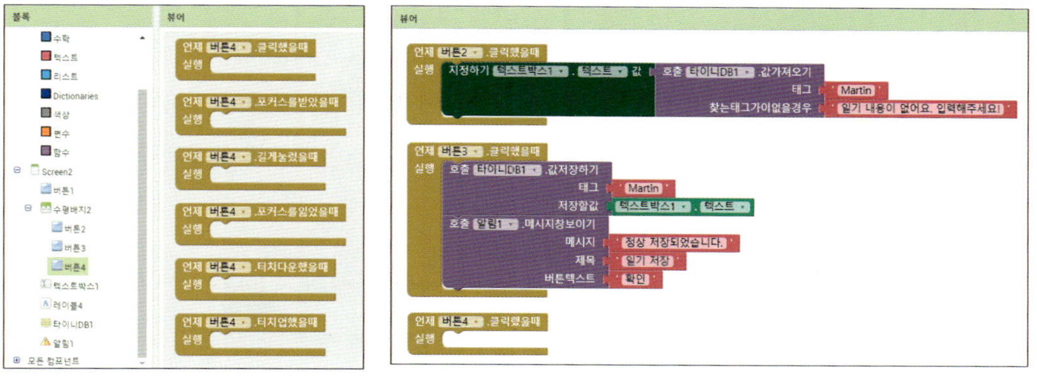

그림 12.42 [버튼4] 블록 선택

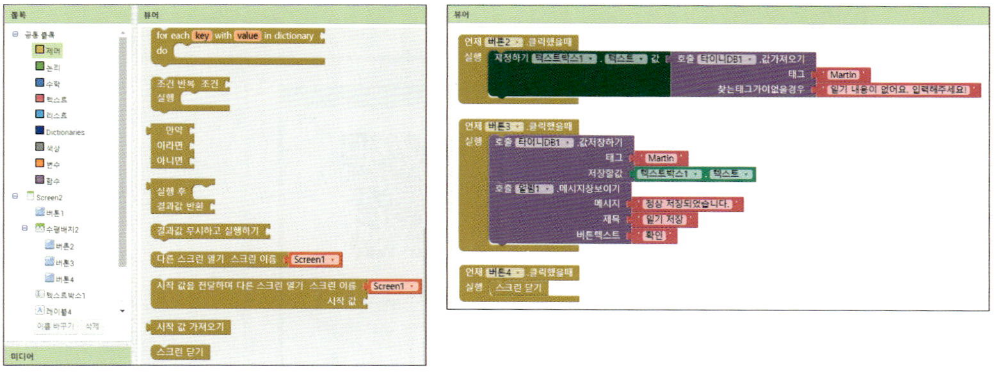

그림 12.43 [제어] 블록 선택

5 앱 실행 및 시험

PAC 확장기능을 이용하여 개발한 앱을 자신의 스마트폰에서 실행하기 위해는 그림 12.44와 같이 반드시 [빌드] – [Android App(.apk)] 선택하여 자신의 스마트폰에 설치된 “MIT AI2 Companion” 앱을 실행하여 생성된 [Android App for PAC_App]의 QR code를 스캔하여 개발한 앱을 자신의 스마트폰으로 다운받아 실행해야 한다. 즉 앞에서 사용한 앱 인벤터의 [연결] – [AI 컴패니언]을 선택해서는 개발한 앱을 자신의 스마트폰에서 실행할 수 없다.

그림 12.44 PAC_App 다운받기

스마트폰에 다운받은 앱을 자신의 스마트폰에 설치하면 그림 12.45와 같이 자신의 스마트폰 바탕화면에 앱 아이콘이 생성된 것을 확인할 수 있다. 그리고 앱 아이콘을 클릭하여 실행하면 상단에 ‘Diary Green Light!’가 나타나고, 사용자의 목소리를 검증하기 위하여 [Record]를 클릭하여 자신의 목소리를 입력한다. 만일 사용자가 음성을 입력을 했을 때 음성 검증이 실패했을 경우는 ‘마틴이 아님’이라고 음성 서비스를 하고, 그림 12.46의 왼쪽과 같은 결과를 보여준다. 그리고 만일 다시 [Record]를 클릭하여 목소리를 입력하여 음성 검증이 성공하면 ‘마틴 성공’이라는 음성 서비스를 하고, 그림 12.46의 오른쪽과 같이 일기를 관리할 수 있는 화면으로 넘어간다.

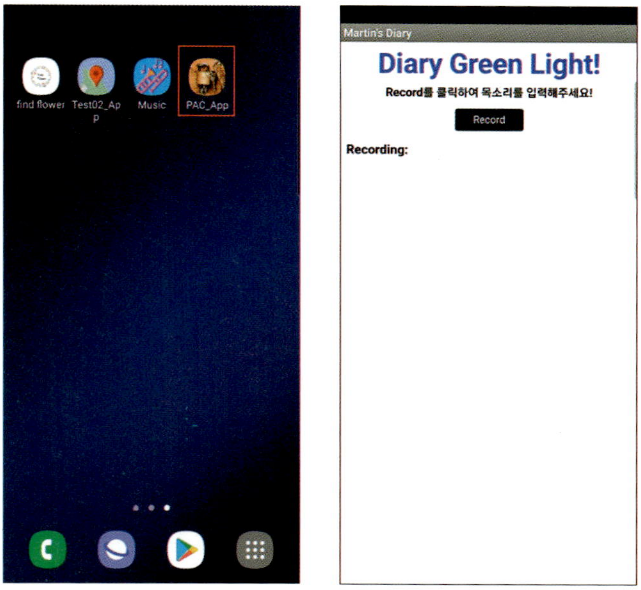

그림 12.45 앱 아이콘과 실행 초기화면

그림 12.46 사용자 음성 검증

일기 관리 화면에는 일기 가져오기 버튼 [가져오기]과 작성한 일기를 저장하는 버튼 [일기 저장] 그리고 앱의 첫 번째 화면으로 가는 버튼 [첫 화면]으로 구성되어 있다. [가져오기] 버튼을 클릭했을 때 저장된 일기 내용이 없을 때는 그림 12.47의 왼쪽과 같이 "일기 내용이 없어요. 입력해주세요!"라는 화면이 나타나고, 그림 12.47의 오른쪽과 같이 자신의 일기 내용을 작성할 수 있다.

작성한 일기를 저장하기 위하여 [일기 저장] 버튼을 클릭하면 그림 12.48의 왼쪽과 같이 알림 창을 통하여 정상적으로 저장되었음을 확인하고 [확인] 버튼을 클릭한다. 그리고 [첫 화면] 버튼을 클릭하면 그림 12.48의 오른쪽과 같이 첫 화면으로 전환된다.

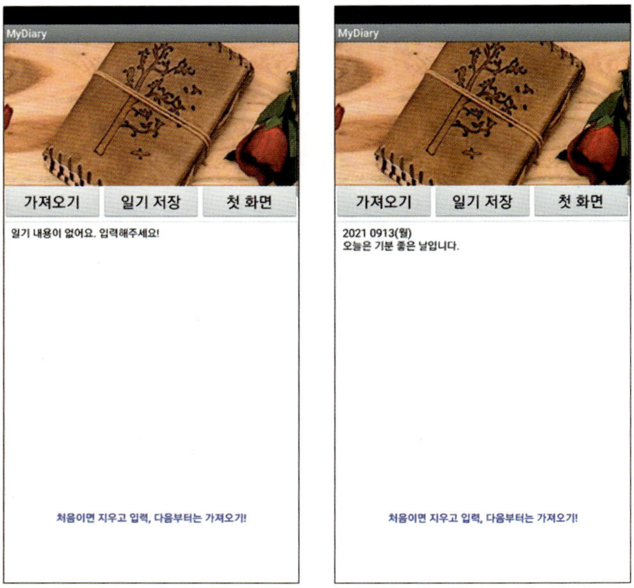

그림 12.47 일기 작성하기

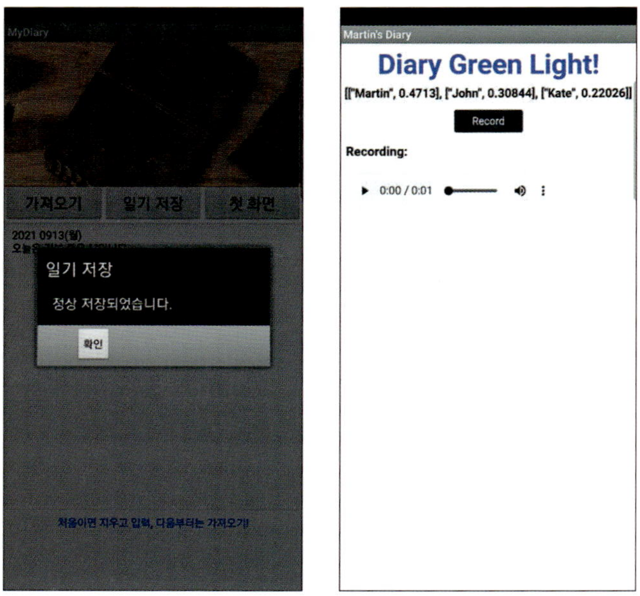

그림 12.48 일기 저장 및 첫 화면

다시 일기 관리 화면으로 전환하기 위해 [Record]를 클릭하여 사용자 음성 검증을 거치면 그림 12.49의 왼쪽과 같이 일기 관리 화면이 나타나고, [가져오기] 버튼을 클릭하면 그림 12.49의 오른쪽과 같이 기존에 저장된 일기 내용을 불러온다. 그리고 그림 12.50과 같이 기존의 일기 내용에 새로운 내용을 추가 · 저장하면서 자신의 일기를 음성 검정을 통하여 관리할 수 있다.

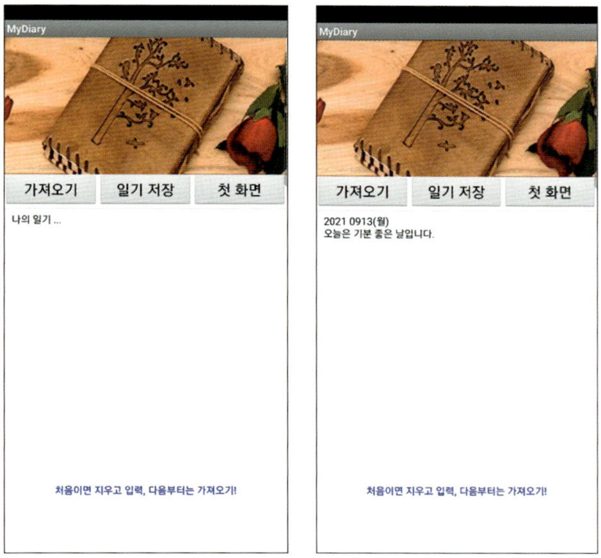

그림 12.49 저장된 일기 가져오기

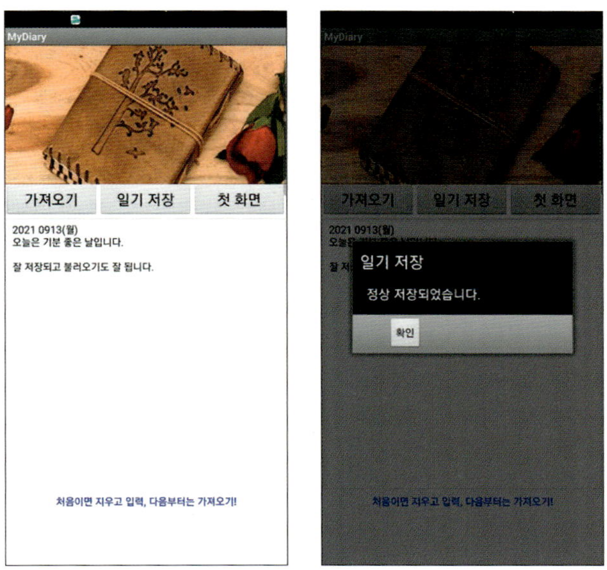

그림 12.50 일기 내용 추가 및 저장

13 복합모델 기반 Security Enhanced App 프로젝트

Chapter

신종 코로나바이러스감염증-19(COVID-19) 신규 확진자의 이동경로 게재로 인한 개인정보 문제가 화두가 된 적이 있다. 우리나라는 개인정보 보호법에 의하여 개인정보의 유출, 오용, 남용으로부터 사생활의 비밀 등을 보호하여 개인의 권리와 이익을 증진하고 개인의 존엄과 가치를 구현하고 있다. 현대인들에게 가장 사적인 영역은 개인 스마트폰일 것이다. 그러나 우리는 스마트폰의 개인정보를 보호하기 위한 조치로서 첫 화면 잠금 설정, 앱 알림 숨기기 정도가 대부분이다. 이러한 수준의 개인정보 보호는 스마트폰이 실행된 상태에서는 개인의 정보를 보호할 수 없는 상태에 있다.

본 프로젝트에서는 자신의 스마트폰이 실행된 상태에서도 특정 앱의 내용을 보기 위한 개인 바이오메트릭스(Biometrics)에 기반한 보안이 강화된 앱(Security Enhanced App: SEA)을 개발한다.

1 복합모델 보안 프로그램 구성

본 시스템은 그림 13.1과 같이 개인 목소리인 오디오 데이터와 얼굴 데이터를 기반으로 두 개의 모델을 생성하고, 이것을 바탕으로 보안이 강화된 앱(SEA)을 개발한다. SEA는 사용자가 입력하는 바이오메트릭스 중 하나를 만족하는 경우 개인정보 데이터 중에서 '중요(Level1)'에 해당하는 데이터 접근이 허용되고, 두 가지 모두를 만족하는 경우 '매우중요(Level2)'에 접근을 할 수 있다. 그리고 각 개인정보 데이터는 DB에서 관리된다.

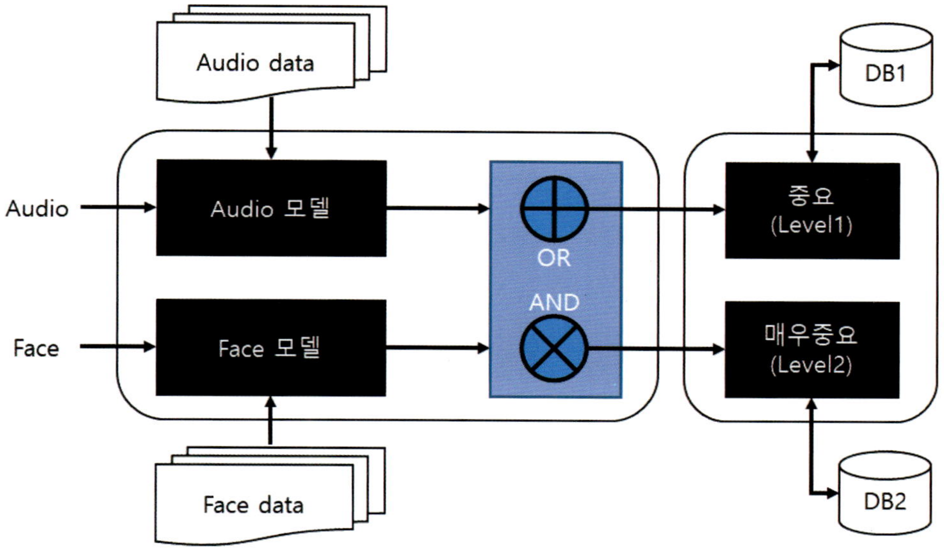

그림 13.1 복합모델 시스템

따라서 본 프로젝트는 앱 사용자 목소리 오디오와 얼굴 검증 작업을 하는 Screen1과 개인정보 데이터의 중요성에 따라 '중요(Level1)' 데이터 열람과 관리하는 Screen2 그리고 '매우중요(Level2)' 데이터를 열람하고 관리하는 Screen3으로 구성된다.

2 복합 모델 생성

사용자의 목소리를 기반한 오디오 모델은 12장 “음성보안 기반 Diary Green Light 프로젝트”에서 만든 모델을 사용한다. 따라서 오디오 모델 생성은 12장을 참고하기 바란다. 여기에서는 얼굴 데이터를 수집하고 그 데이터를 바탕으로 얼굴 모델 생성에 대해서 자세히 알아본다. PIC (Personal Image Classifier) 확장기능을 이용하여 얼굴 모델을 생성하기 위하여 먼저 자신을 포함한 세 사람의 얼굴 데이터 셋을 그림 13.2, 그림 13.3, 그림 13.4와 같이 수집한다.

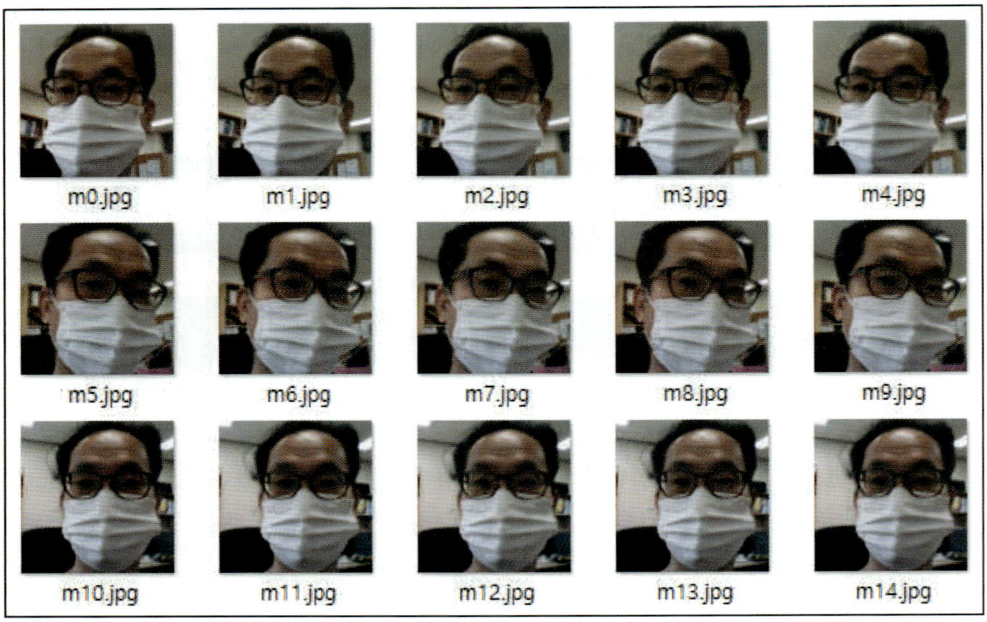

그림 13.2 Martin 데이터 셋

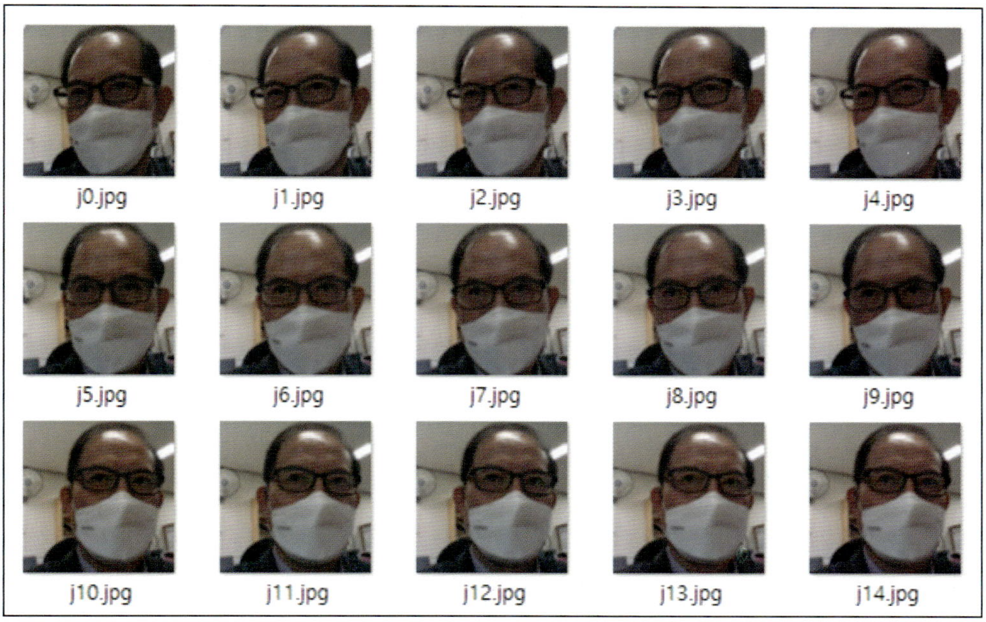

그림 13.3 John 데이터 셋

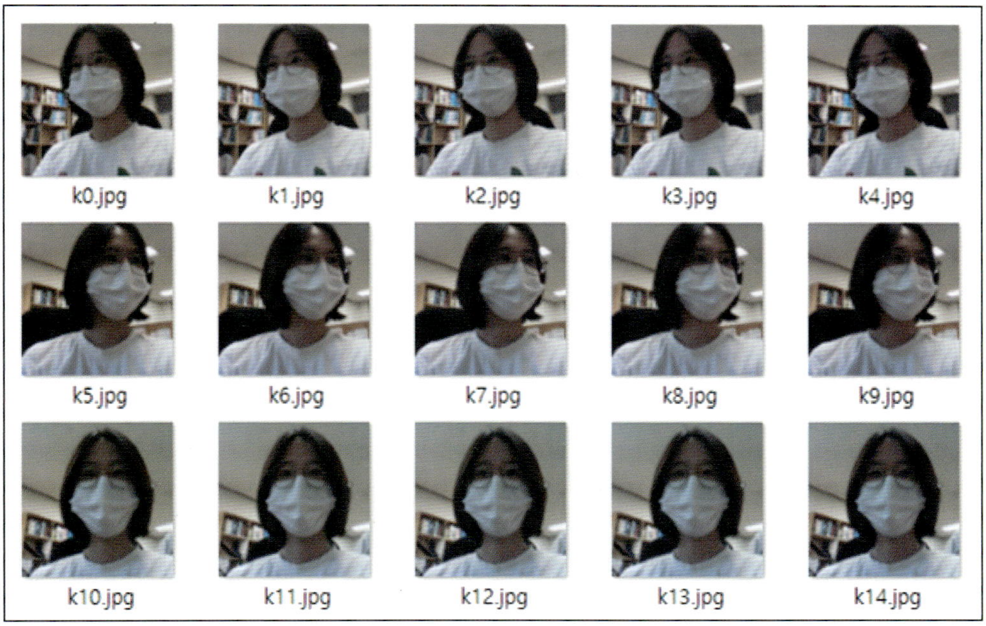

그림 13.4 Kate 데이터 셋

데이터 셋 수집은 세 사람이 같은 시간과 장소에 함께 있을 수 있다면 PIC 사이트(https://classifier.appinventor.mit.edu)에서 웹캠을 이용하여 할 수 있다. 우리의 경우는 Teachable Machine 사이트(https://teachablemachine.withgoogle.com)에서 그림 13.5와 같이 웹캠을 통하여 144개의 이미지를 먼저 각각 획득하였다. 그리고 그림 13.6과 같이 획득한 이미지를 다운받아 정면, 왼쪽, 오른쪽으로 각각 5개씩 선택하여 데이터 셋을 준비하였다.

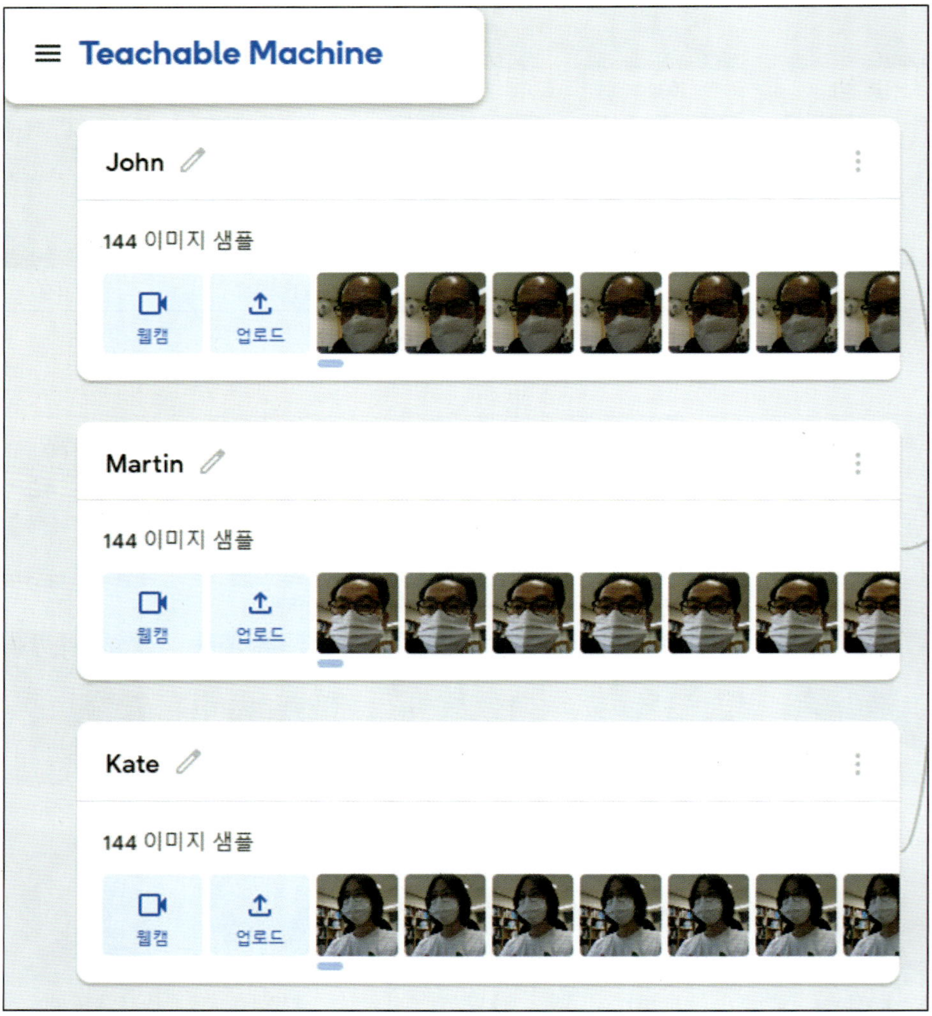

그림 13.5 Teachable Machine 데이터 획득

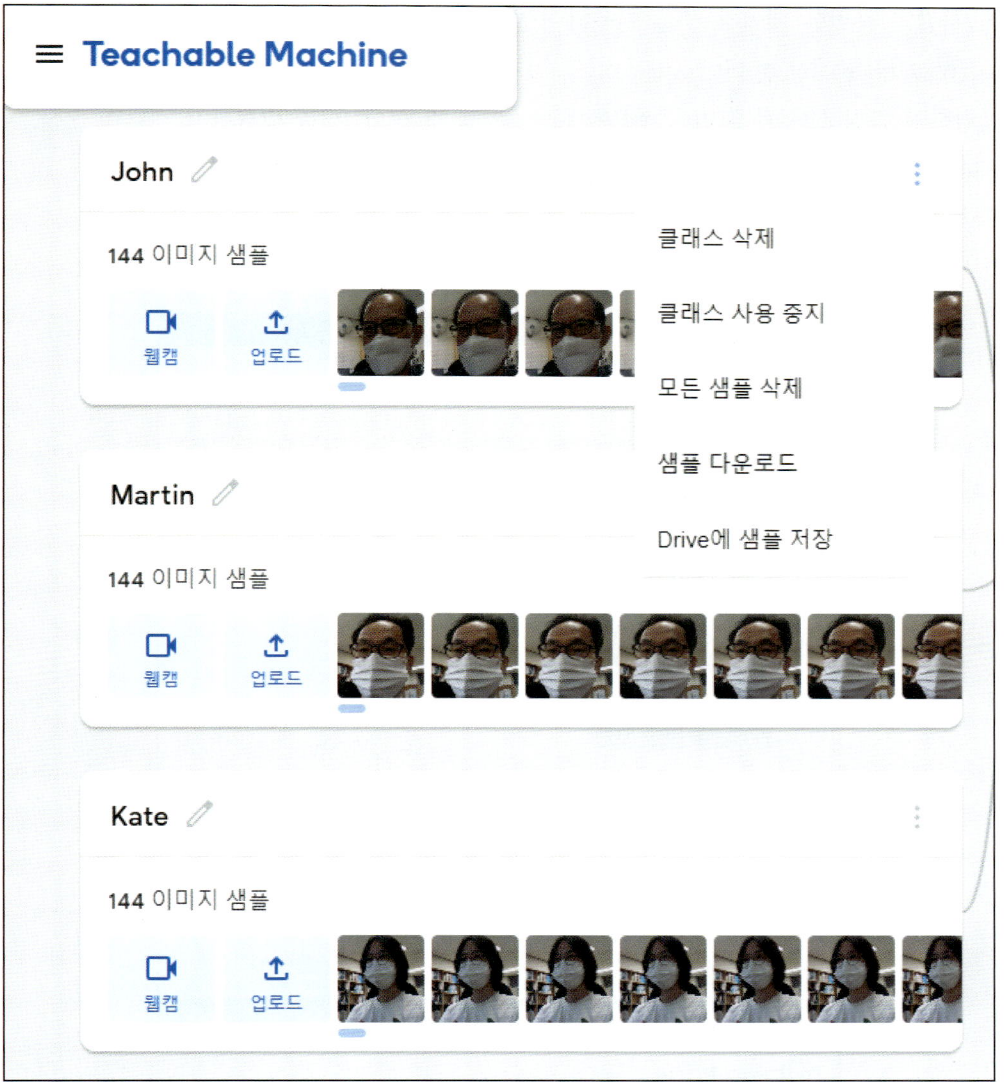

그림 13.6 데이터 다운받기

세 사람의 준비한 데이터 셋을 이용하여 얼굴 모델 생성은 그림 13.7과 같이 PIC 사이트 (https://classifier.appinventor.mit.edu)에 접속하여 수행한다. 먼저 그림 13.7에서 ⊕를 클릭하여 그림 13.8과 같이 'Create New Label'에 'Martin'을 입력하고 엔터를 쳐서, 그림 13.9와 같이 'Martin' 레이블을 생성한다.

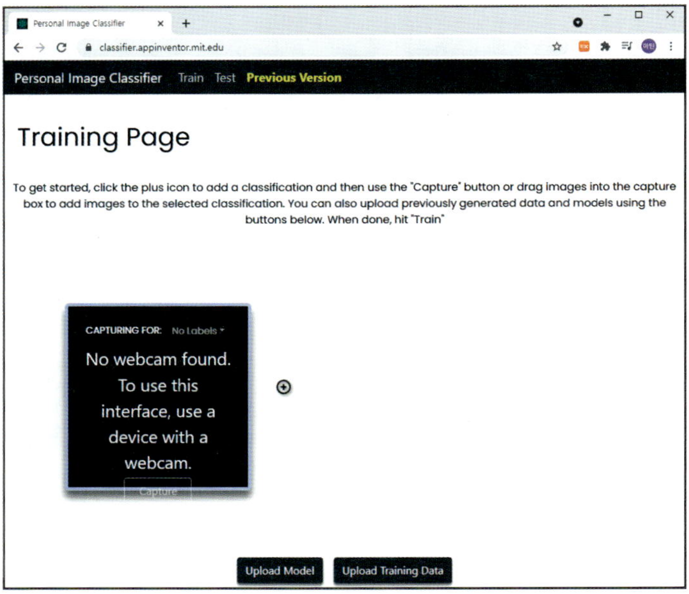

그림 13.7 Personal Image Classifier 사이트

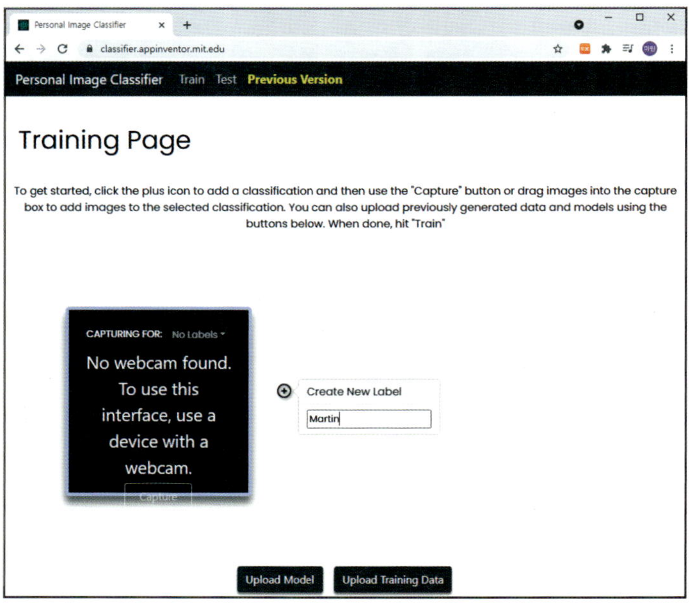

그림 13.8 Martin 레이블 생성

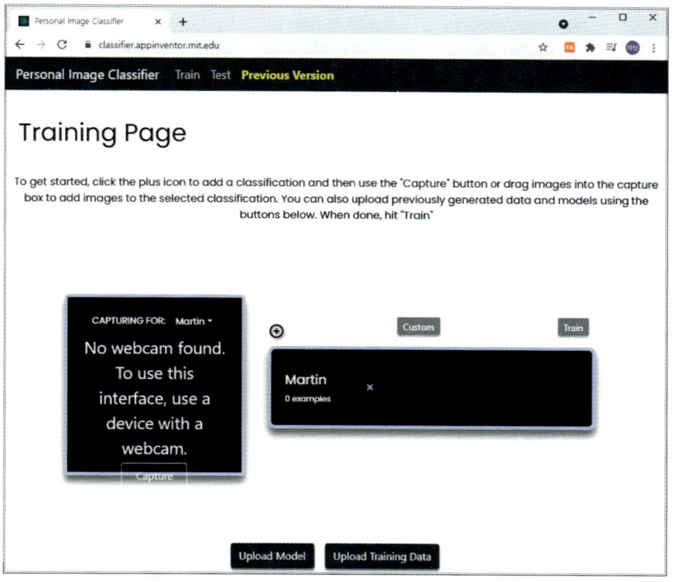

그림 13.9 생성된 Martin 레이블

계속하여 그림 13.9에서 ⊕를 클릭하여 앞의 'Martin'과 같이 'John'과 'Kate' 레이블을 그림 13.10과 같이 각각 생성한다. 이제 각각의 레이블에 우리가 준비한 세 사람의 데이터 셋을 가져오도록 한다. 'Martin' 데이터 셋이 저장된 폴더를 열고 그림 13.11과 같이 모두 선택하고 그림 13.10의 'Martin' 레이블에 드래그하여 놓으면, 그림 13.12와 같이 'Martin' 데이터 셋을 업로드 할 수 있다.

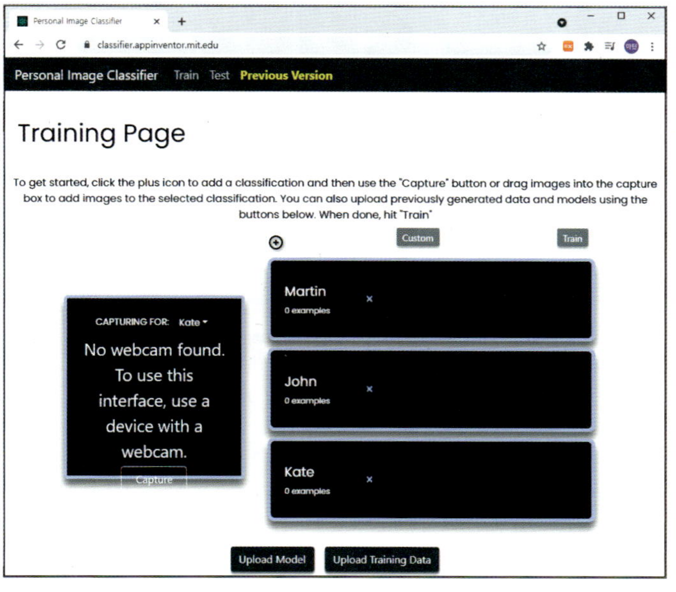

그림 13.10 생성된 세 가지 레이블

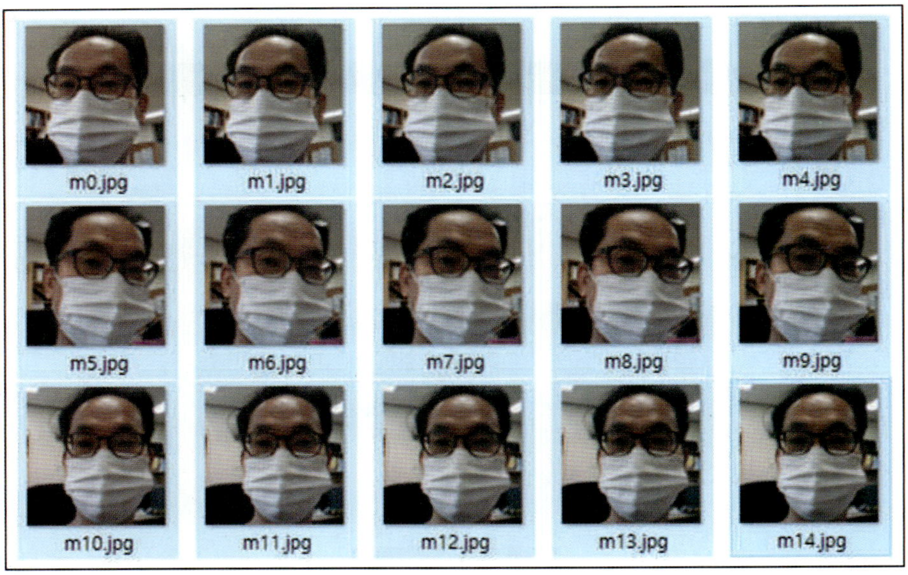

그림 13.11 Martin 데이터 셋 전체 선택

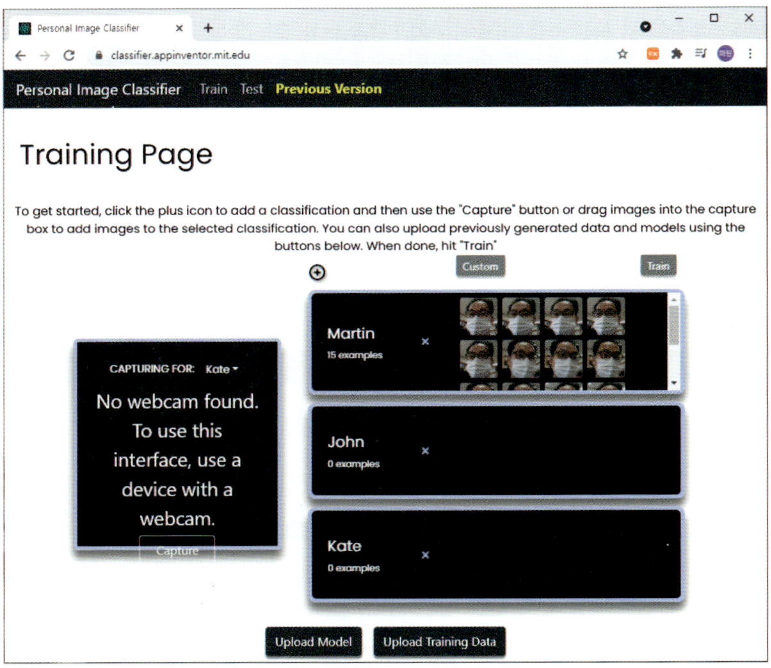

그림 13.12 Martin 데이터 셋 업로드

동일한 방법으로 'John'과 'Kate'의 데이터 셋이 저장된 폴더를 열고 데이터를 모두 선택하여 해당 레이블에 각각 드래그하여 그림 13.13과 같이 업로드 한다. 다음으로 업로드 된 데이터 셋에 대하여 [Train]을 클릭하여 그림 13.14와 같이 학습시켜 얼굴 모델을 생성한다.

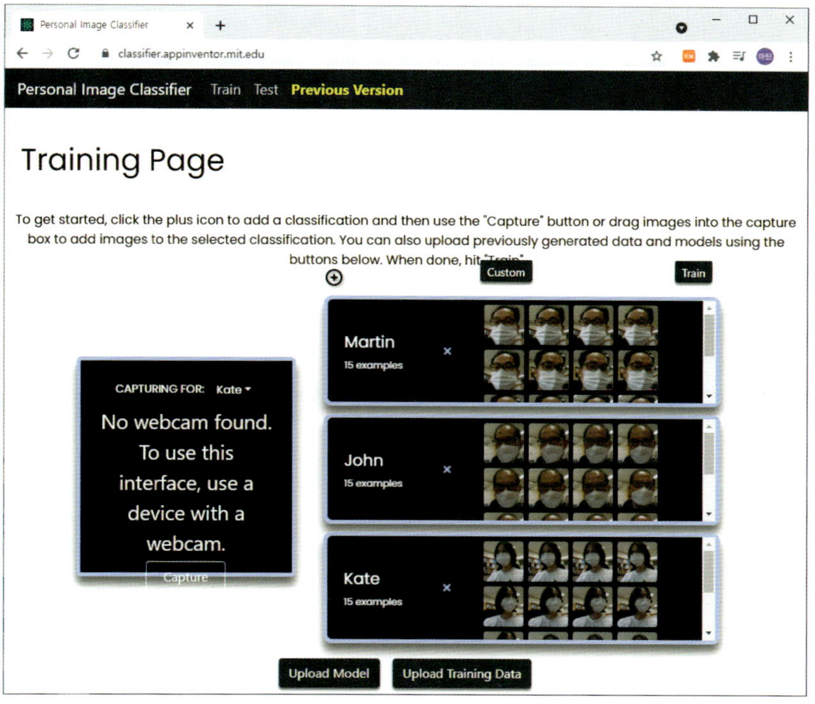

그림 13.13 전체 데이터 셋 업로드

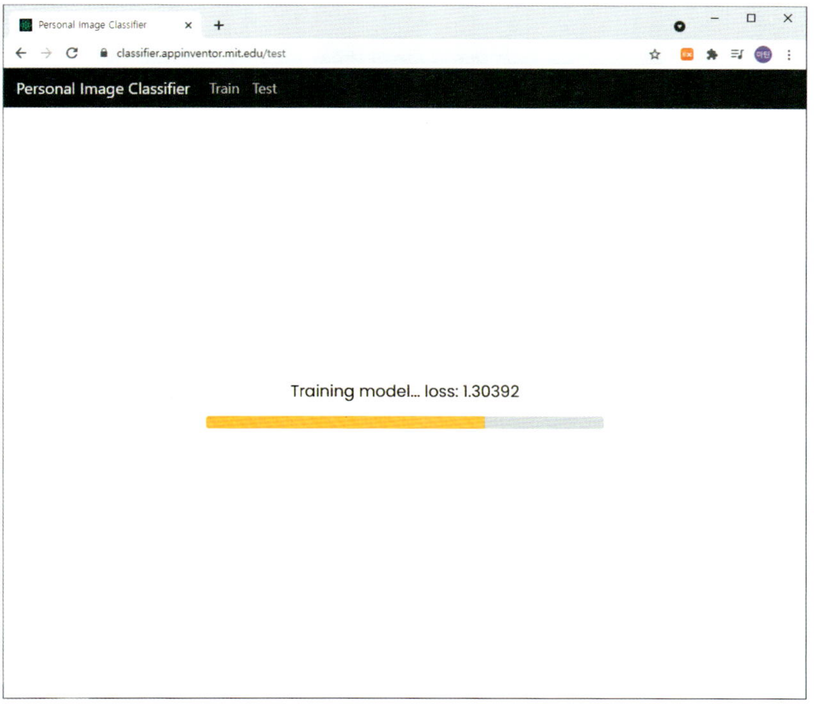

그림 13.14 얼굴 모델 생성 과정

얼굴 모델 생성이 완료되면 그림 13.15와 같이 되는데 여기서 생성 모델의 성능을 테스트할 수 있다. 웹캠을 이용하여 테스트하기 위해서 웹캠을 작동시켜야 한다. 이를 위하여 먼저 웹캠을 자신의 컴퓨터에 연결시키고, 사이트 상단 메뉴의 [Train]을 클릭하면 웹캠이 작동된다. 그리고 [Test]를 클릭하면 그림 13.16과 같이 되는데 여기서 웹캠의 [Capture]를 클릭하여 여러분의 얼굴을 분류 테스트할 수 있다. 해당 얼굴에 대한 분류 결과는 그림 13.17의 오른쪽과 같이 'Martin'으로 분류되었다.

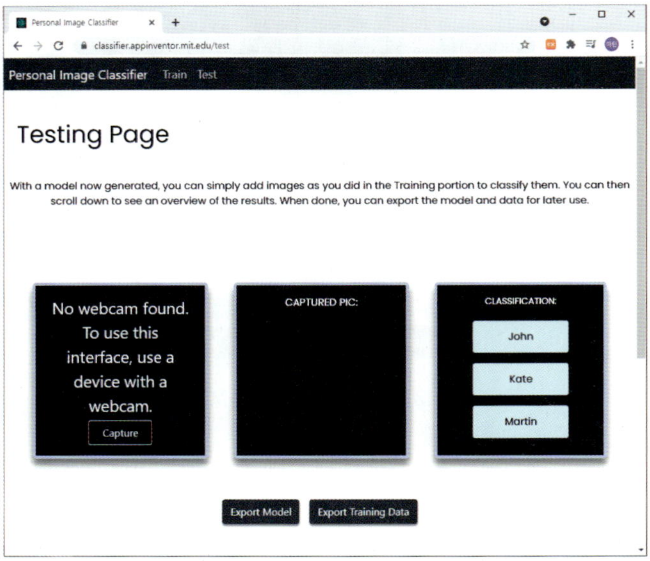

그림 13.15 얼굴 모델 생성 완료

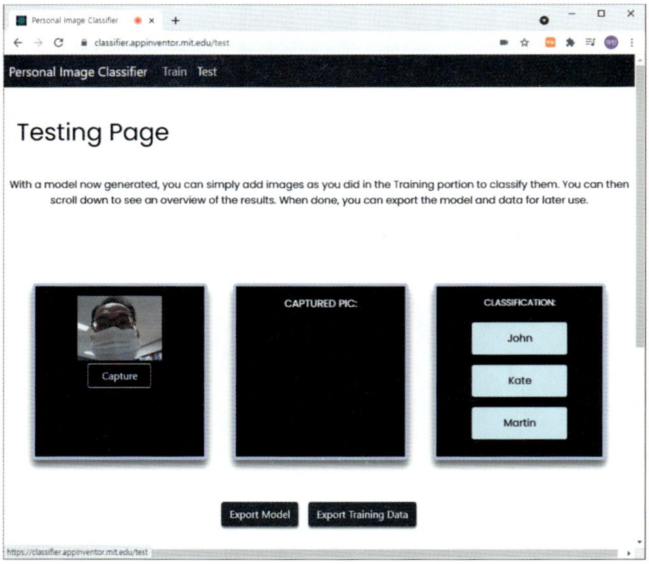

그림 13.16 웹캠 실행

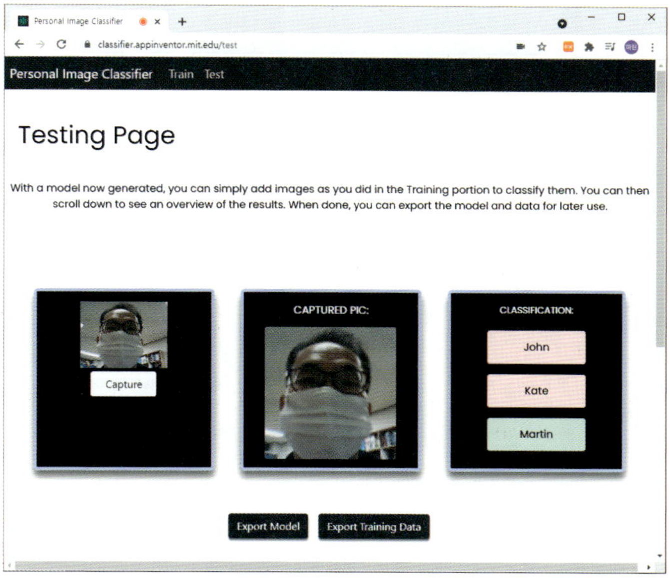

그림 13.17 얼굴 분류 결과

여러 번의 테스트에 대한 분류 결과를 그림 13.18과 같이 제공하여 준다. 부분적으로 얼굴을 가리더라도 분류 성능이 좋은 것으로 확인되었다. 만약 모델의 성능이 기대보다 낮다면 사이트 상단 메뉴의 [Train]을 클릭하여 보다 많은 데이터를 업로드하여 모델의 성능을 개선할 수 있다. 해당 얼굴 모델을 앱 인벤터에서 사용하여 앱을 개발하기 위하여 [Export Model]을 클릭하여 그림 13.19와 같이 자신의 컴퓨터에 다운로드 한다.

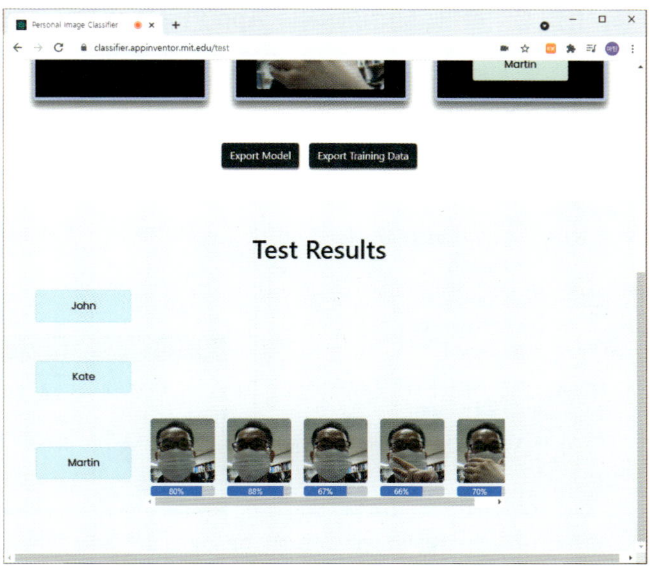

그림 13.18 다양한 얼굴 분류 결과

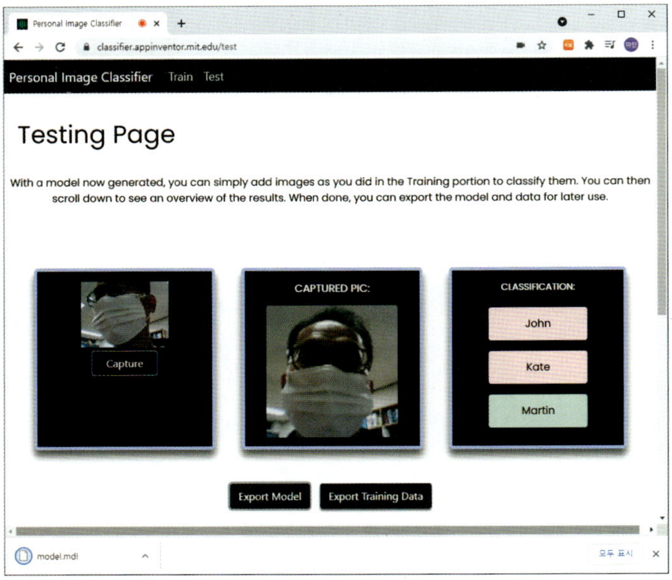

그림 13.19 얼굴 모델 다운로드

3 디자이너 구성

디자이너 구성을 위하여 먼저 우리는 앱 인벤터에서 프로젝트를 만들고, 앞서 생성한 오디오 모델과 얼굴 모델을 추가하도록 하자. 앱 인벤터를 실행하여 그림 13.20과 같이 [프로젝트] – [새 프로젝트 시작하기]를 클릭하여 "MutiModels_App"이라는 이름으로 프로젝트를 만든다.

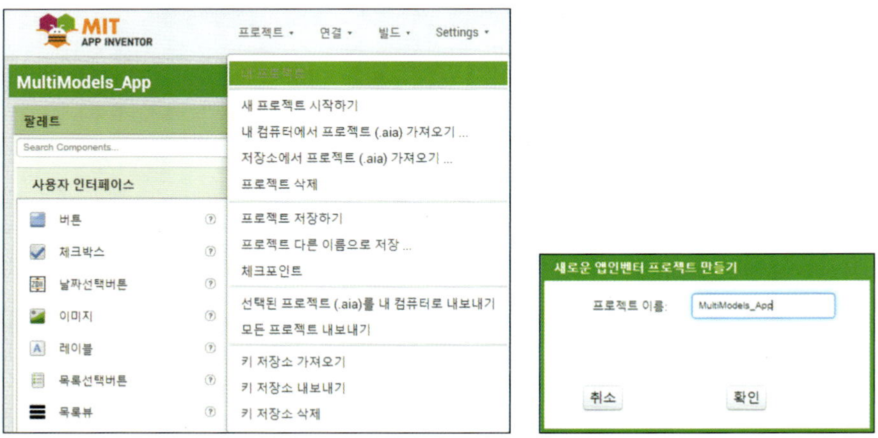

그림 13.20 프로젝트 만들기

그리고 앱 인벤터의 [도움말] - [확장기능]을 클릭하여 "PersonalAudioClassifier.aix"와 "PersonalimageClassifier.aix" 파일을 각각 클릭하여 자신의 컴퓨터에 다운 받는다. 앱 인벤터에서 그림 13.21의 왼쪽과 같이 [팔레트] - [확장기능] - [확장기능 추가하기]를 클릭한다. 그리고 [프로젝트에 확장 프로그램 불러오기] 창에서 [파일 선택]을 선택하여 컴퓨터에 다운받은 "PersonalAudioClassifier.aix" 파일을 선택하고, [Import] 버튼을 클릭하여 오른쪽과 같이 추가한다. 계속해서 동일한 방법으로 "PersonalimageClassifier.aix" 파일도 추가한다.

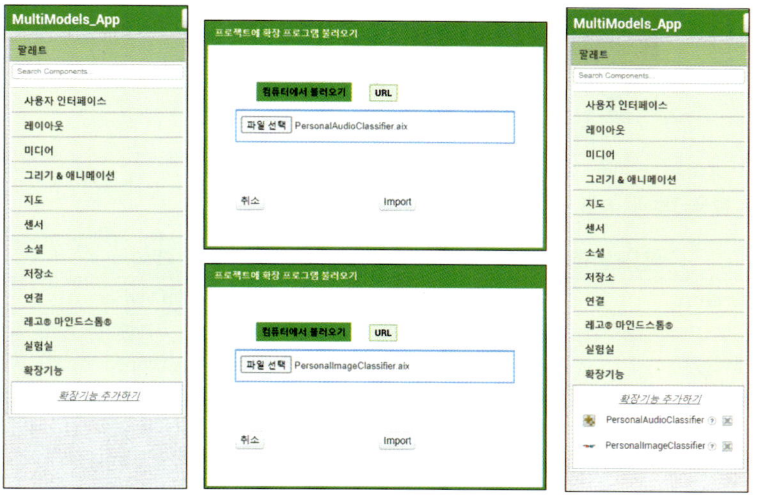

그림 13.21 확장기능 추가

우리가 만드는 프로젝트는 PAC와 PIC 확장기능과 오디오 모델과 얼굴 모델을 이용하여 앱 사용자 본인을 검증하고, 검증 수준에 따라 '중요(Level1)' 데이터와 '매우중요(Level2) 데이터에 접근할 수 있도록 하여 등급별로 관리할 수 있도록 하는 것이다.

세 개의 Screen을 사용하여 구성한다. 첫 번째 Screen1은 사용자 음성과 얼굴을 검증하는 부분이고, Screen2는 두 검증 중에서 하나만 만족하는 경우에 '중요(Level1)' 데이터를 관리할 수 있는 곳이며, Screen3은 두 검증 모두 만족하는 경우로서 '매우중요(Level2) 데이터를 관리하는 곳이다.

1) Screen1 디자이너 구성

앱 인벤터 오른쪽 상단의 [디자이너] 버튼을 선택하여 그림 13.22와 같이 Screen1의 디자이너를 구성하고, 디자이너를 구성할 때 사용할 각 컴포넌트의 속성을 표 13.1에 정리하여 나타내었다.

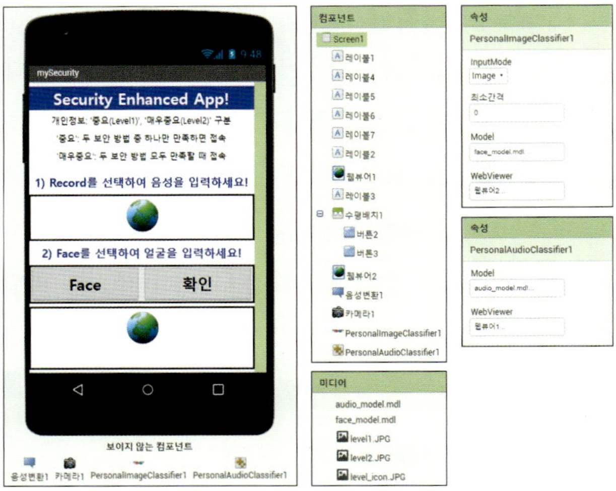

그림 13.22 Screen1 디자이너 구성

표 13.1 Screen1 컴포넌트와 속성

팔레트	컴포넌트	속성
	Screen1	아이콘(level_icon.JPG), 제목(MySecurity)
사용자 인터페이스	레이블1	배경색(파랑), 글꼴굵게(체크), 글꼴크기(25), 너비(부모 요소에 맞추기), 텍스트(Security Enhanced App!), 텍스트색상(흰색), 텍스트정렬(가운데)
	레이블4	너비(부모 요소에 맞추기), 텍스트(개인정보: '중요(Level1)', '매우중요(Level2)' 구분), 텍스트정렬(가운데)
	레이블5	너비(부모 요소에 맞추기), 텍스트('중요': 두 보안 방법 중 하나만 만족하면 접속), 텍스트정렬(가운데)
	레이블6	너비(부모 요소에 맞추기), 텍스트('매우중요': 두 보안 방법 모두 만족할 때 접속), 텍스트정렬(가운데)
	레이블7	글꼴크기(10), 너비(부모 요소에 맞추기), 텍스트(없음), 텍스트정렬(가운데)
	레이블2	글꼴크기(18), 너비(부모 요소에 맞추기), 텍스트(1) Record를 선택하여 음성을 입력하세요!), 텍스트정렬(가운데), 텍스트색상(파랑)
	웹뷰어1	높이(15퍼센트)
	레이블3	글꼴크기(18), 너비(부모 요소에 맞추기), 텍스트(2) Face를 선택하여 얼굴을 입력하세요!), 텍스트정렬(가운데), 텍스트색상(파랑)
레이아웃	수평배치1	너비(부모 요소에 맞추기)
사용자 인터페이스	버튼2	글꼴굵게(체크), 글꼴크기(25), 너비(부모 요소에 맞추기), 텍스트(Face), 텍스트정렬(가운데)
	버튼3	글꼴굵게(체크), 글꼴크기(25), 너비(부모 요소에 맞추기), 텍스트(확인), 텍스트정렬(가운데)
	웹뷰어2	높이(부모 요소에 맞추기)
미디어	음성변환1	–
	카메라1	–
확장기능	PersonalImageClassifier1	InputMode(Image), Model(face_model.mdl), WebWiewer(웹뷰어2)
	PersonalAudioClassifier1	Model(audio_model.mdl), WebWiewer(웹뷰어1)

2) Screen2 디자이너 구성

Screen2의 디자이너 구성은 먼저 앱 인벤터의 [스크린 추가 ...] 클릭 - [새 스크린] 창 - 스크린 이름(Screen2)을 등록한다. 그리고 등록된 Screen2를 선택하여 그림 13.23과 같이 Screen2의 디자이너를 구성한다. 그리고 디자이너 구성할 때 사용할 컴포넌트의 속성은 표 13.2와 같다.

그림 13.23 Screen2 디자이너 구성

표 13.2 Screen2 컴포넌트와 속성

팔레트	컴포넌트	속성
	Screen2	제목(Level1)
사용자 인터페이스	버튼1	높이(20퍼센트), 너비(부모 요소에 맞추기), 이미지(level1.JPG)
레이아웃	수평배치1	너비(부모 요소에 맞추기)
사용자 인터페이스	버튼2	글꼴크기(20), 너비(부모 요소에 맞추기), 텍스트(불러오기), 텍스트정렬(가운데)
	버튼3	글꼴크기(20), 너비(부모 요소에 맞추기), 텍스트(저장하기), 텍스트정렬(가운데)
	버튼4	글꼴크기(20), 너비(부모 요소에 맞추기), 텍스트(삭제하기), 텍스트정렬(가운데)
	텍스트박스1	높이(50퍼센트), 너비(부모 요소에 맞추기), 여러줄(체크), 텍스트(처음이면 지우고 입력! 아니면 '불러오기'!)
	버튼5	글꼴크기(20), 너비(부모 요소에 맞추기), 텍스트(첫 화면가기), 텍스트정렬(가운데)
저장소	타이니DB1	-
사용자 인터페이스	알림1	-

3) Screen3 디자이너 구성

Screen3의 디자이너 구성도 Screen2와 같이 먼저 앱 인벤터의 [스크린 추가 ...] 클릭 – [새 스크린] 창 – 스크린 이름(Screen3)을 등록한다. 그리고 등록된 Screen3를 선택하여 그림 13.24와 같이 Screen3의 디자이너를 구성한다. 그리고 디자이너 구성할 때 사용할 컴포넌트의 속성은 표 13.3과 같다.

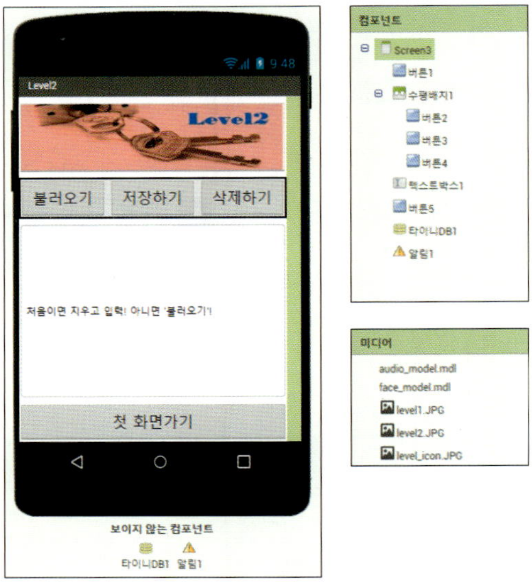

그림 13.24 Screen3 디자이너 구성

표 13.3 Screen3 컴포넌트와 속성

팔레트	컴포넌트	속성
–	Screen3	제목(Level2)
사용자 인터페이스	버튼1	높이(20퍼센트), 너비(부모 요소에 맞추기), 이미지(level2.JPG)
레이아웃	수평배치1	너비(부모 요소에 맞추기)
사용자 인터페이스	버튼2	글꼴크기(20), 너비(부모 요소에 맞추기), 텍스트(불러오기), 텍스트정렬(가운데)
	버튼3	글꼴크기(20), 너비(부모 요소에 맞추기), 텍스트(저장하기), 텍스트정렬(가운데)
	버튼4	글꼴크기(20), 너비(부모 요소에 맞추기), 텍스트(삭제하기), 텍스트정렬(가운데)
	텍스트박스1	높이(50퍼센트), 너비(부모 요소에 맞추기), 여러줄(체크), 텍스트(처음이면 지우고 입력! 아니면 '불러오기'!)
	버튼5	글꼴크기(20), 너비(부모 요소에 맞추기), 텍스트(첫 화면가기), 텍스트정렬(가운데)
저장소	타이니DB1	–
사용자 인터페이스	알림1	–

4 블록 코딩

앱 인벤터 오른쪽 상단에 있는 [블록] 버튼을 클릭하여 Screen1, Screen2, Screen3에 대한 코딩을 하도록 하자. Screen1에서는 사용자의 음성과 얼굴을 검증하는 코딩을 하고, Screen2에서는 두 검증 중에서 하나만 만족하는 경우에 대한 개인정보를 관리하는 코딩을 한다. 그리고 Screen3에서는 두 검증을 모두 만족하는 경우에 대한 개인정보를 관리하는 것과 관련된 코딩을 한다.

1) Screen1 코딩

Screen1의 [블록]을 선택하고 그림 13.25와 같이 [변수]에서 [전역변수 만들기 이름 초기값] 선택 – 뷰어에 드래그를 두 번하여 놓고 각각 '오디오검증'과 '얼굴검증'으로 전역변수를 만든다. 그리고 초기값으로 [텍스트]에서 [빈칸] 선택 – 드래그 해 둔 [전역변수 만들기 이름 초기값] 블록에 두 번 드래그하여 연결한다. 그리고 그림 13.26과 같이 [버튼2]에서 갈색의 [언제 버튼2 클릭했을 때 ~ 실행] 선택 – 뷰어에 드래그하여 놓고, [카메라1]에서 보라색의 [호출 카메라1 사진찍기] 선택 – 드래그 해 둔 [언제 버튼2 클릭했을 때 ~ 실행] 블록에 드래그하여 연결한다.

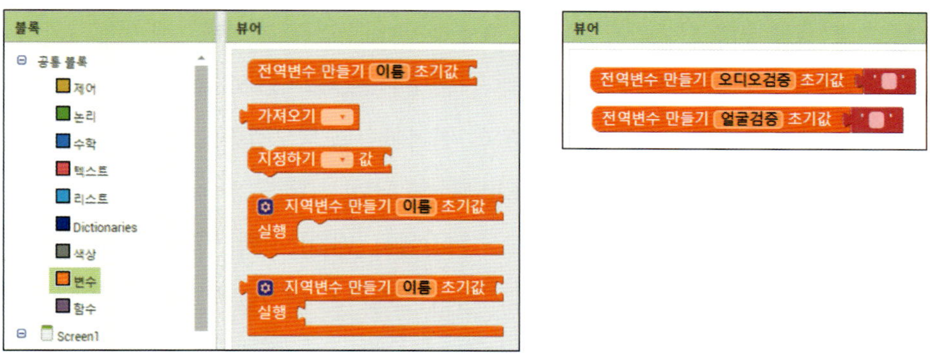

그림 13.25 변수 블록 선택

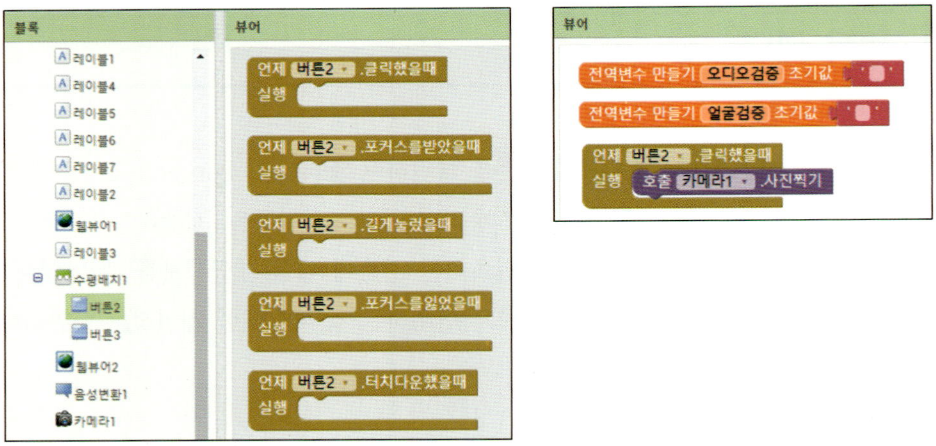

그림 13.26 버튼2 블록 선택

사용자의 음성을 검증하기 위하여 그림 13.27과 같이 [PersonalAudioClassifier1]에서 [언제 PersonalAudioClassifier1 GotClassification ~ 실행] 선택 – 뷰어에 드래그 한다. 먼저 음성 분류 결과를 스마트 폰에 나타내어 사용자가 눈으로 확인하기 위하여 [레이블2]에서 녹색의 [지정하기 레이블2 텍스트 값] 선택 – [언제 PersonalAudioClassifier1 GotClassification ~ 실행] 블록에 드래그하여 연결시키고, [언제 PersonalAudioClassifier1 GotClassification ~ 실행]의 '결과'에 마우스 커서를 올려 나타나는 [가져오기 결과] 선택 – [지정하기 레이블2 텍스트 값] 블록에 드래그하여 연결시킨다.

다음으로 음성 분류 결과에서 첫 번째 요소를 '오디오검증' 전역변수에 연결시키기 위하여 [변수]에서 주황색의 [지정하기 값] 선택 – [언제 PersonalAudioClassifier1 GotClassification ~ 실행] 블록에 드래그하여 연결시키고 '전역변수 오디오검증'으로 변경시킨다. 그리고 [리스트]에서 하늘색 [항목 선택하기 리스트 ~ 위치] 선택 – 앞의 [지정하기 전역변수 오디오검즘 값] 블록에 두 번 연결시키고 [수학]에서 [빈칸] 선택 - 조금 전 가져온 [항목 선택하기 리스트 ~ 위치]에 드래그하여 각각 연결시키고 위치값을 1로 변경한다. 마지막으로 [언제 PersonalAudioClassifier1 GotClassification ~ 실행]의 '결과'에 마우스 커서를 올려 나타나는 [가져오기 결과] 선택 – [항목 선택하기 리스트 ~ 위치]에 드래그하여 연결시킨다.

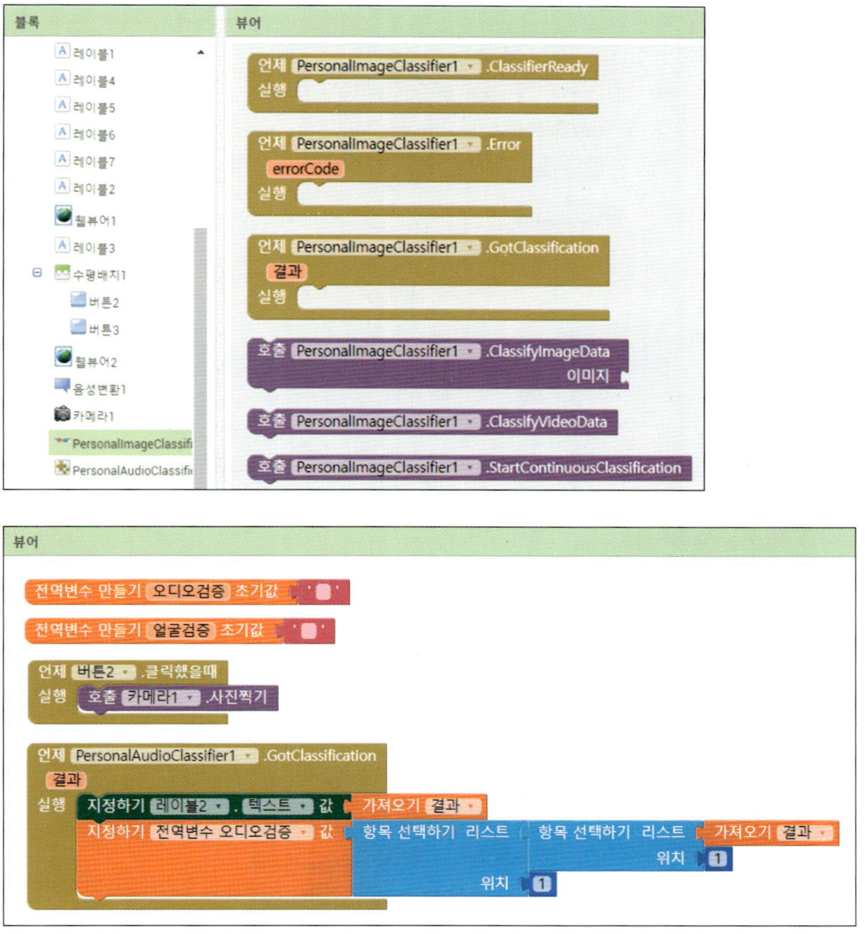

그림 13.27 PersonalAudioClassifier1 블록 선택

다음으로 사용자가 찍은 얼굴을 검증하기 위하여 먼저 그림 13.28과 같이 [카메라1]에서 [언제 카메라1 사진찍은후에 ~ 실행] 선택 – 뷰어에 드래그하여 놓는다. 그리고 [PersonalImageClassifier1]에서 보라색의 [호출 PersonalImageClassifier1 ClassifyImageData ~ 이미지] 선택 – [언제 카메라1 사진찍은후에 ~ 실행] 블록에 드래그하여 연결킨킨다. 그리고 [언제 카메라1 사진찍은후에 ~ 실행]의 '이미지'에 마우스 커서를 올려 나타나는 [가져오기 이미지] 선택 – 앞의 [호출 PersonalImageClassifier1 ClassifyImageData ~ 이미지] 블록에 드래그하여 연결시키고 얼굴을 분류한다.

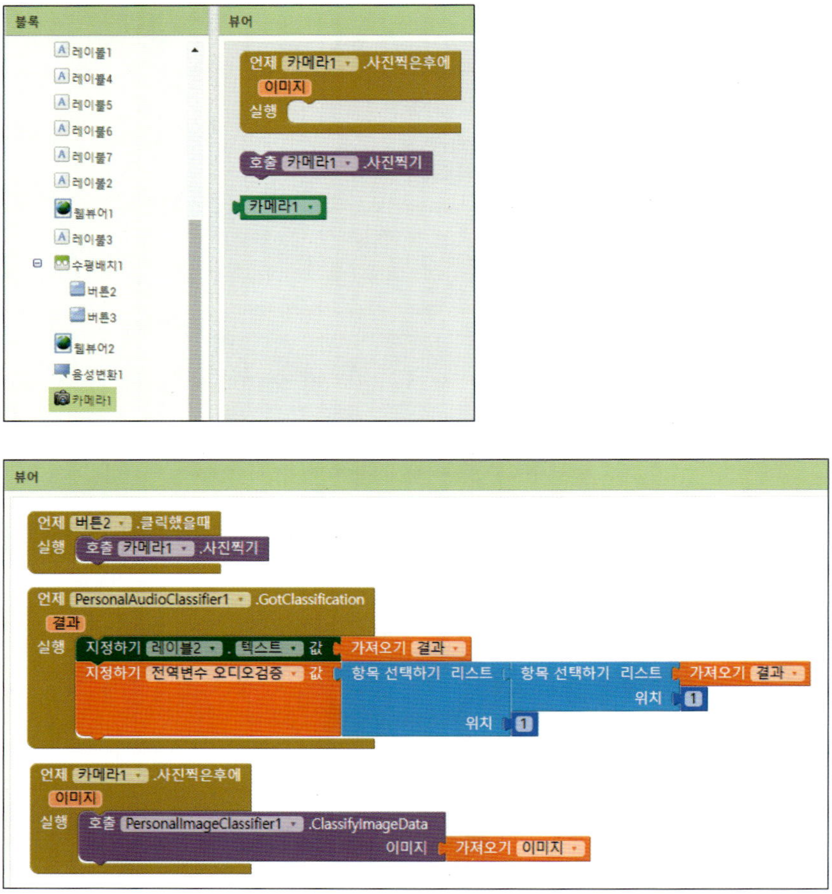

그림 13.28 카메라1 블록 선택

그림 13.29와 같이 [PersonalImageClassifier1]에서 갈색의 [언제 PersonalImageClassifierr1 GotClassification ~ 실행] 선택 – 뷰어에 드래그하여 놓는다. 그리고 [레이블3]에서 녹색의 [지정하기 레이블3 텍스트 값] 선택 – 기존의 [언제 PersonalImageClassifierr1 GotClassification ~ 실행] 블록에 드래그하여 연결시키고, [언제 PersonalImageClassifierr1 GotClassification ~ 실행]의 '결과'에 마우스 커서를 올려 나타나는 [가져오기 결과] 선택 – [지정하기 레이블3 텍스트 값] 블록에 드래그하여 연결시킨다. 이렇게 함으로써 사용자가 직접 얼굴 분류 결과를 텍스트로 확인할 수 있다.

다음으로 얼굴 분류 결과에서 첫 번째 요소를 '얼굴검증' 전역변수에 저장시키기 위하여 [변수]에서 주황색의 [지정하기 값] 선택 – 기존의 [언제 PersonalImageClassifier1 GotClassification ~ 실행] 블록에 드래그하여 연결시키고 '전역변수 얼굴검증'으로 변경시킨다. 그리고 [리스트]에서 하늘색의 [항목 선택하기 리스트 ~ 위치] 선택하여 [지정하기 전역변수 얼굴검증 값] 블록에 두 번 연결시키고 [수학]에서 [빈칸] 선택 – [항목 선택하기 리스트 ~ 위치]에 드래그하여 각각 연결시키고 값을 1로 변경한다. 마지막으로 기존의 [언제 PersonalImageClassifier1 GotClassification ~ 실행]의 '결과'에 마우스 커서를 올려 나타나는 [가져오기 결과] 선택 – [항목 선택하기 리스트 ~ 위치]에 드래그하여 연결시킨다.

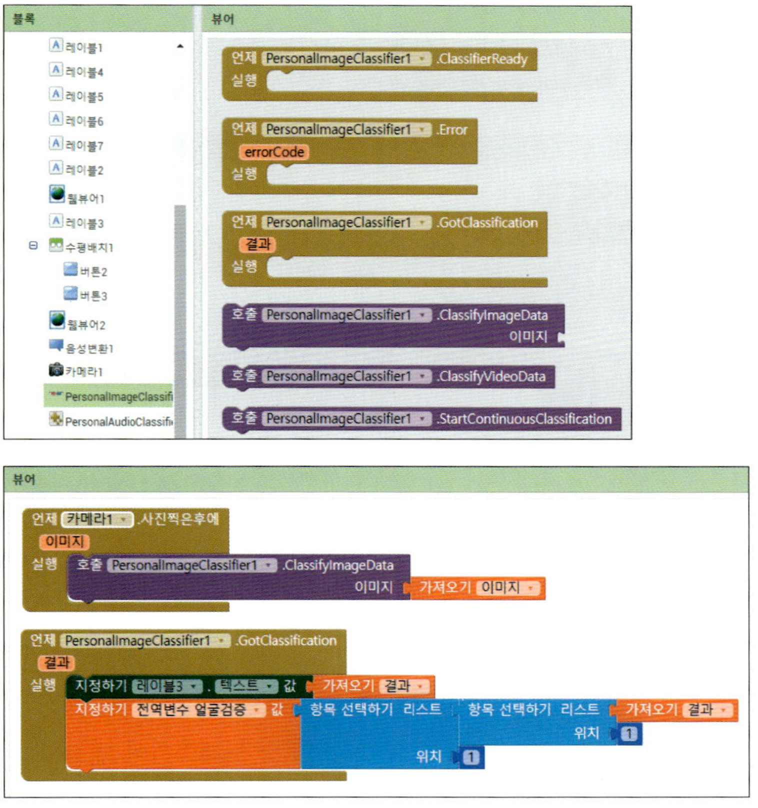

그림 13.29 PersonalImageClassifier1 블록 선택

이제 음성 검증과 얼굴 검증을 바탕으로 '중요(Level1)' 데이터와 '매우중요(Level2)' 데이터를 관리하는 Screen2, Screen3으로 넘어가는 코딩을 살펴보자.

먼저 그림 13.30과 같이 [버튼3]에서 갈색의 [언제 버튼3 클릭했을 때 ~ 실행] 선택 – 뷰어에 드래그하여 놓는다. 그리고 [제어]에서 [만약 ~ 이라면 실행 ~ 아니고 만약 ~ 이라면 실행 ~ 아니라면] 선택 – 앞의 [언제 버튼3 클릭했을 때 ~ 실행] 블록에 드래그하여 연결한다. [논리]에서 연두색의 [그리고] 선택 – [만약 ~ 이라면 실행 ~ 아니고 만약 ~ 이라면 실행 ~ 아니라면] 블록에 드래그하여 연결시킨다.

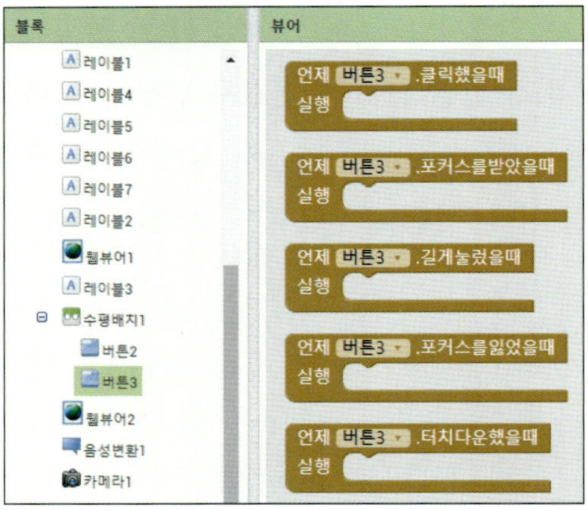

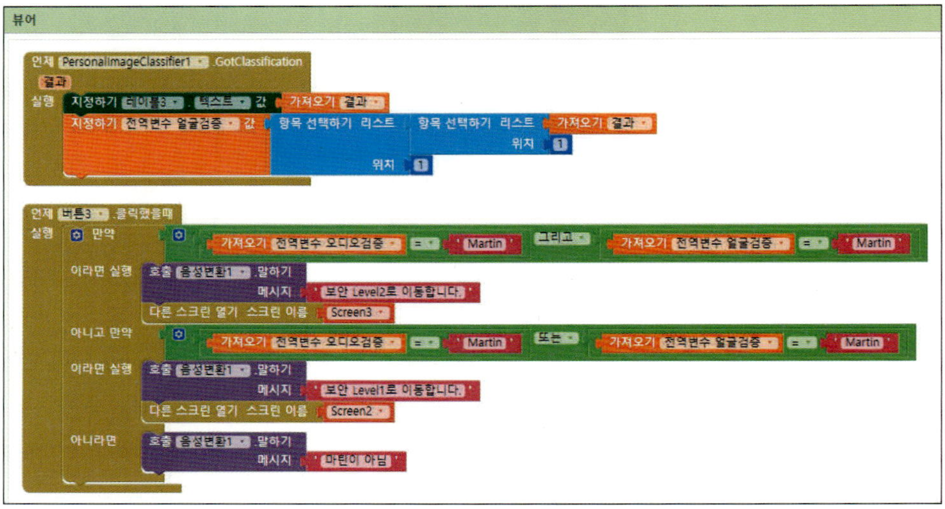

그림 13.30 버튼3 블록 선택

[그리고] 블록의 왼쪽 항목에 [논리]에서 [=] 선택 - 드래그하여 연결시킨다. 그리고 [변수]에서 [가져오기] 선택 – [=] 블록의 왼쪽에 드래그하여 연결시킨 후 '전역변수 오디오검증'으로 변경하고, [텍스트]에서 [빈칸] 선택 – [=] 블록의 오른쪽에 드래그하여 연결시키고 텍스트를 'Martin'으로 변경한다. 이제 앞의 [그리고] 블록의 오른쪽 항목에는 왼쪽 항목과 같이 [=]를 연결시키고 [=]의 왼쪽에는 '전역변수 얼굴검증'으로 변경하고 오른쪽에는 'Martin'으로 변경한다.

만일 [그리고] 양쪽 항목의 조건이 참이면 음성과 얼굴 검증에 성공한 경우로서, [음성변환1]에서 보라색의 [호출 음성변환1 말하기 메시지] 선택 – [만약 ~ 이라면 실행 ~ 아니고 만약 ~ 이라면 실행 ~ 아니라면] 블록에 드래그하여 연결시키고 [텍스트]에서 [빈칸] 선택 – [호출 음성변환1 말하기 메시지] 블록에 드래그하여 연결한 후 '보안

Level2로 이동합니다.'로 수정한다. 그리고 [제어]에서 갈색의 [다른 스크린 열기 스크리린 이름] 선택 – [만약 ~ 이라면 실행 ~ 아니고 만약 ~ 이라면 실행 ~ 아니라면]블록에 드래그하여 연결시키고 'Screen3'으로 변경한다.

만약 조건이 참이 아니면 이제 두 조건 중 한 조건이 참인지를 확인하기 위하여 [논리]에서 연두색의 [또는] 선택 – [만약 ~ 이라면 실행 ~ 아니고 만약 ~ 이라면 실행 ~ 아니라면] 블록에 드래그하여 연결시키고, 왼쪽과 오른쪽 항목을 앞의 [그리고]와 같이 구성한다.

이 [또는] 조건이 참이면 음성과 얼굴 검증 중에서 하나가 만족된 경우로서 음성변환 메시지를 '보안 Level1로이동합니다.'로 수정하고 갈색의 [다른 스크린 열기 스크린 이름]을 'Screen2'로 변경한다.

마지막으로 음성과 얼굴 검증 모두 거짓인 경우는 'Martin' 사용자가 아님으로 음성변환 메지시를 '마틴이 아님'으로 지정한다.

2) Screen2 코딩

음성 검증과 얼굴 검증 중에서 하나만 만족이 되는 경우 '중요(Level1)' 데이터를 관리하는 "Screen2" 화면으로 이동하게 된다. 먼저 그림 13.31과 같이 '불러오기' 버튼인 [버튼2]에서 [언제 버튼2 클릭했을 때 ~ 실행] 선택 – 뷰어에 드래그하여 놓고, [텍스트박스1]에서 녹색의 [지정하기 텍스트박스1 텍스트 값] 선택 – 앞의 [언제 버튼2 클릭했을 때 ~ 실행] 블록에 드래그하여 연결시킨다. 그리고 [타이니DB1]에서 보라색의 [호출 타이니DB1 값가져오기 ~ 태그 ~ 찾는태그가(이)없을 경우] 선택 – 앞의 [지정하기 텍스트박스1 텍스트 값] 블록에 드래그하여 연결시키고, [텍스트]에서 [빈칸] 2개 선택 – 연결된 [호출 타이니DB1 값가져오기 ~ 태그 ~ 찾는태그가(이)없을 경우] 블록에 각각 드래그하여 연결하고, 텍스트를 'Level1'과 'Level1의 내용이 없군요. 입력해주세요!'로 각각 수정한다.

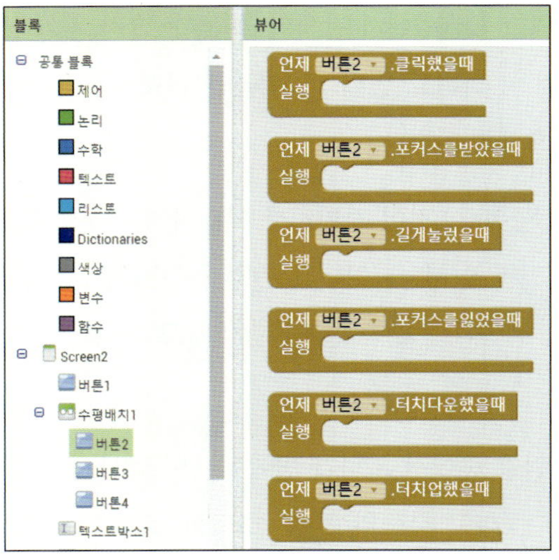

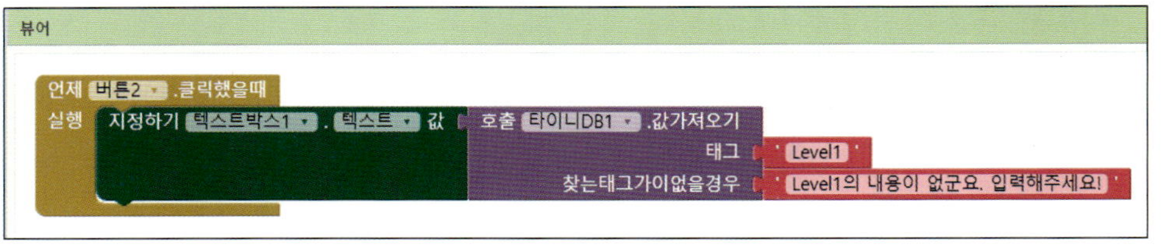

그림 13.31 버튼2 블록 선택

'저장하기' 버튼인 [버튼3]에서 그림 13.32와 같이 [언제 버튼3 클릭했을 때 ~ 실행] 선택 – 뷰어에 드래그하여 놓고, [타이니DB1]에서 보라색의 [호출 타이니DB1 값저장하기 ~ 태그 ~ 저장할 값] 선택 – 앞의 [언제 버튼3 클릭했을 때 ~ 실행]에 드래그하여 연결시킨다. 그리고 [텍스트]에서 [빈칸] 선택 – [호출 타이니DB1 값저장하기 ~ 태그 ~ 저장할 값]에 드래그하여 연결시키고 DB 키(key)를 'Level1'로 수정하고, [텍스트박스1]에서 [텍스트박스1 텍스트] 선택 – 또한 [호출 타이니DB1 값저장하기 ~ 태그 ~ 저장할 값]에 드래그하여 연결시킨다.

개발 앱에서는 알림을 통하여 저장이 정상적으로 처리되었음을 사용자에게 알려준다. [알림1]에서 보라색의 [호출 알림1 메시지창보이기 ~ 메시지 ~ 제목 ~ 버튼텍스트] 선택 – 기존 [언제 버튼3 클릭했을 때 ~ 실행]에 드래그하여 연결시키고, [텍스트]에서 [빈칸] 3개 선택 – 앞의 [호출 알림1 메시지창보이기 ~ 메시지 ~ 제목 ~ 버튼텍스트]에 각각 드래그하여 연결시키고, 텍스트 내용을 '정상 처리되었습니다.'와 '내용 저장' 그리고 'OK'로 각각 수정한다.

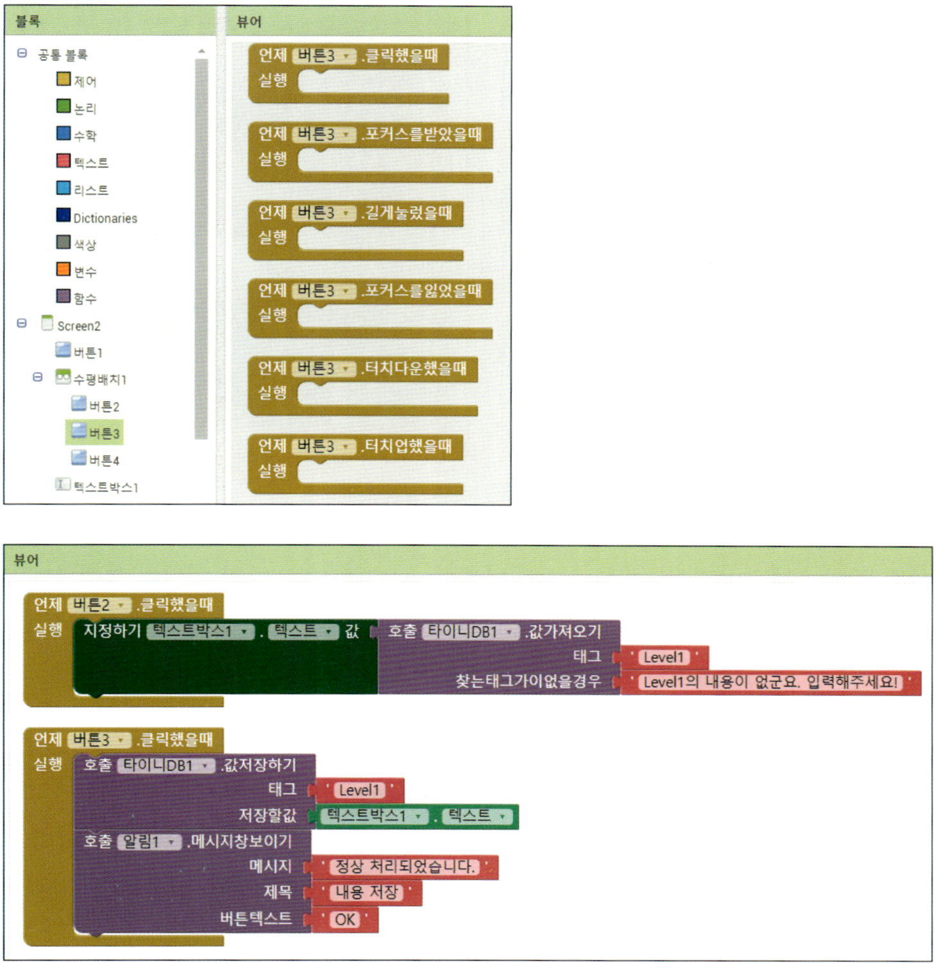

그림 13.32 버튼3 블록 선택

'삭제하기'하기 버튼인 [버튼4]에서 그림 13.33과 같이 [언제 버튼4 클릭했을 때 ~ 실행] 선택 – 뷰어에 드래그하여 놓고, 알림을 통하여 삭제 계속 진행 여부를 확인한다. [알림1]에서 보라색의 [호출 알림1 선택대화창보이기 ~ 메시지 ~ 제목 ~ 버튼1텍스트 ~ 버튼2텍스트 ~ 취소가능여부] 선택 – 앞의 [언제 버튼4 클릭했을 때 ~ 실행]에 드래그하여 연결시킨다. 그리고 [텍스트]에서 [빈칸] 4개를 선택 – [호출 알림1 선택대화창보이기 ~ 메시지 ~ 제목 ~ 버튼1텍스트 ~ 버튼2텍스트 ~ 취소가능여부]에 각각 드래그하여 연결시키고, 텍스트 내용을 '진행을 하겠습니까?', '전체 내용 삭제', '네', '아니요'로 각각 수정한다. 마지막으로 '취소가능여부'를 '거짓'으로 선택한다.

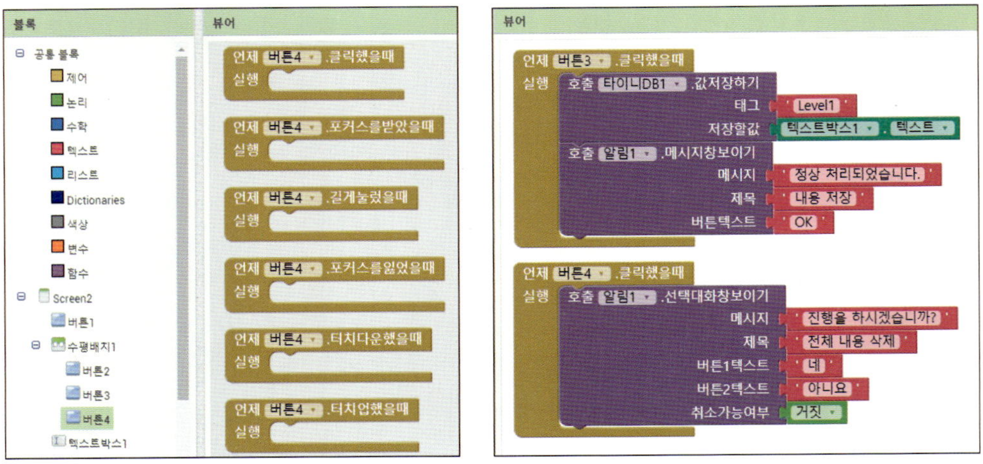

그림 13.33 버튼4 블록 선택

삭제 알림에서 사용자가 '네'를 선택하였을 때, 삭제를 처리하기 위하여 그림 13.34와 같이 [알림1]에서 [언제 알림1 선택한후에 ~ 실행] 선택 – 뷰어에 드래그하여 놓고, [제어]에서 갈색의 [만약 ~ 이라면 실행] 선택 – 앞의 [언제 알림1 선택한후에 ~ 실행] 블록에 드래그하여 연결시킨다. 그리고 [논리]에서 [=] 선택 – [만약 ~ 이라면 실행] 블록에 드래그하여 연결시키고 왼쪽 항목에서는 [테스트]에서 [빈칸]을 선택하여 드래그하여 연결시키고 텍스트를 '네'로 수정하고, 오른쪽 항목에서는 기존의 [언제 알림1 선택한후에 ~ 실행] 블록의 '선택된항목' 위에 마우서 커서를 올려두면 나타나는 [가져오기 선택된항목]을 드래그하여 연결시킨다.

만약 사용자가 삭제에 대해서 '네'를 입력하였다면, [타이니DB1]에서 보라색의 [호출 타이니DB1 태그지우기 ~ 태그] 선택 – 기존의 [만약 ~ 이라면 실행] 블록에 드래그하여 연결시키고 [텍스트]에서 [빈칸] 선택 – [호출 타이니DB1 태그지우기 ~ 태그] 블록에 드래그하여 연결시킨 후, 텍스트를 'Level1'로 수정한다. 그리고 알림을 통하여 정상 삭제된 내용을 다음과 같이 알린다.

[알림1]에서 보라색의 [호출 알림1 메시지창보이기 ~ 메시지 ~ 제목 ~ 버튼텍스트] 선택 – 기존의 [만약 ~ 이라면 실행] 블록에 드래그하여 연결시키고 [텍스트]에서 [빈칸] 3개를 선택 – [호출 알림1 메시지창보이기 ~ 메시지 ~ 제목 ~ 버튼텍스트] 블록에 드래그하여 연결시킨 후, 텍스트를 '정상 처리되었습니다.'와 '전체 삭제' 그리고 'OK'로 각각 수정한다.

마지막으로 [텍스트박스1]에서 녹색의 [지정하기 텍스트박스1 텍스트 값] 선택 – 기존의 [만약 ~ 이라면 실행] 블록에 드래그하여 연결시키고, [타이니DB1]에서 보라색의 [호출 타이니DB1 값가져오기 ~ 태그 ~ 찾는태그가(이)없을 경우] 선택 – 앞의 [지정하기 텍스트박스1 텍스트 값] 블록에 드리그하여 연결시킨다. 그리고 [텍스트]에서 [빈칸] 2개 선택 – [호출 타이니DB1 값가져오기 ~ 태그 ~ 찾는태그가(이)없을 경우] 블록에 각각 연결시키고, 텍스트 내용을 'Level1'과 'Level1의 내용이 없군요. 입력해주세요!'로 내용을 각각 수정한다.

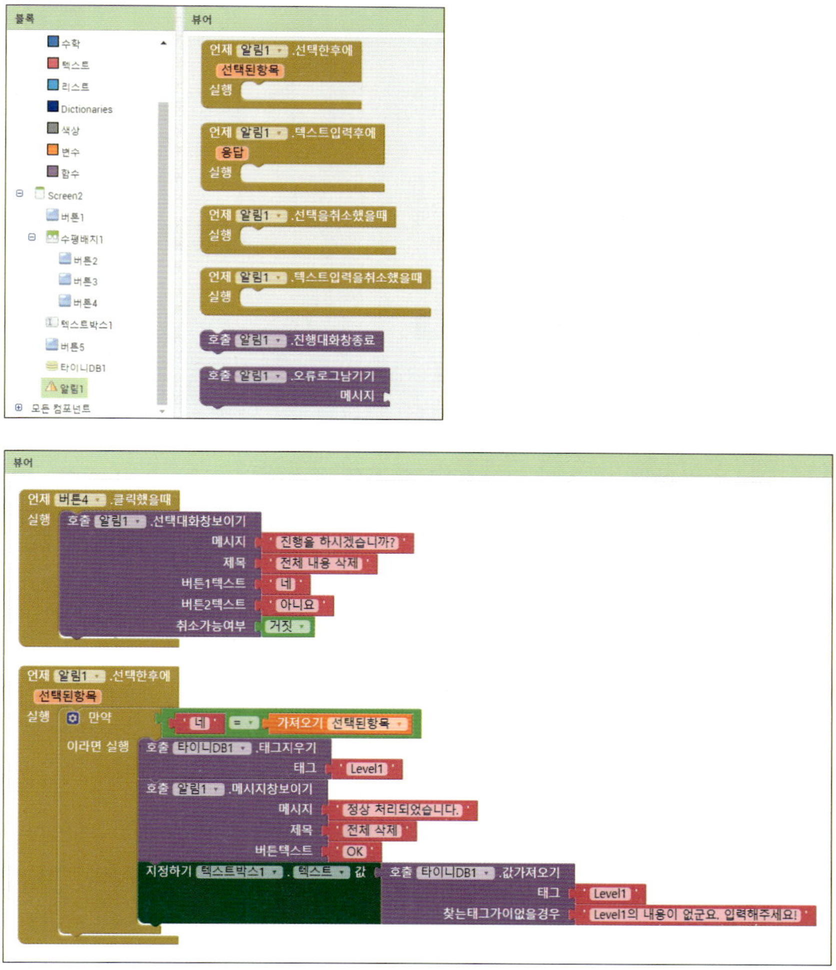

그림 13.34 알림1 블록 선택

'첫 화면가기' 버튼을 클릭하여 앱의 첫 화면으로 돌아가기 위하여 그림 13.35와 같이 [버튼5]에서 [언제 버튼5 클릭했을 때 ~ 실행] 선택 – 뷰어에 드래그하여 연결시키고, [제어]에서 [다른 스크린 열기 스크린 이름] 선택 – 앞의 [언제 버튼5 클릭했을 때 ~ 실행] 블록에 드래그하여 연결시킨 후, 'Screen1'을 선택한다.

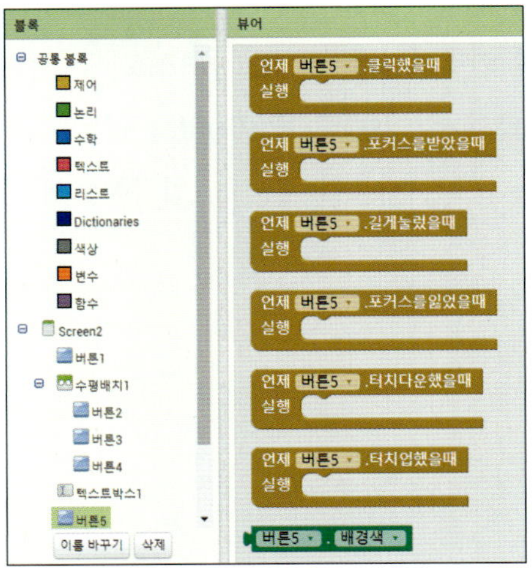

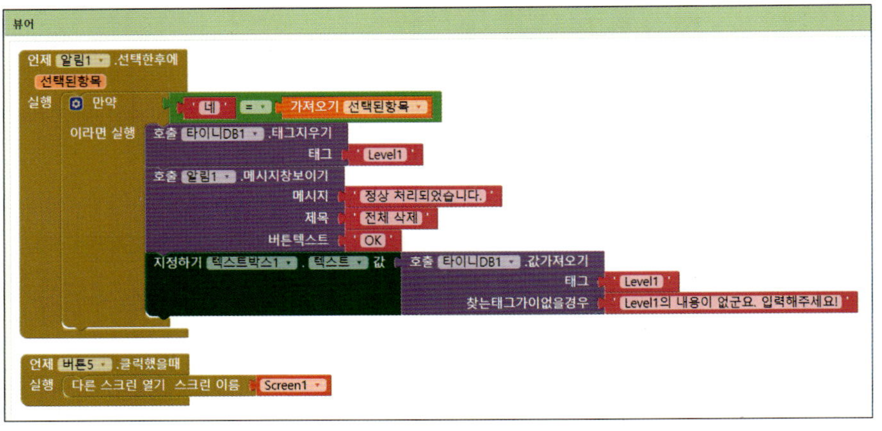

그림 13.35 버튼5 블록 선택

3) Screen3 코딩

음성 검증과 얼굴 검증 모두 만족이 하는 경우 '매우중요(Level2)' 데이터를 관리하는 "Screen3" 화면으로 이동한다. 먼저 그림 13.36과 같이 '불러오기' 버튼인 [버튼2]에서 [언제 버튼2 클릭했을 때 ~ 실행] 선택 – 뷰어에 드래그하여 놓고, [텍스트박스1]에서 녹색의 [지정하기 텍스트박스1 텍스트 값] 선택 – 앞의 [언제 버튼2 클릭했을 때 ~ 실행] 블록에 드래그하여 연결시킨다. 그리고 [타이니DB1]에서 보라색의 [호출 타이니DB1 값가져오기 ~ 태그 ~ 찾는태그가(이)없을 경우] 선택 – 연결된 [지정하기 텍스트박스1 텍스트 값] 블록에 드래그하여 연결시키고, [텍스트]에서 [빈칸] 2개 선택 – [호출 타이니DB1 값가져오기 ~ 태그 ~ 찾는태그가(이)없을 경우] 블록에 각각 드래그하여 연결하고, 텍스트를 'Level2'와 'Level2의 내용이 없군요. 입력해주세요!'로 각각 수정한다.

그림 13.36 버튼2 블록 선택

'저장하기' 버튼인 [버튼3]에서 그림 13.37과 같이 [언제 버튼3 클릭했을 때 ~ 실행] 선택 – 뷰어에 드래그하여 놓고, [타이니DB1]에서 보라색의 [호출 타이니DB1 값저장하기 ~ 태그 ~ 저장할 값] 선택 – [언제 버튼3 클릭했을 때 ~ 실행] 블록에 드래그하여 연결시킨다. 그리고 [텍스트]에서 [빈칸] 선택 – 앞의 [호출 타이니DB1 값저장하기 ~ 태그 ~ 저장할 값] 블록에 드래그하여 연결시키고 DB 키(key)를 'Level2'로 수정하고, 또한 [텍스트박스1]에서 [텍스트박스1 텍스트] 선택 – [호출 타이니DB1 값저장하기 ~ 태그 ~ 저장할 값] 블록에 드래그하여 연결시킨다.

개발 앱에서는 알림을 통하여 저장이 정상적으로 처리되었음을 사용자에게 알려준다. 그림 13.37과 같이 이를 위하여 [알림1]에서 보라색의 [호출 알림1 메시지창보이기 ~ 메시지 ~ 제목 ~ 버튼텍스트] 선택 – 기존의 [언제 버튼3 클릭했을 때 ~ 실행] 블록에 드래그하여 연결시키고, [텍스트]에서 [빈칸] 3개 선택 – 앞의 [호출 알림1 메시지창보이기 ~ 메시지 ~ 제목 ~ 버튼텍스트] 블록에 각각 드래그하여 연결시키고, 텍스트 내용을 '정상 처리되었습니다.'와 '내용 저장' 그리고 'OK'로 각각 수정한다.

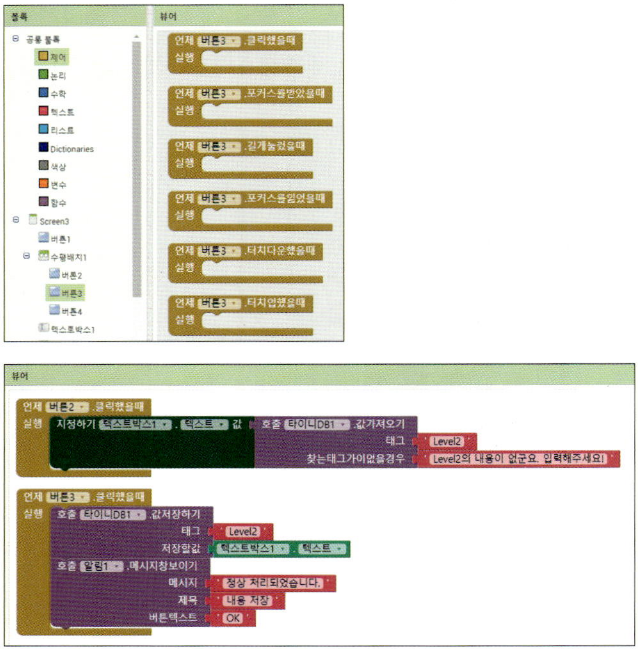

그림 13.37 버튼3 블록 선택

'삭제하기'하기 버튼인 [버튼4]에서 그림 13.38과 같이 [언제 버튼4 클릭했을 때 ~ 실행] 선택 – 뷰어에 드래그하여 놓고, 사용자에게 알림을 통하여 삭제 비밀번호를 요청한다. [알림1]에서 보라색의 [호출 알림1 암호입력창보기 ~ 메시지 ~ 제목 ~ 취소가능여부] 선택 - 드래그 해 둔 [언제 버튼4 클릭했을 때 ~ 실행] 블록에 드래그하여 연결시킨다. 그리고 [텍스트]에서 [비칸] 2개 선택 – 앞의 [호출 알림1 암호입력창보기 ~ 메시지 ~ 제목 ~ 취소가능여부] 블록에 드래그하여 연결시키고, 텍스트 내용을 '삭제 비밀번호를 입력해주세요!', '전체 삭제'로 각각 수정한다. 마지막으로 취소가능여부를 '참'으로 선택한다.

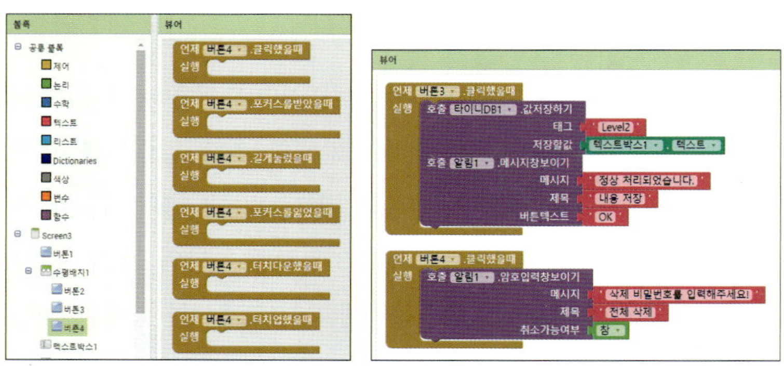

그림 13.38 버튼4 블록 선택

사용자가 입력한 삭제 비밀번호가 일치하지 않으면 아무런 작업을 수행하지 않고, 만일 일치하게 되면 그림 13.39와 같이 [알림1]에서 [언제 알림1 텍스트입력후 ~ 실행] 선택 – 뷰어에 드래그하여 놓고, [제어]에서 [만약 ~ 이라면 실행] 선택 – 앞의 [언제 알림1 텍스트입력후 ~ 실행] 블록에 드래그하여 연결시킨다. 그리고 [논리]에서 연두색의 [=] 선택 – [만약 ~ 이라면 실행] 블록에 드래그하여 연결시키고, 왼쪽 항목에서는 [텍스트]에서 [빈칸]을 선택하여 드래그하여 연결시키고 텍스트를 삭제 비밀번호 '0123'로 수정한다. 그리고 오른쪽 항목에서는 [언제 알림1 텍스트입력후에 ~ 실행] 블록의 '응답' 위에 마우스 커서를 올려두면 나타나는 [가져오기 응답]을 드래그하여 연결시킨다.

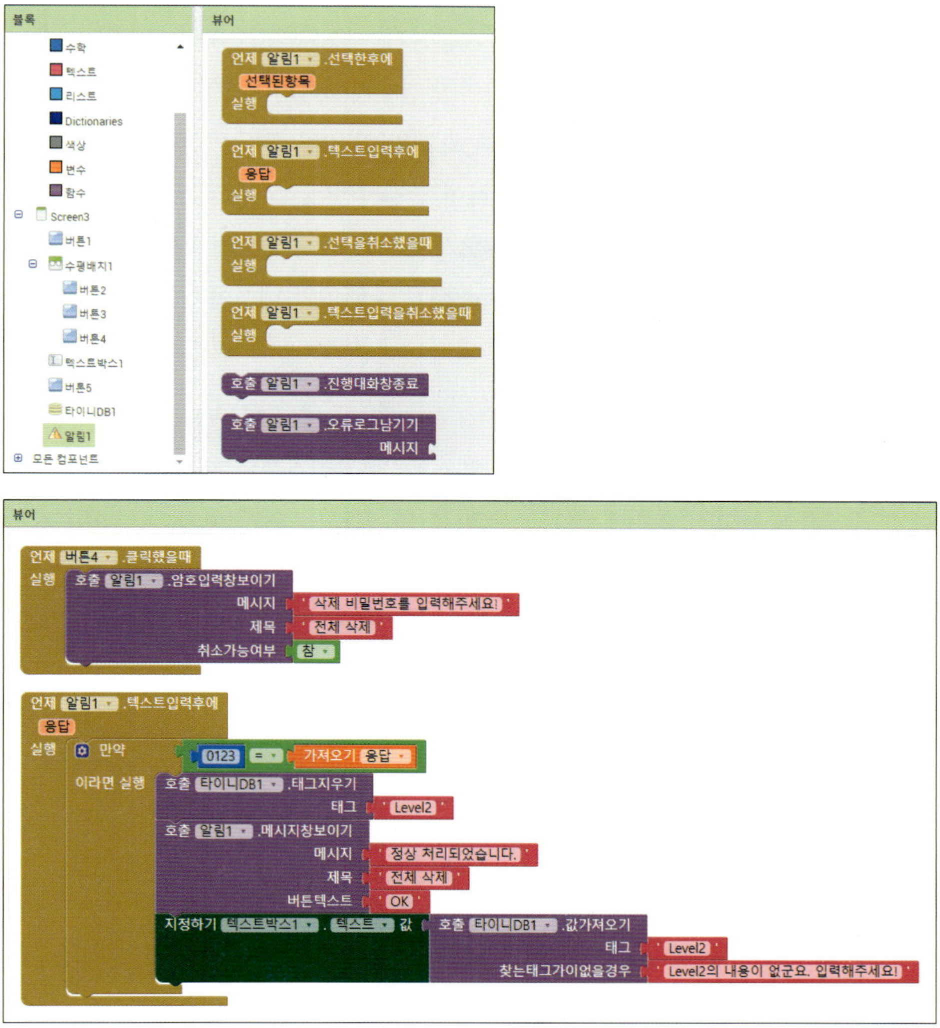

그림 13.39 알림1 블록 선택

DB 내용을 삭제하기 위하여 [타이니DB1]에서 보라색의 [호출 타이니DB1 태그지우기 ~ 태그] 선택 – [만약 ~ 이라면 실행] 블록에 드래그하여 연결시키고 [텍스트]에서 [빈칸] 선택 – [호출 타이니DB1 태그지우기 ~ 태그] 블록에 드래그하여 연결시킨 후 텍스트를 'Level2'로 수정한다. 그리고 알림을 통하여 정상 삭제되었음을 다음과 같이 알린다. [알림1]에서 보라색의 [호출 알림1 메시지창보이기 ~ 메시지 ~ 제목 ~ 버튼텍스트] 선택 – 추가로 [만약 ~ 이라면 실행] 블록에 드래그하여 연결시키고 [텍스트]에서 [빈칸] 3개를 선택 – 앞의 [호출 알림1 메시지창보이기 ~ 메시지 ~ 제목 ~ 버튼텍스트] 블록에 드래그하여 연결시킨 후, 텍스트를 '정상 처리되었습니다.'와 '전체 삭제' 그리고 'OK'로 각각 수정한다.

마지막으로 [텍스트박스1]에서 녹색의 [지정하기 텍스트박스1 텍스트 값] 선택 – 또한 [만약 ~ 이라면 실행] 블록에 드래그하여 연결시키고, [타이니DB1]에서 보라색의 [호출 타이니DB1 값가져오기 ~ 태그 ~ 찾는태그가(이)없을 경우] 선택 – 앞의 [지정하기 텍스트박스1 텍스트 값] 블록에 드래그하여 연결시킨다. 그리고 [텍스트]에서 [빈칸] 2개 선택 – 연결된 [호출 타이니DB1 값가져오기 ~ 태그 ~ 찾는태그가(이)없을 경우] 블록에 각각 연결시키고 텍스트 내용을 'Level2'과 'Level2의 내용이 없군요. 입력해주세요!'로 내용을 각각 수정한다.

사용자가 삭제 '취소'를 선택하면 그림 13.40과 같이 '취소되었습니다'라는 내용을 경고창으로 알린다. [알림]에서 [언제 알림1 텍스트입력을취소했을 때 ~ 실행] 선택 – 뷰어에 드래그하여 놓고, [알림]에서 보라색의 [호출 알림1 경고창보기 ~ 알림] 선택 – 앞의 [언제 알림1 텍스트입력을취소했을 때 ~ 실행] 블록에 드래그하여 연결시킨다. 그리고 [텍스트]에서 [빈칸] 선택 – 연결된 [호출 알림1 경고창보기 ~ 알림] 블록에 드래그하여 연결시키고 텍스트를 '취소되었습니다'로 수정한다.

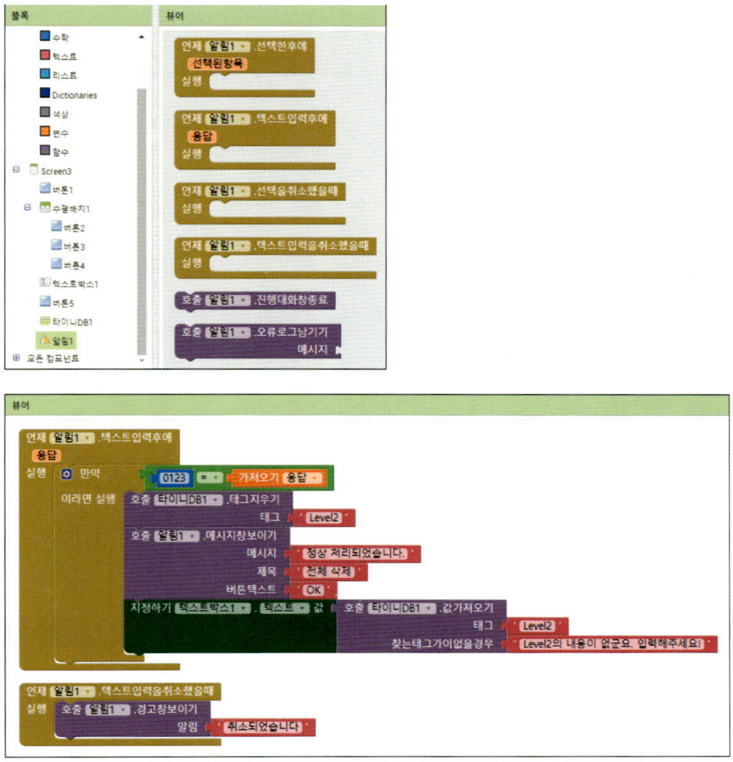

그림 13.40 알림1 취소했을 때 블록 선택

'첫 화면가기' 버튼을 클릭하여 앱의 첫 화면으로 돌아가기 위하여 그림 13.41과 같이 [버튼5]에서 [언제 버튼5 클릭했을 때 ~ 실행] 선택 – 뷰어에 드래그하여 연결시키고, [제어]에서 [다른 스크린 열기 스크린 이름] 선택 – 앞의 [언제 버튼5 클릭했을 때 ~ 실행] 블록에 드래그하여 연결시킨 후 'Screen1'을 선택한다.

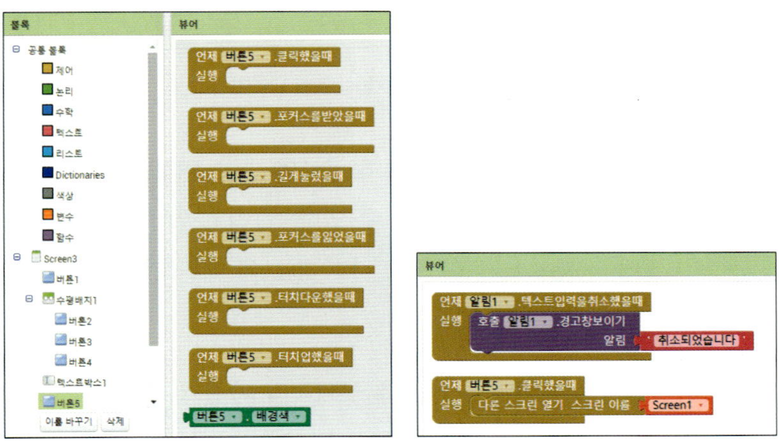

그림 13.41 버튼5 블록 선택

5 구현 결과 및 토의

음성과 얼굴 AI 모델을 이용하여 완성한 앱을 실행하기 위해서 그림 13.42와 같이 [빌드] - [Android App(.apk)] 선택하여 자신의 스마트폰에 설치된 "MIT AI2 Companion" 앱을 실행하여 생성된 [Android App for MultiModels_App]의 QR code를 스캔하여 개발한 앱을 자신의 스마트폰으로 다운받아 실행한다. 그러나 현재 앱 인벤터의 [연결] - [AI 컴패니언]을 선택하면 앱 기능 중에서 음성 모델을 이용한 검증은 할 수 없다.

그림 13.42 MultiModels_App 다운받기

스마트폰에 다운받은 앱을 자신의 스마트폰에 설치하면 그림 13.43과 같이 자신의 스마트폰 바탕화면에 앱 아이콘이 생성된 것을 확인할 수 있다. 그리고 앱 아이콘을 클릭하여 실행하면 상단에 'Security Enhanced App!'이 있고, 개인정보에 대한 간단한 안내와 음성 검증과 얼굴 검증을 할 수 있게 구성되어 있다.

사용자의 음성을 검증하기 위하여 [Record]를 클릭하여 자신의 목소리를 입력하고 잠시 뒤에 그림 13.44와 같이 음성 분류 결과를 확인할 수 있다. 만약 그 결과가 맞지 않다면 다시

[Record]를 클릭하여 자신의 목소리를 입력하고 분류 결과를 확인한다. 자신의 목소리가 첫 번째 항목으로 분류가 되었다면 얼굴 검증 과정을 생략하고 [확인] 버튼을 클릭하여 '중요(Level1)' 데이터 관리 스크린으로 화면을 전환할 수 있다. 이때 '보안 Level1로 이동합니다.' 라는 음성 메시지가 서비스 된다.

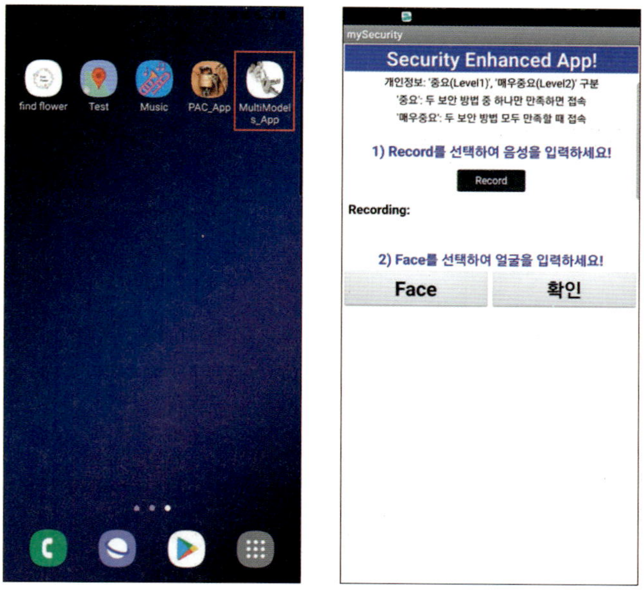

그림 13.43 앱 아이콘과 실행 초기화면

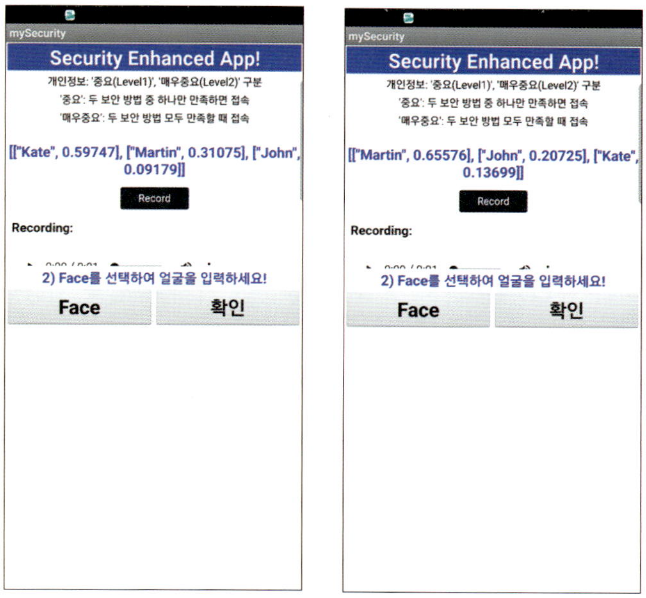

그림 13.44 음성 검증을 위한 음성 분류

앱의 초기화면에서 사용자의 음성 검증을 생략하고, 사용자의 얼굴을 검증하기 위하여 'Face'를 클릭하여 자신의 얼굴을 촬영하면, 잠시 뒤에 그림 13.45와 같이 얼굴 분류 결과를 확인할 수 있다. 자신의 얼굴이 첫 번째 항목으로 분류가 되었다면 [확인] 버튼을 클릭하여 '중요(Level1)' 데이터 관리 스크린으로 화면을 전환할 수 있다. 이 경우도 '보안 Level1로 이동합니다.'라는 음성 메시지가 서비스 된다. 우리는 음성 검증과 얼굴 검증 중 자신에게 편안한 한 가지 방법을 사용하여 '중요(Level1)' 데이터를 관리할 수 있다.

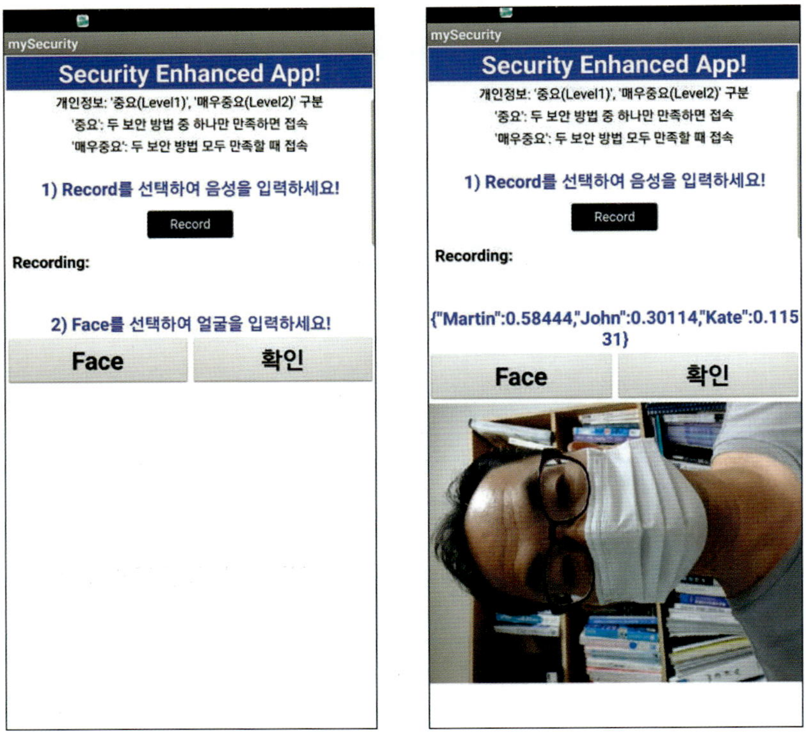

그림 13.45 얼굴 검증을 위한 얼굴 분류

중요(Level1) 데이터 관리: 두 가지 방법 중에서 한 가지 방법을 이용하여 전환되는 '중요(Level1)' 데이터 관리 스크린 화면은 그림 13.46과 같다. DB에 저장된 기존의 데이터를 불러오는 [불러오기]와 새로운 데이터를 입력하고 저장하는 [저장하기] 그리고 전체 데이터를 삭제하는 [삭제하기]와 앱의 첫 화면으로 이동하는 [첫 화면가기]로 구성되어 있다. 사용자의 중요 데이터를 입력하고 [저장하기] 버튼을 클릭하였을 때의 과정을 그림 13.47에 나타내었다.

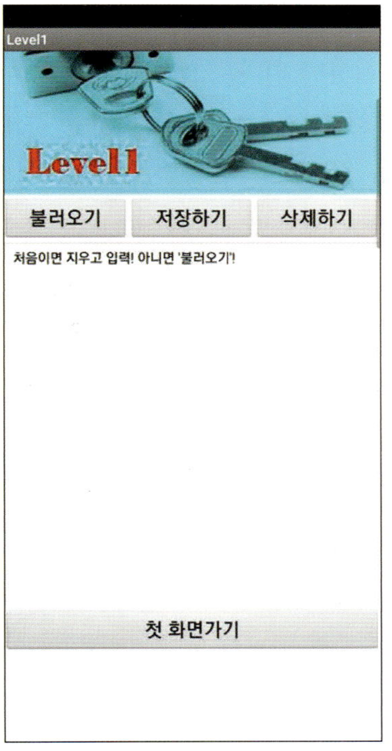

그림 13.46 중요(Level1) 첫화면

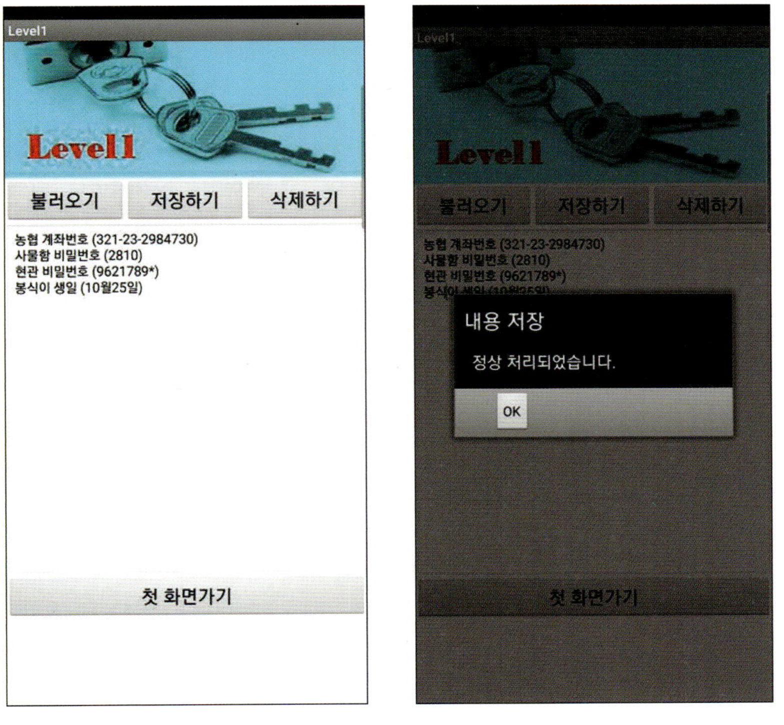

그림 13.47 중요 데이터 입력과 저장

저장된 데이터의 수정은 [불러오기]를 클릭하여 필요한 데이터를 추가하거나 필요 없는 부분을 삭제한 후 [저장하기]를 클릭하면 된다. 그리고 전체를 삭제해야하는 경우는 [삭제하기]를 클릭하면 그림 13.48과 같이 삭제 진행여부를 확인하고 삭제를 진행할 수 있다. [첫 화면가기]를 클릭하면 그림 13.43과 같이 앱 초기화면으로 전환된다.

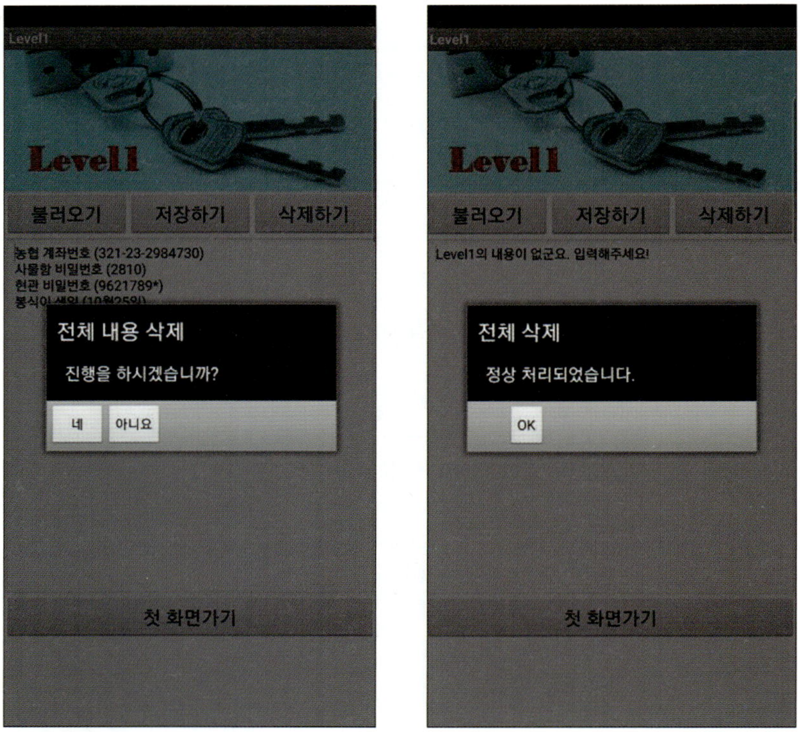

그림 13.48 '중요(Level1)' 전체 삭제 진행

매우중요(Level2) 데이터 관리: 그림 13.49와 같이 사용자의 음성 분류와 얼굴 분류가 동시에 만족하는지를 확인하고 [확인]을 클릭하면 '매우중요(Level2)' 데이터 관리 스크린 화면으로 전환된다. 화면 구성과 그 기능은 '중요(Level1)' 데이터 관리와 같다. 그러나 전체 데이터를 삭제하는 부분에서는 그림 13.50과 같이 비밀번호를 입력하여야 지울 수 있도록 수정하였다. 사용자의 음성과 얼굴 검증 모두를 실패하는 경우는 예로서 '마틴이 아님'이라는 음성 서비스를 한다.

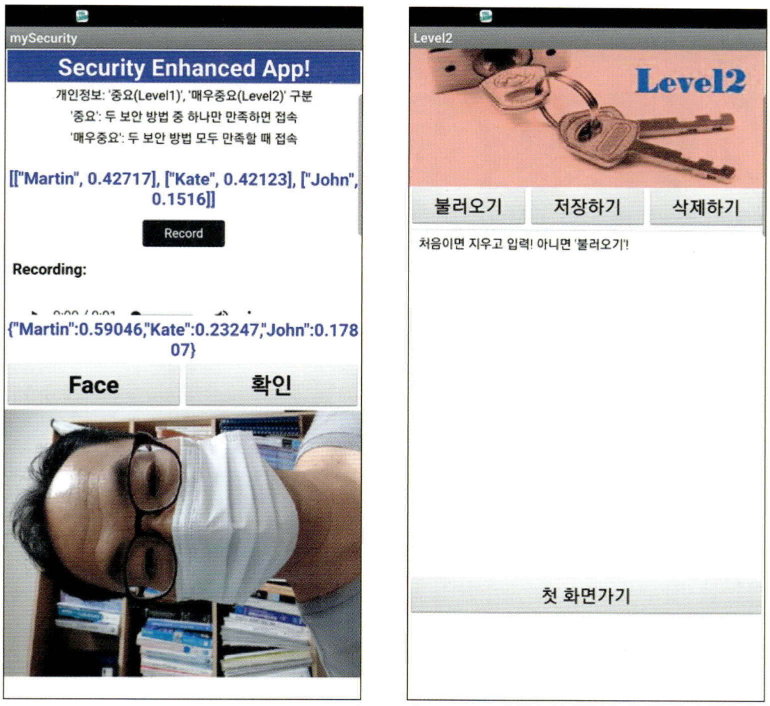

그림 13.49 '매우중요(Level2)' 첫 화면

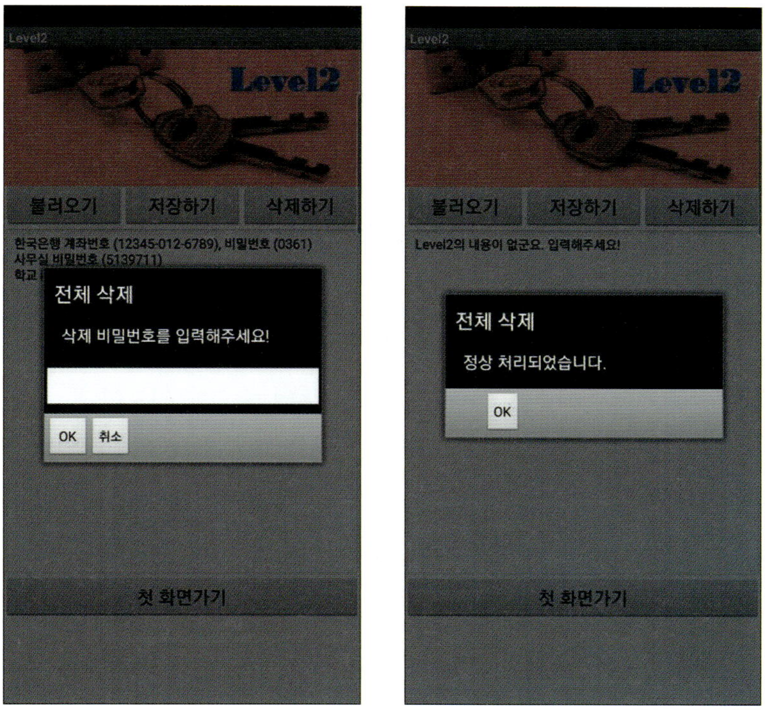

그림 13.50 '매우중요(Level2) 전체 삭제 진행

14 Chapter 얼굴 특징 감지 프로젝트

이번 장에서는 앱 인벤터의 FacemeshExtension 확장기능을 이용한 앱 개발에 대하여 알아본다. 얼굴의 특징점들을 감지할 수 있는 확장기능을 이용해 눈, 코, 입, 턱과 같은 사람들의 얼굴에 있는 특징점들을 찾고, 해당 특징점들의 위치 정보를 이용하여 동물의 귀나 수염 같은 재미나는 스티커를 얼굴에 붙이는 프로그램을 개발한다. 이번 장에서 만들 프로젝트의 이름과 프로젝트 내용은 표 14.1과 같다.

표 14.1 프로젝트에 관한 정보

프로젝트 이름	프로젝트 내용
Facemesh_StarterProject	얼굴의 특징점들을 찾고, 해당 위치에 고양이와 사자의 귀와 수염 이미지의 스티커를 얼굴에 붙여 보여주고 친구와 공유하는 앱 개발

1 얼굴 메쉬와 특징점

얼굴 특징점은 얼굴 인식이나 얼굴 표정을 연구하는데 중요한 정보이다. 그림 14.1과 같이 얼굴을 특징점들을 연결한 망(mesh)으로 표시한다. MIT 앱 인벤터 인공지능 확장기능들 중에 사람의 얼굴 특징점 감지 확장기능인 FaceMeshExtension이 있다. 이것은 사람의 얼굴에 있는 눈, 코, 입, 턱 등과 관련된 480여 개의 특징점들을 추출하여 제공한다.

프로그램 개발자는 제공하는 이 확장기능을 이용해 자신의 응용 프로그램에 사용할 수 있다. 이 확장기능을 사용하려면, 먼저 다음의 GitHub의 MIT 앱 인벤터 확장기능 사이트로 가서, 해당 인공지능 확장(파일이름.aix) 파일을 자신의 컴퓨터로로 다운로드한다.

FaceMeshExtension 확장기능 사이트: https://mit-cml.github.io/extensions

얼굴 특징점 감지 확장기능을 사용할 경우에는 'Facemesh.aix'를 다운 받는다. 그리고 실제 앱 인벤터 디자이너에서 팔레트(Palette)창의 확장기능(Extension)에서 [확장기능 추가하기 (Import extension)]을 클릭하고, 다운받은 'Facemesh.aix' 파일을 컴퓨터에서 프로젝트로 불러와서 포함시킨다.

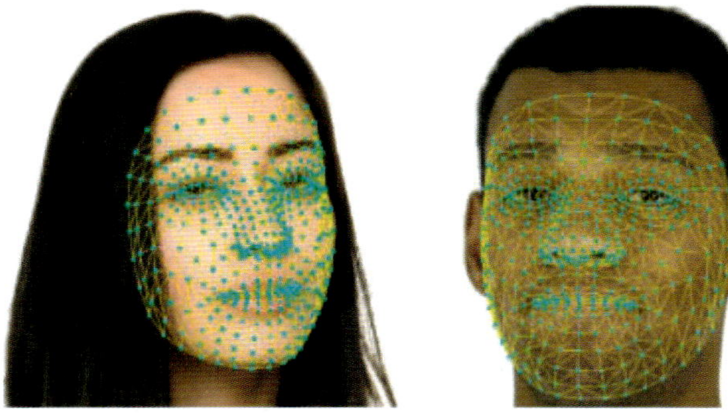

그림 14.1 Facemesh 얼굴 특징점 표시의 예

얼굴 특징 포인트들은 Face mesh로 구성되어 있는데, 그림 14.2와 같이 작은 삼각형 정점(vertex) 486개의 정점으로 그림과 같이 구성되어 있다. 따라서 얼굴은 전체 486 특징점(point)을 가지고 있고, 중요한 특징점들만 예로서 그림에서 이름을 붙여 두었다.

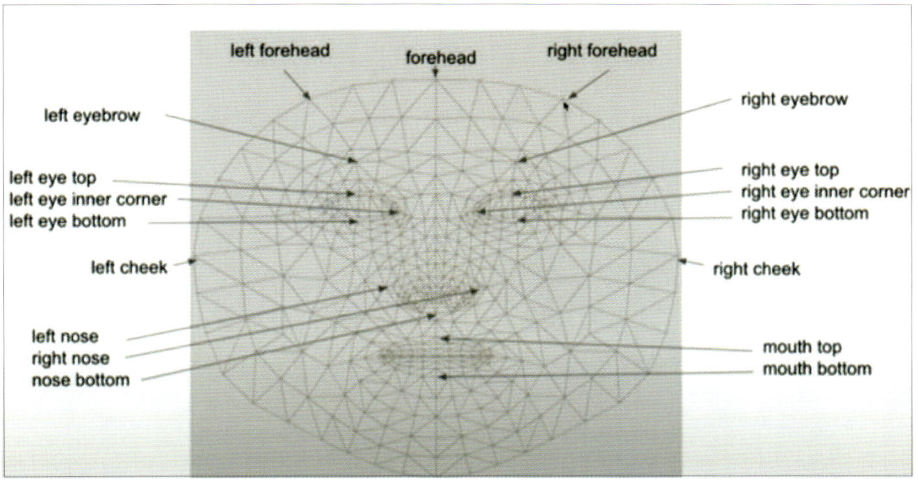

그림 14.2 Face mesh의 구성 모습과 특징점

2 Face Mesh 좌표 시스템

수학에서 일반적인 좌표 시스템은 왼쪽 아래가 원점이 된다. 그러나 현대 컴퓨터 그래픽에서는 일반적으로 사용하는 원점이 그림 14.3에서와 같이 왼쪽 상단에서 시작된다. 그래서 y축은 아래로 갈수록 좌표 값이 증가하고, x축은 오른쪽으로 갈수록 좌표 값이 증가한다. Face Filter Camera 프로그램에서도 컴퓨터 그래픽 좌표 원점을 사용한다.

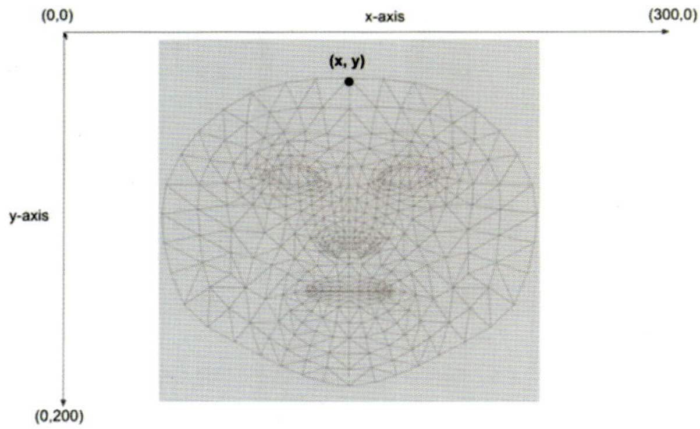

그림 14.3 Face mesh 좌표계

좌표계의 원점의 정의가 앞의 그림과 같이 정해지기 때문에 만일 얼굴 윤곽선 위의 적절한 위치(x_f, y_f)에 예로서, 그림 14.4와 같이 사자 귀를 붙이고 싶다면 어떻게 해야 하는가? 이 경우에 그림에서와 같이 사자 귀 그림의 위치를 다음과 같은 원리로 그림의 위치 좌표 값을 결정한다.

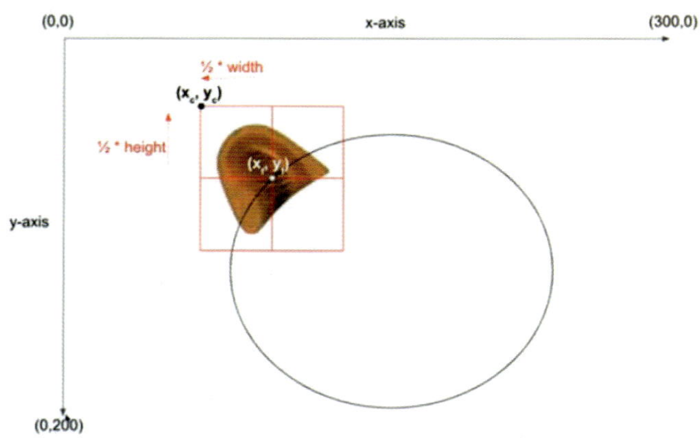

그림 14.4 사자 귀 위치 지정

얼굴에 사자 귀를 붙여서 나타내려면, 그림에서와 같이 원으로 표시한 얼굴의 귀 위치 좌표는 (x_f, y_f)이고, 사자 귀 마스크의 원점 좌표는 (x_c, y_c)가 된다. 여기서 사자 귀 그림의 원점의 원리는 그래픽 전체 좌표의 원점과 같은 원리로 생각하면 된다. 따라서 (x_c, y_c) 좌표를 구하는 것은 다음 수식을 사용하여 구한다. 이 수식은 다음 실제 프로그램에서 사용된다.

$$x_c = x_f - 0.5 * width, \quad y_c = y_f - 0.5 * height$$

3 Facemesh Filter Camera 프로그램

Facemesh Filter Camera 프로그램을 같이 살펴보도록 하자. 이 프로그램은 고양이와 사자의 귀와 수염 이미지의 스티커를 얼굴에 붙여서 보여주는 프로그램이다. 따라서 얼굴의 특징 점들을 정확하게 추출할 수 있는 기능이 기본적으로 필요하다. 이 기능은 우리가 앞에서 인공지능 확장기능인 FacemeshExtension이 제공한다.

이제 인공지능 확장기능을 사용해 간단한 프로그램을 만들어 보자. 초보자에게 쉬운 접근 방법은 기존에 샘플로 만들어진 프로그램을 먼저 이해하는 것이다. 기존에 대부분 완성되어 있지만 일부 중요한 부분이 완성되어 있지 않는 프로젝트 Facemesh_StarterProject.aia 파일을 다운 받아서 시작하자.

리소스 URL사이트: http://appinventor.mit.edu/explore/resources/ai/facemesh

이것은 처음 학습하는 사람들에게 도움이 된다. 제공된 프로그램의 미완성 부분은 함께 완성하도록 하자. MIT 앱 인벤터의 [프로젝트] 메뉴에서 [내 컴퓨터에서 프로젝트(.aia) 가져오기]를 클릭하여, 다음의 그림 14.5와 같이 팝업창을 통해 다운로드 한 Facemesh Filter Camera 프로젝트틀 읽어 들인다.

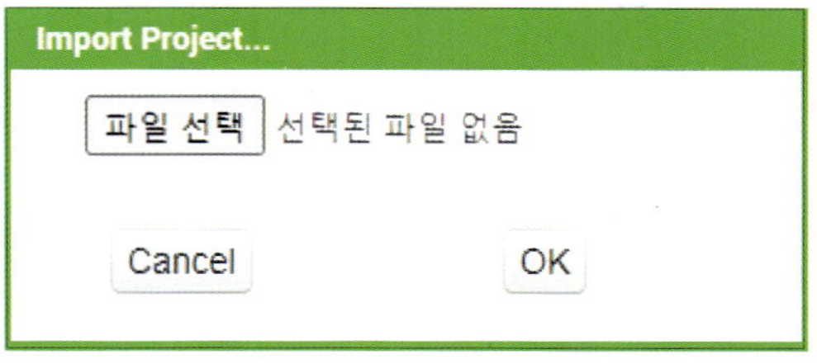

그림 14.5 프로젝트 입력 팝업창

앱 인벤터의 디자이너 화면에서 그림 14.6과 그림 14.7에서와 같이 뷰어(Viewer) 창과 컴포넌트(Components) 창을 먼저 살펴보자.

뷰어 창의 스크린에는 캔버스가 보이고, 캔버스 안에 왼쪽 귀(LeftEar), 오른쪽 귀(rightEar), 그리고 수염(whisker) 구성요소들이 있다. 이들 아래에는 두 개의 버튼인 [Take Photo]와 [Share Most Recent Image] 버튼이 보인다. 그리고 보이지 않는 컴포넌트(Non-visible components)에는 Sharing1, 인공지능 구성요소인 FaceExtension1, 그리고 사진을 찍을 때 안내가 소리로 나게 하는 TextToSpeech1 구성요소가 나타나 있다. 표 14.2에 해당 컴포넌트와 그 속성을 정리하였다.

그림 14.6 Facemesh의 뷰어 창

그림 14.7 Facemesh 컴포넌트 창

컴포넌트 아래 창에 위치하고 있는 그림 14.8과 같은 미디어(Media) 창에는 이미지(CAT_left-Ear.png, CAT_rightEar.png, CAT_whiskers.png, Lion_leftEar.png, Lion_rightEar.png, Lion_whisker.png) 파일이 등록되어 있다. 만일 얼굴 필터에서 마스크의 모양을 바꾸고 싶으면, 다른 이미지들을 만들어 여기에 업로드하고 사용하면 된다.

표 14.2 컴포넌트와 속성

팔레트	컴포넌트	속성
	Screen1	제목(Cat Camera)
그리기 & 애니메이션	Canvas1	높이(350 픽셀), 너비(350 픽셀)
	leftEar	높이(200 픽셀), 너비(200 픽셀), X(−25), Y(68)
	rightEar	높이(200 픽셀), 너비(200 픽셀), X(160), Y(71)
	whiskers	너비(300 픽셀), X(11), Y(129)
레이아웃	HorizontalArrangement1	−
사용자 인터페이스	TakePhotoButton	텍스트(Take Photo)
	SharePhotoButton	텍스트(Share Most Recent Image)
	WebViewer1	높이(350 픽셀), 너비(350 픽셀), 보이기여부(해제)
소셜	Sharing1	−
확장기능	FaceExtension1	높이(350 픽셀), 너비(350 픽셀), WebWiewer(WebViewer1)
미디어	TextToSpeech1	−

그림 14.8 미디어 창의 이미지 파일

각 파일을 클릭하면, 팝업창이 나와서 그림을 볼 수도 있고(Preview), 지우거나(Delete), 자신의 컴퓨터로 다운로드(download to my computer)할 수도 있다. 다음 그림 14.9의 예는 왼쪽 귀를 예로서 살펴본 것이다.

그림 14.9 미디어에서 파일 미리보기

컴포넌트 가운데, leftEar, rightEar, whisker에 대해 그림 14.10과 같이 속성(properties) 창에서 '사진'이 '없음'으로 설정되어 있다면 선택(Picture) 설정을 통해, 뷰어 창에 해당 그림을 표시할 수 있다.

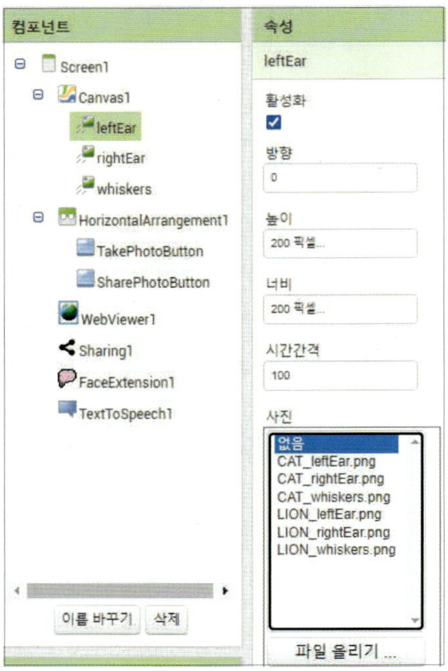

그림 14.10 속성 창을 통해 그림 선택

해당 그림 파일을 선택하고, [확인]을 클릭하면 뷰어 화면에 그림 14.11에서와 같이 나타난다. 같은 방법으로 CAT_rightEar.png, CAT_whiskers.png 파일도 선택하여 그림 14.12와 같이 뷰어 화면에 3가지 고양이의 귀와 수염 모양이 다 나타나게 그림을 선택한다.

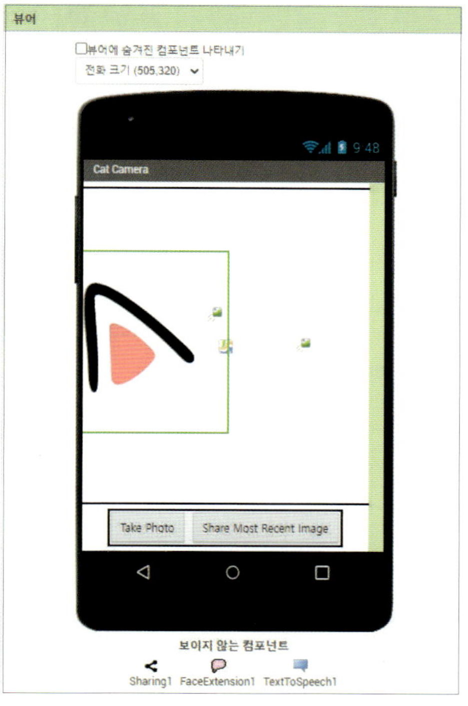

그림 14.11 그림 선택을 통해 뷰어 창에 나타냄

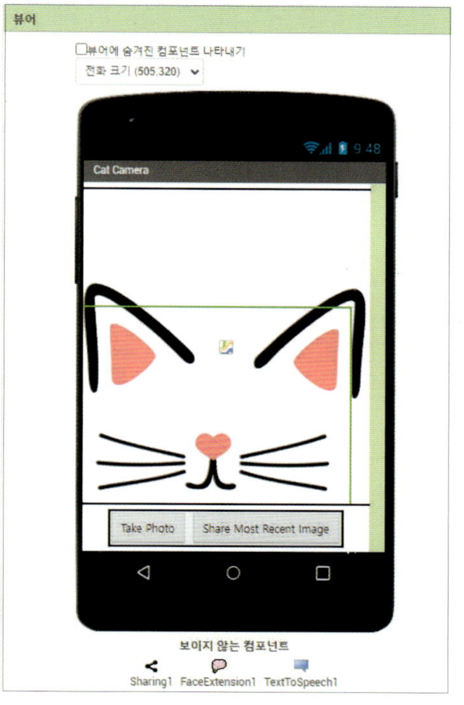

그림 14.12 모든 그림을 선택해 뷰어 창에 나타낸 모습

4 블록 구성하기

앱 인벤터의 오른쪽 상단에 있는 버튼(Designer/Blocks)을 사용하여 디자이너 화면에서 [블록] 화면으로 전환하자. 그러면 코딩을 할 수 있는 화면이 나타나는데 여기서 블록 프로그램을 하나씩 살펴보기로 하자.

먼저 사진을 찍는 버튼과 찍은 사진을 다른 사람과 공유할 수 있는 버튼에 대하여 블록 프로그램을 다음 그림 14.13에서 살펴보자.

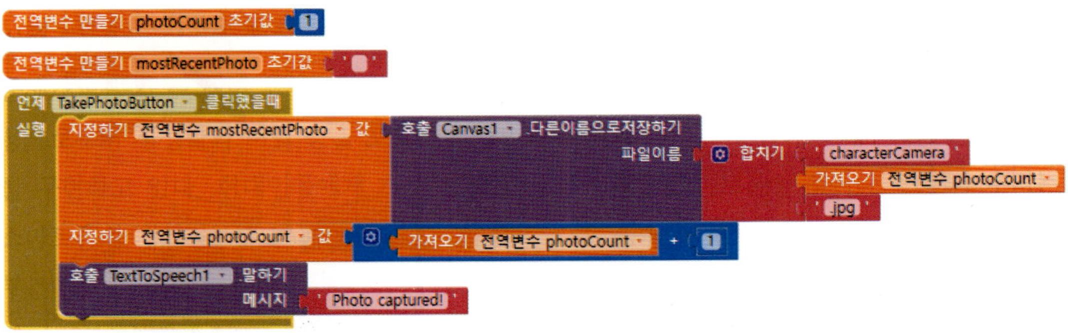

그림 14.13 TakePhotoButton 블록 코드

그림에서 먼저, 전역 변수 photoCount와 mostRecentPhoto 변수를 각각 1과 빈칸으로 초기화한다. 그리고 'TakePhotoButton'이 클릭되면, 2가지 변수와 관련된 일을 처리하고, TextToSpeech1.Speak 함수를 불러서, 메시지로 "Photo captured"를 음성으로 출력한다.

전역변수 mostRecentPhoto는 가장 최근에 찍은 사진의 파일 이름을 붙여서 저장한다. 그리고 전역변수 photoCount는 버튼을 눌러 사직을 찍으면, 찍을 때 마다 1씩 계속 증가되도록 세팅을 한다.

나중에 프로그램을 실행하면 스마트폰 아래쪽에 버튼 2개가 나타나는데, 하나는 [Take Photo] 버튼으로 사진을 찍는 버튼이다. 그리고 다음 버튼은 [Share Most Recent Image] 버튼으로, 최근 찍은 사진을 공유하기 위해 다른 사람에게 파일을 전달할 수 있는 기능이다. 이 버튼을 클릭하면 그림 14.14와 같이 Sharing1 파일공유하기 함수가 작동하여 most RecentPhoto 파일을 다른 사람에게 공유할 수 있게 된다.

그림 14.14 SharePhotoButton 블록 코드

그림 14.15의 FaceExtension1.FaceUpdated는 Facemesh Filter Camera 프로그램의 전체적인 처리를 나타낸다. 캔버스에 백그라운드 이미지를 설정하고, moving과 resizing 두 개의 함수를 호출한다.

그림 14.15 FaceExtension1.FaceUpdate 블록 코드

(1) moving 블록 코드 완성

moving 함수는 다음 그림 14.16과 같이 미완성으로 주어져 있어서 추가 작업이 필요하다.

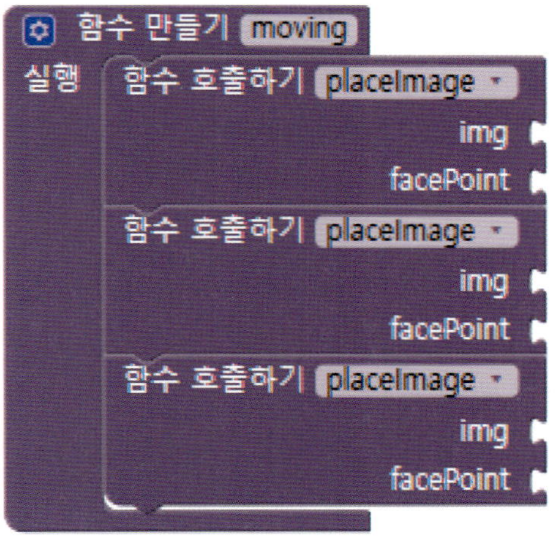

그림 14.16 초기 moving 함수

먼저, 그림 14.17과 같이 블록 창에서 leftEar 이미지를 클릭하고, 나타나는 블록들 중에 초록색 [leftEar]를 찾는다.

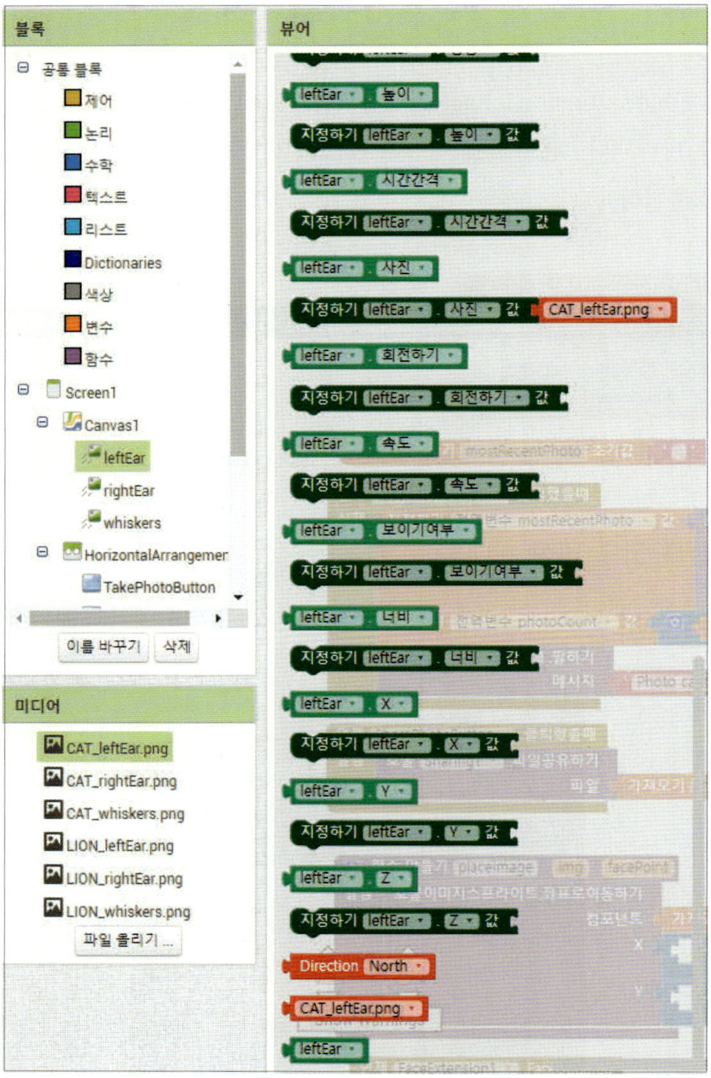

그림 14.17 leftEar에 속한 블록

그리고 찾은 lefrtEar 블록 조각을 moving 함수의 [함수 호출하기 placeImage]의 img에 연결한다. 그리고 facePoint에는 faceExtension1를 그림 14.18과 같이 나타나는 블록들 중에서 아래에 위치한 초록색 [FaceExtension1 LeftForehead]를 가져온다. 가져온 블록은 facePoint에 연결한다.

그림 14.18 FaceExtenson1에 속한 블록

그러면 다음 그림 14.19와 같은 모양이 된다.

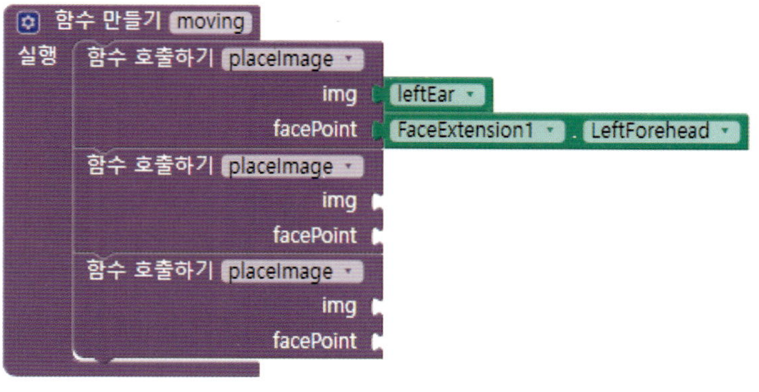

그림 14.19 left 부분 완성 모양

여기서 같은 방법으로, 아래의 placeImage 부분들인 rightEar와 whiskers도 완성한다. 이 경우에, 복제 기능을 사용하면 편리하다. 그림 14.20에서 leftEar 부분에 오른쪽 마우스를 클릭하면, 팝업 메뉴가 나타나는데 여기서 '복제하기(duplicate)'를 선택하면 복제가 된다. 복제된 블록 조각을 둘째 img 위치에 연결한다. 연결하고 나서 복제된 leftEar의 작은 녹색 역삼각형을 클릭하면 rightEar, whiskers가 그림 14.21처럼 나타나는데, 필요한 rightEar를 선택하면 된다.

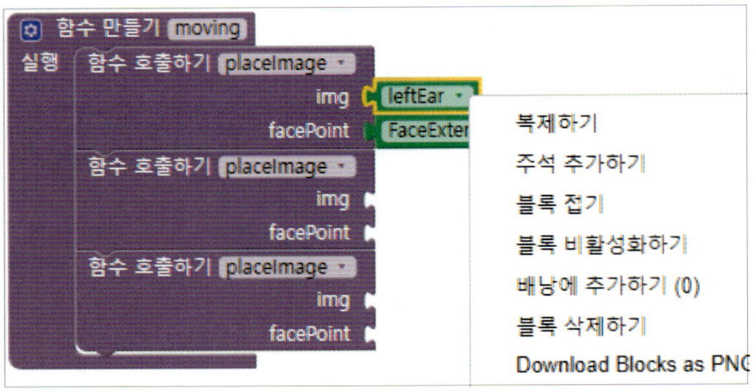

그림 14.20 블록 조각의 복사 기능

마찬가지로 [FaceExtension1.Leftforehead] 블록도 마우스로 클릭하면 팝업 메뉴에서 복제할 수 있다. 복제된 블록을 필요한 곳에 연결하고, 작은 녹색 역삼각형을 클릭해서 적절한 이름을 선택하면 된다.

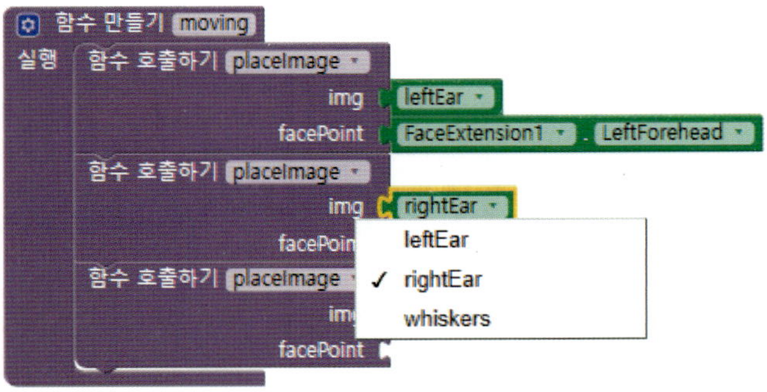

그림 14.21 블록 조각의 복사 및 선택 기능

같은 방법으로 복사해서 오른쪽 귀(rightEar)와 수염(whiskers)도 모두 처리한다. 완성된 블록 프로그램의 모양은 다음 그림 14.22와 같다.

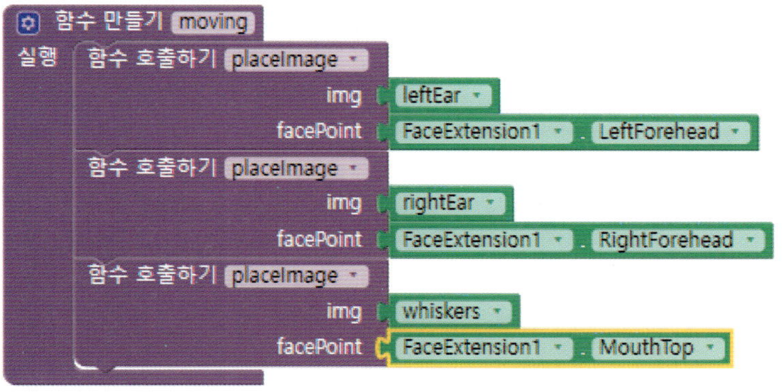

그림 14.22 moving 프로시저 완성 블록 코드

다음에 그림 14.23과 같은 resizing 함수가 있다. 여기에 세팅들은 얼굴에 나타나는 스티커 이미지가 얼굴의 크기들과 어떤 크기로 조정(resizing)해서 나타낼 것인지에 대한 것이다. 먼저, 수염의 폭(whiskers.Width)은 얼굴 폭(FaceExtension1.FaceWidth)으로 세팅한다. 이것은 얼굴 사진에서 수염이 나타날 크기를 상상하면 합리적인 폭으로 생각된다.

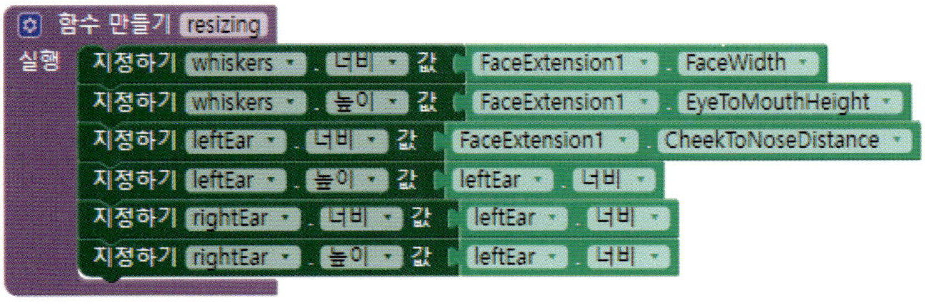

그림 14.23 resizing 함수 블록 코드

그리고 수염의 높이(whiskers.Height)는 눈과 입사이의 높이(EyeToMouthHeight)로 세팅하였다. 왼쪽 귀의 폭(leftEar.Width)은 볼과 코 사이의 거리(CheekToNoseDistance)로 세팅해 보았다. 그리고 왼쪽 귀의 높이(leftEar.Height)는 왼쪽 귀의 폭(leftEar.Height)으로 세팅해 보았다. 아래 오른 쪽 귀의 폭과 높이는 길이가 거의 같기 때문에 같은 길이(leftEar.Width)로 적절하게 세팅하였다. 마음에 들지 않으면 바꾸어도 된다.

(2) placeImage 블록 코드 완성

앞의 moving 함수는 왼쪽 귀, 오른쪽 귀, 수염을 위해 placeImage 함수를 호출한다. 이번의 placeImage 함수는 가장 중요하고 복잡한 처리 부분이다. 주어진 블록 코드는 다음 그림 14.24와 같이 미완성으로 되어있다.

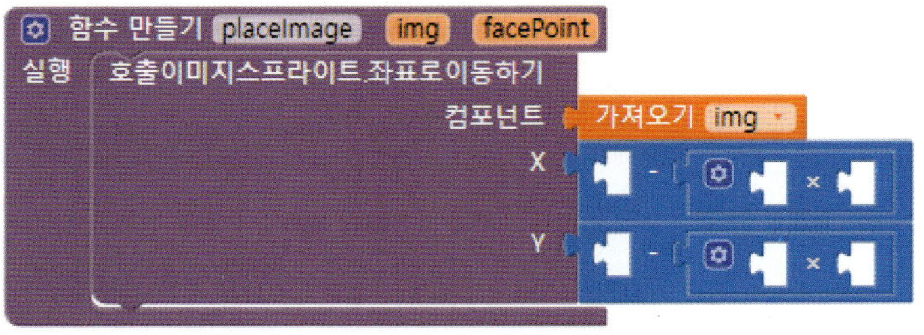

그림 14.24 placeImage 미완성 코드

placeImage 함수의 코드를 완성시켜 보자. 먼저, 블록(Blocks) 창에 가서 계산을 위해 리스트(Lists)를 클릭하면, 이에 해당하는 블록이 나타난다. 여기서 [항목 선택하기 리스트 위치] 블록을 가져온다. 여기에 그림 14.25에서와 같이 함수 위쪽의 facePoint를 클릭한 후에 나타나는 [가져오기 facePioint]를 가져와 여기에 임시로 연결한다.

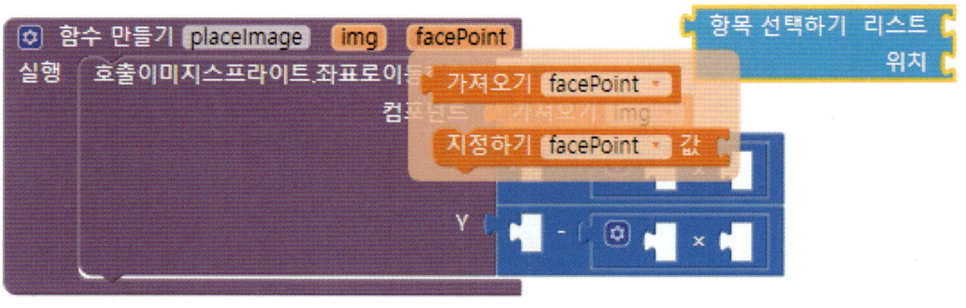

그림 14.25 placeImage 미완의 코드 작업

연결이 끝나면, 이것의 x 좌표의 위치(index)는 1이고, y 좌표의 위치는 2가 되므로 여기에 해당 값을 설정한다. 블록 창에서 [수학]을 클릭해 수 값을 넣을 수 있는 블록 조각을 가져와서 조립하고 1을 입력한다. 임시 조립이 끝나면 그림 14.26과 같은 모양이 된다. 이제 placeImage 미완성 코드 블록에 x 좌표 위치에 그림 14.27과 같이 조립하자.

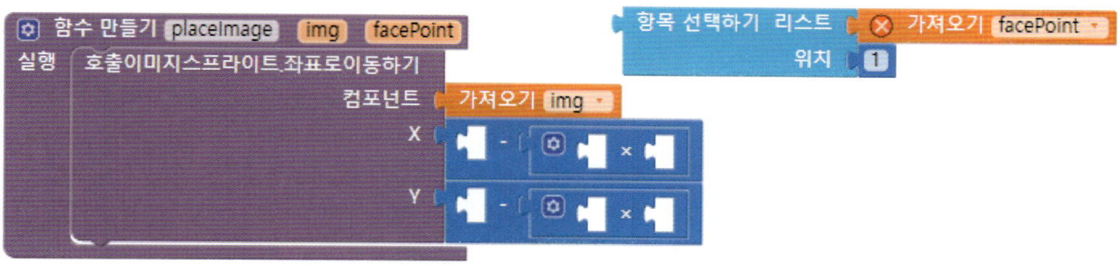

그림 14.26 임시 조립의 코드 모양

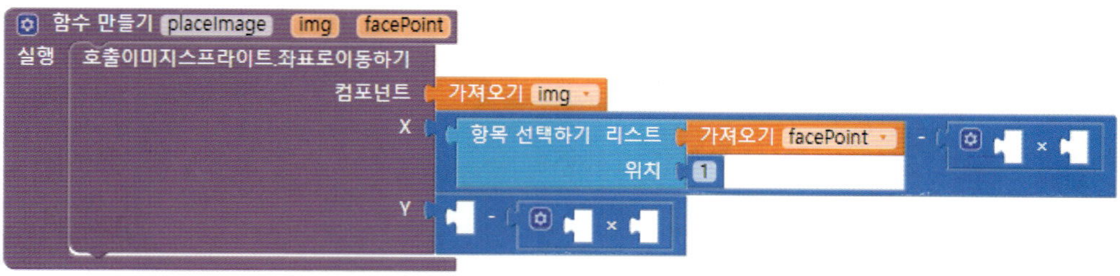

그림 14.27 x 좌표 연결 모습

앞의 Face Mesh 좌표 시스템에서 설명한 바와 같이, x 좌표와 y 좌표 값은 다음 식을 따라 코딩하면 된다.

$$x_c = x_f - 0.5 * width, \quad y_c = y_f - 0.5 * height$$

facePoint는 x_f에 해당한다. 이제 0.5*width에 해당하는 블록 코드 부분을 만들면 된다.

블록 창으로 가서 0.5는 [수학]에서 가져와 0.5로 설정하면 된다. 너비(width)를 위해 그림 14.28과 같이 블록창 가장 아래에 위치한 [모든이미지스프라이트(Any ImageSprite)]를 선택하고 [이미지스프라이트.컴포넌트]을 가져와서 '너비'를 선택하여 사용한다. 그리고 이미지스프라이트의 컴포넌트에는 '가져오기 img'가 필요한데, 이것은 [호출이미지스프라이트.좌표로이동하기]에 있는 [가져오기 img]를 복사해서 사용하면 된다. 이렇게 하여 x 좌표 값 계산을 위한 블록 코드가 그림 14.29과 같이 완성되었다.

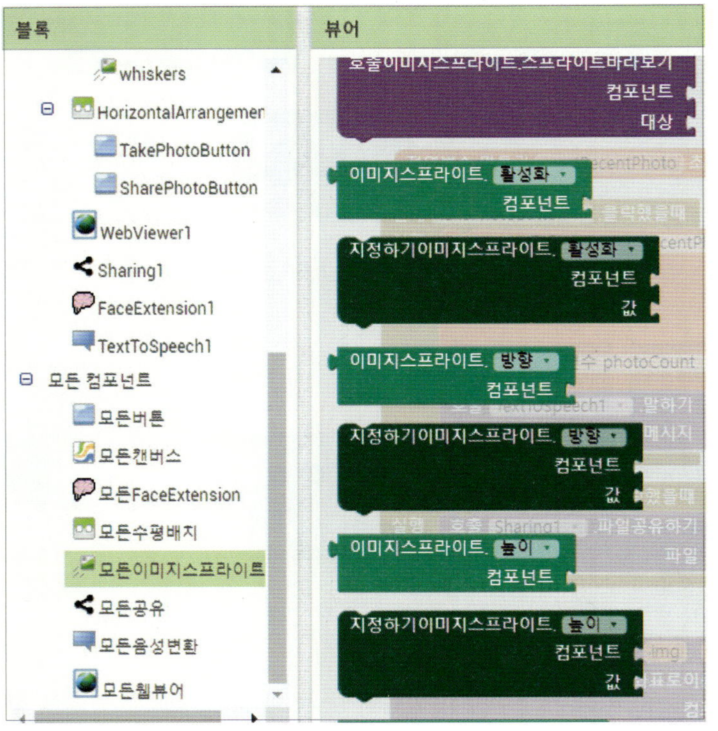

그림 14.28 모든이미지스프라이트의 블록

그림 14.29 x 좌표에 대한 완성 코드

y 좌표에 대한 수식도 같은 방법으로 코드를 구현할 수 있다. 완성된 블록 코드의 모습이 그림 14.30에 나와 있다.

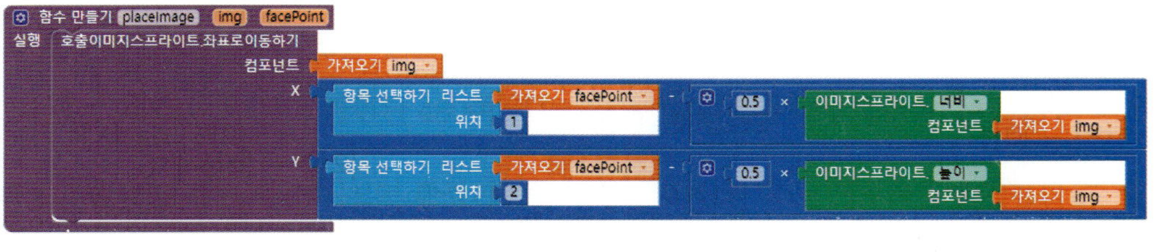

그림 14.30 placeImage 함수의 완성된 블록 코드

5 앱 실행 및 시험

이제 모든 앱 인벤터 프로그램이 완성되었다. 이제 완성된 프로그램 코드를 스마트폰에서 실행시켜 보자. MIT 앱 인벤터 메인 메뉴에서 [연결]을 클릭하자. 그러면 드랍다운 메뉴가 그림 14.31처럼 나타난다. 여기서 [AI 컴패니언]을 선택하면 PC 화면에 QR 코드가 그림 14.32처럼 나타난다. 스마트폰에 미리 설치해 둔 'MIT AI2 Companion' 앱을 실행시켜 QR 코드를 스캔하자.

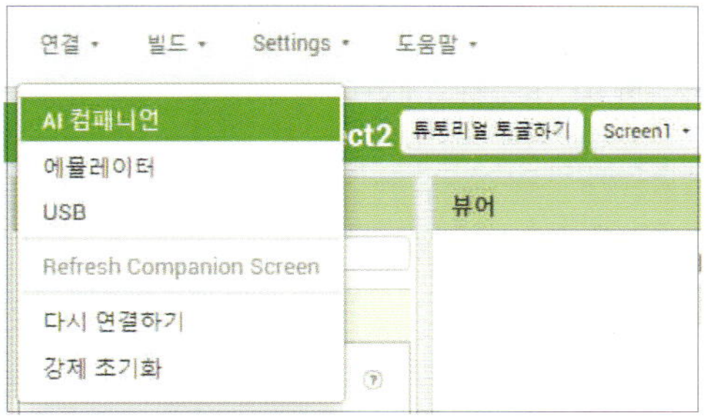

그림 14.31 스마트폰 실행 준비

그림 14.32 스마트폰 실행을 위한 QR코드

그러면 스마트폰 화면에 그림 14.33과 같은 고양이 스티커가 붙은 이미지가 나타난다. 얼굴의 크기가 다양하게 변하여도 스티커 이미지의 크기가 잘 조절되어(resizing) 얼굴에 맞게 적당하게 나타난다. 그러나 그림 14.34(b)와 같이 얼굴 모습이 웃음으로 입모양이 특이하게 바뀐 경우에는 수염의 위치가 조금 이동되어 정확하게 나타나지 않는 예도 볼 수 있다. 다양한 경우에 대해 자신의 스티커가 그려진 모습을 실험해 보도록 하자.

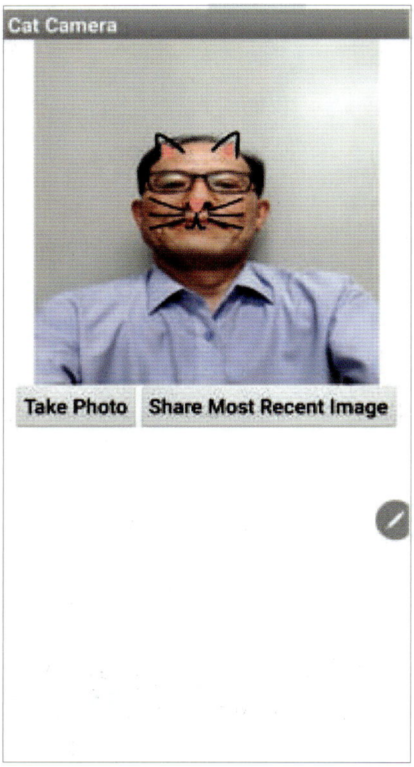

(a) 작은 크기

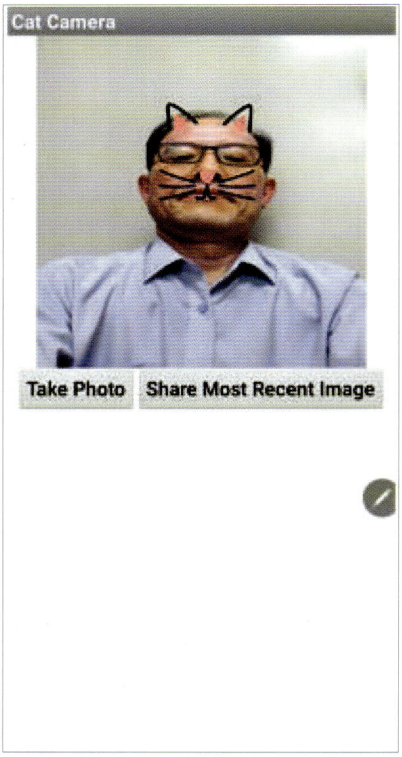

(b) 중간 크기

그림 14.33 얼굴의 크기 변화에 따른 예

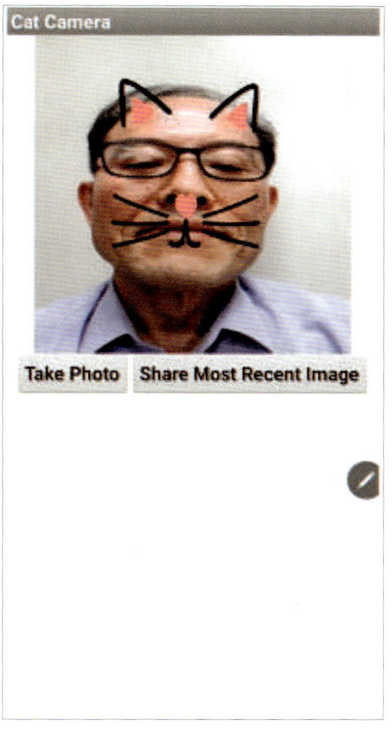

(a) 큰 크기

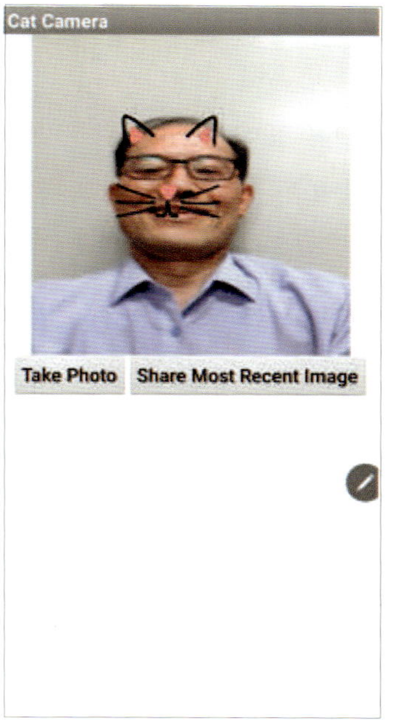

(b) 웃음

그림 14.34 얼굴의 크기 변화와 웃음의 예

이제 찍은 스티커 사진을 [Share Most Recent Image] 버튼을 사용하여 다음 그림 14.35와 같이 카톡으로 친구에게 보낼 수도 있다. 한번 시도해 보기 바란다.

그림 14.35 카톡으로 사진을 보낸 예

참고문헌

[1] Artificial Intelligence with MIT App Inventor
http://appinventor.mit.edu/explore/ai-with-mit-app-inventor

[2] Using the MIT App Inventor FaceExtension (for Facemesh)
sparse-dense by FoYo: Using the MIT App Inventor FaceExtension (for Facemesh)

[3] MIT App Inventor Extensions
https://mit-cml.github.io/extensions

[4] App Inventor extensions
https://docs.google.com/document/d/1orlYWGlHOY0hmAC0zjadQ4DET2K8U34C8hv5zmuxZLU/edit#heading=h.q0qxs8avzosb

15 신체 움직임 감지 프로젝트

Chapter

이번 장에서는 앱 인벤터의 PosenetExtension 확장기능을 이용한 응용에 대하여 알아본다. 먼저 입력 비디오에서 사람의 신체인 얼굴, 팔, 다리 등의 특징 부분을 감지하여 신체의 움직임을 따라 이 특징점들을 표시하는 프로그램을 살펴보자. 우리가 직접 만드는 대신에 기존에 있는 샘플 프로그램을 이해하고 사용해 보는 것으로 시작하자. 프로그램의 정보는 표 15.1과 같다.

표 15.1 프로젝트에 관한 정보

프로젝트 이름	프로젝트 내용
PosenetTest	입력 비디오에서 신체 부분을 감지하여 신체의 움직임을 따라 특징점들을 화면에 표시하는 앱 개발

1 신체와 특징점

신체의 움직임을 감지하는 인공지능(AI) 소프트웨어로서 MIT 앱 인벤터용 Posenet Extension을 알아보자. 표 15.2에서와 같이 신체 골격의 특징점 17 점의 좌표를 그림 15.1과 같이 실시간으로 얻을 수 있는 인공지능 기능이 Posenet에서 제공된다. 이 제공되는 기능을 이용하여 신체의 움직임을 표현해 보자.

표 15.2 신체의 17 가지 특징 포인트

No.	신체 명칭	No.	신체 명칭
1	코	10	오른쪽 손목
2	오른쪽 눈	11	왼쪽 손목
3	왼쪽 눈	12	오른쪽 힙
4	오른쪽 귀	13	왼쪽 힙
5	왼쪽 귀	14	오른쪽 무릎
6	오른쪽 어깨	15	왼쪽 무릎
7	왼쪽 어깨	16	오른쪽 발목
8	오른쪽 팔꿈치	17	왼쪽 발목
9	왼쪽 팔꿈치		

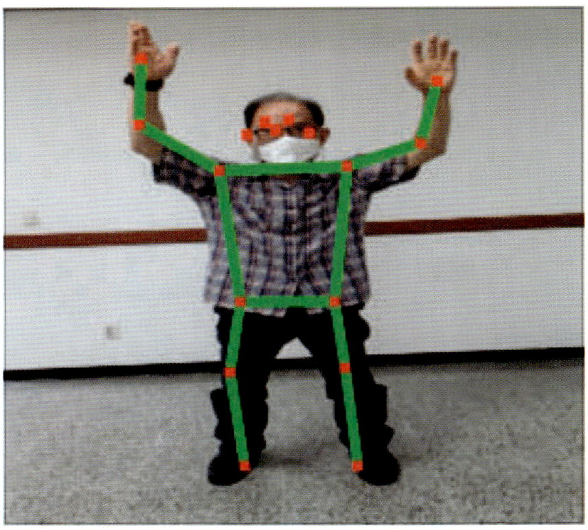

그림 15.1 신체의 특징 포인트 17 가지 위치

Posenet Extension을 사용하려면 다음의 MIT 앱 인벤터 확장자 사이트로 가서 해당 파일이름의 .aix 파일을 자신의 컴퓨터로 다운로드한다. 다음의 GitHub의 MIT 앱 인벤터 확장기능 사이트로 가서, 해당 xxx.aix 파일을 자신의 컴퓨터로 다운로드한다.

확장기능 사이트: https://mit-cml.github.io/extensions

Posenet Extension를 사용할 경우에는 'Posenet.aix'를 다운 받는다. 그리고 실제 앱 인벤터 **[디자이너]**에서 팔레트(Palette) 창의 **[확장기능]**에서 **[확장기능 추가하기]**을 클릭한다. 그리고 다운받은 'Posenet.aix' 파일을 컴퓨터에서 프로젝트로 불러와서 포함시킨다. 그리고 앱 인벤터의 뷰어 창에 드래그하면, 아래에 있는 보이지 않는 컴포넌트에 그림 15.2와 같이 표시된다.

그림 15.2 PosenetExtension 확장기능 추가

2 PosenetTest 프로그램

입력 비디오에서 신체 부분을 감지하여 신체의 움직임을 따라 특징점들을 표시하는 프로그램을 만들어 보자. 처음부터 프로그램을 개발하면 좋겠지만 기존에 완성되어 있는 코드를 가지고 이해하면서 시작해 보자. 예제 프로그램을 GitHub에서 가져오기 위해 다음의 MIT App Inventor Extensions 사이트로 접속하여 아래쪽에 있는 'Examples:'에서 PosenetTest에 해당하는 'PosenetTest.aia' 파일을 컴퓨터로 다운로드 하자.

PosenetTest 사이트: https://mit-cml.github.io/extensions

다운로드가 끝나면, 앱 인벤터로 다운 받은 PosenetTest 프로그램을 불러오기 위해, 다음 그림 15.3과 같이 메인 메뉴의 [프로젝트]에서 [내 컴퓨터에서 프로젝트(.aia) 가져오기]를 선택한다.

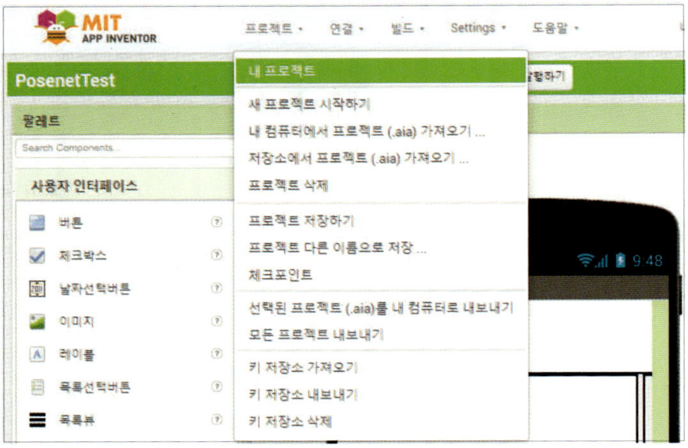

그림 15.3 내 컴퓨터에서 프로젝트 가져오기

그러면 프로젝트 가져오기 팝업창이 나타나고, [파일 선택]을 통해 자신의 컴퓨터로 조금 전에 다운받은 파일(PosenetTest.aia)을 그림 15.4와 같이 찾아서 가져올 수 있다.

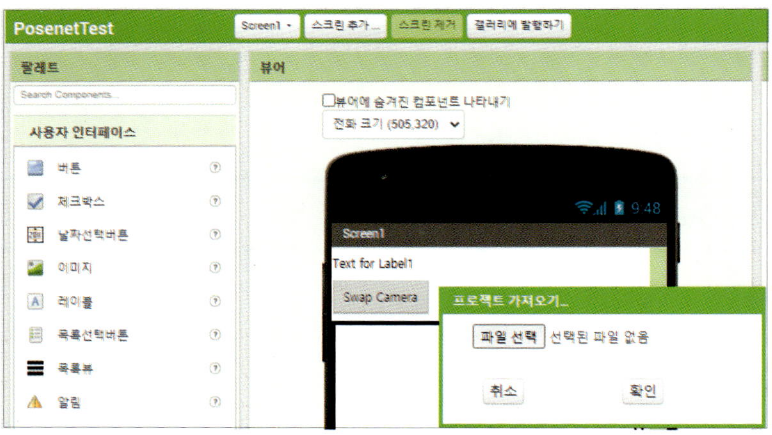

그림 15.4 프로젝트 가져오기 위해 파일 선택

해당 프로젝트 프로그램을 가져오면 앱 인벤터 화면의 컴포넌트(Component) 창에 스마트폰 화면을 구성하기 위한 컴포넌트들이 다음 그림 15.5와 같이 준비된다.

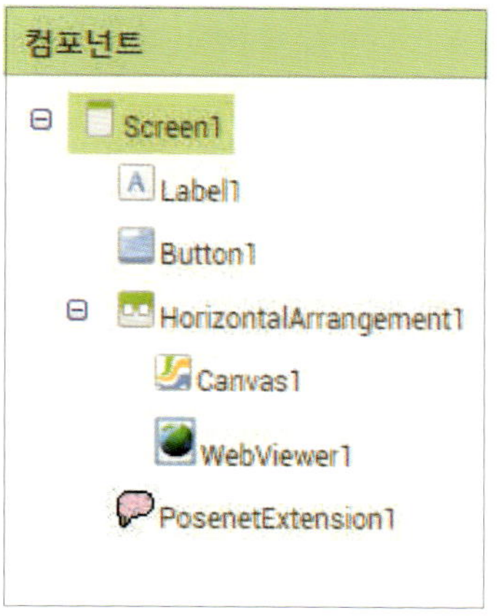

그림 15.5 컴포넌트 구성

다음 그림 15.6은 뷰어 화면에 나타난 모양이다. Screen1은 레이블1, 버튼1 그리고 캔버스1과 웹뷰어1로 구성되어 있다. 그리고 보이지 않는 컴포넌트인 PosenetExtension1이 화면 아래에 있다. 표 15.3은 관련 컴포넌트와 그 속성이다.

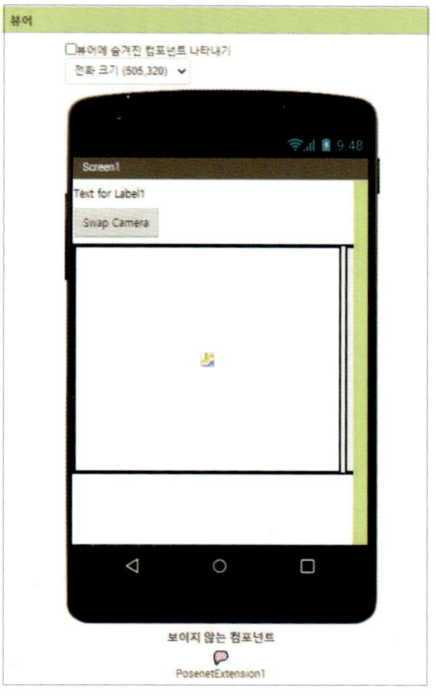

그림 15.6 뷰어 화면의 모습

표 15.3 컴포넌트와 속성

팔레트	컴포넌트	속성
사용자 인터페이스	Label1	–
	Button1	텍스트(Swap Camera)
레이아웃	HorizontalArrangement1	–
그리기 & 애니메이션	Canvas1	높이(250 픽셀), 너비(300 픽셀), 선두께(5)
사용자 인터페이스	WebViewer1	높이(250 픽셀), 너비(300 픽셀)
확장기능	PosenetExtension1	UseCamera(Back), WebViewer(WebViewer1)

3 블록 프로그램 살펴보기

스마트폰의 카메라를 통해 들어온 영상에 대해 신체의 움직임을 특징점들로 표시해 사용자에게 보여주려고 한다. 그림 15.7에서는 Ready 표시와 오류 처리에 대한 블록을 나타낸다. 뷰어 화면에서 그림 15.6과 같이 상태를 나타내는 Label1 레이블을 가장 위에 배치해 PosenetExtension1이 준비되면, 정상적인 'Ready'로 나타내려고 한다. 만일 PosenetExtension1에 오류가 생겼다면, 오류 메시지를 레이블에 텍스트로 보이게 한다.

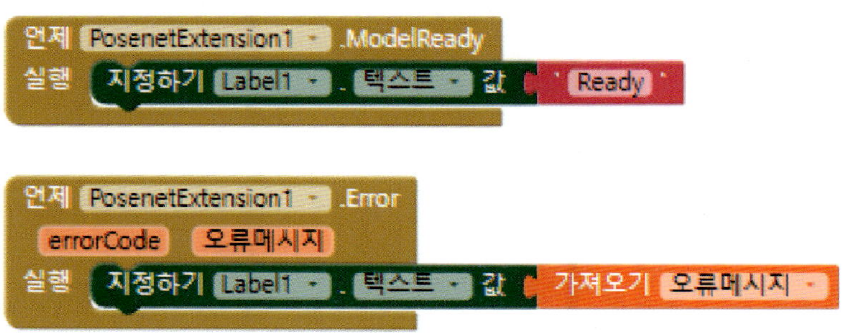

그림 15.7 Ready와 에러 메시지

그림 15.8은 입력 영상이 업데이트 될 때, 캔버스가 클리어 되고, 캔버스에 배경 영상이 설정되는 것을 나타낸다.

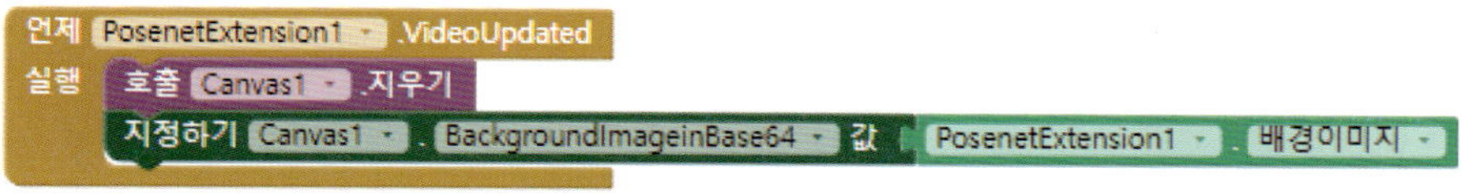

그림 15.8 디비오 업데이트 시 처리

그림 15.9는 버튼1인 [Swap Camera]를 클릭했을 때 PosenetExtension1의 UseCamera가 전방 카메라(Front)이면, 후방 카메라(Back)로 바꾸는 명령이다. 물론 UseCamera가 전방 카메라(Front)가 아니면, 전방 카메라로 교체된다.

그림 15.9 버튼1 클릭 시 카메라 전/후방 변경

그림 15.10은 점을 그리는 블록(drawPoint)이다. 여기서 입력되는 점의 리스트 길이가 2가 되면, Canvas1.DrawPoint를 호출하여 캔버스에 특징점(point)을 그리는 기능이다. 캔버스에 점을 그리려면 특징점의 x 값과 y 값을 알아야 한다. 그래서 point의 첫째와 둘째 인덱스의 값을 선택하여 각각 x, y를 지정한다.

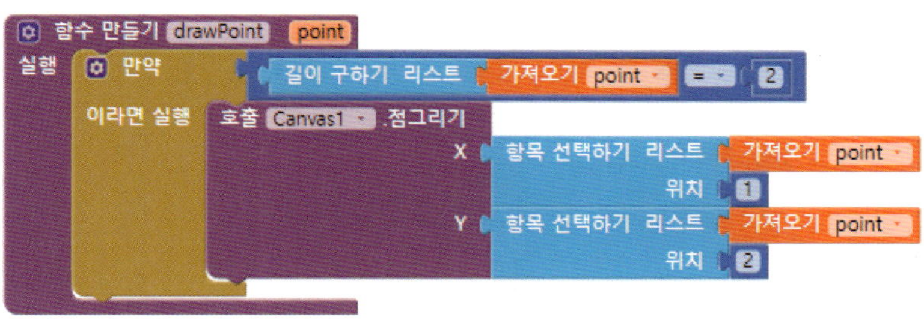

그림 15.10 점 그리기 블록

두 개의 점 point1과 point2가 준비되면, 그림 15.11과 같은 drawLine 블록으로 선을 그릴 수 있다. point1와 point2의 길이가 2가 되어 두 점이 준비되면 Canvas1.DrawLine을 호출한다. DrawLine은 두 점의 좌표, (x1, y1)과 (x2, y2)를 각각 인덱스 1, 2에서 가져와서 선을 그린다.

그림 15.11 선 그리기 블록

drawPoint와 drawLine 블록이 앞 그림들에서 각각 완성되었다. 그림 15.12에서 이제 메인 처리 블록을 살펴보자. 신체의 자세가 달라지면(PoseUpdated), 캔버스를 클리어하고 배경 이미지를 설정하고, 그리는 선을 그릴 페인트 색상(PaintColor)으로 설정한다.

PosenetExtension1이 처리한 연결선(Skeleton)의 리스트에서 각 선(bone)에 대해, [각각 반복 리스트 ~ 실행]에 [함수 호출하기 point1 point2]를 사용하여 drawLine을 불러서 설정한 초록색 선을 그린다. 그리고 이제 [지정하기 ~값]을 사용해 페인트 색상은 붉은 색으로 설정한다. PosenetExtension1이 처리한 특징점들(KeyPoints)의 리스트에서 각 점에 대해 drawPoint를 불러서 붉은 색 점으로 나타낸다.

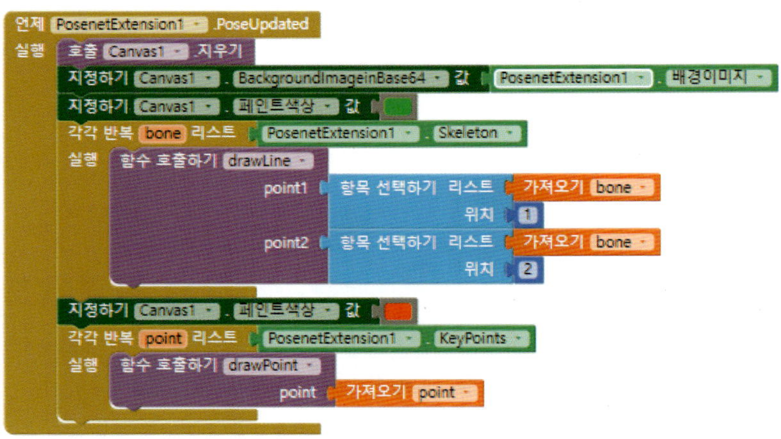

그림 15.12 메인 처리 블록

4 스마트폰에서 프로그램 실행하기

블록 프로그램이 완성되면, 스마트 폰으로 연결해서 프로그램을 실행시켜 볼 수 있다. 프로그램 실행을 위해서는 MIT 앱 인벤터의 메인 메뉴에서 [연결]을 클릭한다. 그러면 팝업 메뉴가 다음 그림 15.13과 같이 스마트 폰과 연결 방법들이 나타난다. 여기서 첫 번째 [AI 컴패니언]을 선택하면 된다. [AI 컴패니언]을 선택하면 다음에 그림 15.14와 같이 QR 코드가 컴퓨터 화면에 나타난다.

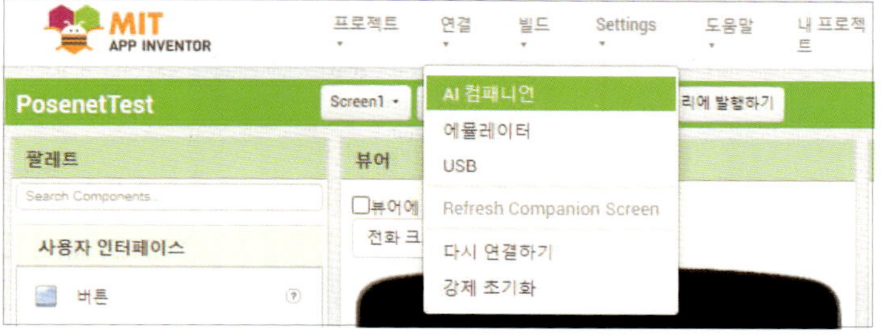

그림 15.13 스마트폰과 연결하기

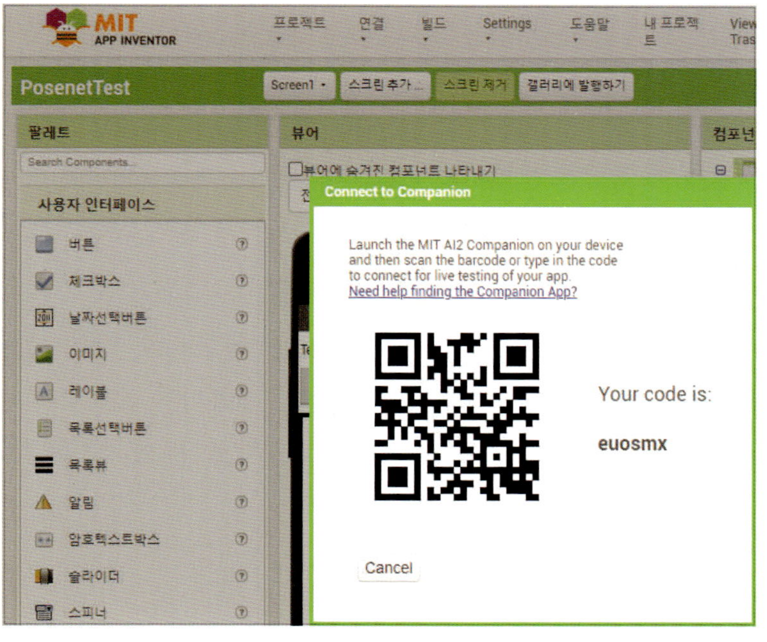

그림 15.14 컴퓨터 화면에 나타나는 QR 코드

그러면 자신의 스마트 폰에 미리 설치해 둔 MIT AI2 Companion 앱을 실행한다. 스마트 폰에 MIT AI2 Companion 앱이 없다면 설치하도록 하자. Companion 앱을 실행하면, 다음 그림 15.15와 같은 화면이 스마트 폰에 나타난다. 여기서 맨 아래 쪽에 있는 청색의 [scan QR code]를 선택하여 QR 코드를 읽어 스마트 폰에서 앱 프로그램을 실행한다. 스마트 폰에 따라 설정을 해제해 줄 것을 요구할 수도 있다. 그 요구 메시지를 따라 처리해주면, 프로그램이 실행된다.

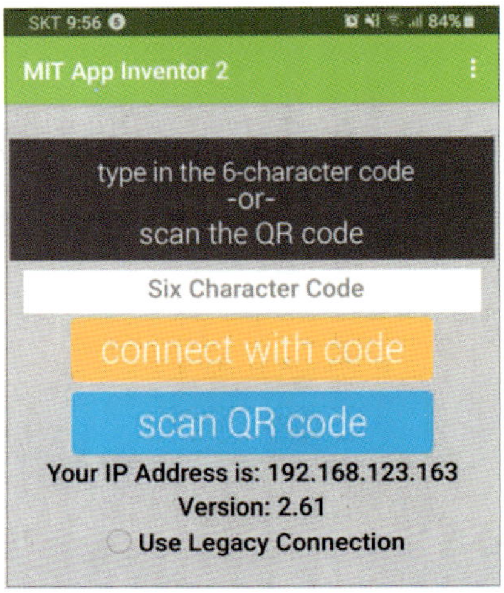

그림 15.15 Companion 앱 실행 후 화면

앱을 실행시켜보면, 그림 15.16과 같이 인공지능 확장기능인 Posenet Extension이 제공하는 신체 움직임 17개 특징 포인트를 볼 수 있다. 얼굴에 5개를 포함하여 몸에 12개의 붉은색 특징점들로 나타나 있다. 두 손 들기, 왼손 들기, 오른손 들기, 앉은 자세 등 다양한 신체 움직임들을 시도해 보았다.

그림에서 대체로 신체의 움직임을 프로그램이 잘 포착하여 스마트 폰에 특징점들을 잘 나타내었다. 전체적으로 특징점들을 찾아내고 각 특징점을 연결하여 신체 골격 영상을 얻을 수 있다. 그리고 움직임에 따라 이들을 연결하여 신체 골격의 움직임을 표시하고 있다.

(a) 두 손 들기

(b) 왼손 들기

(c) 오른손 들기

(d) 앉은 자세

그림 15.16 동작에 따른 신체 특징점 추출 예

스마트폰 화면에 [Swap Camera 버튼을 클릭하면, 후방 카메라를 통해 자신의 모습을 볼 수 있다. 자신의 모습에 대한 움직임을 한번 시험해 보자.

참고문헌

[1] Awesome Dancing with AI Tutorial, http://sparse-dense.blogspot.com/2021/01/awesome-dancing-with-ai-tutorial.html

[2] PosenetTest 사이트, https://mit-cml.github.io/extensions/

[3] PoseNet으로 알아보는 Pose estimation, https://ivdevlog.tistory.com/2

[4] Real-time Human Pose Estimation in the Browser with TensorFlow.js, https://medium.com/tensorflow/real-time-human-pose-estimation-in-the-browser-with-tensorflow-js-7dd0bc881cd5

찾아보기